国家自然科学基金面上项目"网络学习资源群体进化的规律识别与预警技术研究"(62077030)成果

网络学习资源群体进化规律识别与预警技术

Research on Law Recognition and Early Warning Technology of the Group Evolution of e-Learning Resources

杨现民 李康康 ◎ 著

科学出版社
北京

内 容 简 介

在当今这个网络技术日新月异的时代，网络学习资源已成为教育领域中不可或缺的一部分。本书深入探讨了网络学习资源进化的研究背景、意义、现状及未来趋势，紧密结合网络技术的快速发展背景，通过量化表征进化状态、分析影响因素及其作用规律，揭示了资源关联网络的演化特征和平台演化阶段的规律。本书还重点研究了基于评论数据和多模态数据的网络学习资源内容质量危机预警技术，并创新性地设计了相应的预警系统。

本书不仅具有理论价值，更为网络学习资源开发者、教育技术领域的研究人员及高校师生等提供了实践指导，对推动网络学习资源质量的持续优化具有重要意义。

图书在版编目（CIP）数据

网络学习资源群体进化规律识别与预警技术 / 杨现民，李康康著. -- 北京：科学出版社，2024.11. -- ISBN 978-7-03-080465-5

Ⅰ. G434

中国国家版本图书馆 CIP 数据核字第 2024EP097 号

责任编辑：崔文燕 / 责任校对：张小霞
责任印制：徐晓晨 / 封面设计：润一文化

科学出版社 出版
北京东黄城根北街 16 号
邮政编码：100717
http://www.sciencep.com
北京建宏印刷有限公司印刷
科学出版社发行　各地新华书店经销
*
2024 年 11 月第　一　版　开本：720×1000　1/16
2024 年 11 月第一次印刷　印张：21 1/2
字数：393 000
定价：128.00 元
（如有印装质量问题，我社负责调换）

前　言

网络学习资源建设始终是教育信息化事业发展的重点任务之一，唯有海量优质的资源供给才能满足学习型社会、学习型大国的建设所需。经过二十多年的持续努力，我国已基本建成世界第一大教育教学资源库。目前，网络学习资源建设正在从高速增长阶段转向高质量发展阶段，对资源的动态更新和持续进化的需求日益增强。多年的网络学习资源研究与实践表明，单纯依赖资源数量的快速增长，已经越来越难以满足一线教师的教学需求和广大学习者的个性化学习需求。步入教育高质量发展新阶段，网络学习资源亟须在便捷性、共享性、交互性等一般特征的基础上，着重强化"可进化性"功能，以资源自身的动态演化解决质量问题与用户需求匹配问题。

近年来，学习资源进化成为数字资源研究领域的新兴议题，来自教育学、管理学与信息科学的研究者，开始引入信息生态学、系统科学等理论，通过整合多学科研究方法探究学习资源进化与知识进化问题，以期从进化视角构建大规模开放协同环境下网络学习资源建设与管理的新理论、新方法与新技术。笔者团队自2009年起研究泛在学习环境下的资源组织模型——学习元及其进化问题，并持续至今。前期主要围绕资源进化模型、进化技术以及进化机制开展探索性工作。2020年，团队获批国家自然科学基金面上项目"网络学习资源群体进化的规律识别与预警技术研究"，自此聚焦大规模开放协同环境下的网络学习资源群体进化规律研究与预警技术研究。

本书便是项目成果之一，整个研究过程融合了教育学、管理学与信息科学的理论与方法，主要解决了当前网络学习资源建设与管理中存在的资源进化状态缺少量化表征、资源进化规律认识不清以及资源进化预警技术尚未突破等现实问题。其科学价值和应用价值主要体现在以下几个方面：第一，学习资源进化量化表征模型的构建，将解决资源进化状态的形式化描述问题，为多学科交叉研究学习资源进化提供基础数学模型；第二，多模态网络学习资源群体进化规律的识别，有助于进一步完善网络资源管理理论体系，促进教育学、管理学与信息科学在信息资源管理方面的知识交叉和融通发展；第三，网络学习资源群体进化预警的关键技术研究，不仅在预警技术创新方面具有重要科学意义，而且具有良好的应用前景，有助于提升全国各地智慧教育云平台中大规模网络学习资源的管理效能，为全民终身学习提供更加优质的学习资源服务。

  本书共分为 8 章。第 1 章介绍了研究背景与意义、研究目标与内容，并界定了"网络学习资源""学习资源进化"两个核心概念。第 2 章跟踪网络学习资源进化研究的总体进展，剖析研究中存在的关键难题（资源进化多模态难题、资源进化数据分析难题、资源进化系统仿真难题以及资源进化规律识别与验证难题），指出网络学习资源进化呈现四大研究趋势，即从文本型资源进化到多模态资源进化、系统动力学指导下的资源进化仿真计算、资源进化质量的动态监测与评估反馈，以及资源关联网络的演化过程与机制。第 3 章以信息生态学理论为指导，将网络学习资源进化状态划分为起始态、成长态、稳定态、衰退态和死亡态，并基于"信息体量"视角，构建了一种网络学习资源进化状态的量化表征方法。第 4 章采用德尔菲法和解释结构模型法，分析了用户、资源、平台以及机制四个层面的影响因素，构建了网络学习资源进化影响因素的解释结构模型，并利用系统动力学仿真分析探讨了影响因素对网络学习资源进化的作用规律。第 5 章基于复杂网络理论，构建了资源关联网络动态演化规律的分析框架，选取 2014—2023 年超过一亿条中文维基百科的条目关联数据进行深度分析，探究了资源关联网络的动态演化规律。第 6 章在系统调研分析的基础上，将网络学习资源平台的演化阶段划分为部署启动阶段、资源汇聚阶段、质量管控阶段以及生态塑造阶段，构建了资源平台演化阶段识别模型，并采用系统仿真方法揭示网络学习资源平台演化过程及规律。第 7 章提出了两种资源进化预警技术模型，分别是基于评论数据的网络学习资源内容质量危机预警模型和基于多模态 Transformer 的网络学习资源质量智能评价算法模型，构建了面向大规模开放协同环境的资源质量预警系统框架，并开发了原型系统。第 8 章总结研究成果，反思研究不足，对下一步的研究进行了展望。

  本书是在国家自然科学基金委资助下，围绕"资源进化规律与预警技术"主题，历时四年研究整理而成，即将付梓出版，激动之余充满感激。来自江苏师范大学的八位研究生——米桥伟、刘天丽、袁萌、郭慧琳、杨宇鹏、钱程旸、张盛、张惠影，深度参与了项目研究工作并对书稿进行了校对，感谢他们的辛勤付出。此外，来自教育技术学、计算机科学与管理学领域的多位学者以及负责区域智慧教育云平台建设与管理的实践专家，参与了多轮的研究咨询工作，为本书贡献了宝贵的智慧，在此谨向他们表示衷心的感谢。科学出版社崔文燕编辑及其工作团队为本书的顺利出版付出了艰辛的努力，在此深表谢意！受作者水平所限，书中难免存在疏漏与不周全之处，敬请同行和广大读者批评指正。

杨现民

2024 年 10 月

目 录

前言

第1章 绪论 ·· 1

   1.1 研究背景与研究意义 ··· 1

   1.2 研究目标与研究内容 ··· 3

   1.3 核心概念界定 ·· 6

第2章 网络学习资源进化研究综述 ····································· 8

   2.1 网络学习资源进化研究进展 ······································· 8

   2.2 网络学习资源进化研究面临的难题 ························· 20

   2.3 网络学习资源进化研究趋势 ····································· 23

第3章 网络学习资源进化状态的量化表征 ····················· 26

   3.1 相关研究 ·· 26

   3.2 网络学习资源进化状态质性描述 ····························· 42

   3.3 网络学习资源进化状态量化设计 ····························· 54

   3.4 网络学习资源进化状态管理平台的设计与实现 ····· 68

第4章 网络学习资源进化影响因素及其作用规律 ········ 86

   4.1 相关研究 ·· 86

   4.2 网络学习资源进化影响因素识别 ····························· 97

   4.3 网络学习资源进化影响因素关系分析 ···················· 116

4.4 网络学习资源进化影响因素作用规律分析 ………………………… 131

第 5 章 网络学习资源关联网络演化规律及其特征 ……………………165
5.1 相关研究 …………………………………………………………… 165
5.2 资源关联网络的构建方法 ………………………………………… 177
5.3 资源关联网络的分析方法 ………………………………………… 184
5.4 资源关联网络的演化特征 ………………………………………… 194

第 6 章 网络学习资源平台演化阶段及其规律识别 ……………………211
6.1 相关研究 …………………………………………………………… 211
6.2 网络学习资源平台演化阶段的划分 ……………………………… 221
6.3 网络学习资源平台演化阶段识别模型构建 ……………………… 226
6.4 网络学习资源平台演化阶段的系统仿真 ………………………… 248

第 7 章 网络学习资源进化预警技术 ……………………………………263
7.1 相关研究 …………………………………………………………… 263
7.2 基于评论数据的网络学习资源内容质量危机预警 ……………… 268
7.3 基于多模态数据的网络学习资源内容质量危机预警 …………… 297
7.4 网络学习资源进化预警系统设计 ………………………………… 314

第 8 章 研究总结与展望 …………………………………………………326
8.1 研究总结 …………………………………………………………… 326
8.2 研究不足 …………………………………………………………… 330
8.3 后续研究 …………………………………………………………… 331

第 1 章　绪　　论

1.1　研究背景与研究意义

2022 年 2 月，教育部正式启动教育数字化战略行动，吹响了教育领域全面数字化转型的号角。同年 3 月，国家智慧教育公共服务平台正式上线运行，成为支撑全国数字教育高质量发展的新基建。网络学习资源的大规模汇聚共享与动态更新是教育数字化转型的基础工作和重要抓手。回想 2020 年初暴发的疫情，我们仍然心有余悸。此轮疫情对各级各类教育系统都产生了巨大冲击，也凸显了海量网络学习资源进化不足导致的质量不佳与个性化缺失问题的严重性。教育部 2021 年工作重点提出，印发《关于推进"互联网+教育"发展的指导意见》，完善国家数字教育资源公共服务体系。其旨在建立应用驱动、用户评价、持续迭代的资源动态优化机制。如何提供满足多元化需求且吸引用户使用和参与建设的、可持续演化发展的高质量网络学习资源，既影响国家教育数字化战略行动的推进，也是网络教育研究中长期存在的关键性问题。

自 20 世纪 90 年代开始，伴随着互联网的快速发展，来自教育学、管理学、信息科学等领域的学者，开始从不同视角切入研究网络学习资源的建设、应用、共享、组织、聚合、推荐等问题，提出了支持跨平台资源共享的学习对象（learning object）技术[1]、促进素材类资源重用的积件技术[2]、泛在学习资源的组织模型——学习元（learning cell）[3]、基于主题图的数字档案资源聚合模

---

[1] Wiley D A. The Instructional Use of Learning Objects（Vol.1）[M]. Bloomington，IN：Agency for Instructional Technology，2002.

[2] 黎加厚. 从课件到积件：我国学校课堂计算机辅助教学的新发展（上）[J]. 电化教育研究，1997（4）：12-16.

[3] Yu S Q，Yang X M，Cheng G，et al. From learning object to learning cell：A resource organization model for ubiquitous learning[J]. Journal of Educational Technology & Society，2015，18（2）：206-224.

型[①]、知识网络演化模型[②]、个性化资源推荐模型[③]等一系列研究成果。随着移动互联网和社交网络的兴起，网络学习资源开始向碎片化、移动化、开放式、生成性转型。通过大规模用户的协同建设，网络学习资源的规模急速扩增，用户的个性化学习需求得到了一定程度的满足。学者开始将研究重点转移到网络学习资源的质量管理、版权保护、语义组织以及再生与利用上，出现了以语义化学习对象（semantic learning object）技术[④]、网络信息资源利用与再生模型[⑤]、数字化学习资源版权管理模型[⑥]等为代表的一批研究成果，进一步发展了Web2.0时代的网络学习资源建设与管理理论。

从多年来国内外实践看，用户对网络学习资源的认可度和资源利用率却并未显著改善，网络资源对教与学的实质性影响也并未达到预期。自此，来自教育学、管理学与信息科学的部分学者，开始引入信息生态学理论研究学习资源进化与知识进化问题，以期从进化视角构建大规模开放协同环境下的网络学习资源建设与管理的新理论、新方法与新技术。举例说明何谓学习资源进化：一条"新冠科普知识"的资源产生后，有学习者开始阅读、评论、留言并与作者协同完善该条资源，同时该条资源与疫情防控主题的资源逐步建立关联，被越来越多的用户检索并浏览，其自身质量也逐步提高，这个过程便是资源的进化。文献调研发现，研究者采用不同的学科视角和技术路线，围绕网络学习资源的进化开展了探索性研究，且在资源进化模式、资源进化动力、资源进化技术、知识进化规律等方面取得了积极成果。此外，在大数据和学习分析技术的推动下，基于传统数据挖掘算法与神经网络模型的在线学习预警技术研究已成为网络教育领域的新热点。

我们也发现，当前国内外网络学习资源进化相关研究仍存在一些关键性问题亟待探索：一是缺少完整表征网络学习资源进化状态的量化模型，影响资源进化实证研究的纵深发展。当前教育学领域对学习资源进化状态的表征多基于抽象的

---

① 张云中，冯双双. 基于主题图的数字档案标注系统资源聚合研究[J]. 图书情报工作，2018，62（14）：116-124.

② 陈果，赵以昕. 多因素驱动下的领域知识网络演化模型：跟风、守旧与创新[J]. 情报学报，2020（1）：1-11.

③ Luo L，Xie H R，Rao Y H，et al. Personalized recommendation by matrix co-factorization with tags and time information[J]. Expert Systems with Applications，2019，119：311-321.

④ Rimale Z，Habib E L，Tragha A. A semantic learning object（SLO）web-editor based on web ontology language（OWL）using a new OWL2XSLO approach[J]. International Journal of Advanced Computer Science and Applications，2016，7（12）：315-320.

⑤ 何向阳. Web 2.0环境下教育信息资源建设与利用模式变革[M]. 北京：科学出版社，2016.

⑥ Gadd E，Weedon R. Copyright ownership of e-learning and teaching materials：Policy approaches taken by UK universities[J]. Education and Information Technologies，2017，22（6）：3231-3250.

概念模型，管理学和信息科学领域则多采用网络分析法对知识网络演化状态进行表征，这两类方法都难以对网络学习资源进化状态与趋势进行整体、准确的量化描述。网络学习资源进化的量化表征与数学模型建构成为新的研究重点，亟待突破。

二是多模态网络学习资源群体进化的基本规律尚不清晰，制约了高质量学习资源的大规模生成与持续改进。当前，网络学习资源进化规律的发现主要以开放知识社区中单一模态资源（如维基百科中的条目）为研究对象，且局限在知识网络与协同者网络演化上，难以适应大规模化、多模态化、开放协同化的网络学习资源建设新趋势。因此，亟须开展大规模开放协同环境下多模态网络学习资源群体进化规律的识别研究。

三是面向学习资源的智能预警技术尚未取得进展，影响大规模网络学习资源的进化质量和管理效能。当前网络学习领域研发的预警模型，大多以学习者为预警对象，且基于传统机器学习算法，现有技术迁移或改进都难以实现网络学习资源群体进化的精准预警与有效反馈。下一步需要在网络学习资源群体进化预警的关键技术上实现突破。

基于此，本书拟建构大规模开放协同环境下网络学习资源进化的量化表征模型，探索多模态学习资源的群体进化规律，并突破网络学习资源群体进化预警的关键技术。这项研究具有独特的科学价值和应用价值。

第一，学习资源进化量化表征模型的建构，将解决资源进化状态的形式化描述问题，为多学科交叉研究学习资源进化提供基础数学模型。

第二，多模态网络学习资源群体进化规律的识别，将进一步完善网络资源管理理论体系，促进教育学、管理学与信息科学在信息资源管理方面的知识交叉与融通发展。

第三，网络学习资源群体进化预警的关键技术研究，不仅在创新预警技术方面具有科学意义，而且具有广阔的应用前景，能够有力支撑国家教育资源公共服务体系的高质量建设，提升全国各地智慧教育云平台中大规模网络学习资源的管理效能，为全民终身学习提供更加优质的学习资源服务。

1.2　研究目标与研究内容

1.2.1　研究目标

融合教育学、管理学与信息科学的理论与方法，研究大规模开放协同环境下网络学习资源群体进化的基本规律及其预警技术，以解决当前网络学习资源建设与管理中存在的资源进化状态缺少量化表征、资源进化规律认识不清以及资源进化预警技术尚未突破等现实问题，进而提升大规模网络学习资源的质量与管理效能。具体研究目标包括：

1）基于信息生态学理论，融合卷积神经网络和深度游走算法，建构网络学习资源进化的数学模型，实现网络学习资源进化状态的量化表征。

2）整合系统动力学仿真、数据挖掘与分析、调查研究三种方法，发现多模态网络学习资源群体三个层面（影响因素层、发展阶段层、网络分布层）的进化规律。

3）建构基于深度学习技术的网络学习资源群体进化预警模型，并开发网络学习资源群体进化预警系统。

1.2.2　研究内容

本书的基本内容框架如图1-1所示。其中，进化模型层旨在建构大规模开放协同环境下网络学习资源进化的数学模型，实现资源进化状态的量化表征；进化规律层旨在融合多学科方法，发现多模态网络学习资源群体进化的基本规律；进化预警层旨在开发网络学习资源群体进化的预警模型与预警系统。

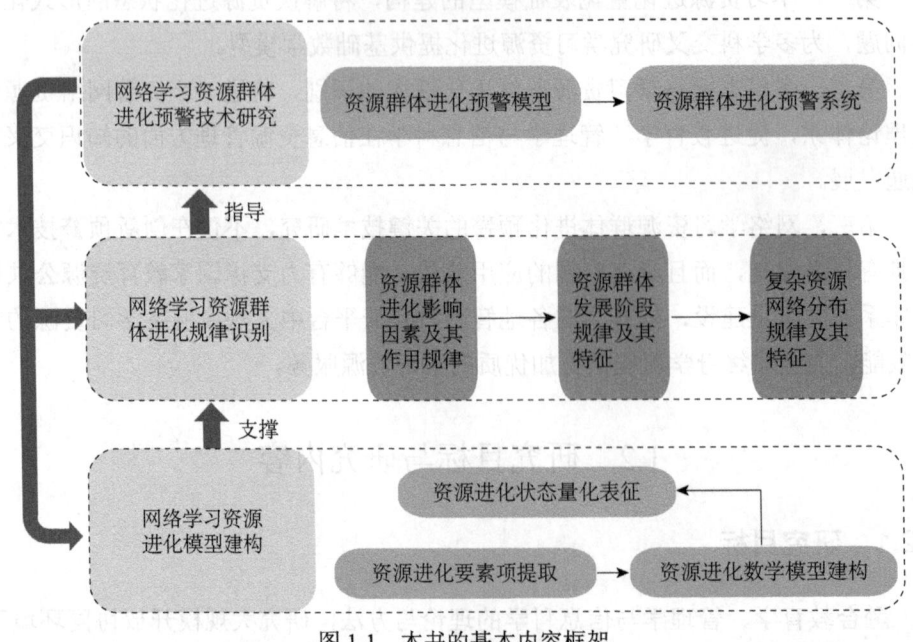

图1-1　本书的基本内容框架

1. 网络学习资源进化模型建构

建构网络学习资源进化的数学模型是识别资源群体进化规律与实现资源群体进化预警的基础。进化模型建构的核心是提出一种适合大规模开放协同环境下多模态学习资源进化的量化表征和计算方法，以解决当前网络学习资源研究中缺少资源进化状态的量化表征这一关键问题。具体研究内容如下：

1）资源进化要素项提取。开展网络学习资源平台调研，调查各平台中的资源建设、管理与运行机制，分析学习资源在平台中整个生命流程的功能设计；基于信息生态学理论，结合"应用导向"的资源进化理念（资源唯有被用户使用才能体现自身价值，避免"为建而建"），界定哪些关键要素（如资源内容、关联信息、用户参与等）需要纳入资源进化模型的范畴；征询专家建议，确保提取出来的进化要素项具有较高的效度。

2）资源进化数学模型建构。融合时间属性，设定资源个体进化结果"值"，且该"值"的设计与资源形态无关，具有较强的普适性；基于该进化"值"的特性，研究上述资源进化要素项的量化表征方法；确定进化要素项的权重集，建构可以有效区分不同资源个体进化结果的数学模型；基于资源个体进化的数学模型，研究提出资源群体进化数学模型。

3）资源进化状态量化表征。分析处于不同发展阶段的网络学习资源具有的状态属性；研究资源进化数学模型与不同状态之间的关联关系；设计体现资源进化强度的核心表征指标；结合资源进化强调指标的变化趋势，研究建构用于监测资源个体和群体进化状态的量化表征计算方法。

2. 网络学习资源群体进化规律识别

探索多模态网络学习资源群体进化三个层面的规律，分别是资源群体进化影响因素及其作用规律、资源群体发展阶段规律及其特征、复杂资源网络分布规律及其特征，以解决当前诸如各地智慧教育云平台等大规模开放协同环境下网络学习资源群体进化规律认识不清、把握不准的理论与实践问题。具体研究内容如下：

1）资源群体进化影响因素及其作用规律研究。建构网络学习资源群体进化影响因素的结构方程模型；分析影响资源系统有序进化的关键要素（比如用户量、资源量、系统易用性等）及其之间的作用关系；开发网络学习资源系统运行的模拟仿真环境；研究仿真环境下网络学习资源群体进化呈现出来的基本规律，分析关键要素对资源群体进化效果的作用机制。

2）资源群体发展阶段规律及其特征研究。采集网络学习资源系统真实运行累积的大规模资源进化数据；研究改进时间序列分析与聚类分析算法，对采集到的较长周期、大规模的资源进化数据进行数据挖掘；分析提取资源个体和群体进化呈现出的一般发展阶段；比较不同发展阶段资源进化所呈现出来的属性特征与表现形态上的差异。

3）复杂资源网络分布规律及其特征研究。以采集到的大规模资源进化数据为样本，提取其中的资源关联信息，构建复杂网络；基于复杂网络理论和方法，分析关键指标，识别网络学习资源复杂关联网络的结构样态与分布特征；探究资源网络中不同规模的子网（复杂网络理论中称为"社团"）所呈现的属性特征及其对资源群体进化产生的影响。

3. 网络学习资源群体进化预警技术研究

资源进化预警机制的建立是实现大规模开放协同环境下网络学习资源群体持续、高质量发展的关键。由于网络资源的快速动态生成与多因素影响的复杂多变性，基于传统机器学习算法的网络学习预警技术难以在学习资源预警方面发挥理想作用。基于此，拟利用研究内容1和研究内容2取得的成果，探索基于深度学习的网络学习资源群体进化预警技术，以解决当前各地智慧教育云平台中资源管理效能偏低与精细度不足的现实问题。具体研究内容如下：

1）网络学习资源群体进化预警模型建构。调研国内外互联网教育平台中预警机制设计及其实现技术；比较分析不同深度学习算法在教育场景中的技术思路与优势；尝试将学习者评论数据作为资源进化预警及反馈的重要依据，针对网络学习资源的特点，建构基于双曲深度学习的网络学习资源群体进化预警模型。

2）网络学习资源群体进化预警系统开发。以进化预警模型为基础，设计促进网络学习资源有序进化的系统预警机制；依托开放知识社区平台——学习元平台，设计开发学习资源群体进化预警系统，并进行初步的实践检验。

1.3 核心概念界定

1.3.1 网络学习资源

网络学习资源有广义与狭义之分。广义的网络学习资源涵盖硬件和软件两大类别。硬件资源包括在网络学习资源的收集、加工、存储、传递和利用过程中必不可少的相关网络硬件设备；软件资源则包括各种网络数据库以及相关的管理、存储和传输软件，以及技术标准与协议。[①]狭义的网络学习资源是指在网络环境中获取的各种信息资源，包括但不限于开放知识社区资源（如维基资源）、网络课程资源、网络教育资源和学习软件资源等[②]。本书取其狭义概念。

近年来，随着信息技术的高速发展与网络学习的快速普及，融合了文本、图片、视频和音频等多模态的学习资源开始涌现并流行。尤其是以 ChatGPT 为代表的生成式人工智能技术的出现，将推动多模态学习资源进入人机协同共创的新阶段。网络学习资源的"群智化"与"进化性"特征将更加凸显，学习者能够更充分地通过人际交互、人机交互的方式参与学习资源的生产、交换与消费，同时也将促进网络学习资源的持续生成与进化。

1.3.2 学习资源进化

《现代汉语词典》将"进化"解释为"事物由简单到复杂、由低级到高级逐渐发展变化"[③]。网络学习资源的进化即指为了适应外在学习环境和学习者需求的不断变化，网络学习资源在不断完善自身内容和结构的过程中发生的演变[④]。这一定义凸显了资源进化的三个关键属性，包括主体、目的和表现形式。进化的主体是指网络环境中的各类数字化学习资源。进化的目的则在于提供更优质的学习服务，以满足学习者日益个性化的需求和适应持续变化的学习环境。

网络学习资源进化的表现形式主要包括内容进化和结构进化两方面。在内容方面，通过学习者的协同创作，学习资源的内容不断得到丰富和完善，实现版本的不断更新。这种共同创作的过程促使学习资源内容更加丰富多样，适应了不同学习者的需求。在结构方面，学习资源之间形成联系，构建关联网络，其结构在外界作用下不断得到完善。随着结构的演变，学习资源的相互关联性增强，进而提升学习资源的整体效能，促使学习者更为高效地获取和应用知识。因此，网络学习资源的进化不仅可以提升自身质量[⑤]，也为整个学习生态系统的发展不断注入活力。

[①] 赵呈领，李敏，疏凤芳，等. 在线学习者学习行为模式及其对学习成效的影响：基于网络学习资源视角的实证研究[J]. 现代远距离教育，2019（4）：20-27.
[②] 杨现民，袁萌，李康康. 网络学习资源进化预警模型设计[J]. 电化教育研究，2022，43（5）：61-69.
[③] 中国社会科学院语言研究所词典编辑室. 现代汉语词典. 5 版. 北京：商务印书馆，2005：712.
[④] 杨现民，余胜泉. 泛在学习环境下的学习资源信息模型构建[J]. 中国电化教育，2011（9）：72-78.
[⑤] 袁萌，杨现民，李康康. 高质量发展视角下网络学习资源进化预警系统设计[J]. 中国远程教育，2023，43（11）：50-59.

第 2 章　网络学习资源进化研究综述

网络学习资源建设正在从高速增长阶段迈向高质量发展阶段,对资源动态更新、持续进化的需求越来越强烈。网络学习资源进化作为一个新兴的、多学科交叉的研究方向,在推动高质量资源建设与科学高效管理方面发挥着重要作用。本章旨在跟踪网络学习资源进化研究的总体进展,剖析研究中存在的关键难题,并对未来研究走向进行探讨。

当前网络学习资源进化研究主题聚焦影响因素、技术、机制、规律和预警等方面;研究方法包括德尔菲法、社会网络分析、系统动力学仿真等。近年来,在网络学习资源进化影响因素、模式、技术以及规律等方面取得了丰硕的研究成果,但从实践效果来看,由于网络学习资源自身的多样性和复杂性,资源进化研究面临挑战,如资源进化多模态难题、资源进化数据分析难题等。在新技术与新方法的支持下,未来网络学习资源进化将呈现四大研究趋势,即从文本型资源进化到多模态资源进化、系统动力学指导下的资源进化到仿真计算、资源进化质量的动态监测与评估反馈,以及资源关联网络的演化过程与机制。

2.1　网络学习资源进化研究进展

基于前期研究积累和大量文献资料分析,本节重点从研究主题和研究方法两个维度对国内外网络学习资源进化研究进展进行综合梳理。

2.1.1　研究主题分析

1. 资源进化影响因素研究

"网络学习资源"是一个相对宽泛的概念,诸如开放知识社区资源、网络课程资源、学习软件资源、网络教育资源等都属于网络学习资源范畴[①]。厘清网络学习资源进化的影响因素是资源进化研究中的基础性工作，不同类型的网络学习资源在内容、结构、功能等方面有所区别，使得其进化的影响因素也不尽相同。以 Wiki（维基）资源与网络课程资源为例，前者受众广泛，被编辑与被访问的频率较高，资源版本迭代更加频繁；后者通常是针对特定学习群体设计的，学习者与资源间的交互频率较低，资源版本迭代次数相对较少。尽管网络学习资源类型不一，但它们发生进化的目的都是适应多样化的学习与不断变化的环境需求。近年来，国内外学者围绕网络学习资源进化影响因素的相关研究主要聚焦于维基资源、生成性学习资源、网络信息资源等，因此本节重点梳理并分析了以这三类资源为主要研究对象的网络学习资源进化的影响因素，其中部分代表性观点如表 2-1 所示。

表 2-1 网络学习资源进化影响因素

研究对象	文献	研究结论
维基资源	Liu 和 Ram[②]	影响维基条目质量的因素包括用户角色和协作方式
	Rafaeli 和 Ariel[③]	影响维基百科中用户参与协作知识建构的因素包括基本需要、个人成长和自我实现、个人偏好、固定程序和仪式以及个人习惯 5 个方面
	罗志成和付真真[④]	影响维基百科发展的主要因素包括用户、内容、功能、环境
生成性学习资源	Lampe 等[⑤]	影响用户参与在线内容生成的影响因素，包括归属感、社会关系、认知、技术等要素
	万力勇等[⑥]	影响用户生成性学习资源建设的驱动因素包括社会驱动、技术驱动以及个体驱动
	钟丽霞等[⑦]	影响在线课程资源动态生成的要素包括课程学习环境、课程预设资源、教师教学行为、学生学习行为

---

① 杨现民，袁萌，李康康. 网络学习资源进化预警模型设计[J]. 电化教育研究，2022，43（5）：61-69.

② Liu J，Ram S. Who does what: Collaboration patterns in the Wikipedia and their impact on article quality[J]. ACM Transactions on Management Information Systems（TMIS），2011，2（2）：1-23.

③ Rafaeli S，Ariel Y. Online motivational factors: Incentives for participation and contribution in Wikipedia[J]. Psychological Aspects of Cyberspace: Theory，Research，Applications，2008，2（8）：243-267.

④ 罗志成，付真真. 外部因素对维基百科序化过程的影响分析[J]. 图书情报知识，2008（3）：28-33.

⑤ Lampe C，Wash R.，Velasquez A，et al.. Motivations to Participate in Online Communities[EB/OL]. http://www.rickwash.org/papers/pap1604_lampe.pdf.（2010-04-10）[2023-04-25].

⑥ 万力勇，黄志芳，邢楠，等. 用户生成性学习资源建设的驱动因素研究：以百度百科平台为例[J]. 电化教育研究，2015，36（2）：50-57.

⑦ 钟丽霞，胡钦太，胡小勇，等. 在线课程资源动态生成与应用的影响因素研究[J]. 现代教育技术，2019，29（6）：83-89.

续表

研究对象	文献	研究结论
生成性学习资源	王小根和范水娣[1]	影响学习资源生成的因素包括学习者、教师、学习环境
网络信息资源	杨现民和余胜泉[2]	泛在学习资源进化的"营养"主要来自用户和资源，具体包括协同编辑、学习过程性信息、人际网络、资源关联、外部资源嵌入、外部资源链接等要素
	何向阳[3]	影响用户参与网络信息资源生成的因素有感知有用性、感知易用性、外部激励、身份认同、兴趣与乐趣
	张青敏[4]	影响网络信息生命周期演化的因素有用户对信息的关注度、信息主体影响因子、信息失真率、信息效用价值、信息类型、社会环境等

对已有研究成果进行梳理发现，网络学习资源进化的影响因素不尽相同，尤其是针对不同类型的资源存在一定的差异，但是从广义上可以将其归纳为用户、资源和环境三个方面。用户是网络学习资源的创造者、使用者，用户对学习资源的建设行为（如编辑、评论、分享等）是学习资源进化的直接动力，用户需求则是学习资源进化的外在驱动力，两种动力共同推动网络学习资源的生成与进化。资源是进化的主体，学习资源通过不断完善和调整自身的内容与结构，适应学习环境的动态变化并满足用户的个性化学习需求。学习资源的自身属性、质量、呈现形式等都会影响资源的进化状态以及用户对资源的关注度。关注度越高的资源，其利用率越高，进化也就越容易发生。环境可被划分为硬环境和软环境。硬环境包括基础设施以及由学习机制与规则等组成的在线学习环境，为用户交互和资源流通提供重要支撑；软环境由社会发展或需求组成，推动高质量网络学习资源的建设。

2. 资源进化技术研究

资源进化技术是驱动网络学习资源有序和高质量进化的重要动力，主要包括内容进化与关联进化两种模式。资源内容进化是指学习资源通过开放的组织方式吸引多个用户参与内容协同编辑，实现资源内容的快速更新与迭代优化，其中语义标注、协同编辑、版本控制以及角色权限管理是常用的控制

---

[1] 王小根，范水娣. 混合式学习环境下学习资源生成模式设计研究[J]. 电化教育研究，2018，39（1）：61-67.
[2] 杨现民，余胜泉. 泛在学习环境下的学习资源进化模型构建[J]. 中国电化教育，2011（9）：80-86.
[3] 何向阳. 用户参与网络信息资源再生影响因素的实证研究[J]. 远程教育杂志，2015，33（5）：88-96.
[4] 张青敏. 基于系统动力学的网络环境下信息生命周期演化规律研究[J]. 情报理论与实践，2011，34（5）：6-9.

管理技术（图 2-1）。语义标注是指为文档添加规范化知识表示的过程，本质上是实体识别和实体标注，目的是使计算机可以理解文档内容。维基百科平台在内容控制上，通过用户间的协同编辑丰富资源内容，通过版本控制实现迭代进化，利用角色权限管理提供人工干预，防止资源"乱序"生长。除了对进化技术的研究外，一些研究者还从社会信任角度研究资源内容的进化控制，比如以社会信任模型与算法为核心，结合资源内容管理技术来保证内容的进化质量[①]。

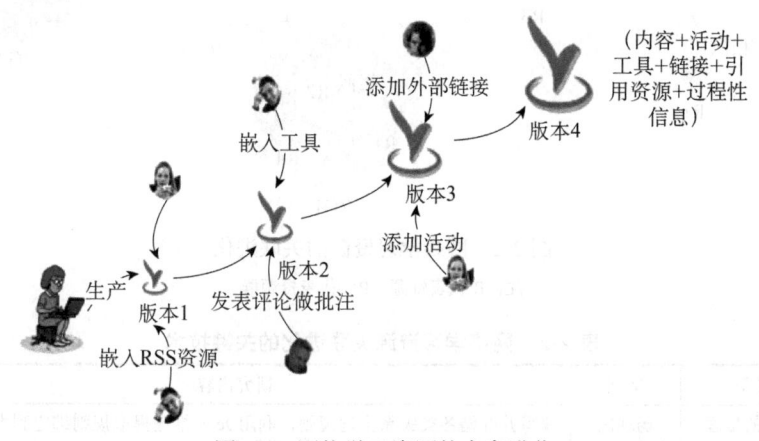

图 2-1　网络学习资源的内容进化

资源关联进化是指学习资源在生成过程中不断与其他资源实体建立语义关系的过程，是资源外部结构的持续更新和完善[②]。学习资源之间存在相似关系、上下位关系、前驱关系、包含关系、等价关系等[③]，为技术层面实现资源关联网络的智能构建提供了语义关系基础（图 2-2）。近年来，学者围绕学习资源关联进化关键技术开展了一系列理论研究与实践探索，其中代表性研究如表 2-2 所示。我们发现，在早期研究中，学习资源关联主要采用基于规则的推理技术、基于语义基因的相似关系计算技术、基于算法与模型的关联模式技术等，现阶段则主要采用特征工程技术与深度学习技术挖掘资源的先序关系。

---

① 杨现民. 泛在学习环境下的学习资源有序进化研究[J]. 电化教育研究，2015，36（1）：62-68+76.
② 杨现民，余胜泉，张芳. 学习资源动态语义关联的设计与实现[J]. 中国电化教育，2013（1）：70-75.
③ 杨现民. 泛在学习环境下的学习资源有序进化研究[J]. 电化教育研究，2015，36（1）：62-68+76.

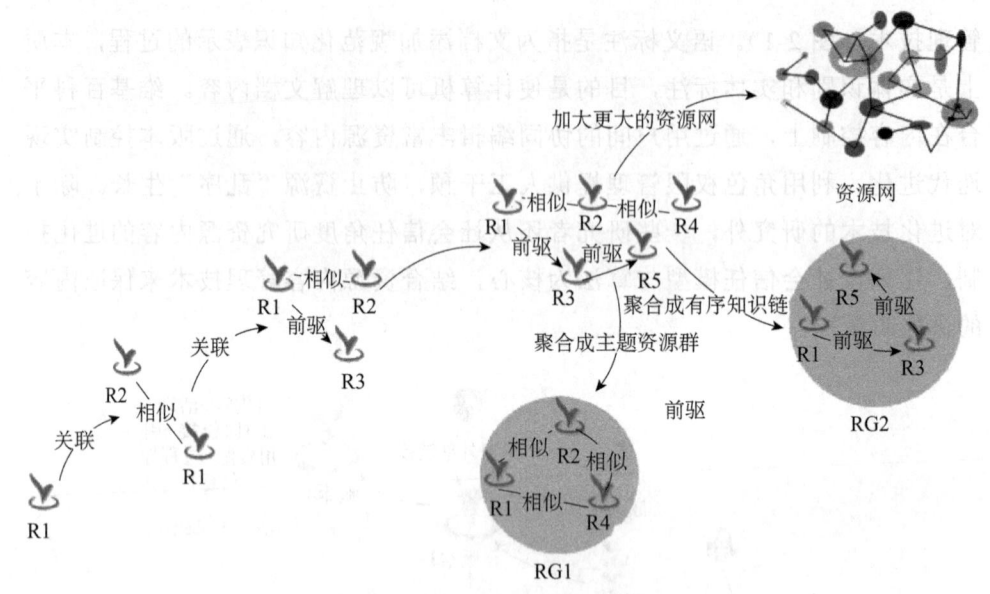

图 2-2　网络学习资源的关联进化

注：R 代表资源，RG 代表资源群

表 2-2　网络学习资源关联进化的关键技术

技术类型	文献	研究内容
基于规则的推理技术	杨现民和余胜泉[1]	编写并存储各类关系推理规则，利用 Jena 推理提取规则绑定到本体模型，依据规则推理并输出显性资源关联集合
基于语义基因的相似关系计算技术	吴思颖和吴扬扬[2]	提出了一种利用中文 WordNet 进行中英文词语相似度计算的新方法，该方法引入了距离、密度和深度 3 个因素，用以评估同义词集之间的相似度
基于算法与模型的关联模式技术	杨现民等[3] 杨现民和余胜泉[4]	改进传统的 Apriori 算法，采用数据挖掘技术与语义 Web 技术建立学习资源间的隐性关联，实现学习资源动态语义关联
	丁继红和刘华中[5]	采用高阶奇异值分解算法挖掘学习者与资源间的关联关系，依据多维关联分析原理，实现学习者和资源之间的精准匹配
特征工程技术	Pan 等[6]	从 MOOC 中抽取 7 种特征，利用机器学习分类器识别先序关系

---

[1]　杨现民，余胜泉. 开放环境下学习资源内容进化的智能控制研究[J]. 电化教育研究，2013，34（9）：83-88.

[2]　吴思颖，吴扬扬. 基于中文 WordNet 的中英文词语相似度计算[J]. 郑州大学学报（理学版），2010，42（2）：66-69.

[3]　杨现民，余胜泉，张芳. 学习资源动态语义关联的设计与实现[J]. 中国电化教育，2013（1）：70-75.

[4]　杨现民，余胜泉. 学习元平台的语义技术架构及其应用[J]. 现代远程教育研究，2014（1）：89-99.

[5]　丁继红，刘华中. 大数据环境下基于多维关联分析的学习资源精准推荐[J]. 电化教育研究，2018，39（2）：53-59，66.

[6]　Pan L，Li C，Li J，et al. Prerequisite relation learning for concepts in MOOCs[C]//Proceedings of the 55th Annual Meeting of the Association for Computational Linguistics（Volume 1：Long Papers）. Association for Computational Linguistics，2017：1447-1456.

续表

技术类型	文献	研究内容
深度学习技术	Jia 等[①]	结合异构图中学习的概念表示和概念成对特征，提出一种新的先序关系挖掘方法——编辑器项目语言（CPRL）
	徐国兰和白如江[②]	根据概念与教育资源之间的联系以及概念之间的先序关系，分别建立概念语义图和概念先序图，并利用图神经网络进行学习，用于预测未知先序关系

3. 资源进化机制研究

自然选择、遗传、变异是生物进化的重要机制[③]，使物种具有适应性和多样性。与生命系统相比，网络学习资源系统并非一个纯粹的"自组织"系统，需要进化机制的约束才能实现资源持续、有序和高质量的进化。为此，研究者借鉴生物进化原理，提出了三种资源进化机制，即选择进化机制、协同进化机制和竞争进化机制。

首先，在知识管理领域，学者将知识选择进化机制分为内部选择和外部选择。针对内部选择，研究者引入了"知识元"的概念，提出个体的"活知识元"和"休知识元"之间的转换即体现出知识的进化。针对外部选择，研究者指出知识系统的进化受到文化因素的影响，在促进知识系统发展进程中，需要构建具有强烈共同愿景的新知识生态文化[④]。由此可见，知识进化的内部选择由知识的自组织驱动，外部选择则受环境因素的影响。学习资源作为知识的外化形式也具有进化行为，笔者提出的"语义基因"概念正是资源进化的控制因子，用以控制进化的状态与方向[⑤]。学习资源依赖语义基因保持"活性"，并在基因的"约束"下朝着预期的方向进化。外部选择主要体现在用户选择和环境选择两方面：一方面，符合用户学习偏好和习惯的学习资源被不断利用，进而快速发生进化；另一方面，在智能化学习环境中，更多高质量的学习资源被选择，资源间不断产生联系，资源质量不断提高。

其次，协同进化是指当自然界中某个生命体回应另一个生命体的某一特性的变化做出进化行为与动作时，另一个生命体也因前一个生命体的特征改变而发生

---

① Jia C, Shen Y, Tang Y, et al. Heterogeneous graph neural networks for concept prerequisite relation learning in educational data[C]//Proceedings of the 2021 Conference of the North American Chapter of the Association for Computational Linguistics: Human Language Technologies, 2021: 2036-2047.
② 徐国兰，白如江. 基于双图神经网络的先序关系挖掘[J]. 数据分析与知识发现，2024，8（5）：38-45.
③ Maynard S J. The Theory of Evolution[M]. Cambridge: Cambridge University Press, 1993: 1-14.
④ 孙振领. 知识生态系统进化机制研究[J]. 情报杂志，2011，30（6）：152-155.
⑤ 杨现民，余胜泉. 学习资源语义特征自动提取研究[J]. 中国电化教育，2013（11）：74-80.

相应进化的行为与动作①。学习资源的协同进化方式主要包含"人-资源"协同进化与"资源-资源"协同进化。在"人-资源"协同进化过程中，新的知识结构不断形成，知识服务质量不断提升，推动资源结构不断创新，资源质量不断提高。"资源-资源"协同进化体现在资源关联、外部资源引入和资源聚合三个方面②。在资源关联方面，学习资源在关联进化的过程中形成资源网络，为资源进化提供能量流通的通道；在外部资源引入方面，用户通过多种方式引入新资源，使得资源数量增加并与原有资源形成规模更大的资源群；在资源聚合方面，聚合可以提升学习资源关联与吸收外部资源的能力，扩大资源规模，进而提升学习资源进化与适应环境的能力。

最后，竞争进化机制主要指具有相似服务功能的资源为争夺用户而发生的竞争行为，其主要目的是通过资源间的良性竞争，淘汰陈旧的、缺乏进化动力的资源。资源的竞争力通过用户浏览、编辑等交互行为来体现，资源的访问量、下载分享数、点赞点踩数等都会影响资源之间的竞争。在竞争中，优质资源将得到用户充分的使用，继而抢夺其他资源的"能量"，使自身继续生存、发展并壮大，而获取不到充足"养料"的资源将被删除、分解，逐渐走向消亡。资源之间不仅存在个体竞争，还存在群体竞争。赵玲朗等指出，在主题资源群中，相同知识点、相同类型的学习资源根据内容进化标准进行竞争，使得资源逐渐达到成熟状态③。竞争使得学习资源具有"自我淘汰"的功能，在用户和环境的影响下，遵循"优胜劣汰"原则，老旧资源被舍弃，优质资源被利用。

4. 资源进化规律研究

目前，有关学习资源进化的规律探究主要包括进化状态和资源进化中网络结构变化两个方面。学习资源进化是一个周期性过程，包括起始态、成长态、稳定态、衰退态和死亡态五个阶段④。受多种因素的影响，处于不同阶段的学习资源有着不同的特征，也呈现出不同的变化趋势。但由于学习资源进化是人为参与的过程，因此通过干预手段，能够确保学习资源长期处于稳定态或重新激发步入死亡态资源的活力。杨帆等认为，学习资源有效聚合可以促进学习者的有效学习，

---

① Jazen D H. When is it coevolution[J]. Evolution, 1980, 34（3）: 611-612.
② 徐刘杰, 余胜泉, 郭瑞. 泛在学习资源进化的动力模型构建[J]. 电化教育研究, 2018, 39（4）: 52-58.
③ 赵玲朗, 范佳荣, 唐烨伟, 等. 智慧学习资源进化框架、模型研究: 基于多目标优化视角[J]. 电化教育研究, 2020, 41（12）: 59-64.
④ 米桥伟, 杨现民, 李康康. 如何识别网络学习资源的进化状态: 一种基于信息体量的量化表征方法[J]. 现代远程教育研究, 2023, 35（1）: 103-112.

并提出了基于图谱、资源与人之间关联的可视化表征和资源适应性视角下的可视化需求规律，为生成性学习资源开发与应用提供了新思路[1]。

互联网时代知识生产和传播是一个复杂网络演变的过程[2]，知识逐渐被赋予网络属性[3]。Lerner 和 Lomi 依靠维基百科用户协作编辑数据，构建了知识协同者网络，并发现该网络是典型的无标度网络，具有明显的小世界效应，但网络拓扑是非层次结构的，且协作过程中参与者并不完全遵守偏好连接规律[4]。为进一步挖掘网络学习资源进化的内在机理，研究者开始探究资源进化中各类网络结构的特征及其变化规律。屈宝强和屈丽娟基于二分网络，构建了包括用户和资源的文献资源共享网络，发现该网络同时存在"用户富人"和"资源富人"两类节点，节点之间的联系构成了具有二分特性的"富人俱乐部"[5]。除上述的两类进化规律外，学习资源进化中用户的编辑协作行为也呈现稳定的统计学特性。比如在维基百科序化的过程中，用户编辑频率越高的条目，其质量越高[6]。用户的交互方式、频率等对学习资源进化有重要影响，充分挖掘用户协作编辑行为规律，可以较好地对学习资源质量进行检测和预警，从而保证优质资源的持续生成与进化。

5. 资源进化预警研究

随着大数据和学习分析技术的发展，网络学习预警研究成为教育信息化领域的新热点。数据挖掘技术在预测、聚类、分析数据方面能够为教育决策提供重要支持[7]，因此，目前主要采用数据挖掘技术对网络学习过程进行预警与干预。研究者通过收集学习者的学习过程数据，构建了学习预警模型，对学习成绩、学习表现和学习情感进行预警。文献分析发现，现阶段网络学习预警研究主要以学习者为对象，旨在提升其学习效率并改善其学习品质。

网络学习资源在进化过程中同样需要预警与干预。笔者在表征网络学习资源

---

[1] 杨帆，吴晓蒙，赵蔚. 大数据视野中资源聚合可视化的四维演化规律探究[J]. 广西社会科学，2020（5）：72-77.

[2] 陈丽，郑勤华，徐亚倩. 知识的"技术"发展史与知识的"回归"[J]. 现代远程教育研究，2022，34（5）：3-9

[3] 陈丽，何歆怡，郑勤华，等. 重构认识论基础：成人终身学习的新知识观[J]. 现代远程教育研究，2023，35（1）：3-9+19.

[4] Lerner J, Lomi A. The Network Structure of Successful Collaboration in Wikipedia[EB/OL]. https://scholarspace.manoa.hawaii.edu/server/api/core/bitstreams/71dde49c-5f48-4725-8f21-b57b7c69f0a8/content. [2023-04-26].

[5] 屈宝强，屈丽娟. 基于复杂网络视角的文献资源共享分析框架[J]. 情报科学，2013（3）：27-30.

[6] Wöhner T, Peters R. Assessing the Quality of Wikipedia Articles with Lifecycle Based Metrics[EB/OL]. https://www.opensym.org/ws2009/Proceedings/p116-woehner.pdf. [2023-04-26].

[7] Baker R S J D, Yacef K. The state of educational data mining in 2009：A review and future visions[J]. Journal of Educational Data Mining，2009，1（1）：3-17.

进化状态、提取相关进化要素并标注进化状态的基础上，结合卷积神经网络与深度学习算法构建了网络学习资源进化预警模型，经过性能测试，发现该模型有着更优的收敛态势，可以发挥很好的预警效果[1]。此外，调研发现，目前国际上尚未有成熟的资源进化预警技术研究成果，因此如何结合前沿的深度学习技术，对网络学习资源进化进行智能预警与反馈，是一项具有挑战性和应用前景的新课题。

2.1.2 研究方法透视

1. 德尔菲法

德尔菲法作为一种验证性方法，可以检验研究中构建的影响因素指标体系的科学性与合理性。在学习资源进化研究中，利用德尔菲法能够识别出影响资源进化的相关因素。具体做法为：首先通过文献整理，初步构建网络学习资源进化影响因素指标体系，然后选取行业专家进行2—3轮意见征询，不断迭代优化指标体系，最后确定学习资源进化的影响因素。在确定影响因素后，利用解释结构模型法（interpretative structural modelling method）对影响因素进行分层分级，进一步确定影响因素之间的复杂相互关系和层次。

2. 社会网络分析

社会网络分析利用节点与节点之间的关系，可视化呈现资源进化内部不同网络的结构特征，实现网络学习资源进化规律探究与预警；同时通过计算网络中心度、边缘性等指标，识别不同因素影响下资源网络的变化情况，发现影响因素对资源网络的作用规律。比如滕广青等利用社会网络分析中的网络中心性分析，对知识发展过程进行动态演化分析，挖掘知识关联与结构的变化规律[2]。社会网络分析还可以用于监测网络学习资源质量，如 Kane 和 Ransbotham 利用社会网络分析法构建了维基百科用户与文章的隶属网络，发现网络的中心度和特征向量中心性正向影响了文章质量，并且用户数量与文章质量之间呈现倒 U 形影响关系[3]。此外，社会网络分析还可以用于分析学习资源主题、评估资源内容以及检测用户交互行为，进而实现对网络学习资源进化质量的监测和预警。

---

[1] 杨现民，袁萌，李康康. 网络学习资源进化预警模型设计[J]. 电化教育研究，2022，43（5）：61-69.

[2] 滕广青，贺德方，彭洁，等. 基于网络中心性的领域知识动态演化研究[J]. 图书情报工作，2016，60（14）：128-134+141.

[3] Kane G C, Ransbotham S. Research note – content and collaboration: An affiliation network approach to information quality in online peer production communities[J]. Information Systems Research，2016，27（2）：424-439.

3. 系统动力学仿真

从系统动力学视角来看，网络学习资源进化处于一个由多要素组成的复杂系统中，影响因素与学习资源进化之间存在着复杂的线性或非线性关系。系统动力学的仿真环境和动态分析能够深入挖掘网络学习资源进化的影响因素及其内在规律，其中模型构建是系统动力学分析的必要环节，也是将抽象问题具体化的过程。研究者构建了组织间知识转移演化模型与知识建构行为的演化博弈模型[①]，经过仿真分析揭示了组织间知识转移的特性和机理与建构行为的关系，并提出了促进深层次知识建构持续发展的策略。除模型构建外，进行系统动力学分析还需依靠大量数据。牟智佳等通过对两门慕课数据进行仿真分析，发现学习资源的类型和数量等因素影响学习者个性化学习需求[②]。

4. 机器学习

教育信息化研究领域中有学者利用机器学习对数字学习资源进行监管[③]，进而促进网络学习资源建设，实现对网络学习资源进化的预警。整体来看，机器学习在网络学习资源进化研究中主要包括内容检测、自动标注以及数据挖掘三个方面的应用。在内容检测方面，通过机器学习算法对文本、图片、视频等多模态资源进行分类和过滤，淘汰低质量或不合适的内容，提高用户共建共享资源的积极性。比如 Wang 等提出了一种结合手工和自动提取功能的特征融合框架，显著提高了维基百科文章质量缺陷分类的有效性[④]。在自动标注方面，利用机器学习算法对海量的无标签数据进行自动标注，可以为大规模的数据训练与分析提供支持。在数据挖掘方面，通过对网络学习资源的数据进行挖掘和分析，为网络学习资源的持续改进提供依据。比如赵玲朗等设计了一种基于多目标优化视角的学习资源进化模型，该模型使用自适应调整变异率和交叉率的差分进化算法实现资源进化，再利用情境感知算法将进化后的资源智能化推荐给学习者[⑤]。

[①] 晋欣泉，姜强，赵蔚. 基于系统动力学的知识建构行为演化博弈模型及仿真分析[J]. 远程教育杂志，2022，40（1）：103-112.

[②] 牟智佳，王卫斌，李雨婷，等. MOOCs 环境下个性化学习需求预测建模与仿真：系统动力学的视角[J]. 电化教育研究，2018，39（11）：29-37.

[③] 柯清超，林健，马秀芳，等. 教育新基建时代数字教育资源的建设方向与发展路径[J]. 电化教育研究，2021，42（11）：48-54.

[④] Wang P，Li M Y，Li X D，et al. A hybrid approach to classifying Wikipedia article quality flaws with feature fusion framework[J]. Expert Systems with Applications，2021，181：115089.

[⑤] 赵玲朗，范佳荣，唐烨伟，等. 智慧学习资源进化框架、模型研究：基于多目标优化视角[J]. 电化教育研究，2020，41（12）：59-64.

5. 微分动力系统

微分动力系统（differential dynamical system）主要关注系统的瞬时变化以及系统的长期行为[①]。在网络学习资源进化研究领域，微分动力系统用于分析学习资源的演化、学习资源之间的相互作用、学习资源的评价与优化，以及网络学习资源平台的演化过程与整体发展态势等。在分析学习资源的演化方面，微分动力系统能够描述学习资源在时间上的演化过程，进而分析学习资源的变化趋势和特点；在学习资源之间的相互作用方面，微分动力系统可以描述不同学习资源之间的相互作用，从而分析学习资源之间的关系和影响；在学习资源的评价和优化方面，微分动力系统用来评价和优化学习资源的质量和效果；在网络学习资源平台的演化过程中，微分动力系统可通过建立合适的微分动力系统模型，对网络学习资源平台各个方面的演化过程进行定量描述；在平台的整体发展态势方面，微分动力系统可以用于预测网络学习资源平台的未来发展趋势，为网络学习资源平台的发展提供指导。

6. 其他方法

除以上 5 种典型的研究方法外，还有一些方法也性于网络学习资源进化研究，比如时间序列分析法、滞后序列分析法以及流程挖掘。这些方法对开展学习资源进化研究同样具有重要的参考价值。

时间序列分析是一种动态处理数据的统计方法，可以反映事物的发展变化状态。利用时间序列分析可以开展网络学习资源进化规律与预警研究。具体做法是：首先，收集并处理学习资源相关数据，如缺失值填补、数据清洗等；其次，建立时间序列模型，将学习资源的各个属性作为时间序列的变量，例如将下载量作为时间序列的因变量，创建日期作为时间序列的自变量；再次，进行模型拟合和参数估计，选择合适的模型算法和参数组合；最后，根据模型预测未来的学习资源发展趋势。

滞后序列分析法主要用于检验人们发生一种行为后出现另一种行为的概率及其是否存在统计学意义上的显著性[②]。笔者利用滞后序列分析法对协同知识创作过程中的用户行为模式进行分析，提出要设置一些行为引导策略，增加"用户评论-编辑内容"与"批注-编辑内容"行为序列出现的频率，以促进知识的迭代生

---

① 欧阳奕孺，周政. 微分动力系统概论[J]. 系统工程理论与实践，1987（2）：61-66.

② Bakeman R, Gottman J M. Observing Interaction: An Introduction to Sequential Analysis[M]. 2nd Ed. Cambridge: Cambridge University Press, 1997: 111-116.

成[1]。滞后序列分析可以呈现学习者在资源协作过程中的一系列行为模式，从而找到影响学习者协作的相关因素。

流程挖掘是通过对系统中存在的事件日志进行挖掘，找出有价值信息的方法[2]。在资源进化研究中，利用流程挖掘可以开展网络学习资源进化规律和预警技术的探究。其研究步骤为：首先，针对研究问题，收集和处理相关数据，选择合适的流程建模方法；其次，利用已有的数据对模型进行训练和优化，调整模型参数和结构，提高模型的预测准确性和泛化能力；再次，将训练好的模型用于预测和分析，评估模型的预测效果和可靠性，并对模型进行迭代优化；最后，根据模型的预测结果，对网络学习资源的演化规律进行解释和可视化呈现，例如绘制演化树、时间序列图等。通过对流程模型的分析，可以发现潜在的问题和瓶颈，并提出相应的改进措施，优化学习资源的演化路径和效率。

7. 各类方法的比较分析

综合上述分析，我们发现不同的研究方法在网络学习资源进化研究中的作用各不相同。本书针对上述网络学习资源进化研究方法，从方法的典型特征、应用场景、优势与不足等方面进行了比较，具体如表 2-3 所示。可见，在开展网络学习资源进化研究时，可以融合多种不同的研究方法，以突破单一研究方法的局限性。例如，结合社会网络分析和滞后序列分析，探索网络学习资源的变化与社交网络结构之间的关系。多种研究方法的融合可以创造新的研究思路，有助于发现新的问题和现象，促进研究方法的交叉应用和创新，给网络学习资源进化研究带来新的发展方向和可能性。

表 2-3　网络学习资源进化研究方法比较分析

研究方法	典型特征	应用场景	优势	不足
德尔菲法	匿名性、迭代性，通过多轮意见征询，实现理性决策、预测或评估	资源进化影响因素研究	通过多轮意见迭代，可以逐渐达成共识，证明所研究问题的解决方案的正确性	耗时耗力，实施周期较长；有效性取决于是否选择了合适的专家组
社会网络分析	关注不同个体之间的关系，以可视化的方式理解社会关系和网络结构对个体和群体行为的影响	资源进化规律、机制研究	使用图形化可视化工具来展示网络结构，能够更直观地观察和分析网络学习资源进化过程中的节点、连接和群体	需要收集和处理大量数据；主要关注网络中的关系和连接，可能无法完全覆盖资源进化过程中的其他因素

---

[1] 杨现民，王怀波，李冀红. 滞后序列分析法在学习行为分析中的应用[J]. 中国电化教育，2016（2）：17-23+32.

[2] Agrawal R, Gunopulos D, Leymann F. Mining process models from workflow logs[M]//Proceedings of the 6th International Conference on Extending Database Technology：Advances in Database Technology（EDBT'98）. Berlin, Heidelberg：Springer, 1998：469-483.

续表

研究方法	典型特征	应用场景	优势	不足
系统动力学仿真	对系统行为和动态变化进行建模、模拟和分析	资源进化影响因素、机制和规律研究	考虑系统的整体性和动态性，帮助研究者全面理解网络学习资源进化过程中的相互依赖关系和非线性效应	对数据的要求较高；研究者需要对网络学习资源进化过程进行一定程度的简化和假设，可能影响结果的准确性
机器学习	能够自主学习，具备预测与泛化能力，可自适应和优化、处理大规模数据，非线性关系建模、增量学习等	资源进化预警技术研究	可以提高资源进化模型的准确性；挖掘资源进化过程中的复杂关系，揭示资源之间的依赖、影响和演化规律	对数据的质量、可靠性以及规模要求较高；过程难以解释和理解
微分动力系统	探究动力系统中的平衡态、稳定性、相空间等问题，掌握系统演化的轨迹	资源进化规律研究	可以捕捉学习资源的时间依赖性和序列性质	涉及大量的微分方程和模型参数，增加了研究的复杂性，同时对数据质量和数量要求较高
时间序列分析	探究数据的趋势、周期、自相关性等，并提供基于历史数据的推断和预测能力	资源进化规律、预警技术研究	捕捉资源进化中可能存在的周期性变化，同时对未来发展趋势进行预测	对数据的质量和数量要求较高
滞后序列分析	可以揭示变量之间的滞后关系，探索因果关系并预测未来趋势	资源进化规律、预警技术研究	分析学习资源和相关变量之间的动态关系，揭示学习资源变化的非线性模式	需要高质量的历史数据，以支持滞后关系的建模和分析
流程挖掘	识别学习资源进化过程中的关键活动，以及不同活动之间的关联关系	资源进化规律、预警技术研究	将学习资源进化过程转化为可视化的流程图或流程模型，使学习资源的演化和变化过程更加清晰	对数据质量要求较高，面临数据隐私问题

2.2 网络学习资源进化研究面临的难题

近年来，研究者从不同学科视角出发，在网络学习资源进化影响因素、模式、技术以及规律等方面取得了丰硕的研究成果。但是从实践效果来看，网络学习资源自身的多样性以及系统的复杂性使得资源进化研究仍存在一些现实难题亟待解决，比如资源进化多模态难题、资源进化数据分析难题、资源进化系统仿真难题以及资源进化规律识别与验证难题等。

2.2.1 资源进化多模态难题

在 Web2.0 理念和技术的冲击下，以维基、网络日志（Blog）等为代表的开放知识社区发展迅速，成为信息时代知识传播与创新的重要阵地。但是在开放知识社区中，以单模态资源为主，这些资源存在呈现形式单一、进化动力不足等缺点，难以满足学习者的个性化学习需求。而多模态资源的出现给网络学习资源带来新的形态和发展机遇。多模态资源的优势在于能够融合文本、图像、音频和视频等多种表达方式，更加全面地呈现知识与内容，丰富学习者的学习体验。但是不同模态资源之间存在复杂的关联和相互作用，使得资源进化过程更加复杂。而且，多模态资源的融合需要解决资源之间的语义连接问题，尤其是针对不同类型的资源如何建立有效的联系，这对资源进化来说是一个挑战。此外，虽然生成式人工智能的应用使得多模态资源能够更容易生成，但也带来了资源结构复杂性增加和资源内容表征困难等问题。

为了有效解决多模态资源的进化问题，需要通过跨学科协作和技术创新突破现实难题。研究者可以探索跨模态信息检索技术，建立起不同类型资源间的语义连接，使得资源之间的内容能够相互补充和丰富，以提供更全面的知识表达。针对生成式人工智能技术导致的多模态资源内容表征困难问题，可以尝试将多模态内容映射到共享的语义空间中，使资源内容更容易被处理、分析和理解，以构建更好的资源关联和进化模型。

2.2.2 资源进化数据分析难题

面对网络学习资源进化过程中产生的海量数据，研究者尝试通过后台导出（慕课平台中管理员可以导出学习过程数据）、网络爬取（借助火车头、八爪鱼等软件合法爬取）等手段收集研究数据。但是如何从海量数据中提取有价值的信息并进行分析，成为资源进化研究中面临的一大现实难题。其一，网络学习资源数量庞大且不断增加，使得收集并整合这些数据需要花大量的时间和精力。不同的网络学习平台、教育机构和个人都可能产生大量的学习数据，研究者需要从这些多样化的来源中收集数据，并对其进行转换和整合。其二，在收集的数据中，存在缺失数据、异常数据、重复数据、不一致数据等问题[①]，数据质量低导致分析结果不准确和不可靠。其三，为了训练机器学习模型，通常需要标注大量数据，但是人工标注数据的成本较高，特别是针对多模态资源或复杂领域的数据，需要专业领域知识与时间投入。

为了有效解决资源进化研究中存在的数据分析难题，需要提高机器学习训练模型精准度，减少人工参与。例如：在数据收集阶段，采用自动化算法进行数据清洗和预处理，包括处理缺失数据、异常值数据、虚假数据等；在预训练模型时

---

① 刘鹏.R语言[M].2版.北京：清华大学出版社，2022，87.

可以将在其他领域或数据集上训练得到的模型的知识迁移到网络学习资源进化研究中，以减少对大量标注数据的依赖，优化模型的训练效果；在深度学习架构设计中，可以考虑引入注意力机制、多模态信息融合等技术，以提高模型对多样化数据的处理能力，从而使其更好地适应网络学习资源的复杂性和多样性。

2.2.3 资源进化系统仿真难题

系统动力学和微分动力系统是探究网络学习资源进化规律的重要方法。在构建网络学习资源进化系统和设计仿真公式方程时，面临的难点主要包括影响因素识别和公式方程设计两个方面。在构建学习资源进化系统时，首先需要识别和确定资源进化的影响因素。这些影响因素可能涉及学习者的行为、技术发展、教育政策等。影响因素的识别是确定进化系统内部要素的前提，也是搭建进化系统的基础性工作。但是由于网络学习资源进化涉及多个学科领域且内部存在复杂的相互作用，目前尚未形成一套成熟的网络学习资源进化影响因素指标体系。而公式方程设计，在系统动力学和微分动力系统中，是模拟仿真计算的基础。公式方程反映了影响因素之间的内在关系，通过这些方程可以推演出系统的动态变化过程。但是如何选择适当的数学函数和表达式来描述影响因素之间的相互作用，并对公式的有效性进行检验，是仿真研究面临的现实问题。

为了有效解决资源进化系统仿真的难题，需要综合运用多种技术与方法。首先，通过对大量网络学习资源进行数据分析，可以发现影响进化的关键因素，为构建系统提供参考与支持。其次，利用数学函数、微分方程等数学工具来描述影响因素之间的关系，建立系统动力学或微分动力系统模型，并通过与实际数据进行对比，检验模型的预测准确率和稳定性。

2.2.4 资源进化规律识别与验证难题

网络学习资源进化规律识别与验证一直以来都是限制网络学习资源进化发展的关键难题。其一，目前网络学习资源进化规律研究主要聚焦于以协同编辑为核心特征的在线开放社区，这些社区结构和用户参与行为模式相对简单。而复杂的在线社区（如智慧教育云平台、教师专业发展在线社区、网络学习资源管理系统等）涉及更多的因素和交互模式，现有研究成果难以直接推广应用于这些复杂社区中。其二，目前的进化规律识别技术主要基于过程性数据进行统计分析和挖掘，缺乏多情境和多样本的进化规律呈现。进化规律识别需要采用更复杂的数据挖掘技术和机器学习算法，以揭示网络学习资源在不同情境中的进化特征和规律。其三，不同在线开放社区的功能设计和运行机制不同，这将影响进化规律识别的效度，导致规律识别不准确。其四，在规律验证时，需要进一步明确进化规律的可解释性和一般适用性，由于理论模型缺乏反复验证、大规模数据收集难度大以及多平台多重比较难等问题，规律验证的准确性与可解释性仍有提升空间。

为了有效解决这些难题，需要统筹利用多种措施和技术手段。如在进化规律识别时，整合过程性数据和其他类型的数据（如社交网络数据、学习行为数据等），以增强分析的全面性和准确性；在技术手段上，采用更复杂的数据挖掘技术和机器学习算法（如深度学习、迁移学习等），以更好地挖掘和理解网络学习资源的进化规律；对于进化规律的验证，可以进行长周期的跟踪研究，以确保规律的一般适用性和稳定性。

2.3 网络学习资源进化研究趋势

本节立足资源进化研究面临的现实难题，结合新技术与新方法在资源进化研究中的应用潜能，提出未来网络学习资源进化将呈现四大研究趋势。

2.3.1 从文本型资源进化到多模态资源

数字时代下单一的文本资源无法适应规模化因材施教的教学需求，图像、视频、音频、AR/VR 等多模态资源将成为知识传播与共享的重要载体。面对表征形式各不相同且结构复杂的多模态资源，提炼资源进化中的共性要素，界定资源进化的要素集合，进而构建学习资源进化的个体与群体模型，成为有效融合多模态数据以完成资源进化分析的重要手段。在资源进化分析中，提取多模态资源的共性要素并界定资源进化的要素集合是关键。这涉及数据挖掘、特征提取和模式识别等技术，目的是从多模态资源中抽取有意义的信息和规律。通过构建学习资源进化的个体与群体模型，可以更好地理解资源的发展和演化过程，为教学和学习提供更有针对性的支持和引导。在多模态资源自动生成方面，基于大模型的生成式人工智能为提升内容自动生成质量提供了强大支持，比如 ChatGPT 的内容生成、对话情景理解、序列任务执行和程序语言解析能力为研究多模态网络学习资源提供了新的方法和工具，可用于多模态数据的处理和分析，为资源进化研究提供了更高效、更准确的解决方案。综合运用多模态资源和生成式人工智能，将推动网络学习资源进化研究的发展，提高资源进化分析的效率和精确度，为教学和学习提供更加优质和更具个性化的支持。

2.3.2 系统动力学指导下的资源进化仿真计算

挖掘可解释的网络学习资源进化规律与影响因素作用机制，可以促进对资源进化内在机理的理解。系统动力学仿真分析为开展进化规律与机制研究提供了新的思路与方法。其通过规定网络学习资源进化系统边界，构建合理的进化仿真环境，能够实现对资源进化过程的可视化呈现。为解决系统仿真难题，可以将系统动力学仿真分析与结构方程模型相结合。结构方程模型是一种多变量分析方法，能够同时处理几个潜变量及其指标之间的关系。通过构建并分析多因素影响下的网络学习资源进化结构方程模型，可以清晰地揭示不同资源进化影响因素之间的因果关系和相关关系，帮助研究者理清不同影响因素对资源进化的贡献和影响程度。系统动力学分析则可以弥补结构方程模型无法进行动态演化分析的局限，通过构建网络学习资源进化系统流图，实现对资源进化影响因素与进化趋势的动态演化分析。这种方法可以更全面地了解网络学习资源的发展阶段和网络分布规律，并在更大的时间范围内观察资源进化的动态变化过程。综合运用系统动力学仿真分析和结构方程模型，可以融合"机器＋数据＋人"的集体智慧，突破单一手段进行规律识别的局限性。通过这种综合方法，研究者可以发现多模态网络学习资源群体进化的影响因素及其作用机制，深入了解资源进化的发展阶段和演化规律，为教育政策和资源优化提供更有价值的指导和支持。

2.3.3 资源进化质量的动态监测与评估反馈

大规模开放协同环境给网络学习资源的高效管理带来了新的挑战。基于浏览量与评分排名的传统管理方法存在监管结果不客观、不全面、不及时等缺点，难以保证高质量资源的持续生成与进化。融合新技术对资源进化质量进行动态监测与评估反馈，既能够丰富资源进化预警技术的研究成果，又能够实现对学习资源的迭代优化，是提升资源管理效能的重要手段。对资源进行质量监测与评估反馈，一是需要制定资源质量评价指标，如编辑数、关联数、评论数、用户体验度等，以量化资源质量，为后续评估提供依据；二是基于评价指标，建立科学、合理的学习资源进化质量评估体系，包括评估方法、评估流程、评估标准等，确保评估结果客观、公正、可靠；三是依据评估体系收集资源建设过程中的数据，如编辑记录、用户交互行为等；四是采用机器学习、深度学习等技术对收集到的数据进行分析和处理，实现对资源质量的自动化评估，并生成资源进化质量监测报告；五是利用社会认知网络分析理解资源进化过程中的社会互动和知识传播网络，从而更好地评估资源的质量和影响。通过融合这些方法，可以实现对网络学习资源进化质量的动态监测和评估反馈，及时发现资源的质量问题和进化趋势，为资源的持续生成和优化提供重要支持。同时，这种自动化的评估方法也能够减轻人工管理的工作负担，提高资源管理效率和精确度。

2.3.4 资源关联网络的演化过程与机制

关联进化是网络学习资源进化模式之一，与内容进化相比，关联进化更加抽象、复杂。现阶段，研究者主要通过基于资源内容的关联、用户行为的关联以及社交网络的关联来构建学习资源关联网络并揭示资源关联进化过程。但这些方法过分依赖人工干预和数据质量，难以保证关联关系的准确性。因此，利用新理论与新技术构建资源关联网络，精准追踪学习资源进化状态，及时反映学习资源的变化和用户的需求成为新的发展趋势。未来研究可以将采集到的大规模资源进化数据作为样本，设计资源关联准则，如基于语义、标签、内容相似度等，提取资源关联信息。同时利用机器学习、自然语言处理和图论等技术，构建更复杂的网络模型，挖掘资源关联网络的演化过程与机制。基于复杂网络理论和方法，可以更好地识别网络学习资源复杂关联网络的结构样态与分布特征，通过计算资源进化关联网络中的群组数量、规模等，并对不同级别资源群组的进化指标进行比较分析，深入了解资源进化群体的影响因素，进而厘清群组规模、网络密度等变量对资源群体进化的具体影响。综合运用上述方法，可以为网络学习资源进化关联演化模式和过程研究提供新的思路及手段。深入探究网络学习资源关联进化的机制和规律，有助于更好地优化资源管理和满足用户的学习需求，推动网络学习资源的持续发展和创新。

第3章 网络学习资源进化状态的量化表征

随着《中国教育现代化2035》《关于推进教育新型基础设施建设构建高质量教育支撑体系的指导意见》等系列文件的出台与实施，网络学习资源的建设进入高质量发展阶段。然而，当前网络学习资源质量良莠不齐，资源虽多但不够用、不好用，原因之一便是网络学习资源的进化不足。为此，有学者尝试探究学习资源进化影响因素、模式、动力、质量控制机制以及进化规律等方面，并产出丰富的研究成果。但对网络学习资源进化的状态尚不明确，且缺乏科学的量化模型对资源的进化状态进行量化表征和描述，难以支撑网络学习资源进化的深入研究（如网络学习资源进化预警研究、网络学习资源进化发展规律研究等），同时也不利于资源管理者实时、可视化地掌握资源发展状态，这给网络学习资源的高效管理带来了挑战。本章首先系统梳理网络学习资源进化的研究现状；其次，以信息生态学理论为指导，尝试划分网络学习资源进化的状态；最后，基于"信息体量"的视角，设计一种网络学习资源进化状态的量化表征方法，以期为高质量数字教育资源建设与管理提供借鉴与指导，更好地服务高质量教育体系的建设。

3.1 相关研究

网络学习资源一直是教育领域研究的重点。近年来，国内外学者围绕网络学习资源进化状态、网络学习资源进化机制以及网络学习资源量化等方面开展了一系列的研究，并取得了诸多成果。这些成果为本研究探索网络学习资源进化的特征、划分网络学习资源进化状态和设计网络学习资源进化状态量化表征方法提供了参考及理论依据。

3.1.1 网络学习资源进化状态研究

当前关于网络学习资源进化状态的研究相对较少，大多研究围绕知识的生命周期展开。最早引入"知识生命周期"这一概念的是知识管理领域[1]，旨在更好地管理知识。2002 年，McElroy 教授对"知识生命周期"进行了定义，并出版著作——《新知识管理：复杂性、学习和可持续创新》，进一步阐述了知识生命周期的概念及其对高效知识管理研究和实践的指导价值。这个术语借用了生物学中的词语，因为生物体的发展过程由不同的阶段（如出生、成长和死亡）构成一个完整的周期。与生物发展类似，知识的发展过程同样呈现阶段性和具有生命周期。从产生到消亡的知识发展过程被称为知识生命周期（knowledge life cycle，KLC）。McElroy 提出的生命周期的概念也构成了第二代知识管理理念的基础。第一代知识管理是一种假定知识已经存在的理念，它注重知识的获取与编码，强调知识管理者在合适的时间将知识提供给合适的人，而忽视了知识的生成，对于新知识是如何在已有知识的整合和进化中产生出来的问题并不清楚。在书中他提出了第二代知识管理的理念，它是在继承第一代知识管理优点的基础上更加注重知识的生成与知识的生命周期。[2]并且，他认为知识处理是一个自组织的过程[3]，在个人、组织的学习活动中推动了新知识的生成与原有知识的调整和更新，以适应外界环境的持续变化[4]。

这一创新性的理念受到了国内外诸多学者的关注和研究，产出了一大批关于知识生命周期的研究成果，部分观点如表 3-1 所示。

表 3-1 学习资源（知识）生命周期的划分观点

研究者	状态划分
杨现民和余胜泉[5]	产生、发展、流通、成熟、消亡
徐刘杰和余胜泉[6]	正发展、平衡、淘汰
王午和万君康[7]	孕育期、成长期、成熟期、衰退期
孙振领[8]	幼年、成长、成熟、衰退、孕育

---

[1] 詹国梁. 基于生命周期策略的企业知识管理[D]. 武汉：武汉大学, 2012.
[2] McElroy M W. New Knowledge Management: Complexity, Learning and Sustainable Innovation[M]. London: Routledge, 2002.
[3] 柯平. 知识管理学[M]. 北京：科学出版社, 2007.
[4] 张婧, 李秋实. 关于知识构建的几点思考[J]. 图书馆论坛, 2010, 30（3）：10-12.
[5] 杨现民, 余胜泉. 泛在学习环境下的学习资源进化模型构建[J]. 中国电化教育, 2011（9）：80-86.
[6] 徐刘杰, 余胜泉, 郭瑞. 泛在学习资源进化的动力模型构建[J]. 电化教育研究, 2018, 39（4）：52-58.
[7] 王午, 万君康. 知识生命周期的三种诠释[J]. 企业活力, 2005（8）：54-55.
[8] 孙振领. 知识生态系统进化机制研究[J]. 情报杂志, 2011, 30（6）：152-155.

续表

研究者	状态划分
刘琼[1]	形成期、发展期、传播期、增值期、成熟期、衰退期、消失期
储节旺和李佳轩[2]	初始、流动、交互、消退
Haney[3]	创造或学习、识别、组织和编纂、存储、分发、使用、维护
Salisbury[4]	创造、保存、传播
Khalfallah 等[5]	创造、使用、维护、更新、报废
Evans 等[6]	识别、存储、共享、使用、学习、改进、创建

  从国外来看，Haney 将知识的生命周期划分为创造或学习、识别、组织和编纂、存储、分发、使用、维护七阶段循环圈（图 3-1）[7]。创造和学习是启动资源生命周期的开始；识别是学习者获取知识之前和之后，感知该资源对于自己是否有价值，Haney 特别指出，识别是一个非常重要的过程；组织和编纂则是指学习者根据自身的需求对获取的知识进行有意义方式的组织；分发是该知识被学习者分享与传播；使用则表示运用知识解决问题的过程；维护不仅指对知识的更新、更改、添加、删除或替换，还包括对知识使用的监控。

  Salisbury 在 Haney 的基础上提出了一种更简单的知识生命周期循环圈，仅包括创造、保存和传播（图 3-2）[8]。他指出，新的知识会因问题的产生或解决而被创造出来，经过多个学习者的共享与测试，优质的知识会被保存下来并得到充分的传播与应用。在应用的过程中，知识内容不断迭代，同时会促进新知识的产生。Khalfallah 等将更新与老化从维护中提取出来，认为知识的一生会经历创造、使用、维护、更新、报废五个阶段，知识在应用的过程中逐渐得到更新与优

---

[1] 刘琼. 网络信息资源的用户协同生成机制分析[J]. 情报杂志, 2015, 34（7）：184-188+140.

[2] 储节旺, 李佳轩. 知识生态系统中知识演化及智慧创生研究：以知乎社区为例[J]. 情报理论与实践, 2022, 45（9）：51-58.

[3] Haney D. Knowledge management, organizational performance and human performance technology[M]. Pershing J A. Handbook of Human Performance Technology. New York: John Wiley & Sons, 2006: 619-639.

[4] Salisbury M. From instructional systems design to managing the life cycle of knowledge in organizations[J]. Performance Improvement Quarterly, 2008, 20（3-4）：131-145.

[5] Khalfallah M, Barhamgi M, Figay N, et al. A novel approach to ensure interoperability based on a cloud infrastructure[J]. Concurrent Engineering Approaches for Sustainable Product Development in a Multi-Disciplinary Environment, 2013: 1143-1154.

[6] Evans M, Dalkir K, Bidian C. A holistic view of the knowledge life cycle: The knowledge management cycle (KMC) model[J]. The Electronic Journal of Knowledge Management, 2015, 12（2）：85-97.

[7] Haney D. Knowledge management, organizational performance, and human performance technology[M]// Pershing J A. Handbook of Human Performance Technology. New York: John Wiley & Sons, 2006: 619-639.

[8] Salisbury M. From instructional systems design to managing the life cycle of knowledge in organizations[J]. Performance Improvement Quarterly, 2008, 20（3-4）：131-145.

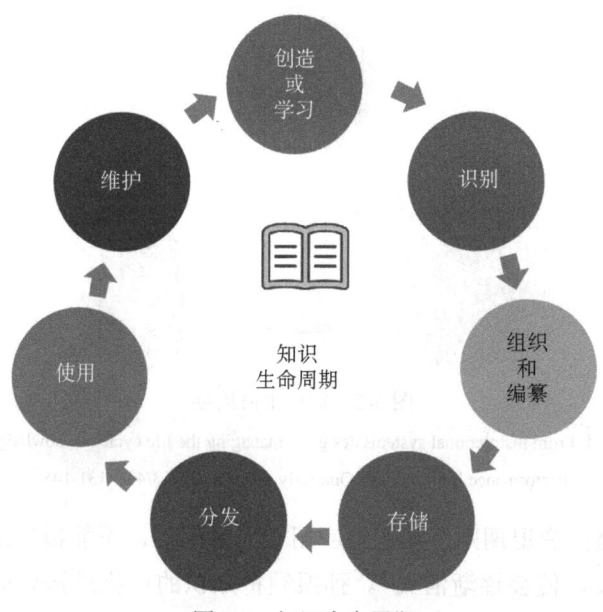

图 3-1　知识生命周期

资料来源：Haney D. Knowledge management, organizational performance, and human performance technology[M]// Pershing J A. Handbook of Human Performance Technology. New York: John Wiley & Sons, 2006: 619-639.

化，不符合现实需求的资源会逐渐报废消失[①]。Evans 等虽然将识别放在知识生命周期的第一个阶段，创建放在最后一个阶段[②]，但在本质上与 Haney、Salisbury 和 Khalfallah 等提出的知识生命周期是一致的，他强调新知识是在具体解决问题的应用中产生的。

基于国外关于学习资源生命周期的研究成果来看，国外学者对知识生命周期的划分非常具体与细致。相较于国外学者，国内学者对知识的生命周期的划分则相对宏观，但更贴合"生命"的概念。如王午和万君康认为知识从出生到死亡的过程包含孕育、成长、成熟和衰退四个时期：孕育期是知识开始的时候，包含知识创建的辨思与选择，需要思考哪些知识是学习者、组织所真正需要的知识；成长期的知识会经历一段螺旋发展时间，这个时期的知识需要不断强大自己的竞争力，以面对其他知识的用户抢夺，最终保留下来的一定是符合用户需求的优质知识；成熟期的知识会不断壮大，被广泛传播应用，给个体、组织、社会等带来最

---

① Khalfallah M, Barhamgi M, Figay N, et al. A novel approach to ensure interoperability based on a cloud infrastructure[J]. Concurrent Engineering Approaches for Sustainable Product Development in a Multi-Disciplinary Environment, 2013: 1143-1154.

② Evans M, Dalkir K, Bidian C. A holistic view of the knowledge life cycle: The knowledge management cycle (KMC) model[J]. The Electronic Journal of Knowledge Management, 2015, 12 (2): 85-97.

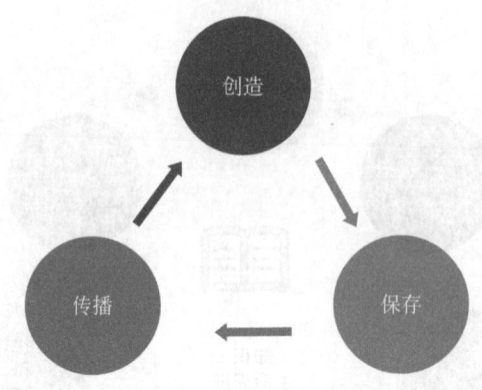

图 3-2　知识生命周期

资料来源：Salisbury M. From instructional systems design to managing the life cycle of knowledge in organizations[J]. Performance Improvement Quarterly, 2008, 20 (3/4): 131-145.

大化的价值利益；衰退期则指知识被应用一段时间后，不能很好地满足学习者或组织发展的需要，便会逐渐消失[①]。孙振领将知识的进化过程分成幼年、成长、成熟、衰退和孕育五个阶段：其中幼年阶段是知识服务的初级阶段；成长阶段的知识资源不断丰富、知识服务效率不断提升；成熟阶段的知识资源供给、服务、创新等都处于最佳状态，此时的知识价值达到最大化；衰退阶段是知识服务停滞、新知识萌芽的阶段；孕育阶段一般是指知识的环境（如社会环境、用户需求）等发生变化，此时会产生多种多样的知识"新枝叶"，在诸多知识观点的竞争交锋中，新的知识生态系统也逐步形成[②]。储节旺和李佳轩将知识演化分成初始态、流动态、交互态和消退态；初始态指用户未进行知识传播时的状态，此时知识未产生关联与交互；当知识进行首次传递时，便进入流动态；知识流动之后，用户对该话题进行激烈讨论、转发，并对该话题保持高度关注，知识进入交互态；当热点消退、知识交互减少、话题关注度降低时，知识进入消退态[③]。

学习资源进化最早由北京师范大学余胜泉团队提出，基于知识生命周期和知识进化的概念发展而来。后期学者主要围绕泛在学习环境下学习资源进化的影响因素、进化动力、进化质量控制机制、进化规律四个方面展开研究。而对于学习资源进化过程中存在的状态，仅有杨现民与徐刘杰等学者在论文中做了简单的描述。如杨现民和余胜泉将学习资源看作泛在学习系统中关键的物种，认为学习资

---

① 王午，万君康. 知识生命周期的三种诠释[J]. 企业活力，2005 (8): 54-55.
② 孙振领. 知识生态系统进化机制研究[J]. 情报杂志，2011, 30 (6): 152-155.
③ 储节旺，李佳轩. 知识生态系统中知识演化及智慧创生研究：以知乎社区为例[J]. 情报理论与实践，2022, 45 (9): 51-58.

源的进化需要与外界环境进行交互以获取养料,在养料的供给下,将学习资源的生命周期分为产生、发展、流通、成熟、消亡五个时期(图 3-3)[①]。

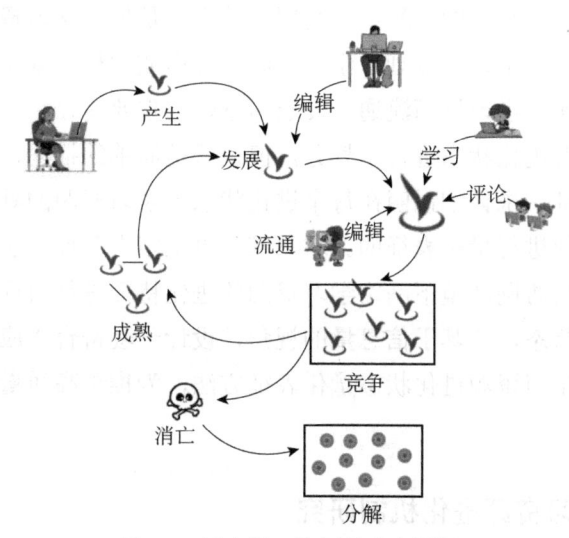

图 3-3　泛在学习资源的生命周期

资料来源:杨现民,余胜泉. 泛在学习环境下的学习资源进化模型构建[J]. 中国电化教育,2011(9):80-86.

产生期是用户利用资源制作工具创建各种学习资源的时期;发展期是指资源产生之后,创建者通过自己或邀请别的学习者进行编辑,对资源进行完善。一旦创建者发布了资源,该资源就进入了流通期。这个时期的学习资源具有商品属性,可以进行买卖交易,在各类用户之间流通传播。这个过程中,附着在学习资源上的编辑、评论、点赞等数量不断增加,这些都是构成资源进化发展的养料。在这个过程中,资源也将面临其他资源的竞争。高质量的资源将继续存在和发展,进入成熟期;而劣质的资源逐渐无人使用,进入消亡期,最终被淘汰。徐刘杰等认为学习资源存在正发展、平衡和淘汰三种进化状态[②]。从本质来看,其与杨现民教授对学习资源进化状态的划分一致。学习资源在流通的过程中,不断与用户交互,在自组织的动力下,其内容和关联结构不断完善和丰富,这时候的资源处于正发展状态;平衡状态的学习资源通常呈现出与用户数量和需求相匹配以及与社会环境相适应的特征;而资源无人问津、得不到自身发展和进化的养料时,则会进入淘汰状态,最终被系统删除或分解。

综上所述,目前国内外学者围绕学习资源/知识生命周期的划分产出了一系列

---

① 杨现民,余胜泉. 泛在学习环境下的学习资源进化模型构建[J]. 中国电化教育,2011(9):80-86.
② 徐刘杰,余胜泉,郭瑞. 泛在学习资源进化的动力模型构建[J]. 电化教育研究,2018,39(4):52-58.

研究成果，虽然划分各有不同，但逻辑上是一致的，体现出以下共性：一是体现了知识或资源的生命周期与生物一样是一个从产生到消亡的过程；二是展现了知识的演化是一个循环往复的过程；三是用户的需求是推动学习资源进化的根本动力，是否满足用户需求是学者划分学习资源生命周期的根本依据；四是学习资源与用户的交互是实现学习资源流通、发展与进化的重要途径。此外，虽然有学者围绕网络学习资源进化状态进行了划分，但也只是简单的描述，并未明确网络学习资源进化的特征，未详细说明在每个进化状态下学习资源的具体表现，也未涉足每个状态是如何进行量化表征的。本书基于以上四大共性，引入信息生态学理论，对大规模开放协同环境下网络学习资源的进化特征进行梳理，重新划分网络学习资源的进化状态，并基于信息量的视角，设计一套符合"应用为王、服务至上"理念的网络学习资源进化状态量化表征方法，为推进高质量数字资源生态建设提供参考。

3.1.2　网络学习资源进化机制研究

自然选择、遗传、变异是构成生物进化的三大重要进化机制[1]。国内外学者在借鉴生物进化机制的基础上，主要提出以下四类网络学习资源进化机制，即选择进化机制、协同进化机制、竞争进化机制和变异进化机制。

1. 选择进化机制

选择进化机制包含外部选择和内部选择[2]。

在外部选择方面，资源的外部选择与知识进化外部选择相似，知识的创造与发展受人类需求和社会环境等因素的影响，知识在能够满足人类学习需求和符合社会文化价值观的条件下将会被选择性地保留下来并得到充分的发展，而不符合这些条件的知识则会被淘汰[3]。文化价值是贯穿整个知识进化过程的重要外部选择因素[4]，是指导知识生态系统进化方向的指挥棒，知识的创建与培育都需要以知识生态系统的文化价值观为引领和指导。资源的外部选择同样由学习者（如学习者的偏好、需求等）和社会发展（如文化价值观等）决定，符合学习者和社会发展

---

[1] Maynard S J. The Theory of Evolution[M]. Cambridge: Cambridge University Press, 1993.

[2] 司云波, 和金生. 基于进化生物学启示的企业知识系统演化机制研究[J]. 科技管理研究, 2009, 29 (7): 280-281+294.

[3] Simonton D K. Creativity as blind variation and se-lective retention: Is the creative process Darwinian?[J]. Psychological Inquiry, 1999 (10): 309-328.

[4] 孙振领. 知识生态系统进化机制研究[J]. 情报杂志, 2011, 30 (6): 152-155.

需要的学习资源会被保留下来，不符合的将会被淘汰。

在内部选择方面，知识管理领域学者提出，用"知识元"的概念来表征知识进化的基本单元[1]，相当于生物进化中的基因。知识元在知识进化中的作用犹如基因在生物进化中所起的作用，在一定程度上决定着知识进化的发展方向和功能结构。在数字学习资源领域，学习者利用"语义基因"的概念来表征学习资源背后的内在知识结构，能够反映资源所要表达的核心内容及概念间的关系[2]。在语义基因的控制下，学习资源的内容和关联结构不断增删、更新、完善，优质的、符合用户需求的资源内容和关联结构被保留下来，低劣的、过时的则被删除。在这个过程中，学习资源不断发生自身的进化。

不管是外部选择还是内部选择，都会受到外界环境或学习者需求改变的影响，外部选择主要是指学习资源本身的生存与淘汰，内部选择主要表现为构成学习资源本身的要素或组成部分的保留与删除。学习资源就是在不断地被选择中得到进化与发展的。

2. 协同进化机制

"协同进化"最早是由 Ehrlich 和 Raven 两位学者在《进化》（*Evolution*）发表的文章中提出的[3]。1980 年，Janzen 在其发表的文章中定义协同进化为：当一个生物对另一个生物的某种特征变化做出进化行为或动作时，后者也会对前者的特征变化做出相应的进化行为或动作[4]，此定义也受到学界的高度认可。

学习资源是知识的载体，知识与人之间的相互作用也代表着资源与人之间的相互作用。由此可知，学习资源的协同进化方式主要包含"人-资源"协同进化与"资源-资源"协同进化。在"人-资源"协同进化方面，研究人员发现用户与知识之间存在持续相互作用的协同进化[5]。在知识与用户相互作用的过程中，优质的新的知识结构不断形成，知识服务质量不断提升。在"资源-资源"协同进化方面，资源之间的互补（关联）表现为相互支持与进化。例如，刘健等指出，

---

[1] 朱祖平. 知识进化与知识创新机理研究[J]. 研究与发展管理, 2000, 12（6）: 16-19.
[2] 杨现民, 余胜泉. 学习资源语义特征自动提取研究[J]. 中国电化教育, 2013（11）: 74-80.
[3] Ehrlich P R, Raven P H. Butterflies and plants: A study in coevolution[J]. Evolution, 1964, 18（4）: 586-608.
[4] Janzen D H. When is it coevolution[J]. Evolution, 1980, 34（3）: 611-612.
[5] 董睿, 张海涛, 苏欣宇. 开放式创新社区用户知识协同创新网络演化分析[J]. 现代情报, 2022, 42（10）: 15-26.

互补性协同进化是图书馆知识可持续进化的重要方式[1]；赵慧臣认为在课程群建设中，当某个课程的建设完善时，该课程会对与其相关联的课程建设起到促进作用，形成课程群的协同进化[2]。

协同进化实际上就是"进化""协同"两个行为结合的过程[3]，在学习资源进化的过程中，相互协同的资源在自组织力的作用下使系统由无序变为有序，双方在性质以及功能等角度获得发展与进化。

3. 竞争进化机制

学习资源的竞争进化机制主要是指具有类似服务功能的资源在争夺用户来源方面的竞争行为。在竞争的过程中，弱势方为了生存和发展，会采取进化行为。流通的学习资源具有商品属性，存在买卖、竞争的关系，访问量、下载分享数、点赞和点踩数等都会影响资源之间的竞争[4]。在竞争中，优质资源得到充足的用户使用，继而抢夺其他资源的能量，使自身继续生存、发展并壮大，而获取不到充足养料的资源逐渐消亡，被删除和分解。因此，学习资源必须不断进化，才能保持竞争力，从而避免被淘汰。资源的竞争力需要通过不断被用户浏览、编辑等交互行为来增强，才能具备较强的竞争力和优势，避免因获取不到能量而被淘汰[5]。

资源之间不仅存在个体资源竞争，还存在资源群体竞争，相似服务功能的资源会不断聚集，形成某个主题的资源群，资源群之间会根据外界环境或者内容进化的标准发生竞争行为，符合要求的资源群被保留，不符合要求的资源群逐渐被瓦解，被迫更新充足，避免被淘汰[6]。

竞争进化与协同进化不同，协同进化往往是投入最低的成本换取最佳进化结果，而竞争进化需要双方付出比较大的投入。虽然竞争是残酷的、高成本的，但同时也是促进学习资源进化的重要途径。

4. 变异进化机制

当前学习资源变异机制的研究较少，且主要围绕知识进化的变异机制开展研

---

[1] 刘健，张海涛，张连峰. 基于生态学视角的图书馆知识协同进化过程研究[J]. 情报理论与实践，2015，38（2）：71-74.

[2] 赵慧臣. 课程群协同进化研究述评[J]. 现代教育管理，2012（12）：99-102.

[3] 刘洵. 图书馆信息生态圈协同进化研究[J]. 图书情报工作，2016，60（9）：49-54.

[4] 马祖苑，余立新，张新富，等. 基于资源进化理论浅谈国家数字化学习资源中心资源建设[J]. 广州广播电视大学学报，2012，12（1）：41-45+109.

[5] 杨现民，余胜泉. 泛在学习环境下的学习资源进化模型构建[J]. 中国电化教育，2011（9）：80-86.

[6] 赵玲朗，范佳荣，唐烨伟，等. 智慧学习资源进化框架、模型研究：基于多目标优化视角[J]. 电化教育研究，2020，41（12）：59-64.

究。知识变异进化是知识在适应外界环境变化的过程中被重构和改造的过程[1]。Inkpen 和 Tsang 认为，知识变异的关键是知识基因的重构和重组[2]。知识变异进化可能出现在知识进化过程的任何阶段和环节。知识变异的剧烈程度可能远远超过生物的变异程度，因为不同信息、观点和隐性知识的交融和冲突使得知识变异成为可能[3]。宁德鹏等的研究发现，知识变异进化在扩展知识网络结构方面起着重要作用，因为知识变异会促使新的连接结构产生[4]。王国顺和杨昆指出，个人或团队产生的一系列新想法和主意，涉及如何用新颖的方式来处理旧问题或面对新挑战，都是知识变异进化的表征[5]。在知识变异的早期阶段，知识处于萌芽状态，相当于知识的创造阶段。只有在不断应用和完善的过程中，知识才能逐渐成熟。知识变异会产生新的知识基因，其内容通常与之前的知识基因内容存在本质的区别，这也是改变旧思想或旧科学，发现与建立新理论、新方法、新关系、新知识的关键时期[6]。

综上可知，在选择进化机制、协同进化机制、竞争进化机制、变异进化机制的作用下，知识或学习资源得以不断进化与发展。这也为研究网络学习资源进化的特征和状态提供了理论依据。本书将在这四类机制的指导下，结合信息生态学理论阐释网络学习资源在不同状态下的表现。

3.1.3 网络学习资源量化相关研究

近年来，学者围绕网络学习资源开展了一系列量化研究，主要包括学习资源质量量化评价、学习资源网络量化计算和学习资源评论情感量化计算三个方面。

1. 学习资源质量量化评价

网络学习资源在构建高质量教育体系的过程中发挥着日益重要的作用，如何精准、快速地评价学习资源的质量是提升学习资源利用率、推进高质量学习资源建设的重要议题。起初，人们一般是按照特定的评估标准，运用专业知识与经验

---

[1] 康鑫，赵丹妮. 知识势差、知识隐匿与知识进化：组织惰性的调节作用[J]. 科技进步与对策，2021，38(6)：122-130.

[2] Inkpen A C, Tsang E W K. Social capital, networks, and knowledge transfer[J]. Academy of Management Review, 2005, 30 (1): 146-165.

[3] 张凌志. 知识进化下知识变异的来源、条件与过程研究[J]. 情报杂志，2011，30 (8)：180-184.

[4] 宁德鹏，周红磊，任亮. 开放式创新社区知识进化的网络演变及可视化研究[J]. 情报科学，2020，38 (6)：90-95.

[5] 王国顺，杨昆. 知识演进与动态能力构建[J]. 管理学报，2010，7 (3)：395-399.

[6] 王雪，李睿. 知识生态学视角下的各类引文现象阐释[J]. 情报杂志，2018，37 (9)：179-184.

对学习资源的质量进行估计和推断[1]，这种评价方式对评价主体的经验和权威性要求较高，且无法进行大规模推广。因此，学者开始研究如何对学习资源的质量进行量化评价。

指标权重计算法是当前评价学习资源质量最常用的量化方法。这种评价方式首先是基于文献、政策文件、实践调研、个人经验等构建学习资源评价的指标体系，其次运用层次分析法、熵值法、因子分析法、主成分法、Saaty 氏乘积法等计算指标权重，随后用权重与指标得分分别进行相乘相加得到学习资源的质量评分。如童小素和贾小军基于层次分析法计算 MOOC 课程质量评价指标的权重，并选取了中国大学 MOOC、学堂在线和好大学在线三个平台中的网络课程进行应用[2]。余平和顾小清从数字学习资源应用成效视角出发，构建评价指标体系和计算模型，通过应用成效的评分来反映数字学习资源的质量[3]。指标权重法的通用公式如下：

$$M = \sum_{i=1}^{n} x_i y_i \quad (3\text{-}1)$$

式中，M 为资源评价得分，n 为指标数，x_i 为指标 i 的得分，y_i 为指标 i 的权重。

还有学者基于学习资源本身信息对学习资源的质量进行量化评价。如姚金良等基于指数函数拟合网络教学视频的播放量，通过函数中的参数来评价教学视频的质量[4]，其计算模型如下：

$$y = a \times e^{-bx} \quad (3\text{-}2)$$

在指数函数中，参数 b 关乎 y 值的下降速度。因此，参数 b 可以作为反映视频课程质量的变化指标。b 越小，播放量下降越慢，视频的质量相对越高，这时候通常不需要进行课程资源的更新。

此外，随着计算机科学、神经科学的发展，学者逐渐将卷积神经网络等技术应用于学习资源内容的评价，如马栋林等基于用户行为（播放时长比、快进次数、后退次数等）构建了一种全连接神经网络模型，并应用该模型对网络教学视频的内容质量进行量化评价[5]。

2. 学习资源网络量化计算

随着语义技术的普及与应用，网络学习资源之间逐渐形成巨大的学习资源网

---

[1] 赵振宇. 关于建立社会科学成果评价机制的几个问题[J]. 探索，2004（2）：92-95.
[2] 童小素，贾小军. MOOC 质量评价体系的构建探究[J]. 中国远程教育，2017（5）：63-71+80.
[3] 余平，顾小清. 数字化学习资源应用成效计算方法及其应用研究[J]. 中国电化教育，2020（2）：117-125.
[4] 姚金良，杨冰，韩建平，等. 网络教学视频资源自动评价方法[J]. 中国远程教育，2015（7）：72-76+80.
[5] 马栋林，王孝通，张澍寰，等. 基于用户行为的教学视频内容质量评价方法[J]. 兰州理工大学学报，2020，46（3）：110-115.

络。当前，学习资源网络的相关研究较少，大多数研究围绕知识网络进行量化研究。如杨坤等通过构建知识网络的知识熵来判定知识网络中两个节点之间的知识流通程度[1]，主要的计算公式如下：

$$K(ij) = -P_1(ij)\ln P_1(ij) \tag{3-3}$$

$$P_1(ij) = \frac{L_{ij}}{H_1} \tag{3-4}$$

式中，$K(ij)$表示节点i和j之间的知识熵；$P_1(ij)$表示实现节点i和j之间知识流动的概率；L_{ij}为节点i和j之间互动的频数，也称作知识流长度。H_1为所有知识流长度总和。

知识熵是度量节点之间知识流动畅通程度的重要指标，知识熵越小，表明节点之间的知识流通度越高；反之，则节点之间的知识流通较为闭塞。从知识熵的计算公式来看，节点之间的知识熵值与节点之间的互动频率密切相关，而知识流动的发生取决于用户与知识之间的交互。由此可见，知识熵越小，知识的应用水平也相对越高。

此外，还有学者计算网络的结构熵来度量复杂网络规模和复杂程度。典型的网络结构熵的计算模型有两种，分别是吴氏结构熵和蔡氏结构熵（表3-2）。

表 3-2　两种典型的网络结构熵计算模型

计算结构熵的方法	主要公式	说明
吴氏结构熵[2]	$E = -\sum_{i=1}^{N} I_i \ln I_i$ $I_i = k_i / \sum_{i}^{N} k_i$	E为网络的结构熵；I_i为网络节点的重要性程度；N为网络节点的个数；k_i为网络中资源节点的度
蔡氏结构熵[3]	$E = -\sum \frac{I}{\sum I} \log \frac{I}{\sum I}$ $I = \alpha S_i + \beta D_i$ $D_i = k_i(1 - P(k_i))n$ $S_i = (1 - P(k_i))n$	E为网络的结构熵；I为网络节点的重要性程度；n为网络节点的个数；D_i表示边的差异；S_i表示节点的差异性

吴氏结构熵和蔡氏结构熵的区别在于，前者仅考虑节点之间的差异性，后者还考虑了节点本身的差异性。但有学者发现，二者虽然不同，但均能很好地刻画

---

[1] 杨坤，吴金玉，胡斌. 创新网络中知识协同演化机理模型及计算实验分析[J]. 科技进步与对策，2020，37（8）：124-133.
[2] 谭跃进，吴俊. 网络结构熵及其在非标度网络中的应用[J]. 系统工程理论与实践，2004，24（6）：1-3.
[3] 蔡萌，杜海峰，任义科，等. 一种基于点和边差异性的网络结构熵[J]. 物理学报，2011，60（11）：157-165.

网络的结构[1]，故学者在研究知识网络的时候通常根据实际情况进行选择使用。如巴志超基于蔡氏结构熵模型度量知识网络空间的结构[2]；吴金玉等则基于吴氏结构熵计算模型测度知识网络的结构熵[3]，以此评判网络中知识的共享能力[4]。

3. 学习资源评论情感量化计算

学习资源的评论数据可以反映学习者对该学习资源的情感与态度，间接体现了学习资源的质量变化。近年来，学者采用多种方式计算学习资源评论文本的情感态度，以为学习资源的改进与完善提供理论依据。本书将评论数据的情感计算方法归纳为如下三种。

（1）基于情感词典和规则的方法

使用该方法的关键在于构建情感词典和规则集。情感词典是识别文本情感倾向的基础，是影响评论情感计算结果的重要因素[5]。规则集指的是用于识别句子情感的规则，如句型规则、句间关系规则、计算规则（如加权计算规则）等。基于情感词典和规则的情感识别流程主要如图3-4所示。首先，输入文本数据并对其进行预处理，预处理的目的是去除诸如无效字符等文本数据[6]，提高计算结果的精度。其次，对数据进行分词和去噪处理，分词处理就是将文本分割成许多词语，去噪处理就是移除或减少数据中无关的、随机的或干扰性的信息，这是计算文本情感的重要步骤。再次，选择情感词典，将不同类型和程度的词语载入模型中进行训练。最后，基于情感判断规则识别情感倾向并将其输出[7][8]。

---

① 罗鹏，李永立，吴冲. 利用网络结构熵研究复杂网络的演化规律[J]. 复杂系统与复杂性科学，2013，10(4)：62-68.

② 巴志超. 城市尺度下知识网络的空间结构及演变[D]. 武汉：武汉大学，2019.

③ 吴金玉，胡斌，杨坤. 技术创新网络的一个知识协同模型：共生理论与协同学的融合视角[J]. 科技管理研究，2019，39（4）：85-91.

④ Chan F W H, NG J J M, Wong B K Y. Shipping and Logistics Law[M]. Hong Kong: Hong Kong University Press, 2002.

⑤ 朱琳琳，徐健. 网络评论情感分析关键技术及应用研究[J]. 情报理论与实践，2017，40（1）：121-126+131.

⑥ 王志涛，於志文，郭斌，等. 基于词典和规则集的中文微博情感分析[J]. 计算机工程与应用，2015，51（8）：218-225.

⑦ Chen L C, Lee C M, Chen M Y. Exploration of social media for sentiment analysis using deep learning[J]. Soft Computing, 2020, 24（11）：8187-8197.

⑧ Pan D H, Yuan J L, Li L, et al. Deep neural network-based classification model for sentiment analysis[C]//Proceedings of the 6th International Conference on Behavioral, Economic and Socio-Cultural Computing（BESC）. IEEE, 2019.

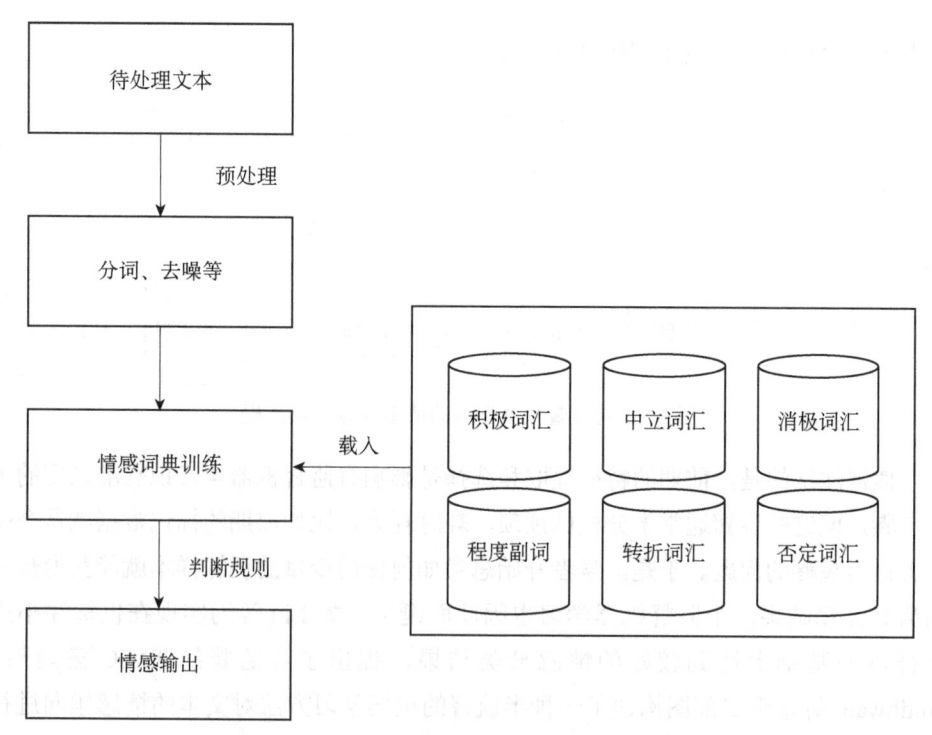

图 3-4 基于情感词典和规则的情感计算流程

基于情感词典和规则的方法在缺乏大量训练数据的情况下，能够获得相对较好的分类结果，而且易于理解。然而，由于网络用语的不断涌现，需要持续收集情感词汇和相关语料，以提高情感分类的准确性[1]。基于情感词典和规则集的方法也有一定的局限性。其中，情感词的选择和判断取决于先验知识与实验设计，因此其适用性受到极大的限制。另外，针对不同领域还需要构建相应的领域情感词典，否则跨领域情感分析的分类效果不尽如人意[2]。

（2）基于机器学习的方法

评论数据的情感分类还可通过机器学习的方法实现，有监督、半监督和无监督三种方式。有监督机器学习任务基于标记好的训练数据，从样本数据集中学习经验和规律并推断函数[3]，以此来计算输入文本数据的情感倾向，一般流程如图 3-5 所示。首先，导入测试数据进行训练，获取情感分析计算模型；其次，将需要测试的文本数据导入系统，经过规范的预处理等操作，训练好的模型对测试

---

[1] 李君轶，任涛，陆路正. 游客情感计算的文本大数据挖掘方法比较研究[J]. 浙江大学学报（理学版），2020，47（4）：507-520.

[2] 钟佳娃，刘巍，王思丽，等. 文本情感分析方法及应用综述[J]. 数据分析与知识发现，2021，5（6）：1-13.

[3] Mohri M, Rostamizadeh A, Talwalkar A. Foundations of Machine Learning[M]. Cambridge：MIT Press, 2018.

数据进行分析计算并输出情感计算结果[1]。

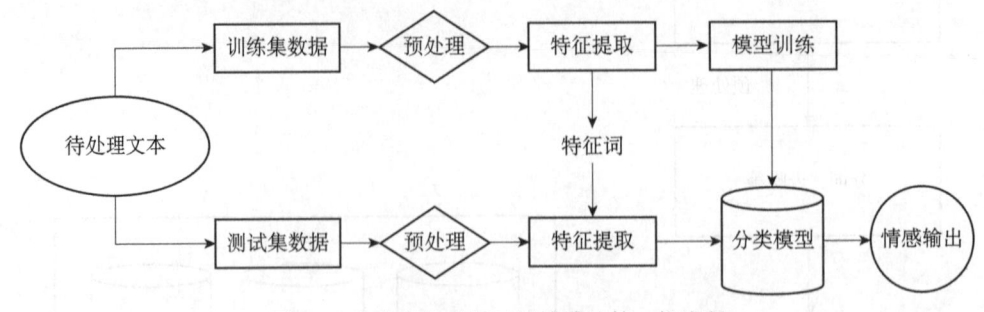

图 3-5　有监督机器学习的情感计算一般流程

值得注意的是，前期的特征提取和选择是影响有监督机器学习识别准确度的关键步骤，但这些步骤通常十分机械烦琐，耗时耗力，比如前期的标记数据就是令研究者最为头疼的问题。于是，学者开始思考如何使用少量的训练样本就能获得较好的情感计算结果，半监督机器学习也因此而诞生。如 Liu 等为实现在仅标注小规模样本的基础上达到较好的情感分类结果，提出了半监督的 TASC 模型[2]；Sindhwani 等基于二部图构建了一种半监督的机器学习方法对文本的情感倾向进行计算识别[3]。

无监督机器学习比半监督机器学习更进一步，无监督机器学习与有监督学习的最大区别在于无监督学习不需要对训练数据集进行标注，即可学习数据之间的经验与规律，并推断函数模型。最常见的无监督学习算法当属聚类算法，它通常将样本数据集分成几个不重叠的子集（"簇"或"类"），每个簇（类）都代表了一种潜在对象。在聚类算法中，运用最广泛、最常见的算法是潜在狄利克雷分布（latent Dirichlet allocation，LDA）情感分类算法。如为解决网络短文本情感挖掘不准确、难度大等问题，有学者将传统的 LDA 情感分类算法与互联网短评行为理论相结合，提出了一种新型的 LDA 情感计算模型[4]；杨九龙和鲍慧璐基于 LDA 主题聚类算法深度挖掘用户在线评论的内容特点和用户情感强度，以此来判

---

[1] Neethu M S, Rajasree R. Sentiment analysis in twitter using machine learning techniques[C]//2013 Fourth International Conference on Computing, Communications and Networking Technologies（ICCCNT）. IEEE, 2013.

[2] Liu S H, Cheng X Q, Li F X, et al. TASC：Topic-adaptive sentiment classification on dynamic tweets[J]. IEEE Transactions on Knowledge and Data Engineering, 2015, 27（6）：1696-1709.

[3] Sindhwani V, Melville P. Document-word co-regularization for semi-supervised sentiment analysis[C]//Eighth IEEE International Conference on Data Mining. IEEE, 2008.

[4] 黄发良，李超雄，元昌安，等. 基于 TSCM 模型的网络短文本情感挖掘[J]. 电子学报，2016，44（8）：1887-1891.

断图书馆资源服务的质量问题[1]。

总之，相较于基于情感词典与规则的计算方法，基于机器学习的方法更加方便了人类的工作，极大地提高了文本数据情感识别的效率。

（3）基于深度学习的情感计算方法

深度学习是机器学习中的一种技术，其核心是多层神经网络的使用。它涉及多个学科领域，需要掌握丰富的知识。与其他算法不同的是，自动抽象数据特征是深度学习的核心技术之一，在一定程度上简化了特征选择的繁杂过程，同时还能学习或生成数据中更为复杂和深度的特征[2]。深度学习的一个核心机制是将隐藏层嵌入输入层和输出层之间来模拟数据的中间表示过程，这种机制可以从高维数据中学习到更深层次的信息[3]。

基于深度学习的方法是当前非常流行的情感计算手段，包括卷积神经网络（convolutional neural network，CNN）和循环神经网络（recurrent neural network，RNN）等。例如，Poria 等将 CNN 应用于短文本的情感分析，并验证了其对文本情感分类的可行性[4]。然而，CNN 在学习上下文信息方面的能力仍需进一步提高。杨春霞等基于 BERT 和注意力机制构建了方面级隐式情感分析模型，可以有效地识别和预测句子中给定方面所表达的情感[5]。此外，还有学者将 CNN 和长短期记忆（long short-term memory，LSTM）相结合来识别英文文本的情感[6]。

基于神经网络情感计算方法的最大优势在于，其可以主动学习文本特征并保留文本中词语的信息，并提取词语的语义信息，继而实现文本情感分类。

3.1.4 小结

目前，还未有学者对网络学习资源进化过程中存在的状态进行细致划分与描

---

[1] 杨九龙，鲍慧璐. 用户在线评论省级公共图书馆内容挖掘与情感分析[J]. 图书馆学研究，2021（21）：10-17.

[2] 刘颖，王哲，房杰，等. 基于图文融合的多模态舆情分析[J]. 计算机科学与探索，2022，16（6）：1260-1278.

[3] 王颖洁，朱久祺，汪祖民，等. 自然语言处理在文本情感分析领域应用综述[J]. 计算机应用，2022，42（4）：1011-1020.

[4] Poria S，Peng H Y，Hussain A，et al. Ensemble application of convolutional neural networks and multiple kernel learning for multimodal sentiment analysis[J]. Neurocomputing，2017，261：217-230.

[5] 杨春霞，韩煜，陈启岗，等. 基于 BERT 与注意力机制的方面级隐式情感分析模型[J]. 南京信息工程大学学报（自然科学版），2022，15（5）：551-560.

[6] Rehman A U，Malik A K，Raza B，et al. A hybrid CNN-LSTM model for improving accuracy of movie reviews sentiment analysis[J]. Multimedia Tools and Applications，2019，78（18）：26597-26613.

述，大多聚焦知识生命周期的研究。虽然国内外学者对知识生命周期的划分不一，但总体体现了四大共性，这为本书后续研究划分网络学习资源的进化状态提供了参考和借鉴。此外，学者研究发现，与生物进化类似，在知识进化、学习资源进化过程中同样存在四类进化机制，即选择进化机制、协同进化机制、竞争进化机制和变异进化机制，也正是因为这四类进化机制的存在，学习资源才能发展与进化。网络学习资源之所以能够进化，与这四类进化机制密切相关，本书研究将结合这四类机制分析网络学习资源为什么会存在不同的进化状态以及在每个进化状态下网络学习资源所拥有的不同表现。关于网络学习资源的量化研究，目前学者主要聚焦于学习资源质量量化评价、学习资源网络量化计算和学习资源评论情感量化计算三个方面，而未涉及网络学习资源进化状态的量化研究，这不利于网络学习资源进化研究的进一步开展，也难以有效支持海量网络学习资源的高效管理。另外，在关于学习资源量化的研究中，运用的方法也不尽相同，有加权平均法、指数拟合，也有机器学习等。这将为后续网络学习资源进化状态的量化方法设计提供借鉴与思路。

3.2 网络学习资源进化状态质性描述

信息生态学为网络学习资源进化提供了新的理解思路，即网络学习资源是资源平台信息生态系统中的关键物种，并与信息人一样具有信息生态位、信息生态链，且其生存与发展需要不断与外界进行交互以获取负熵。在网络学习资源进化的过程中，其吸取的负熵量、信息生态位和信息生态链也始终保持动态变化。本节主要基于信息生态学，同时结合文献调研与团队前期的研究成果，对网络学习资源进化的特征进行阐述，并划分网络学习资源进化的状态，为后续量化表征方法的设计提供理论基础。

3.2.1 信息生态学理论概述

1. 信息生态学的内涵

信息生态学（information ecology），起源于 20 世纪 60 年代的美国[①]，是一门相对年轻的学科。然而，"信息生态"一词最早是由德国学者 Rafael Capurro 在他

---

① 周庆山，李瀚瀛，朱建荣，等. 信息生态学研究的概况与术语界定初探[J]. 图书与情报，2006（6）：24-29.

1989 年发表的论文"Towards an information ecology"中提出的[①]。关于信息生态学的概念，不同的学者有着不同的看法，具体如表 3-3 所示。

表 3-3　国内外信息生态学内涵代表性观点

研究者	代表性观点
Davevport 和 Prusak[②]	信息生态学是指对组织内部信息利用方式产生影响的各个复杂问题采取整体的观点，在许多不同现象的相互作用时必须利用系统观来分析问题
Nardi[③]	信息生态学是在特定环境下，对人的行为、价值与技术进行有机整体性研究
O'Day[④]	信息生态学是一门涉及社会科学、信息科学、管理科学、自然科学与艺术创造的科学
Lucas 等[⑤]	信息生态是一个比互联网更庞大、更复杂的系统
张新时[⑥]	信息生态学继承并发展了生态学的传统理论，同时融合了信息科学的先进技术和理论框架。它强调对人类生存、生态系统可持续性和生物圈健康相关问题的综合分析、建模和预测。此外，它还非常注重反馈在塑造未来发展中的作用
陈曙[⑦]	信息生态学探究信息与生命及其周边环境的相互作用，研究信息与个体环境之间的影响与反馈，以推导整个生态系统的形成、演变和发展规律
李美娣[⑧]	信息生态系统是由信息自身、生命体及其周围环境三者相互联系与作用的有机整体
陈锡生 和袁京蓉[⑨]	信息生态是由一系列信息资源要素组成的，这些要素包括但不限于信息人、信息、信息技术、信息政策和信息基础设施，它们之间相互作用形成了一个特定范围内的信息环境
卢剑波 和杨京平[⑩]	通过运用现代的系统理论、计算技术和方法，信息生态学致力于分析和处理不断扩大的生态学试验和观测数据，以探索生态系统在整体水平上的规律
王晞巍等[⑪]	信息生态研究信息科学中信息自组织和信息系统论等问题的构建。该领域的研究对象是在特定信息空间内，通过信息技术手段实现信息资源支持下的信息传递和反馈活动，以达到一种平衡状态的信息人类和信息环境。信息生态不仅涵盖人类信息生态系统，还包括周围组织的所有信息交流要素

---

① 转引自晋欣泉，邢蓓蓓，杨现民，等. 智慧课堂的数据流动机制与生态系统构建[J]. 中国远程教育，2019（4）：74-81+91+93.

② Davevport T H，Prusak L. Information Tecology：Mastering the Information and Knowledge Environment[M]. New York：Oxford University Press，1997.

③ Nardi B A. Information ecologies[J]. Reference & User Services Quarterly，1998，38（1）：49-50.

④ O'Day V L. Information ecologies[J]. The Serials Librarian，2000，38（1/2）：31-40.

⑤ Lucas P，Ballay J，McManus M. Trillions：Thriving in the Emerging Information Tecology[M]. Hoboken：Wiley，2012.

⑥ 张新时. 90 年代生态学的新分支：信息生态学[J]. 生物科学信息，1990（3）：101-103.

⑦ 陈曙. 信息生态研究[J]. 图书与情报，1996（2）：12-19.

⑧ 李美娣. 信息生态系统的剖析[J]. 情报杂志，1998（4）：3-5.

⑨ 陈锡生，袁京蓉. 企业信息资源生态系统中信息制度要素研究[J]. 技术经济，2002（7）：21-23.

⑩ 卢剑波，杨京平. 信息生态学[M]. 北京：化学工业出版社，2005：3.

⑪ 王晞巍，李国策，刘锋. 信息生态环境下的企业知识组织研究[J]. 情报理论与实践，2010，33（10）：49-52.

续表

研究者	代表性观点
卫欣和王国聘[①]	信息生态学是一门跨学科的综合性学科，它涵盖了电子科学与技术、信息与通信工程、计算机科学与技术以及新闻传播学等多个一级学科。研究对象包括电磁场、微波、通信、计算机、新闻、舆论、广告和传播等方面，不再局限于动植物之间物理信息、化学信息、行为信息和营养信息的传递。信息生态学旨在探究信息系统的生态环境，以及信息与环境之间的相互作用，以促进对信息系统的更好理解和管理

从国内外学者关于信息生态学的定义来看，主要可以分为两类：一是基于生态学的视角，认为信息生态学是运用先进的信息科技和信息理论等采集、加工、处理生态学中的海量数据，挖掘生态演化的规律和预测未来发展的规律；二是基于社会科学的角度，认为信息生态学研究的是社会环境中信息人、信息和信息环境三者之间的相互作用，促进人、社会组织，信息环境乃至整个人类社会的可持续发展[②]。无论是从生态学的角度还是从社会科学的角度，都表明信息生态学是一门涵盖生态学、信息科学、管理学等多个学科的交叉学科[③]。整体论、层次观、系统论、协同进化和自组织等理论构成了信息生态学的重要理论基础[④]。本书研究基于社会科学的视角研究网络学习资源进化的特征和状态。

2. 信息生态学的应用概况

信息生态学是协同信息人、信息和信息环境三者之间关系和发展的理论，为研究和解释信息人、信息、信息环境三者之间的复杂关系和维持信息生态系统可持续发展提供了理论框架，也因此受到了诸多领域学者的关注和运用，包含舆情传播、智库建设、图书馆建设、智慧课堂、企业建设、教育政务数据等。如胡吉明和杨泽贤运用信息生态学理论构建突发公共事件网络舆情热度影响因素模型，为揭示舆情热度发展的作用机理和引导舆情健康发展提供了借鉴[⑤]；孙细明和程柳基于信息生态学视角，挖掘智库集群生态系统的宏观和微观组成要素，并构建了智库集群信息生态链及生态系统结构模型，为推进智库集群信息生态系统良性循环提供了新的思路[⑥]；谭璐在分析高效智慧图书馆建设现状的基础上，将图书

---

① 卫欣，王国聘. 试论信息生态学的边界及未来[J]. 南京林业大学学报（人文社会科学版），2022，22（2）：97-108.
② 宫启生，张新民，郑彦宁. 以信息生态学的视角研究现代企业竞争[J]. 商场现代化，2008（24）：90-91.
③ 张福学. 信息生态学的初步研究[J]. 情报科学，2002，20（1）：31-34.
④ 卫欣，王国聘. 试论信息生态学的边界及未来[J]. 南京林业大学学报（人文社会科学版），2022，22（2）：97-108.
⑤ 胡吉明，杨泽贤. 突发公共事件网络舆情热度关键影响因素识别研究[J]. 情报杂志，2022，41（5）：112-117+182.
⑥ 孙细明，程柳. 信息生态视角下智库集群生态系统建设研究[J]. 智库理论与实践，2022，7（3）：75-83.

馆建设与信息生态学理论相结合,系统分析智慧图书馆信息生态系统的组成要素及相互关系,并从资金投入、信息人、信息资源三个方面提出发展策略[①];晋欣泉等将信息生态学与智慧课堂相结合,研究了智慧课堂生态系统的组成要素及要素间的关联性,并从课前、课中与课后三方面揭示了智慧课堂的数据流动机制[②];张秀娥和方卓利用信息生态学理论,对创业企业的信息生态系统组成要素进行了分析,构建了企业信息生态系统模型,并以美国网易公司为例,解析了企业生命周期内各要素的作用机理[③];杨现民等从信息生态学的视角来研究教育政务数据的开放与共享系统的数据输入输出和转换[④]。

在学习资源建设领域,修永富等基于信息生态学探讨了网络教育资源库的建设方向,指出网络教育资源库的建设要以人为本,强调了资源库建设的整体性、类型的多样性和信息的流动性等[⑤];刘春年和黄弋芸借用信息生态学的思想,从服务、用户和资源三个视角构建了教育信息资源共享的基本模型,并挖掘了各视角下的客观有机关系,为实现教育信息资源的共建共享提供了参考[⑥];胡铁生从信息生态学的视角系统分析了区域优质教育资源建设机制,包含资源建设规划机制、资源建设准入机制、资源建设汇聚机制、资源优化筛选机制、资源评价反馈机制、资源建设激励表彰机制等[⑦];罗卫和陈建斌将信息生态理论与高校在线课程建设做关联分析,探讨了高校在线课程建设模式与路径[⑧]。

总而言之,信息生态学具有非常强的包容性和适用性,可用于指导一切可看作信息生态系统的事物。网络学习资源平台也可被视为一个信息生态系统,因此,运用信息生态学去研究平台中学习资源的进化具有一定的适切性和科学性。

---

① 谭璐. 高校智慧图书馆建设的信息生态模式研究[J]. 图书馆工作与研究, 2019 (6): 120-123.
② 晋欣泉, 邢蓓蓓, 杨现民, 等. 智慧课堂的数据流动机制与生态系统构建[J]. 中国远程教育, 2019 (4): 74-81+91+93.
③ 张秀娥, 方卓. 创业型企业信息生态系统动态机制及应用研究[J]. 广西社会科学, 2015 (10): 63-68.
④ 杨现民, 王英, 李怡斐, 等. 教育政务数据开放共享体系的基本框架[J]. 中国电化教育, 2020 (9): 65-73+88.
⑤ 修永富, 张桂芸, 贾花萍. 信息生态学对网络教育资源库建设的指导意义[J]. 现代教育技术, 2008, 18 (9): 84-85+47.
⑥ 刘春年, 黄弋芸. 信息生态视域下教育信息资源共享的多维视角[J]. 图书馆理论与实践, 2012 (2): 24-27.
⑦ 胡铁生. 信息生态视野下的区域优质教育资源建设机制探索: 以广东佛山市"网上教学资源超市"为例[J]. 中小学信息技术教育, 2012 (10): 11-12.
⑧ 罗卫, 陈建斌. 基于信息生态的高校在线课程建设探析[J]. 现代情报, 2014, 34 (9): 141-144.

3.2.2 信息生态学对网络学习资源进化的指导意义

信息生态学是综合生态学和信息科学的理论与方法来研究"人-信息-环境"三者之间的相互作用、发现与预测整个生态系统进化与发展规律的科学[1]，目的是促进人、社会组织、信息环境乃至整个人类信息社会的可持续发展与稳定[2]。信息生态学为网络学习资源进化提供了一种新的理解视角和思路，即以生态联系的、动态演化的、系统的观点看待网络学习资源进化的过程。信息生态学中的信息生态系统、信息生态位、信息生态链以及信息熵等理论对于网络学习资源进化具有重要的指导意义。

1. 信息生态系统视角下的网络学习资源进化

信息生态学理论强调信息生态系统是具有一定组织性和社会属性的有机整体，包含信息人、信息、信息环境三大基本要素。从该视角看，开放知识社区或网络学习资源平台也是一个具有信息人、网络学习资源和信息环境的信息生态系统（以下统称资源平台信息生态系统）。

信息人主要指向用户（即学习者），既可以是个体，也可以是团体或组织。信息人是系统的核心主体，是系统中唯一具有信息行为的"物种"，系统中的所有要素都要以信息人的需求与活动为中心进行设计和运转。网络学习资源是信息人进行信息活动时的核心参与者，通过汲取信息人在信息活动过程中产生的价值（信息）[3]，并将其转化成自身发展的物质与能量，实现自身的进化与成长。信息环境是支撑信息人开展信息活动的空间与载体，不仅包括系统功能的技术架构（如支持信息人对资源进行评论、协同编辑、点赞、收藏、转发、关联等交互行为），还包括系统的运行机制、管理机制等。

资源平台信息生态系统的平衡需要信息人、网络学习资源、信息环境三者的相互作用、相互支持才能维持。系统达到平衡状态的基本表现为：一是信息人、网络学习资源、信息环境三者之间高度适应与匹配；二是信息流转良好，即网络学习资源在用户之间的流通度较高，通俗来说就是利用率较高；三是系统相对稳定，即系统的运行相对稳定，受外界干扰较少，尤其是恢复平衡和保持平衡的能

---

[1] 娄策群，桂晓苗，杨小溪. 我国信息生态学学科建设构想[J]. 情报科学，2013，31（2）：13-18.
[2] 宫启生，张新民，郑彦宁. 以信息生态学的视角研究现代企业竞争[J]. 商场现代化，2008（24）：90-91.
[3] 杨梦晴. 基于信息生态系统视角的移动图书馆社群化服务系统动力学仿真研究[J]. 情报科学，2020，38（1）：153-161.

力较强[1]。可见，网络学习资源进化与资源平台信息生态系统的平衡状态密切相关，当网络学习资源的供给与信息人的学习需求产生矛盾时，资源平台信息生态系统就会失衡，逐渐出现信息污染、信息超载或信息综合征[2]等问题。此时需要网络学习资源进化才能重新维持系统的平衡，且进化的方向必须是信息人学习资源需求发展的方向。

2. 信息生态位视角下的网络学习资源进化

"生态位"来源于生物领域[3]，表示个体或种群在生态系统中所占据的位置和状况[4]，也可理解为物种生活的特定环境[5]，通常代表生态系统中生物生存所必需的生存环境最小阈值。随着生态学与其他学科的交叉融合，生态位的概念逐渐在自然、社会、工程、经济等多个领域普及与应用，如企业生态位[6]、技术生态位[7]、社会经济生态位[8]等。一切类似于生命体的事物在特定的生态系统中都拥有其自身生存的生态位。同样，对于信息生态位的界定，也不应该局限于真正生命体（信息人）这一概念，信息生态系统中的各要素都应占有一定的信息生态位[9]，反映了要素在信息生态系统中的功能、地位以及相互关系等。

网络学习资源的信息生态位是其生存和发展的必要条件。本书将网络学习资源拥有的信息生态位称作资源信息生态位，反映了网络学习资源与信息人之间信息活动开展的情况。换言之，就是网络学习资源的应用水平。网络学习资源的应用水平越高，信息生态位就越宽，竞争力也越强；反之，则信息生态位越窄，竞争力就越弱。

网络学习资源进化是资源信息生态位反复"拓展—压缩（转移）—拓展"的

---

[1] 傅荣贤，韩雷. 和谐信息生态环境构建：以中国古代文献信息生态观为视角[M]. 北京：知识产权出版社，2015.

[2] 陈曙. 信息生态的失调与平衡[J]. 情报资料工作，1995（4）：11-14.

[3] Johnson B R H. Determinate Evolution in the Color Pattern of the Lady Beetles[M]. Washington, DC: Carnegie Institution of Washington, 1910.

[4] 尚玉昌，蔡晓明. 普通生态学-上册[M]. 北京：北京大学出版社，1992：283.

[5] Pocheville A. The ecological niche: History and recent controversies[M]//Heams T, Huneman P, Lecointre G, et al. Handbook of Evolutionary Thinking in the Sciences. Dordrecht: Springer, 2015: 547-586.

[6] 何郁冰，伍静. 企业生态位对跨组织技术协同创新的影响研究[J]. 科学学研究，2020，38（6）：1108-1120.

[7] Lopolito A, Falcone P M, Sica E. The role of proximity in sustainability transitions: A technological niche evolution analysis[J]. Research Policy, 2022, 51 (3): 104564.

[8] 黄甜，郭青海，邹凯，等. 乡村复合生态系统中村庄的社会经济生态位研究[J]. 生态学报，2022，42（1）：105-115.

[9] 柯健，李超. 网络教学机构信息生态位评价研究[J]. 现代情报，2013，33（12）：15-19+25.

过程。具有相似资源服务功能的网络学习资源会因为信息生态位的重叠而产生竞争，优势大的一方会逐渐压缩和吞并弱势一方的信息生态位。当资源信息生态位压缩至某一阈值时，资源就难以维持生存状态，逐渐走向死亡。弱势资源想要拓宽自己的信息生态位，重新获得生存空间，一方面可通过进化提升自身的质量，发展自己的竞争优势；另一方面，可通过信息生态位的转移，即将自身内容与结构进行重构或变异创新，发展特色的资源服务，在新的网络学习资源体系中获得生存必需的资源信息生态位。

3. 信息生态链视角下的网络学习资源进化

生物的生存与活动和周围环境密切相关。每一个生物为保持自身的生存稳定与发展，无时无刻不需要与外界环境进行物质和能量的交换。生态链就是负责生物之间的连接以及物质能量的运输。生态链的起源可以追溯到"食物链"的基本概念，它描述的是在一个生态系统中，众多生物和非生物成分相互作用、循环利用能量和物质，形成一个紧密相连的链条结构，彼此相互依存[①]。信息生态链是在生态链的基础上发展而来的，是指在特定信息生态系统中负责各生态要素节点之间的连接和信息的传输与交换关系。

信息生态链的本质是信息流转[②]，信息只有"动"起来，才能生成价值。因此，网络学习资源需要进化，就必须依赖信息生态链，使信息流动起来，进而获取自身发展和进化的能量。在网络学习资源进化过程中，信息生态链是一种连接信息人、网络学习资源和信息环境的链式结构，起着信息传输和能量转化的重要作用。首先，信息人通过对网络学习资源进行编辑、评论、点赞、转发、关联等操作产生信息（价值），信息生态链通过链条管道将信息传递给网络学习资源，并在链条末端转化成资源进化所需要的物质与能量。其次，网络学习资源借助信息生态链将自身提供的资源服务信息传递给信息人，并在链条末端转化成信息人发展与成长的能量。

网络学习资源进化的效率与信息生态链的"健壮性"、规模密切相关。首先，信息生态链的"健壮性"影响着信息传输的"带宽大小"和速度，关系着能量转化的效率。其次，信息生态链的规模影响着网络学习资源进化能量的来源渠道，生态链规模越大，链条网越广泛，资源进化的能量来源渠道就越灵活，抗风险能力也越强，不会因某个节点或链条的故障、断裂而影响信息的传输和能量的

---

① 戴伟辉，戴勇. 网络游戏生态链研究[J]. 软科学, 2005, 19（1）: 11-14.
② 娄策群，周承聪. 信息生态链：概念、本质和类型[J]. 图书情报工作, 2007（9）: 29-32.

转化，进而不会影响网络学习资源进化的效率。

4. 信息熵视角下的网络学习资源进化

"熵"的概念起源于物理学，通常在热力学中用来表征一个物质的状态情况，即体系混乱程度的度量。一般来说，正熵代表了体系内的无序性，负熵则是系统有序的一个量度[1]。对于任何封闭的系统，其熵总是自发地朝着熵增加的方向（即无序的状态）发展，且这个过程是不可逆的，但可在一定的时间和空间里将原来的无序状态转变为有序状态[2]。要使系统从混沌状态转变为在时间上、空间上或功能上的有序状态，其关键在于系统可以持续不断地与外界进行互动，引入能够促进自身进化的负熵，抑制自身体内正熵的增长速度，进而使得自己获得更好的发展。网络学习资源也不例外，吸收负熵也是资源发生进化的必要且具决定性的条件。网络学习资源与外界环境互动的过程也是资源被用户应用的过程，而用户与资源的交互行为是产生负熵的主要途径。倘若资源只是被创建但缺乏应用，很快就会因体内熵值过高而衰老、死亡。

信息与熵一样，都可用于表征事物的状态发展与变化情况，区别是信息是消除不确定性的东西[3]，是熵的对立面[4]。1948年，香农把熵的理念与信息量的大小相互结合，提出了一种测度信息量大小的工具——信息熵。信息熵也是反映系统有序与无序状态的重要指标，信息熵与信息量的大小成反比，且信息量越大，系统越有序。可见，信息量是降低熵的程度或理解为负熵的大小[5]。由此，可将用户与网络学习资源的交互信息定义为资源进化所需吸收的负熵，信息量的大小代表了吸收的负熵的多少。值得注意的是，该定义是在遵循一切用户对网络学习资源的交互都是以促进资源更好发展为前提的基础上提出的。

无论是资源信息生态位的扩张还是信息生态链的健壮，都需要负熵才能发展和维持。只有不断地提升网络学习资源的应用水平，才能为资源提供源源不断的负熵，以保证资源的可持续进化，并蓬勃发展。

---

① Yang B, Qiang M S. Improvement of evaluation models of order degree of system structure by means of negative entropy[J]. Systems Engineering, 2007, 25（5）: 20-24.

② Cooke P. The new wave of regional innovation networks: Analysis, characteristics and strategy[J]. Small Business Economics, 1996, 8（2）: 159-171.

③ Shannon C E. A mathematical theory of communication[J]. Bell System Technical Journal, 1948, 27（3）: 379-423.

④ 张守凤, 周丽华, 武杰. 熵与势概念的沟通: 信息在系统演化中的作用[J]. 山东社会科学, 2021（9）: 174-181.

⑤ 陈昌曙. 自然辩证法概论新编[M]. 2版. 沈阳: 东北大学出版社, 2001.

3.2.3 网络学习资源进化的特征

网络学习资源进化与其具有类似生物的生命属性是分不开的。生命都是在进化中存在和发展的,"物竞天择、适者生存、优胜劣汰"是生命存在和发展的基本法则。在进化法则的驱使下,网络学习资源进化呈现选择性、渐进性、群智性以及循环性四个特征(图3-6)。

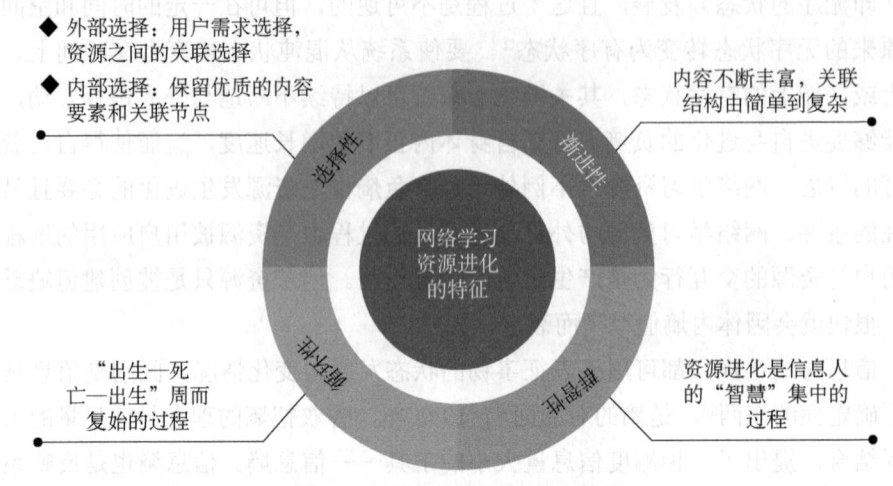

图 3-6 网络学习资源进化的特征

1. 选择性

网络学习资源进化的选择性可分为外部选择和内部选择。外部选择主要体现在用户选择和关联选择两个方面。首先,符合用户需求的网络学习资源会被不断地选择与应用,进而获得更多的能量与物质,并快速生长与进化。其次,网络学习资源往往会选择高质量的其他资源进行关联,关联的优质资源越多、越全面,资源的质量也就越高。内部选择主要表现为资源内容要素和关联网络节点的选择。在资源内容不断被修订、编辑、关联的过程中,优质的要素和网络节点会被选择性地遗传下来①,使得资源具有自身的专长和优势,以区别于其他资源。

网络学习资源进化的选择性具有创造性的作用,它不仅表现为保留高质量资源或淘汰劣质资源,还能加强和积累网络学习资源中优良的基因与特性,使之朝着一定的方向发展,改善与提升整个网络学习资源群体的质量。

---

① 宁德鹏,周红磊,任亮. 开放式创新社区知识进化的网络演变及可视化研究[J]. 情报科学,2020,38(6):90-95.

2. 渐进性

网络学习资源的进化同样是一个不断走向复杂与高质量的过程。从内容上来看，资源不断被用户编辑、更新，实现优质资源的积累，资源形态和资源组织模式逐渐趋合用户需求，最终实现自身内容的进化。从结构上来看，资源在刚被创建时，关联网络上仅有其自身一个节点，通过不断地与其他资源建立关联，自身的网络规模逐步扩大，形成庞大复杂的"资源云"，以实现自身的关联结构的进化[①]。资源正是通过不断地优化内容和关联结构，不断适应外界环境的需要与变化，不断提升自身的竞争力。

3. 群智性

基于信息生态理论可知，网络学习资源进化的关键因素是信息人，信息人的"智慧"决定了资源进化的效率和质量。以往，网络学习资源的更新频率以及质量往往由最初的创建者决定。资源被创建后，如果缺乏及时动态的更新，无法满足用户的现实需求，最终被淘汰。随着技术的快速发展，一些具有开放性、共建性的平台（如维基百科、百度百科、学习元）为网络学习资源进化注入了群体智慧。网络学习资源的每一次进化都是集体智慧的体现。当网络学习资源无法满足用户的需求时，用户之间会通过编辑、评论、点赞、关联等方式进行互动交流、协商对话和反思改进。在多方思想碰撞中，资源将群体智慧转化成进化发展的能量实现自身的发展进化，极大地增强了网络学习资源进化的有效性和合理性。

4. 循环性

循环性是指网络学习资源进化是一个"出生—死亡—出生"周而复始的过程。虽然网络学习资源的类生物属性决定其必然经历出生、生长、衰老、死亡等阶段，但网络学习资源具有"复活"的特质，表现为死亡状态的资源会重新获得新生，进入新一轮的进化阶段。网络学习资源重获新生的途径主要有两种：一是通过人为干预的方式对死亡状态的资源进行重组或者创新；二是外界环境的突变或人类认识的改变也可以激活死亡态资源的组织活力，使其重新获得生命。网络学习资源的"复活"时间取决于人为干预的时间或环境、人类认识的改变时间。

3.2.4 网络学习资源进化状态的划分与描述

网络学习资源进化的选择性、渐进性、群智性和循环性决定了网络学习资源

---

① 杨现民，余胜泉. 泛在学习环境下的学习资源进化模型构建[J]. 中国电化教育，2011（9）：80-86.

的进化过程更加复杂多变,但总体趋势也不会跳出生命发展的一般轨迹。基于Khalfallah 等[1]、杨现民和余胜泉[2]、徐刘杰等[3]、张赛男等[4]、孙振领[5]等学者对知识生命周期、学习资源生命周期、学习资源进化状态、数字学习资源的发展阶段等的划分成果,本书以信息生态学为指导,将网络学习资源进化的状态划分为五种,即起始态、成长态、稳定态、衰退态和死亡态,主要发展轨迹与特点如图3-7 和表3-4 所示。

图 3-7 网络学习资源进化状态发展轨迹

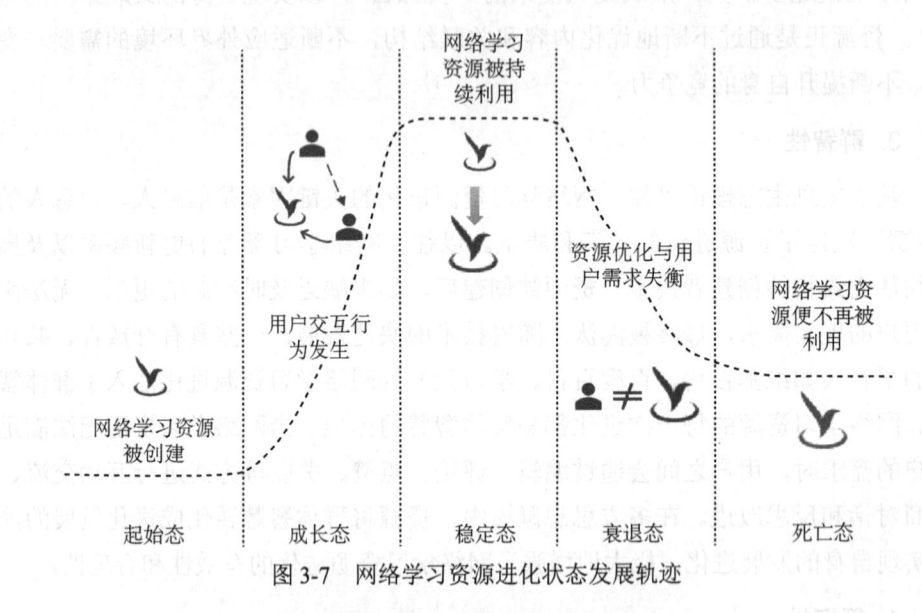

表 3-4 网络学习资源进化状态特点

比较项	起始态	成长态	稳定态	衰退态	死亡态
吸收负熵量	几乎无	不断增加	持续高水平获取	逐渐减少	几乎无
信息生态链	未建立	建立且不断健壮	最健壮的时期	松动,老化	崩溃瓦解
信息生态位	有,但竞争力弱	不断拓展	竞争力最强的时期	不断压缩	小于生存阈值

---

[1] Khalfallah M, Barhamgi M, Figay N, et al. A novel approach to ensure interoperability based on a cloud infrastructure[J]. Concurrent Engineering Approaches for Sustainable Product Development in a Multi-Disciplinary Environment, 2013: 1143-1154.

[2] 杨现民, 余胜泉. 泛在学习环境下的学习资源进化模型构建[J]. 中国电化教育, 2011 (9): 80-86.

[3] 徐刘杰, 余胜泉, 郭瑞. 泛在学习资源进化的动力模型构建[J]. 电化教育研究, 2018, 39 (4): 52-58.

[4] 张赛男, 赵蔚, 孙彪, 等. 面向个人终身学习的数字化学习资源生态化发展模式研究[J]. 现代教育技术, 2012, 22 (1): 83-87.

[5] 孙振领. 知识生态系统进化机制研究[J]. 情报杂志, 2011, 30 (6): 152-155.

1. 起始态

起始态即网络学习资源刚被创建的阶段。该阶段的网络学习资源由于缺乏用户的使用，与用户之间并未建立起物质循环、能量流动和信息传递的信息生态链，虽具有一定的资源信息生态位，但竞争力较弱。此时，网络学习资源面临的主要问题是如何营造促进自身应用水平提升的有利条件，有效汲取生存所需要的各种因子，以获得充足的生存条件与空间[1]。

2. 成长态

用户一旦发生了编辑、评论、关联等交互行为，该网络学习资源便进入了成长态。在这个时期，由于资源不断地与用户进行"选择、更新、点赞"等互动，资源质量不断提升，资源的应用水平日渐提升，获得的负熵逐渐增加[2]，信息生态链形成且不断健壮扩大，信息生态位持续拓宽。此时的网络学习资源内容不断丰富与优化，资源关联结构不断由简单走向复杂，竞争优势逐渐增大，辐射效应日渐增强。同时，成长态的资源也面临着发展问题，例如如何增加稳定的黏性用户数量，保持自身持续的成长，尽快进入稳定态等。

3. 稳定态

随着用户资源的不断储备以及信息生态链的逐渐健壮稳定，网络学习资源步入发展的黄金时期，即稳定态。在这个阶段，网络学习资源保持持续较高的应用水平[3]，能够保障持续稳定的负熵摄入。在内容方面，网络学习资源不仅质量高，而且呈现形态、组织模式等符合绝大多数用户的偏好和要求。在关联结构上，网络学习资源可以满足用户非线性和拓展学习的需求。此时的资源在相似资源体系中具有较强的竞争力，获得用户的持续关注与使用，呈现欣欣向荣的态势。

4. 衰退态

随着外界环境或人类认识的改变，学习资源提供的服务与用户的资源需求出现供应失衡的现象，而网络学习资源优化速度又赶不上学习者需求的变化，于是，网络学习资源便进入了衰退态。此阶段，由于资源被用户选择与应用的频率逐渐降低[4]，资源所吸取的负熵也不断减少，信息生态链日益松动、老化，信息

---

[1] 刘志峰，张志宇，王石磊. 基于生命周期理论视角的信息生态系统研究[J]. 科技管理研究，2009，29（4）：133-135+138.
[2] 徐刘杰，余胜泉，郭瑞. 泛在学习资源进化的动力模型构建[J]. 电化教育研究，2018，39（4）：52-58.
[3] 杨现民，袁萌，李康康. 网络学习资源进化预警模型设计[J]. 电化教育研究，2022，43（5）：61-69.
[4] 徐刘杰，熊才平，夏秀明. 网络信息资源动态发展利用的周期性研究[J]. 开放教育研究，2012，18（4）：91-98.

生态位逐渐被其他竞争资源压缩，生存空间日益减小。对于衰退态的资源来说，如何寻求变化与创新，重新适应用户的需求是亟须解决的关键问题。

5. 死亡态

若处于衰退态的网络学习资源未被改变或对其进行干预，资源最终会被用户舍弃，几乎不被选择与应用①，摄入的负熵几乎没有或为零，信息生态链崩溃瓦解，信息生态位小于生存阈值，资源走向死亡。对于死亡态的资源来说，亟须解决的关键问题在于如何重新激活组织活力，从而获得新生命。

值得一提的是，网络学习资源只是类似于生命体的事物，其本质上属于人工系统范畴，并不能等同于真正的生命体。在网络学习资源建设的过程中，受到创建者和平台流量、市场需求等诸多因素的影响，网络学习资源进化并不一定会完全按照上述进化状态顺序发展，存在进化状态的停滞、跳跃或反复等现象。例如，创建前，做好目标用户学习需求的调研或者采用有效的推广手段等，使资源一被创建就直接进入稳定态。另外，对处于衰退态和死亡态的资源进行"变异"创新，还能重新激活网络学习资源活性，使之回到成长态或稳定态。

3.3　网络学习资源进化状态量化设计

网络学习资源进化是构建高质量数字教育资源生态的重要途径。如何科学量化识别与表征网络学习资源的进化状态是网络学习资源研究领域的前沿议题。在前文的论述中，我们发现网络学习资源进化状态主要包含起始态、成长态、稳定态、衰退态和死亡态，这为本章设计资源进化状态提供了前提和基础。本节主要以信息生态学为指导，将用户与网络学习资源交互过程中产生的信息量总和视为网络学习资源进化的"信息体量"，并基于"信息体量"设计网络学习资源进化状态的量化表征方法，并在最后选取学习元平台中的"职业探索"资源为案例对象，详细展示量化表征方法的使用流程。

3.3.1　量化设计的总体思路

由信息生态学可知，网络学习资源的应用水平与资源所吸取的负熵息息相关。资源的应用水平越高，资源获得负熵也就越多，进化的状态也相对越好。而网络学习资源的应用水平又由附着在网络学习资源上的信息体量决定。资源应用

---

① 徐刘杰，余胜泉，郭瑞. 泛在学习资源进化的动力模型构建[J]. 电化教育研究，2018，39（4）：52-58.

得越好，附着在资源上的信息体量就越大，资源所吸收的负熵的量也就越大。

"应用为王，服务至上"是新时代教育信息化工作开展的基本原则，网络学习资源进化状态的量化表征方法亦应遵循此原则进行设计。基于此，研究从信息体量的角度出发，通过信息体量的变化速度以及趋势来判定网络学习资源的进化状态，主要包括以下五个步骤：

1）基于文献调研和平台调研确定信息体量指标体系。

2）计算网络学习资源进化信息体量与拟合曲线。

3）基于信息体量计算资源某时刻或某时间段的资源进化力。

4）基于资源进化力计算网络学习资源当前进化力相对于前一时间段进化力的增长率。

5）融入时间属性，综合信息体量、资源进化力和增长率量化判定网络学习资源进化状态。具体如图 3-8 所示。

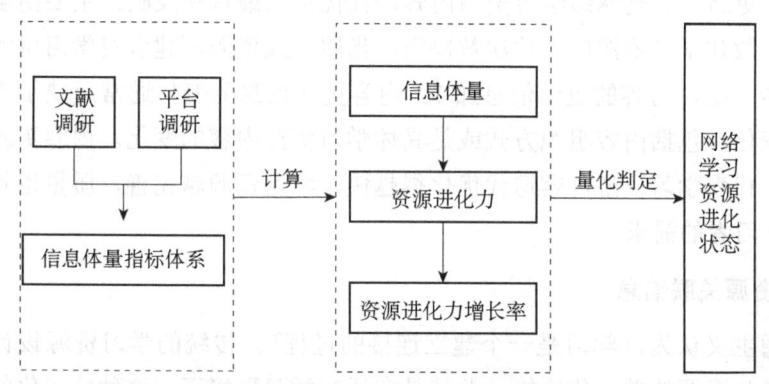

图 3-8　网络学习资源进化状态量化表征方法设计思路

3.3.2　信息体量指标体系的确定

在确定总体的量化思路后，最重要的就是构建科学合理的网络学习资源进化信息体量指标体系。基于团队前期泛在学习资源进化的研究成果，同时对国内 20 多个区县智慧教育云平台的调研，笔者初步提炼了 4 个一级指标和 10 个二级指标，具体如表 3-5 所示。

表 3-5　网络学习资源进化信息体量指标体系

一级指标	二级指标	二级指标描述	示例（计数）
内容更新信息	内容编辑量	资源内容被编辑的次数	用户 A 对资源 R 进行了内容编辑（类似维基中的条目编辑），计数+1
	上传更新量	资源被上传更新的次数	用户 A 对资源 R 进行重新上传，计数+1

续表

一级指标	二级指标	二级指标描述	示例（计数）
资源关联信息	关联资源量	资源与其他资源建立关联的数量	资源 R1 和资源 R2 之间新增关联，则 R1 和 R2 的关联信息各+1
资源使用信息	资源访问量	资源被用户访问的次数	用户 A 浏览资源 R 一次，计数+1
	资源下载量	资源被用户下载的次数	用户 A 下载资源 R 一次，计数+1
	资源分享量	资源被用户转载到朋友圈或分享给好友的次数	用户 A 将资源 R 分享出去一次，计数+1
	资源收藏量	资源被用户收藏的次数	用户 A 收藏资源 R 一次，计数+1
资源评论信息	资源评论量	资源被用户评价的次数	用户 A 对资源 R 评分一次，计数+1
	资源点赞量	资源被用户点赞的次数	用户 A 对资源 R 点赞一次，计数+1
	资源点踩量	资源被用户点踩的次数	用户 A 对资源 R 点踩一次，计数+1

1. 内容更新信息

内容更新信息是网络学习资源内容迭代优化的最直观反映，主要由学习资源的编辑次数和学习资源的上传次数决定。当用户或资源创建者对学习资源进行编辑或上传一次，内容的更新信息加 1。内容更新信息的变化通常反映了学习资源的内容变化，包括内容组织方式或是具体学习资源内容的变化。内容更新信息得越频繁，代表学习资源内容迭代优化得越快，学习资源越完善，质量也越高，越能满足学习者的需求。

2. 资源关联信息

联通主义认为，学习是一个建立连接的过程[1]。传统的学习资源设计观局限于学习者与资源的单一化连接，尤其是在泛在学习环境下，这种单一化的连接难以支撑学习者的非线性、更有深度和广度的学习。学习资源的建设需要注意人与资源之间形成的三种交互关系："人-人""人-资源""资源-资源"，这种关联关系不仅是一种宝贵的学习资源[2]，还是促进学习者高质量学习的重要方面[3]。这些关联关系不仅可以用于知识导航、信任度评价、优质资源推荐，还可以帮助学习者整体了解和梳理某领域的知识关系。由此可知，资源与资源建立关联的过程也是网络学习资源进化的过程，学习资源关联的其他资源越多，其质量越高，进化的速度也越快。通常来说，学习资源建立关联的方式有两种，一是人工关联，二

---

[1] Siemens G. Connectivism: A learning theory for the digital age[J]. Ekim, 2004（6）: 2-9.
[2] 杨现民, 余胜泉. 泛在学习环境下的学习资源进化模型构建[J]. 中国电化教育, 2011（9）: 80-86.
[3] 余胜泉, 王琦, 汪凡淙, 等. 泛在学习资源组织和描述框架国际标准研究：暨学习元的国际标准化研究[J]. 中国远程教育, 2021（7）: 1-9+76.

是语义算法关联。本研究定义当学习资源每关联一个其他学习资源时，资源关联信息加 1。此外，资源关联信息的增加，可以更加方便学习者获得学习资源，进而促进其他类信息量的增加，更好地促进学习资源的进化。

3. 资源使用信息

资源使用信息由资源访问量、资源下载量、资源分享量和资源收藏量 4 个二级指标构成。当网络学习资源被用户浏览、下载、分享或收藏一次时，资源使用信息加 1。资源使用信息不仅表现了学习资源的受欢迎程度，也间接反映了学习资源进化的质量。当资源使用信息减少时，表明学习资源进化效果不好，需要进一步加强学习资源的更新与建设。当资源使用信息稳步增多时，表明此时的学习资源建设方向是正确的，可以朝着这个方向继续进化，同时资源使用信息的增多也会带来资源评论信息、内容编辑信息、资源关联信息的增加。

4. 资源评论信息

资源评论信息由学习资源评论量以及用户对资源的点赞量和点踩量决定。首先，从生成性学习资源的视角看，用户的评论也是一种宝贵的学习资源，是对原学习资源的拓展；其次，用户的评论内容也会涉及目前该学习资源建设的不足和后续改进的建议，这为网络学习资源的更正提供了很好的方向。此外，用户的点赞量、点踩量、资源使用信息类似，代表学习资源的受欢迎程度，间接反映了学习资源的进化质量。值得注意的是，点踩量也是促进学习资源进化的重要指标，点踩量增加，表明学习资源的进化质量不佳，需要尽快做出改变，以提升进化效率。

3.3.3 信息体量及其曲线拟合

1. 指标权重的确定

用户与资源的不同交互行为对提升网络学习资源进化程度是不同的，继而每类指标能为资源进化提供负熵的程度也具有差异，必须先确定信息体量指标的权重，才能科学、合理地计算网络学习资源的信息体量。每个一级指标下的二级指标为平行指标，且对资源进化的影响差异不大，因此只做计数处理，不赋予权重。层次分析法是确定权重最常见的一种方法，该方法将涉及决策的元素分为三个层次，即目标层、准则层和方案层，并通过咨询相关领域的专家对其进行定性和定量分析[①]。主要思路是借助专家的专业知识、实践经验以及洞察力和直觉对各要素的相对性重

---

① 徐树柏. 层次分析法原理[M]. 天津：天津大学出版社，1988：10.

要进行两两比较,并进行重要性排序[1]。层次分析法(analytic hierarchy process,AHP)的一个显著特征是即使在不确定性的情况下也能相对科学地确定每个指标的具体权重值。因此,在本研究使用 AHP 来确定信息体量一级指标的权重。

(1) 建立指标递阶层次结构模型

构建条理化和层次化的结构模型是确定权重的第一步[2]。科学的指标层次结构模型需要满足以下三个条件:①同层指标为上层指标的子指标,并对上层指标产生影响;②该层指标会影响下层指标,并受到下层指标的反作用;③同层指标需要保持相互独立。在实施过程中,应谨慎设置层次数,以避免形成过多的两两比较,并尽量确保每个层次的指标数不超过 9 个,以避免构建判断矩阵时出现困难。

基于以上条件,研究依据表 3-5 信息体量指标体系构建网络学习资源进化信息体量指标权重结构模型:第一层为目标层,即信息体量大小;第二层为方案层,即内容更新、资源关联、资源使用和资源评论四类信息。具体递阶结构模型如图 3-9 所示。

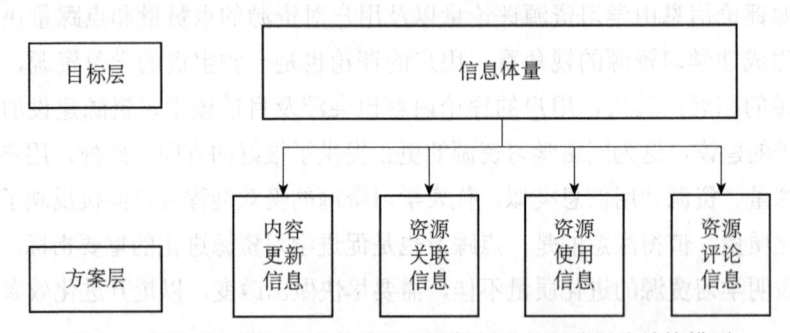

图 3-9 网络学习资源进化信息体量指标权重的递阶层次结构模型

(2) 构造判断矩阵

根据递阶层次结构模型,本研究设计了《网络学习资源进化信息量指标权重设计》的专家咨询问卷,并通过电子邮件的形式发送给专家进行填写。指标之间的重要性程度比较依据主要采用 Saaty 相对重要性等级(1—9 标度)。由表 3-6 可知,指标之间的相对重要性程度关系分成 5 个等级,其中 1 表示同等重要,3 表示稍微重要,依次类推。值得注意是,比较结果在两个等级之间,则对应使用 2、4、6、8。倒数则表示该指标相对于另一指标的不重要等级。通过这种方式,

---

[1] 孙涛,郑秋鹏,王炜,等. BSC+KPI 视阈下高校教师绩效考核体系构建:基于德尔菲法和层次分析法的应用[J]. 中国高校科技,2020(6):21-26.

[2] 邓雪,李家铭,曾浩健,等. 层次分析法权重计算方法分析及其应用研究[J]. 数学的实践与认识,2012,42(7):93-100.

本研究可以根据专家的反馈结果，为每个指标确定相应的科学权重，从而更准确地评估网络学习资源的进化信息体量。

表 3-6　Saaty 相对重要性等级（1—9 标度）

比值	两两指标比较
1	一指标和另一指标相比同等重要
3	一指标和另一指标相比稍微重要
5	一指标和另一指标相比明显重要
7	一指标和另一指标相比强烈重要
9	一指标和另一指标相比极端重要
2，4，6，8	表示上述相邻判断的中间值，重要程度介于1、3、5、7、9之间
1/3	一指标和另一指标相比稍微不重要
1/5	一指标和另一指标相比明显不重要
1/7	一指标和另一指标相比强烈不重要
1/9	一指标和另一指标相比极端不重要
1/2，1/4，1/6，1/8	表示上述相邻判断的中间值，重要程度介于1/3、1/5、1/7、1/9之间

根据专家的问卷结果，确定判断矩阵的值。需要注意的是，任何判断矩阵都需要满足如下性质[①]：（1）$A_{ij}>0$；（2）$A_{ij}=1/A_{ji}$；（3）$A_{ii}=1$。限于篇幅，表 3-7 展示了一位专家打分的判断矩阵。

表 3-7　专家判断矩阵

	内容更新信息量	资源关联信息量	资源使用信息量	资源评论信息量
内容更新信息量	1	3	3	3
资源关联信息量	1/3	1	3	3
资源使用信息量	1/3	1/3	1	1
资源评论信息量	1/3	1/3	1/3	1

（3）一致性检验

一致性检验用来检测各指标权重分配是否合理，也是检验专家评分是否自相矛盾的重要步骤。为了进行一致性检验，研究主要使用一致性比率法来判断矩阵的一致性。在这个过程中，需要引入一致性指标 CI、随机一致性指标 RI、随机一致性比例 CR 三个一致性指标辅助计算，公式如下：

$$\lambda_{max} = \frac{1}{n}\sum_{i=1}^{n}\frac{(AW)_i}{W_i} \tag{3-5}$$

[①] 王佑镁，李宁宇，南希烜，等. 基于层次分析法的数字阅读素养测评指标体系建构研究[J]. 现代远距离教育，2022（4）：23-31.

$$CI = \frac{\lambda_{max} - n}{n - 1} \quad (3\text{-}6)$$

$$CR = \frac{CI}{RI} \quad (3\text{-}7)$$

式中，CI 为一致性指标，n 指判断矩阵的指标总数，λ_{max} 为最大特征根。W_i 是一个特征向量，主要是通过矩阵列向量归一化和求和归一化获得。RI 可由自查表获取，自查表部分内容如表 3-8 所示。

表 3-8 RI 取值自查表（部分）

矩阵阶数	1	2	3	4	5	6	7	8	9	10	11	12	13
RI	0	0	0.58	0.90	1.12	1.24	1.32	1.41	1.45	1.49	1.51	1.54	1.56

（4）各指标权重的分配

一级指标的权重通过层次分析法进行确定。研究选取了 13 位数字教育资源领域专家，采用 Saaty 相对重要性等级（1—9 标度）对一级指标进行重要性对比。最后，综合 13 位专家的评价矩阵生成群决策综合矩阵，综合矩阵随机一致性比率 CR=0.0071< 0.1，说明权重分配合理，具体如表 3-9 所示。

表 3-9 信息体量一级指标权重

一级指标	权重
内容更新信息	0.40
资源关联信息	0.23
资源使用信息	0.20
资源评论信息	0.17

权重分配显示，内容更新信息权重最大（0.40），表明实质更新对网络学习资源进化贡献最大。其次是资源关联信息（0.23），反映互联网发展下资源间关联的重要性。资源使用信息（0.20）略重于资源评论信息，说明用户下载、分享、收藏次数更能体现资源质量。综合来看，内容信息与关联信息在网络学习资源进化中作用最大。

2. 信息体量的计算

信息体量表示附着在资源个体上所有的信息量总和（用 RG 表示），由四类一级指标的信息量加权之和表示。计算公式如下：

$$RG = \sum_{j=1}^{m} E_j \times W_j \quad (3\text{-}8)$$

式中，RG 表示信息体量；m 表示一级指标个数；E_j 表示每类一级指标的信息量大小，计算方式为信息条数的累加，如表 3-5 所示；W_j 为每类一级指标的权重。

3. 信息体量曲线拟合

通常情况下，采集到的由信息体量（RG）和时间（T）所组成的数据集是离散的，不能充分反映两组数据之间的内在联系，也难以观察和预测信息体量的变化趋势，进而影响网络学习资源进化状态的量化表征与判定。因此，需要采用曲线拟合的方式，选用合适的模型（或者称为数学函数），将离散的数据拟成平滑且连续的曲线，得到资源信息体量随着时间变化的增长曲线函数 RG(T)。

网络学习资源进化信息体量的增长曲线属于典型的 S 形曲线，最经典的三种 S 形拟合模型为 Logistic 函数模型、Gompertz 函数模型和 Von Bertalanffy 模型，具体应用时可根据拟合度（R^2）的大小进行选取（R^2 越接近 1 越好），三种模型的表达式如表 3-10 所示。

表 3-10　三种 S 形模型表达式

模型	表达式
Logistic 函数	$RG=A/(1+B \times e^{-KT})$
Gompertz 函数	$RG=A \times e^{-Be^{-KT}}$
Von Bertalanffy	$RG=A \times (1-B \times e^{(-K \times T)})^3$

注：RG 为信息体量，A 为无限时长下的信息体量值，B 为常数，K 为瞬时相对增长率，T 为时间，e 为自然底数

3.3.4　资源进化力与增长率

随着网络学习资源的不断进化，其信息体量也不断增加，但仅通过信息体量的多少难以精准判定网络学习资源所处的进化状态。故研究引入资源进化力和资源进化力增长率两个关键性指标，结合信息体量综合量化与判定资源的进化状态。

1. 资源进化力

资源进化力是决定资源寿命时长的决定因子。从熵的视角来看，资源进化力即网络学习资源吸收负熵的能力，体现了资源在某时刻或某时间段里资源进化的能力和趋势。从应用的视角来看，资源进化力代表了网络学习资源能够支持用户个性化学习乃至社会发展的能力。资源进化力的大小可由资源信息体量的增加速度表示，计算公式如下：

$$REP = \lim_{\Delta t \to 0} \frac{RG(T) - RG(T - \Delta T)}{\Delta T} \qquad (3-9)$$

资源的活性强度与资源进化力的大小密切相关,资源进化力的大小直接反映了资源的活性度。基于信息生态学可知,网络学习资源从起始态到稳定态的过程中,资源进化力不断增强,稳定态时保持动态稳定,而衰退态时又逐渐减小,当小于某一阈值(a)时,资源进入死亡态。同时,考虑到网络学习资源处于稳定态时,其资源进化力大小并非稳定不变,而是呈现波浪式浮动。研究规定当资源进化力大于稳定态阈值(b)时,资源处于稳定态。

资源进化力阈值(a 与 b)的确定,要根据网络学习资源的特点以及平台的实际情况(例如资源平台的管理与运行机制、平台的用户流量以及平台的技术架构等),选择合适的方法进行设定。一般来说,可采用以下四种方式进行阈值设定[①]:一是根据资源管理者或专家的经验进行设定;二是采用或改良已有研究规定的阈值;三是通过对大量数据集的训练,最终由模型计算出阈值;四是对于类似于正态分布的数据,可以将阈值确定为 $REP_{max} \pm \forall$(即最大 REP 加减任一个数)。

为避免不可控的因素影响,使网络学习资源在某段时间内无法被用户获取和使用(如平台维修等),这可能导致资源在该段时间内 RG 一直为 0 或 REP 始终小于 a 而被误判为初始态和死亡态的现象。为此,研究定义 RG 等于 0 的时长(DT_1)小于 K(具有由管理者确定)时,资源处于起始态,否则为死亡态;当 REP 小于 a 的时长(DT_2)小于 Z(具有由管理者确定)时,则定义该时间段内资源为衰退态,否则为死亡态。

2. 资源进化力增长率

资源进化力的增长率也称作资源进化力的增长速度,指的是信息体量的增加速度与原来信息量增加速度之间的比例关系。增长率体现了资源进化力的变化方向,可以反映资源进化的整体发展趋势。当资源处于成长态时,资源进化力增长率为正,资源处于衰退时,资源进化力为负。计算公式如下:

$$r = \frac{REP_T - REP_{T-\Delta T}}{REP_{T-\Delta T}} \times 100\% \tag{3-10}$$

式中,r 表示 T 时刻的资源进化力增长率;REP_T 表示 T 时刻资源的资源进化力;$REP_{T-\Delta T}$ 表示 $T-\Delta T$ 时刻资源的资源进化力。

3.3.5 资源进化状态的量化表征与判定

基于上述概念,得到网络学习资源五种进化状态的量化表征形式,如表 3-11

---

① 殷宝媛,武法提. 智能学习系统中学习习惯建模的方法研究[J]. 电化教育研究,2020,41(4):55-61.

所示。

表 3-11　网络学习资源进化量化表征

进化状态	量化表征
起始态	RG=0 & DT$_1$≤K
成长态	RG>0 & 0<REP<b & r>0
稳定态	RG>0 & b≤REP
衰退态	RG>0 & a≤REP<b & r<0
	RG>0 & REP<a & r≤0 & DT$_2$≤Z
死亡态	RG>0 & REP<a & r≤0 & DT$_2$>Z
	RG=0 & DT$_1$>K

由表 3-11 可知，结合时间属性，综合信息体量 RG、资源进化力 REP、资源进化力增长率 r 三个变量对网络学习资源进化的状态进行量化表征与判定：

1）起始态：此时的信息体量在规定时长（K）内为零，量化表征为 RG=0 & DT$_1$≤K。

2）成长态：此时信息体量不断增加，资源进化力增长但小于达到稳定态阈值，且资源进化力正向增长，量化表征为 RG>0 & 0<REP<b & r>0。

3）稳定态：此时信息体量稳定增加，且资源进化力达到稳定态阈值，量化表征为 RG>0 & b≤REP。

4）衰退态：衰退态的网络学习资源信息体量依然增加，但是具有两种情况：一是资源进化力减至达到稳定态阈值下但依然大于活性最低阈值，且资源进化力呈负向增长，量化表征为 RG>0 & a≤REP<b & r<0；二是资源进化力小于最小活性阈值，但时长小于等于规定时间（Z），量化表征为 RG>0 & REP<a & r≤0 & DT$_2$≤Z。

5）死亡态：死亡态的网络学习资源也有两种不同的情况：一是资源进化力小于活性阈值的时间超出规定时长（Z），量化表征为 RG>0 & REP<a & r≤0 & DT$_2$>Z；二是信息体量为零的时长超出规定时长（K），量化表征为 RG=0 & DT$_1$>K。

3.3.6　量化表征方法的试用案例

1. 学习资源案例选取

为了更加清晰的展示量化表征方法的应用过程，研究从学习元平台中选取了

"职业探索"（创建于 2017 年 11 月 12 日）资源作为案例对象，对 2017 年 11 月 13 日—2017 年 12 月 22 日的进化状态进行量化判定。选取该案例的理由：一是学习元平台是基于"生成""进化""连接"等理念构建的一种新型知识开放社区，可支持收集信息体量指标体系中的所有数据；二是该资源可收集到数据量较为充足；三是该资源可展示进化的五种状态。

2. 量化表征方法应用

（1）信息体量计算及曲线拟合

首先运用信息体量计算公式得到"职业探索"资源在这段时间内的信息体量数据，结果如表 3-12 所示，其中 T_1 表示时间为 2017 年 11 月 13 日，T_{40} 表示时间为 2017 年 12 月 22 日，每个时间段相隔 1 天。

表 3-12　"职业探索"信息体量

T	1	2	3	4	5	6	7	8	9	10
RG	33.94	105.54	205.61	347.49	470.94	594.72	734.49	873.71	1093.91	1336.23
T	11	12	13	14	15	16	17	18	19	20
RG	1498.54	1552.02	1570.36	1594.33	1610.5	1626.14	1649.95	1679.66	1704.77	1723.65
T	21	22	23	24	25	26	27	28	29	30
RG	1772.1	1810.64	1824.52	1851.85	1891.12	1917.34	1932.39	1955.81	1976.32	1991.06
T	31	32	33	34	35	36	37	38	39	40
RG	2007.94	2035.3	2071.04	2114.2	2155.37	2177.75	2181.86	2183.06	2183.66	2183.86

其次，分别采用 Logistics 函数模型、Gompertz 函数模型和 Von Bertalanffy 模型对表 3-12 中的数据进行非线性拟合。拟合结果表明，以上三种模型对于资源进化信息体量的增长曲线拟合效果均比较合理，其中 Von Bertalanffy 模型拟合的效果最佳，$R^2=0.980$。因此，本案例采用 Von Bertalanffy 模型对"职业探索"资源的信息体量数据进行拟合，得到 RG 与 T 的函数关系为 $RG=2171.013(1-0.718e^{-0.131T})^3$，并运用 Python 绘制出"职业探索"信息体量的增长曲线，即 $RG(T)$ 函数曲线，如图 3-10 所示。

根据生长曲线可知，学习资源"职业探索"的信息体量在初始增长较缓，随后逐渐增加，最后趋于某一定值。

（2）资源进化力计算

对函数 $RG(T)$ 求导，得到资源进化力变化曲线 $REP(T)$，如图 3-11 所示。由变化曲线可知，该资源的资源进化力前期逐渐增加，达到最大值后，逐渐减小，最后趋于零。

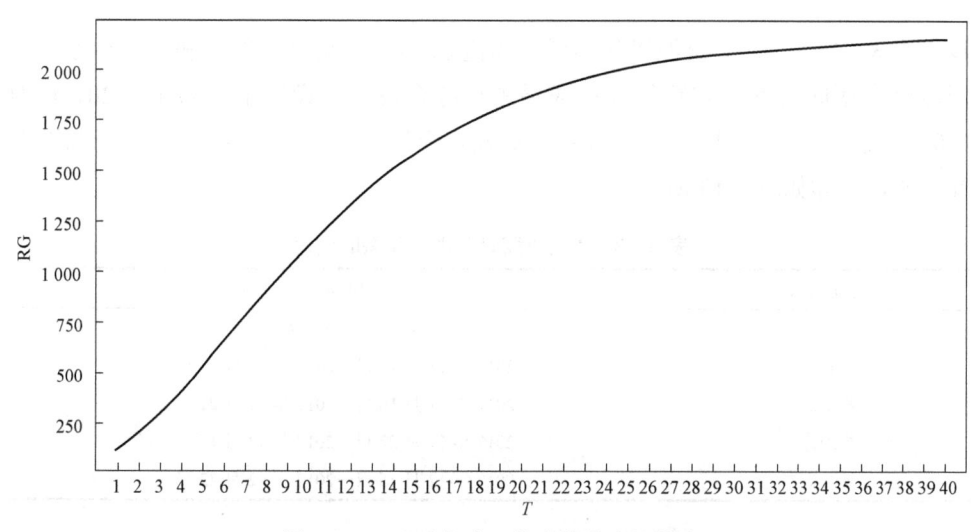

图 3-10 "职业探索"信息体量生长曲线

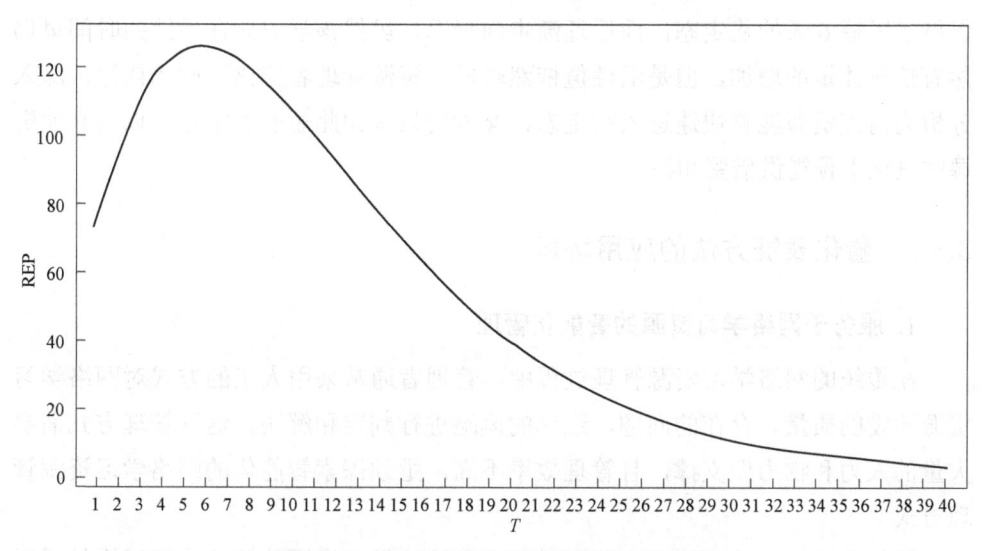

图 3-11 "职业探索"资源进化力变化曲线

（3）资源进化力增长率的计算

由图 3-11 可知，资源进化力在峰值之前的增长率大于 0，峰值之后的增长率小于 0。经计算，当 T 约为 6 时，资源进化力达到峰值。"职业探索"资源在 11 月 13—18 日，资源进化力为正值；11 月 19 日—12 月 22 日，资源进化力增长率为负值。

（4）资源活性阈值和时长的设定及资源进化状态的判定

本案例中资源进化时长 K、Z 由资源管理者根据实际情况进行设定，该案例

设定为 $K=Z=7$（天）。资源进化力活性阈值 a、b 根据前文中的一和四两种方法，同时结合团队前期的实践经验和成果进行综合设定，设定结果为 a 为 20，b 为 110。经计算，当 T 处于 4—9 天时，资源处于稳定态，当 $T>32$ 天时，资源进入死亡态，具体如表 3-13 所示。

表 3-13 "职业探索"进化状态时间段

进化状态	时间
起始态	2017 年 11 月 12 日
成长态	2017 年 11 月 13 日—2017 年 11 月 15 日
稳定态	2017 年 11 月 16 日—2017 年 11 月 21 日
衰退态	2017 年 11 月 22 日—2017 年 12 月 14 日
死亡态	2017 年 12 月 15 日—2017 年 12 月 22 日

综上，资源"职业探索"被创建后，经历 3 天的成长态后进入稳定态，但只保持了短短 6 天的稳定态，而后逐渐走向衰退。虽然该学习元在后续的时间里仍然有信息体量的增加，但是活性值依然较低。资源管理者应该以此为依据，深入分析为何该资源能够快速进入稳定态，又为何只有如此短的稳定态，以为其他资源的进化干预提供借鉴和指导。

3.3.7 量化表征方法的应用场景

1. 服务于网络学习资源的智能化管理

在传统的网络学习资源管理过程中，管理者通常采用人工的方式对网络学习资源建设的质量、存在的问题、进化的风险进行判定和解决。这种管理方式需要大量的人力和物力做支撑，且管理效率不高，亟须探索智能化的网络学习资源管理方式。

量化表征方法的应用为互联网时代海量网络学习资源的智能化管理提供了新的思路。量化表征方法可以实时地识别网络学习资源的进化状态，监测资源的进化进度和预测未来发展的趋势，并实时生成网络学习资源进化状态图谱，便于管理者及时、系统、可视化地掌握整个平台的资源进化状态分布与占比情况。在此基础上，管理者可根据网络学习资源进化的状态与发展趋势设定自动化的管控流程，并实时回传资源进化状态变化的数据，实现网络学习资源的智能化、精确化管理。例如，管理者可采用辅助纳流、智能推荐或调度等方式辅助初始态和成长态的资源快速生长进化，还可以设置相关的预警决策机制和个性化警示信号，对衰退态、死亡态或具有衰退死亡的资源进行及时预警并生成响应机制。此外，还能通过设定限制条件，有等级地给予程序自动化处理死亡态网络学习资源的权限，大大降低了人力的投入成本等。

2. 服务于网络学习资源的个性化推荐

互联网的发展，虽然方便了网络学习资源的建设与传播，但同时由于劣质资源的堆积，学习者面对海量学习资源显得手足无措，往往难以获得符合自己需要的优质学习资源。个性化学习资源推荐正是以帮助学习者快速获取合适的学习资源为目标，通过将学习者的特征与学习资源的特征进行匹配，进而将二者匹配度较高的学习资源序列推荐给学习者[①]，以辅助学习者开展个性化学习。

网络学习资源进化状态的量化表征对实现个性化学习资源的推荐具有重要的应用价值。通过量化表征方法，系统可对匹配筛选出的网络学习资源序列进行进化状态判定（即二次筛选排序），优先推荐进化状态优良的资源，有选择性地推荐或不推荐进化状态欠佳的资源，从而增强网络学习资源推荐的合理性和精确性。此外，通过量化表征方法，还可以保障推荐出去的网络学习资源具有前瞻性，即资源在未来的一段时间依然保持良好的进化状态，避免学习者还未完成学习任务，学习资源就已衰退或死亡，进而影响学习者的学习体验和学习效果。

3. 服务于网络学习资源进化深入研究

网络学习资源进化状态的量化表征方法可清晰地展示学习资源进化所经历的发展阶段以及进出每一个进化状态的时间，这为后期网络学习资源进化的规律识别和进化预警研究提供了坚实的基础。

在规律识别研究方面，一方面，量化表征方法为后期基于系统仿真的方式识别网络学习资源进化过程中的影响因素及其作用规律提供了基础的参数和关系表达式；另一方面，还可为未来采用综合时间序列分析和数据挖掘等方法，发现网络学习资源进化过程中每个进化状态所呈现的共性特点和规律，以及分析比较不同进化状态下的资源差异提供了基础数据。

在进化预警研究方面，量化表征方法为网络学习资源进化预警设计提供了基础的数学模型。通过量化表征方法可以对网络学习资源下一时刻有可能出现的进化状态进行预测。如果网络学习资源有可能进入衰退态或者死亡态，则发出相应的预警提醒，以便管理者及时察觉，并采取相应的解决措施，从而保障每一个网

---

① Yao L N, Sheng Q Z, Ngu A H H, et al. Unified collaborative and content-based web service recommendation [J]. IEEE Transactions on Services Computing, 2015, 8（3）：453-466.

络学习资源茁壮成长。

3.4 网络学习资源进化状态管理平台的设计与实现

随着互联网的发展，网络学习资源的数量呈现指数型增长。面对海量网络学习资源，采用人工计算识别网络学习资源的进化状态是低效且不切实际的。为此，基于前期设计的网络学习资源进化状态量化表征方法，本节采用 Spring Boot、MySQL 等技术开发了一个网络学习资源进化状态管理平台，实现海量网络学习资源进化状态的自动化识别，同时可视化呈现网络学习资源进化信息体量和资源进化力生长曲线，并对网络学习资源进化状态进行预警，以提升海量网络学习资源建设与管理的效能。

3.4.1 总体设计

1. 整体架构设计

平台的整体架构设计是开发平台的重要环节，是指导整个平台开发的顶层设计和底端逻辑。基于前几章内容分析，我们构建出网络学习资源进化状态管理平台的整体架构（图 3-12）。

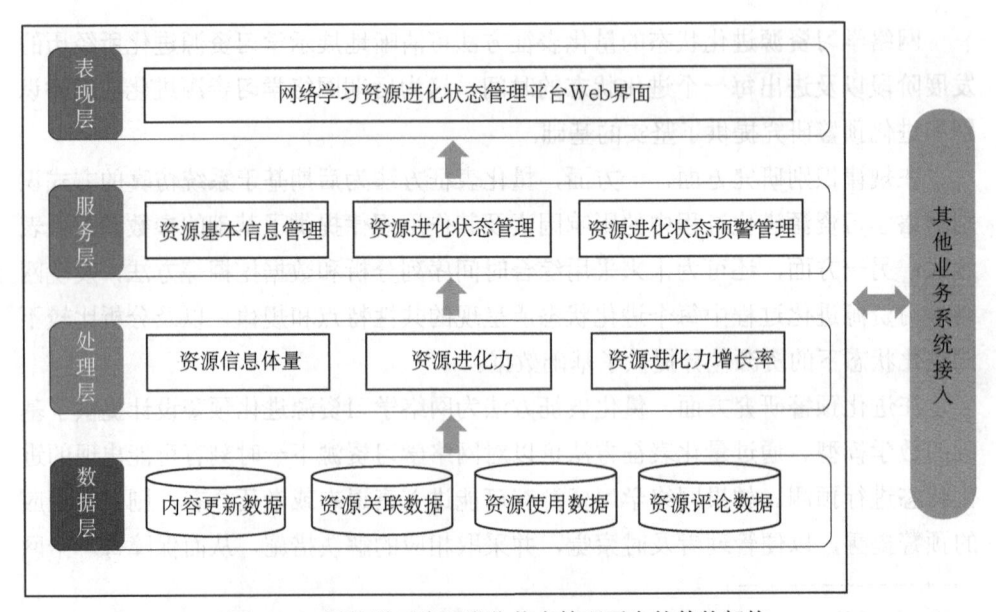

图 3-12 网络学习资源进化状态管理平台的整体架构

(1) 数据层

数据层是整个平台开发的基础，也是功能实现的前提。数据层的主要作用是获取数据与存储数据，主要包括内容更新数据、资源关联数据、资源使用数据和资源评论数据。此外，由于本架构图只展示用于实现平台核心功能的数据，故并未将用户数据、系统数据等加入数据层结构。

(2) 处理层

处理层是系统进行数据加工、处理的环节，处理层的作用是通过调用数据层中的各项数据，按照某些计算规则计算资源信息体量、资源进化力和资源进化力增长率。主要的计算规则如量化表征方法设计的章节（第 4 章）所述。

(3) 服务层

服务层为网络学习资源进化状态管理平台的具体业务层，主要包含网络学习的资源基本信息管理、资源进化状态管理和资源进化状态预警管理三个模块。

(4) 表现层

表现层是网站的重要组成部分，也被称为页面展示层。它的主要职责是展示数据、传输数据以及实现人机交互。换句话说，它是将后端数据呈现给用户的桥梁，同时也能够让用户与网站进行互动。因此，表现层的设计和实现对于用户体验至关重要。

此外，平台设置对外开放接口，其他平台可调用本平台接口，按照要求传输相关参数与数据，便可以获得本平台的功能服务，极大地增强网络学习资源进化状态管理平台的方便性并扩大推广面，进而提升网络学习资源进化状态管理平台的价值。

2. 功能模块设计

结合前文分析内容与实际需求，本研究将网络学习资源进化状态管理平台的功能设置为权限管控、数据采集、数据展示、参数设置、资源基本信息管理、资源进化状态管理、资源进化状态预警管理和用户信息管理八个模块，具体图 3-13 所示。

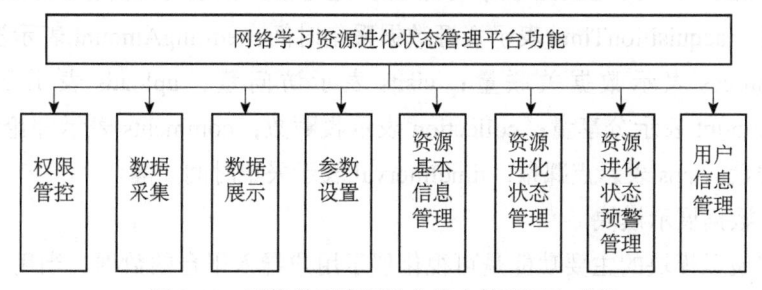

图 3-13 网络学习资源进化状态管理平台功能

（1）权限管控模块

登录注册是用户使用本平台的第一步，成为本平台的注册用户才能享受平台所带来的服务。此外，登录注册功能的设置也是包含平台权限与安全的重要手段。平台的用户分为两类：一类是管理员，负责整个平台的运维，包括用户管理、平台更新、维护等；另一类是普通用户，也就是平台功能的使用者，这类用户通常是网络学习资源的管理者，其使用的目的是更加高效地管理其平台中的海量网络学习资源。

（2）数据采集模块

数据采集模块是外部数据存储进网络学习资源进化状态管理平台的关键步骤，只有数据导入本平台，系统才能根据数据进行处理，并生成相应结果。数据导入具有两种方式：一种是文件导入的方式；另一种是通过调用本平台接口进行数据传输的方式，用户可根据自己的实际情况进行选取。

采用文件导入时，需要严格按照本系统设计的数据文件格式和数据标签顺序进行。目前本系统主要支持 Excel 文件导入，文件内数据的标签顺序应该严格按照"ID—名称—采集时间—内容编辑量—上传更新量—关联资源量—资源访问量—资源下载量—资源分享量—资源收藏量—资源评论量—资源点赞量—资源点踩量—采集时间间隔"的顺序进行数据存储，若某项无数据，则填充为 0；此外，每个数据标签下的数据格式为数值。

通过调用接口导入时，需要按照本系统提供的 TP 路径，传输符合本系统处理的数据格式。本系统的接口地址为"https://apis.ytam.cn/cook/query"，数据传输格式：{"id":null,"dataId": "71600f2cd3e548d4b59a7e5b7c627a2e","name": "第 3 课编排文稿","acquisitionTime":"2021/08/03","editingAmount":0,"resources"：0,"visits":0,"downloads":0,"uploads":0,"sharingAmount":0,"collection":0,"comments":0,"tops":0,"taps":0,"timeInterval":2} 其中 id 进入本系统后会自动进行赋值，用户在传输数据时设为"null"即可；dataId 表示资源 ID，这是唯一识别资源的标识；name 表示资源名称；acquisitionTime 表示资源数据采集时间；editingAmount 表示资源编辑量；resources 表示数据关联量；visits 表示访问量；uploads 表示下载量；sharingAmount 表示分享量；collection 表示收藏数；comments 表示评论量；tops 表示点赞量；taps 表示点踩量；timeInterval 表示采集时间间隔。

（3）数据展示模块

数据展示模块的主要功能是可视化展示用户导入平台的数据。当用户通过文件或接口的形式导入数据时，系统便会自动处理和存储，并在数据展示界面可视化呈现已导入的具体数据，方便用户进行查阅、检查，避免出现数据遗漏、丢失等问题，影响数据分析的结果，进而影响网络学习资源进化状态的判定与预警。

（4）参数设置模块

参数设置是关乎资源进化状态计算和识别的关键步骤。根据前文设计的网络学习资源进化状态量化方法可知，资源进化力阈值 a 和 b、资源信息体量为 0 的时长 DT_1、资源进化力小于 a 的时长 DT_2 和时间间隔 T 需要用户自行设置，方便后续参与数据计算。本平台对参数的设置采用了灵活可调整的方式，用户可以多次调整参数，获取不同参数下资源进化的状态，以便为后期网络学习资源建设提供更多的参考和决策建议。

（5）资源基本信息管理模块

资源基本信息管理模块主要呈现当前网络学习资源的基本信息，包括网络学习的资源 ID、资源名称、资源当前信息体量、资源当前进化力、资源当前进化状态和是否预警六部分，如图 3-14 所示。

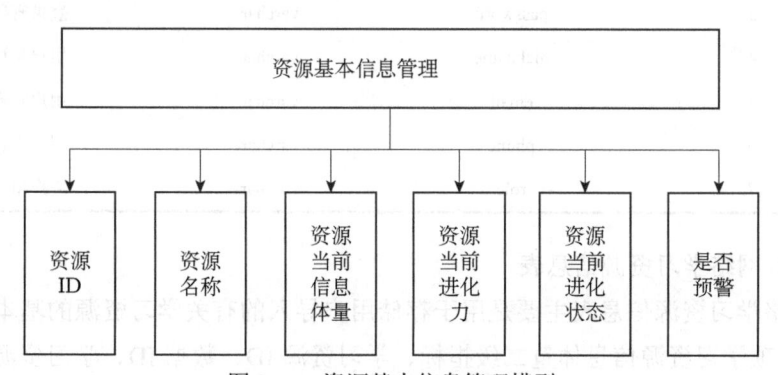

图 3-14 资源基本信息管理模型

（6）资源进化状态管理模块

资源进化状态管理模块主要呈现导入学习资源的状态占比，即五种进化状态的网络学习资源各有多少数量，以及各个状态所占的整体百分比。基于此，管理者可以比较直观地掌握当前自己管理平台学习资源的质量建设情况。

（7）资源进化状态预警管理模块

资源进化状态预警管理模块主要呈现导入学习资源中，红色预警、橙色预警和不需要预警的学习资源数据占比各是多少，并基于该结果给予改进建议，为管理者后续提升和优化资源平台提供借鉴与参考。

（8）用户信息管理模块

用户信息管理模块主要包括用户的基本信息（如昵称、头像等），以及密码修改功能等。

3. 数据库设计

数据处理是系统正常运行的重要支撑，数据库设计的质量对系统的运行效率、稳定性和后续维护工作都具有关键影响。网络学习资源进化状态管理平台使用 MySQL 数据库系统来管理平台数据，该平台主要涉及 5 个关键数据表。

（1）用户信息表

用户信息表主要是用来存储用户的基本信息，包括用户 ID、登录账号、登录密码、用户昵称、用户邮箱等，具体如表 3-14 所示。

表 3-14 用户信息表

序号	字段名	数据类型	描述
1	id	int	用户 ID，主键
2	username	varchar	登录账号
3	password	varchar	登录密码
4	nickname	varchar	用户昵称
5	email	varchar	用户邮箱
6	phone	varchar	用户电话
7	role	varchar	用户角色

（2）网络学习资源信息表

网络学习资源信息表主要是用于存储用户导入的有关学习资源的基本数据，包括 10 项学习资源信息体量二级指标、学习资源 ID、数据 ID、学习资源名称、采集时间等。

表 3-15 网络学习资源信息表

序号	字段名	数据类型	描述
1	id	int	学习资源 ID，主键
2	data_id	varchar	数据 ID
3	name	varchar	学习资源名称
4	acquisition_time	varchar	采集时间
5	editing_amount	int	内容编辑量
6	resources	int	关联资源量
7	visits	int	资源访问量

续表

序号	字段名	数据类型	描述
8	downloads	int	资源下载量
9	uploads	int	上传更新量
10	sharing_amount	int	资源分享量
11	collection	int	资源收藏量
12	comments	int	资源评论量
13	tops	int	资源点赞量
14	taps	int	资源点踩量
15	time_interval	int	采集时间间隔

（3）学习资源基本信息管理表

资源基本信息管理表主要用于存储基本信息管理模块的信息，主要包含学习资源 ID、数据 ID、资源名称、当前信息体量、当前资源进化力、当前进化状态和是否预警等，具体如表 3-16 所示。

表 3-16 学习资源基本信息管理表

序号	字段名	数据类型	描述
1	id	int	学习资源 ID，主键
2	data_id	varchar	数据 ID
3	name	varchar	资源名称
4	information	varchar	当前信息体量
5	evolutionary_power	varchar	当前资源进化力
6	evolutionary_state	varchar	当前进化状态
7	warning	varchar	是否预警

（4）学习资源信息体量表

如前所述，网络学习资源的信息体量由四大类信息组成，本研究将创建学习资源信息体量表，用以存储学习资源信息体量的基本信息，具体如表 3-17 所示。

表 3-17 学习资源信息体量表

序号	字段名	数据类型	描述
1	id	int	学习资源 ID，主键
2	resource_update	int	内容更新信息
3	resource_association	int	资源关联信息

续表

序号	字段名	数据类型	描述
4	resource_use	int	资源使用信息
5	resource_comment	int	资源评论信息

（5）学习资源进化状态表

学习资源进化状态表主要用于存储学习资源的五个进化状态，具体包含信息如表 3-18 所示。

表 3-18　学习资源进化状态表

序号	字段名	数据类型	描述
1	id	int	学习资源 ID，主键
2	data_id	varchar	数据 ID
3	name	varchar	名称
4	start_num	int	起始态
5	grow_num	int	成长态
6	stable_num	int	稳定态
7	decline_num	int	衰退态
8	death_num	int	死亡态

3.4.2　技术实现

1. 开发环境

网络学习资源进化状态管理平台是一种基于 B/S 结构的管理系统，主要通过浏览器进行交互和使用。本平台的开发主要在 Windows 系统上进行，主要使用 Java、Python、HTML5 等语言编写，其开发环境配置如表 3-19 所示。

表 3-19　网络学习资源进化状态管理平台开放环境

类别	具体内容
开发平台	Windows 11
开发语言	Java、Python、HTML5
数据库技术	MySQL
硬件配置	Intel（R）Core（TM）i5-10210U，内存：8G+512G

2. 关键技术

本平台主要采用 Spring Boot 框架为后端设计工具，以 Vue 框架和 HTML5 技术作为前端设计工具，以 MySQL 作为数据存储技术，以及运用 Python 设计 API 接口。本平台采用的开发技术皆为当前市面上比较受大众欢迎的技术，其具备较高的稳定性，关键技术如图 3-15 所示。

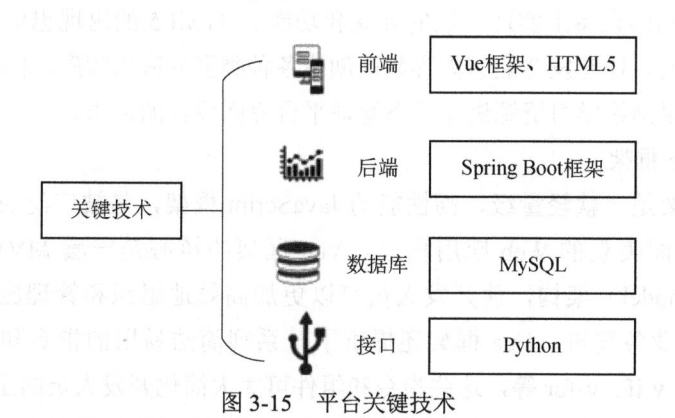

图 3-15 平台关键技术

（1）Spring Boot 框架

Spring Boot 框架是基于 Java 程序语言的开源技术，能为开发者提供快速开发可独立运行后端的技术支撑。该技术通过按约定编程的软件设计范式，极大地提高了开发人员的开发效率，继而让程序开发者拥有足够的精力专注于业务逻辑的搭建与实现。与传统的 Spring 框架相比，Spring Boot 框架省去了之前繁杂的程序部署，使开发人员能够更快地将应用程序部署到生产环境中，同时提供了丰富的插件和扩展，可以满足不同场景下的需求，例如数据访问、安全、日志记录等。Spring Boot 框架还具有很好的可测试性和可维护性，提供了一系列测试工具和 API，使得开发人员能够更方便地编写自动化测试用例，同时也可以更轻松地进行集成测试和系统测试。在维护方面，Spring Boot 框架提供了一系列健康检查、监控和日志记录功能，可以帮助开发人员实时监测系统问题，并提醒解决问题。采用 Spring Boot 框架进行网络学习资源进化状态管理平台的客户端开发能有效降低开发的人力和时间成本，且能达到较好的效果。

（2）HTML5

HTML5 是一种用于创建网页和应用程序的标准化语言[1]，是 HTML 的最

---

[1] Tabarés R. HTML5 and the evolution of HTML: Tracing the origins of digital platforms[J]. Technology in Society, 2021, 65: 101529.

新版本。相比早期版本，HTML5 具有更多的语义元素和功能，可以使网站更易于访问和使用。HTML5 引入了许多新的标记，如音频、视频、画布和地理位置，这些标记使得开发者可以更容易地向网页添加富媒体内容和交互元素[①]。HTML5 还支持本地存储和离线应用，这使得 Web 应用程序在断网或网络不稳定的情况下也可以正常运行。此外，HTML5 还提供了更好的跨平台支持[②]，使得网页可以在不同的设备上实现一致的外观和功能。HTML5 的出现也促进了 Web 应用程序的发展，让开发者能够更容易地创建各种类型的应用程序。因此，HTML5 技术可以满足网络学习资源进化状态管理平台界面设计的需求。

（3）Vue 框架

Vue 框架是一款轻量级、高性能的 JavaScript 框架，是被广泛应用于构建交互性强、界面美观的 Web 应用程序。Vue 框架的核心是一套 MVVM（model-view-view model）架构，使开发人员可以更加高效地组织和管理应用程序的数据、视图和业务逻辑。Vue 框架还提供了一系列简洁易用的指令和组件，如 v-bind、v-on、v-if、v-for 等，这些指令和组件可大大简化开发人员的工作。它具有灵活的 API 设计和高度的可定制性，可以轻松集成到现有的项目中。另外，它还提供了一些有用的工具和插件，如 Vue Router 和 Vuex，用于构建单页应用和管理应用状态。Vue 框架还有一个非常活跃的社区，为开发人员提供了许多优秀的第三方组件和库。Vue 框架的另一个特点是其出色的性能表现。它采用了虚拟 DOM 技术，在 DOM 操作方面表现出色。此外，它还提供了异步组件和按需加载的功能，这使得在应用程序的生命周期中只加载必要的组件，就能提高应用程序的性能。在本平台中，HTML5 主要负责页面的搭建，Vue 框架主要负责页面跳转、交互、数据渲染等。

（4）MySQL

MySQL 是一个具有很强容错性和移植性、能够在不同类型的操作系统上进行操作处理的开源关系型数据库管理系统。用户可以根据功能需求自由修改数据库中的表结构和逻辑视图，而且 MySQL 的运行速度快，操作过程方便，学习成本低，安装简便，对电脑属性和硬件配置的要求不高，因此非常适用于智能考试系统的设计研发。MySQL 在数据库技术方面具有很高的使用价值，

[①] Lin H C, Lee G L. Building a secure cross platform enterprise service mobile apps using HTML5[C]//2015 18th International Conference on Network-Based Information Systems. IEEE, 2015: 162-166.

[②] Bouras C, Papazois A, Stasinos N. A framework for cross-platform mobile web applications using HTML5[C]//2014 International Conference on Future Internet of Things and Cloud. IEEE, 2014: 420-424.

具有高速的查询处理能力、高效的索引技术和灵活的存储引擎选择。同时，MySQL 具有高度的可扩展性，可以在各种平台上运行，并支持多种编程语言，还可依据具体业务场景选择最适合的存储引擎，从而提高数据的处理效率和性能。

（5）Python

Python 是一种支持跨平台的解释型编程语言，具有面向对象和面向过程两种形式，并且支持两种方式混合使用，非常适合快速原型的开发[1]。此外，Python 还拥有丰富且强大的函数库，包括 Numpy、SciPy、Matplotlib、Pandas 等。这些函数库提供了基础计算、高级计算、信号处理、数据分析、数据库操作、统计分析、机器学习和深度学习的算法和模型。此外，得益于 Python 中内含的第三方类库，其成为神经学科、金融学科等解决计算问题的常用技术[2]。Python 可以通过接口调用其他编程语言编写的库，实现跨平台的稳定性。因此，在实际使用中，Python 可以结合其他编程语言，例如 JAVA，来开发跨平台的系统，以满足稳定性要求[3]。

3. 功能实现

基于平台的整体架构，本研究采用上述的 5 类关键技术对系统功能进行实现，主要包括 8 个功能模块，本小节内容重点呈现其中的 5 个功能模块。

（1）数据管理界面实现

数据管理界面主要负责网络学习资源信息体量过程性数据的导入与可视化展现。首先，用户点击"导入"按钮，从本地导入需要识别的网络学习资源的进化性数据，数据导入成功后，会在页面中可视化呈现，其主要作用是方便用户检查与校对数据的完整性和及时发现存在的问题。另外，本系统是数据导入成功即后端自动计算，计算每个资源的信息体量、资源进化力、资源进化力增长率等，并将数据传输至对应的界面展示。同时，系统还设置了搜索、数据编辑、数据批量删除与单个资源数据删除功能，方便用户查找所需要的数据和修改对应的数据。数据管理界面如图 3-16 所示。

---

[1] Sanner M F. Python：A programming language for software integration and development[J]. Journal of Molecular Graphics & Modelling，1999，17（1）：57-61.

[2] Millman K J，Aivazis M. Python for scientists and engineers[J]. Computing in Science & Engineering，2011，13（2）：9-12.

[3] Nitnaware R. Basic fundamental of Python programming language and the bright future[J]. A Peer-Reviewed Journal About，2019，8（2）：71-76.

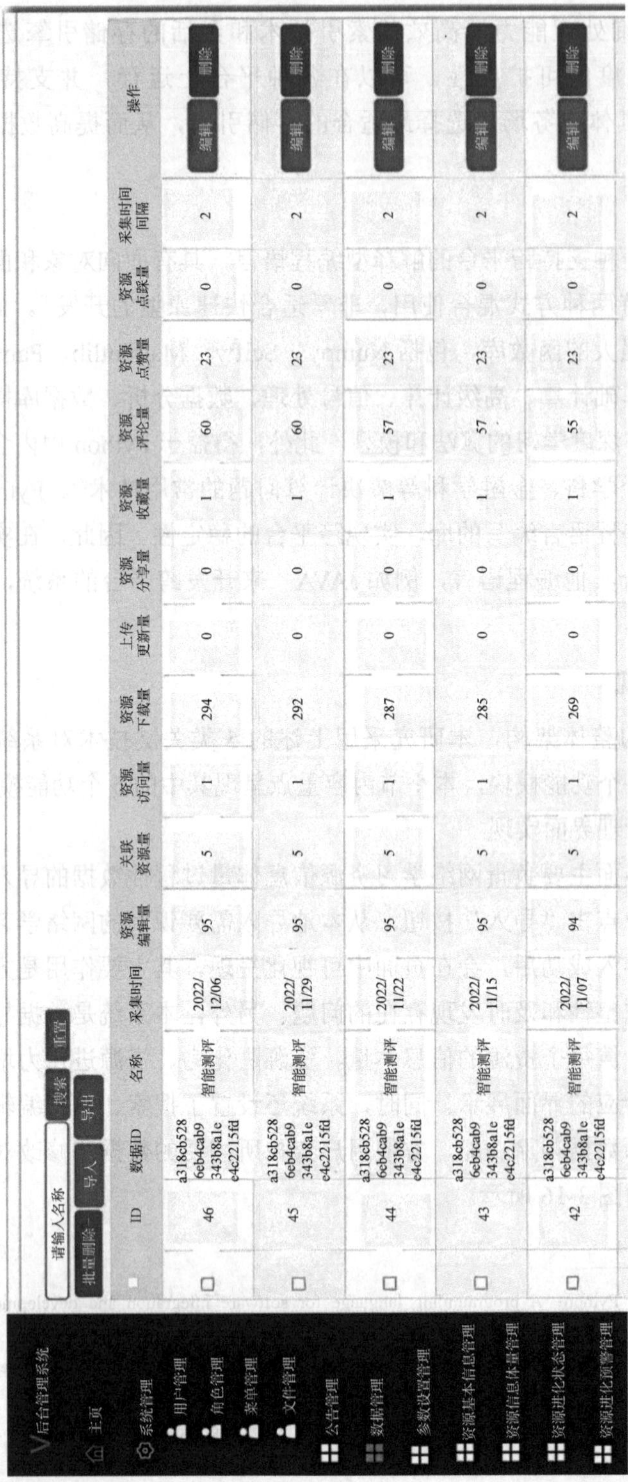

图 3-16 数据管理界面截图

（2）参数设置管理实现

参数设置管理主要是设置和修改网络学习资源进化状态量化表征方法中的参数。主要包含参数值的修改、删除和新增。值得注意的是，系统计算所获取的参数为最后一次设置的参数值，其目的是方便用户比较不同参数下，网络学习资源进化力、进化状态的变化情况。参数设置管理界面如图 3-17 所示。

图 3-17　参数设置管理界面截图

（3）资源基本信息管理实现

资源基本信息管理主要是呈现网络学习资源当前信息体量、当前进化力、当前进化状态、是否预警等信息，其主要目的是直观地展示网络学习资源当前的所有关键信息。另外，系统还设置了搜索功能，方便用户快速查找目标资源，如图 3-18 所示。

此外，系统还设置了展现每个网络学习资源四大类信息饼图、信息体量曲线图、资源进化力曲线图和当前所处的状态。通过点击对应网络学习资源后的展示图形按钮就能在界面底端显示该资源进化的具体信息，点击隐藏图形便可以收起该资源的信息。图 3-19 呈现了网络学习资源"课堂行为识别"的具体进化信息。

（4）资源进化状态管理实现

资源进化状态管理界面主要呈现当前导入数据中，五类网络学习资源进化状态的具体数量以及占比。从导入的 34 条网络学习资源来看，目前多数处于死亡态，只有 4 个资源处于成长态（图 3-20）。通过对具体资源的分析发现，导入的资源大多为本科教育的课程资源，由于该课程已结课多时，故使用的人越来越少，系统将其视为死亡态，具有一定的科学性。同时，系统还设置了建议，如导入的 34 条资源，大多为死亡态，系统建议其立即更新。

（5）资源进化预警管理实现

资源进化预警管理界面主要是对需要预警的网络学习资源数量进行统计，同时以饼图的形式进行展示，主要包含衰退态和死亡态资源。如图 3-21 所示，导入的 34 条资源中无衰退态，故 100%为死亡态。

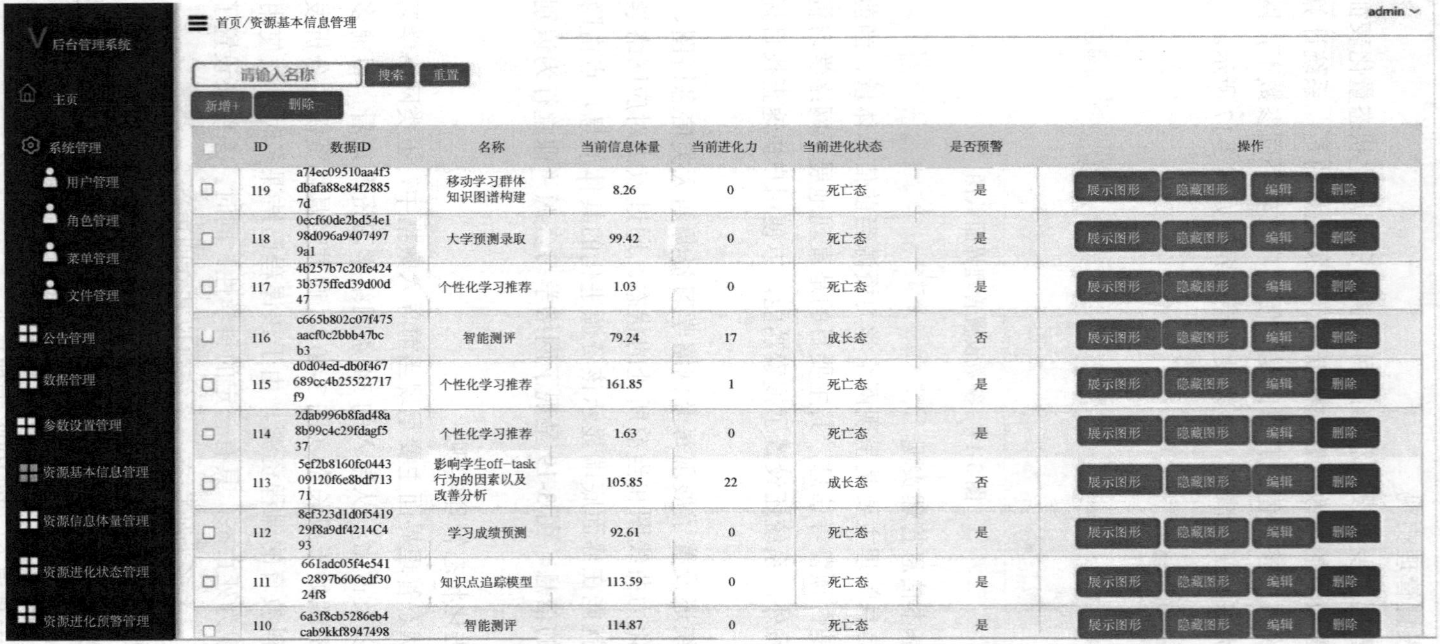

图 3-18 资源基本信息管理界面截图

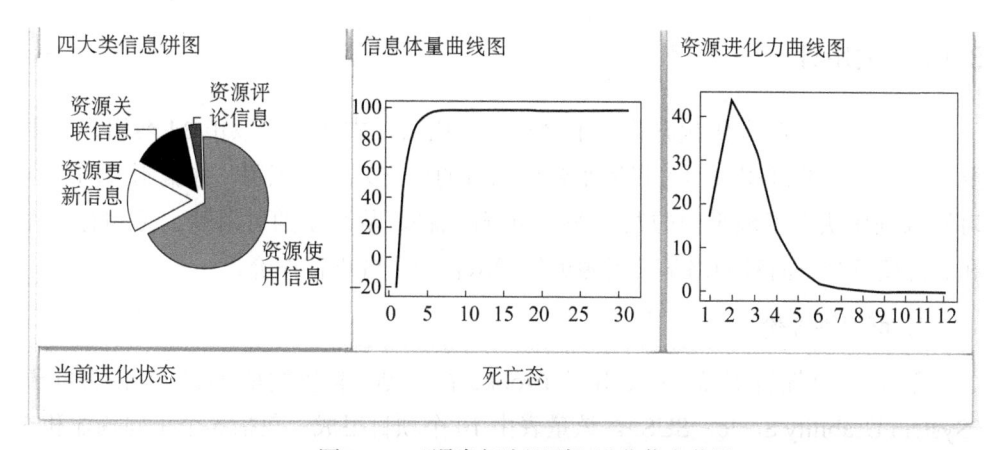

图 3-19 "课堂行为识别"进化信息截图

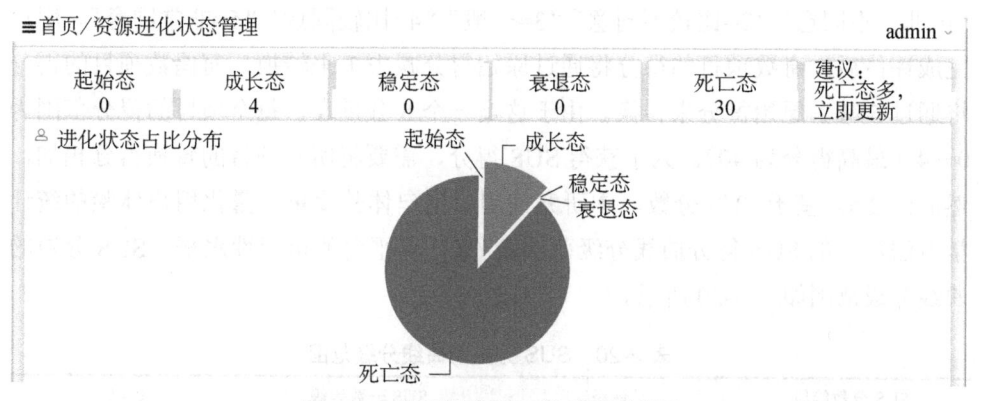

图 3-20 资源进化状态管理界面截图

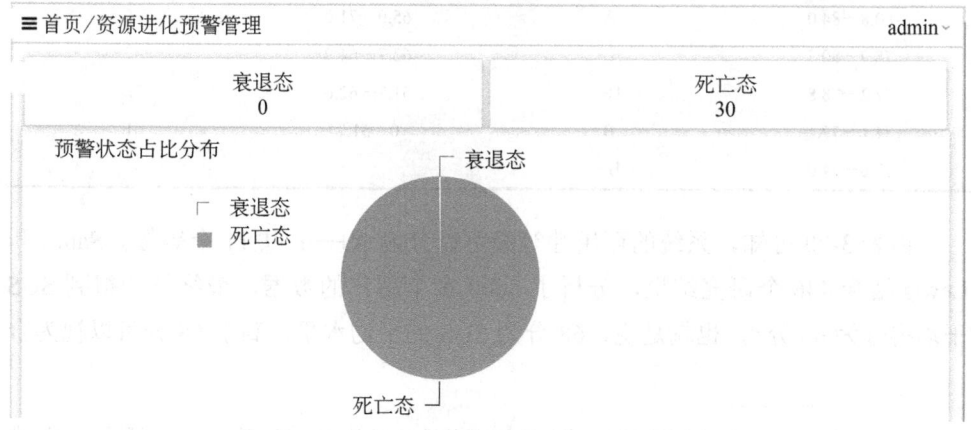

图 3-21 资源进化预警管理界面截图

3.4.3 试用评价

网络学习资源进化状态管理平台开发完成后，本研究选取了 34 名用户（主要为管理或运营过相关学习资源平台或系统的用户）进行试用，并编制《网络学习资源进化状态管理平台的试用评价调查问卷》，从系统的可用性、感知有用性和满意度三个方面对网络学习资源进化状态管理平台进行评价。

1. 可用性评价

系统可用性评估部分采用了 Brooke 在 1986 年开发的系统可用性量表（System Usability Scale，SUS）。该量表由 10 个项目组成，包括 5 个正向描述和 5 个反向描述。参与者在使用系统后需要对每个项目进行 5 点评分，评分范围为"1=非常不同意""2=比较不同意""3=一般""4=比较同意""5=非常同意"。用户完成评估后，奇数项目的得分将通过原始得分减去 1 来转换，而偶数项目的得分将通过 5 减去原始得分来转换。由于这是一个 5 分量表，每个项目的得分范围为 0—4（最高得分为 40）。为了获得 SUS 得分，需要将所有项目的转换得分相加，然后乘 2.5。基于 SUS 分数，本研究使用《用户体验度量：量化用户体验的统计学方法》中的 SUS 得分曲线分级范围表[①]来计算平台的可用性水平。SUS 分数的曲线分级范围如表 3-20 所示。

表 3-20　SUS 分数的曲线分级范围

SUS 分数等级	评级	SUS 分数等级	评级
84.1—100	A+	71.1—72.5	C+
80.8—84.0	A	65.0—71.0	C
78.9—80.7	A-	62.7—64.9	C-
77.2—78.8	B+	51.8—62.6	D
74.1—77.1	B	0—51.7	F
72.6—74.0	B-		

由表 3-20 可知，系统的可用性等级可以分为 A+—F 共 11 个等级。Sauro 和 Lewis 结合 446 个研究结果，分析了 5000 多个用户的数据，最终统计得到 SUS 平均得分为 68 分[②]，也就是说，68 分为 SUS 的平均水平，高于 68 分可以视为合

---

① Sauro J，Lewis J R. 用户体验度量：量化用户体验的统计学方法[M]. 殷文婧，徐沙，杨晨燕，等译. 北京：机械工业出版社，2014.

② Sauro J，Lewis J R. Quantifying the User Experience：Practical Statistics for User Research[M]. Burlington：Morgan Kaufmann，2012：1-312.

格或可接受。

本研究对收集到的问卷数据进行处理，最终得到网络学习资源进化状态管理平台的可用性评价得分，具体如表 3-21 所示。

表 3-21　网络学习资源进化状态管理平台的可用性评价得分

比较项	平均得分
问题 1：我愿意使用这个系统	4.21
问题 2：我发现这个系统过于复杂	1.41
问题 3：我认为这个系统用起来很容易	4.00
问题 4：我认为，我需要专业人员的帮助才能使用这个系统	2.94
问题 5：我发现系统里的各项功能完美地整合在一起了	4.12
问题 6：我认为系统中存在大量不一致	2.18
问题 7：我能想象大部分人都能快速学会使用该系统	3.97
问题 8：我认为这个系统使用起来非常麻烦	2.03
问题 9：在使用这个系统时，我觉得非常有信心	4.03
问题 10：在使用这个系统之前，我需要大量的学习	2.79
题目平均得分	28.98
SUS 平均得分	72.45
评价等级	C+

由表 3-21 所示，网络学习资源进化状态管理平台的 SUS 平均得分为 72.45 分，匹配等级为 C+。虽然得分不算特别高，但是也达到了平均水平，表明本平台的整体可用性良好。此外，从具体题项来看，"我愿意使用这个系统"的得分最高，表示大多数用户能接受使用本平台进行网络学习资源的管理，虽然有部分用户认为本平台有些复杂，使用之前需要大量学习，但还是愿意使用本平台。其次"我发现系统里的各项功能完美地整合在一起了"得分排第二，这也说明，本平台较自然地将许多功能集成在一个系统中，方便了用户的使用，满足了用户的需求。

2. 感知有用性评价

在技术接受模型（technology acceptance model，TAM）中，"感知有用性"是一个关键概念。它表示用户主观判断使用某种信息技术能否实际提高他们的生活或工作效益的程度[①]。本研究基于 Chu 等[②]设计的系统感知有用性评价量表设计

---

① Venkatesh V, Davis F D. A theoretical extension of the technology acceptance model: Four longitudinal field studies[J]. Management Science, 2000, 46（2）: 186-204.

② Chu H C, Hwang G J, Tsai C C, et al. A two-tier test approach to developing location-aware mobile learning systems for natural science courses[J]. Computers & Education, 2010, 55（4）: 1618-1627.

网络学习资源进化状态管理平台的感知有用性评价量表，该量表由 6 个题目组成，每个题目进行 5 点评分，"1=非常不同意""2=比较不同意""3=一般""4=比较同意""5=非常同意"。具体题项与各题平均得分如表 3-22 所示。

表 3-22　网络学习资源进化状态管理平台的感知有用性评价

比较项	平均得分
问题 1：我觉得使用该平台让学习资源管理更精准	4.21
问题 2：我觉得使用该平台对于我的工作很有帮助	4.29
问题 3：我觉得该平台的引导机制让我工作更加顺畅	4.18
问题 4：我觉得该平台能够帮助及时地获得学习资源的真实状态	4.15
问题 5：我觉得该平台让我的工作更好做	4.29
问题 6：我觉得使用该平台管理学习资源比其他平台更有效果	4.18
总均分	4.22

由表 3-22 可知，用户对网络学习资源进化状态管理平台的感知有用性评价的总均分为 4.22 分，这表明，大多数用户觉得使用本平台可以更好地辅助其进行网络学习资源的管理，让自己的工作更加顺畅、便捷和精准。感知有用性是决定用户再次使用信息系统的主要因素[①]，与该平台能否满足用户自身的需求密切相关。从得分来看，本平台在一定程度上能够满足用户的个性化需求，并改善了其学习资源的管理绩效。

3. 满意度评价

本研究基于黄国祯教授团队[②]设计的学习系统满意度量表设计网络学习资源进化状态管理的满意度评价量表。该量表由 6 道题组成，每个题目进行 5 点评分，其中"1=非常不同意""2=比较不同意""3=一般""4=比较同意""5=非常同意"。具体题项与平均得分如表 3-23 所示。

表 3-23　网络学习资源进化状态管理平台的满意度评价

比较项	平均得分
问题 1：我觉得加入该平台的使用能够管理学习资源更加便捷	4.15
问题 2：我使用该平台能够发现新的学习资源管理问题	4.06
问题 3：我使用该平台能够以新的思考方式看待学习资源管理	4.18

[①] 李振，周东岱，童婷婷. 基于 ISSM 和 TAM 模型的自适应学习系统评价指标体系构建[J]. 图书馆工作与研究，2022（S1）：10-17+32.

[②] Chu H C, Hwang G J, Tsai C C, et al. A two-tier test approach to developing location-aware mobile learning systems for natural science courses[J]. Computers & Education，2010，55（4）：1618-1627.

续表

比较项	平均得分
问题4：我喜欢使用该平台管理学习资源	4.18
问题5：我希望以后有机会可以使用该平台进行学习资源管理	4.32
问题6：我会推广该平台给其他人	4.32
总均分	4.20

从表3-23来看，所有选项平均得分都大于4分，其中题5和题6得分最高，表明网络学习资源进化状态管理平台得到了大多数用户的喜爱，用户愿意在以后的工作中使用该平台，也愿意将平台分享给其他用户使用，体现了用户对于网络学习资源进化状态管理平台的肯定与支持。相对分数较低的是题2，表明了网络学习资源进化状态管理平台在学习资源进化规律挖掘功能性上还不够突出，后续需要做好优化工作。

总体来看，用户对网络学习资源进化状态管理平台的评价较高，即整体满意。虽然系统的可用性评价得分相对平庸，但是用户依然给予平台较高的有用性和满意度评价。这说明，本平台的研发可以弥补目前网络学习资源管理工作中的部分不足。虽然用户觉得本平台还存在许多待完善的地方，但依然不影响其选择本平台辅助其进行学习资源管理。

第 4 章　网络学习资源进化影响因素及其作用规律

4.1　相关研究

4.1.1　网络学习资源进化影响因素研究

准确识别网络学习资源进化影响因素是资源进化研究中的基础性工作。近年来，国内外研究者针对维基资源、生成性学习资源和网络教育信息资源开展了资源进化影响因素的探究并取得诸多研究成果。下面将围绕上述三类网络学习资源进行详细阐述。

1. 维基资源进化影响因素

维基资源是 Web2.0 技术的典型代表，其开创了互联网的协同内容创作的先河。[①]起初，情报学领域的研究者以维基资源为研究对象，对知识进化问题展开研究。知识进化论最早由美国社会心理学家坎贝尔提出，他将其视为一种哲学认识论，认为知识进化论是生物进化与认识论的结合[②]。在国内，研究者认为知识进化的本质是客观知识的创造，是集体知识的形成[③]。知识进化中的基本单位是知识种群，它是个体相互作用的集合体，知识种群的形成受到了种群内观点的数量、广度和深度等因素的影响[④]。研究发现开放知识社区中知识进化受到了多方

[①] 杨现民，余胜泉. 泛在学习环境下的学习资源信息模型构建[J]. 中国电化教育，2011（9）：72-78.

[②] Campbell D T. Blind variation and selective retention in creative thought as in other knowledge processes[J]. Psychological Review，1960，67（6）：380-400.

[③] 蒋纪平，满其峰，胡金艳，等. 在线协作知识建构的知识进化：内涵、本质与模型[J]. 开放教育研究，2022，28（6）：52-59.

[④] Hong H Y, Scardamalia M, Messina R, et al. Fostering sustained idea improvement with principle-based knowledge building analytic tools[J]. Computers & Education，2015，89：91-102.

因素的影响。Moskaliuk 等以维基百科为研究对象，基于认知系统和社会系统的协同进化模型，探究了冗余性和极性对知识建构的影响[①]。裘江南等利用符号网络中的结构平衡理论，对在线知识社区中的社会网络平衡程度进行了计算，并研究了用户交互行为对知识序化程度的影响。他们得出结论，在线知识社区中社会交互网络结构呈现出"平衡—非平衡—动态平衡"的演化规律[②]。学习资源是知识外化的一种形式，有关知识进化的影响因素研究对开展学习资源进化研究有着重要的借鉴意义。

研究者除探究知识进化影响因素以外，还对影响维基资源序化与质量的因素进行了研究。马费成和夏永红以复杂适应系统（complex adaptive system，CAS）理论为基础，以维基百科为研究对象，提出了维基百科有序度的四个指标：网站、内容、用户和组织，通过评估和分析，指出"相信大众智慧的思想"和"促进信息交流的机制"是维基百科成功有序进化的关键因素[③]。罗志成和付真真探讨了"可信度危机"和"政府限制访问"两个外部环境因素对维基百科序化的影响，其认为外部环境因素确实会对维基百科序化产生影响，但并不会抑制其发展趋势[④]。资源质量的提高是维基资源有序进化的具体表现，Liu 和 Ram 指出维基百科中条目质量与用户的合作模式相关，通过分析发现，条目质量受到用户角色类型和合作方式的影响[⑤]。Qiu 等对维基百科中的冲突进行了研究，发现中等程度的冲突对条目质量的提升有着积极作用[⑥]。此外，还有研究者对维基百科中的用户参与动机影响因素进行研究，他们认为用户参与直接推动了维基资源的有序进化。用户的参与动机则受到了基本需要、个人成长和自我实现、个人偏好、固定程序和仪式、习惯这五个方面因素的影响[⑦]。

综上所述，以维基资源为代表的知识进化与知识序化的发生以用户为中心，

[①] Moskaliuk J, Kimmerle J, Cress U. Collaborative knowledge building with wikis: The impact of redundancy and polarity[J]. Computers & Education, 2012, 58 (4): 1049-1057.

[②] 裘江南, 张美慧, 宋晓玉. 在线知识社区结构平衡对知识序化影响研究: 以维基百科为例[J]. 情报学报, 2017, 36 (3): 231-240.

[③] 马费成, 夏永红. 基于 CAS 理论的维基百科序化机制研究[J]. 图书馆论坛, 2008, 28 (6): 85-92.

[④] 罗志成, 付真真. 外部因素对维基百科序化过程的影响分析[J]. 图书情报知识, 2008 (3): 28-33.

[⑤] Liu J, Ram S. Who does what[J]. ACM Transactions on Management Information Systems, 2011, 2 (2): 1-23.

[⑥] Qiu J N, Wang C L, Cui M. The influence of cognitive conflict on the result of collaborative editing in Wikipedia[J]. Behaviour & Information Technology, 2013, 33 (12): 1361-1370.

[⑦] Rafaeli S, Ariel Y. Online Motivational Factors: Incentives for Participation and Contribution in Wikipedia[EB/OL]. http://citeseerx.ist.psu.edu/viewdoc/download?doi=10.1.1.158.1212&rep=rep1&type=pdf. [2023-10-25].

用户的各种交互行为、用户类型、用户数量等因素影响着知识进化，同样也影响了维基资源自身有序进化的发生。

2. 生成性学习资源进化影响因素

生成性学习资源是在教与学过程中由学习者或师生协同创建的学习资源，故又称为过程性学习资源[①]。与传统的预设性资源相比，生成性学习资源还原了学习者的主体地位，体现了教学的协商性与生态性，实现了资源的个性化并且促进了资源的动态进化[②]。识别影响生成性学习资源的因素，有利于揭示生成性学习资源产生的内在机理并采取对应的措施，以促进生成性学习资源的高质量建设。

用户的需求和特征是生成性学习资源产生的重要前提和直接推动力，而用户在参与内容生成的过程中受到了社会驱动、技术驱动和个体驱动等维度因素的影响[③]。Lampe 等通过对 https://verything2.com 网站用户参与情况的实证研究发现，用户积极参与主要受社会、认知和技术等因素的影响，其中社会和认知因素的影响显著大于技术因素，归属感是促进用户参与的主要因素[④]。杨现民和余胜泉采用文献调研法和专家访谈法，构建了包括资源内容、资源结构、标注规范、资源教学性和资源活性五个一级指标的生成性学习资源进化评价指标体系[⑤]。从该指标体系中可以发现，用户关联（关联用户数量、关联用户速度）、资源关联性等影响了生成性学习资源的进化。万力勇等结合技术接受理论、动机理论、社会资本理论和社会交换理论，以百度百科平台为例，利用结构方程模型探究了用户生成性学习资源建设的驱动因素，将因素归纳为社会驱动维度（主观规范、信任、认同感、社会互动和交往、成员相似性）、技术驱动维度（感知有用性、感知易用性、技术可靠性、内部规则设置、隐私和安全）和个体驱动维度（求知欲望、好奇心和兴趣、互惠、外部奖励、个人形象、自我效能、归属感、资源分享倾向、信任的倾向）三个方面[⑥]。王小根和范水娣指出，混合式学习环境下学习者的知识经验和认知水平、认知风格、建构能力，教师的教学规划与学科素养、教

[①] 王胜远，杨霞，王运武. 生成性学习资源的设计与实施策略[J]. 现代教育技术，2018，28（7）：99-105.
[②] 张立新，米高磊. 高校网络课程中生成性学习资源的开发与利用[J]. 教育发展研究，2013，33（19）：72-76.
[③] 赵宇翔，朱庆华. Web 2.0 环境下影响用户生成内容的主要动因研究[J]. 中国图书馆学报，2009，35（5）：107-116.
[④] Lampe C, Wash R, Velasquez A, et al. Motivations to participate in online communities[C]//Proceedings of the SIGCHI Conference on Human Factors in Computing Systems. ACM，2010：1927-1936.
[⑤] 杨现民，余胜泉. 生成性学习资源进化评价指标设计[J]. 开放教育研究，2013，19（4）：96-103.
[⑥] 万力勇，黄志芳，邢楠，等. 用户生成性学习资源建设的驱动因素研究：以百度百科平台为例[J]. 电化教育研究，2015，36（2）：50-57.

学态度、评价与反思，线上线下学习环境、课程因素影响着学习资源的生成，并以此设计了混合式环境下的学习资源生成模式[①]。刘权纬等利用结构模型分析方法，结合技术接受模型，分析发现中小学教师生成性学习资源使用意向受到混合式研修中教学支持服务、参训者的自我效能、在线学习环境的正向影响[②]。

综上所述，生成性学习资源是用户在学习或者协作过程中的所产所得，用户的参与是生成性学习资源产生的前提与保障，并且受到环境、技术、社会等因素的影响。

3. 网络教育信息资源进化影响因素

网络教育信息资源是互联网中传输的各类数字化教育资源，这些资源包含大量的教育信息，有着极高的教育价值。研究者针对网络教育信息资源的动态发展、生命周期、利用和再生等影响因素进行了研究。何向阳通过建立影响用户参与网络信息资源再生的结构方程模型，发现感知易用性、感知有用性、外部激励、兴趣与乐趣、身份认同五个因素对用户行为意向都具有直接影响[③]。徐刘杰等通过收集新浪微博、天涯论坛和新浪博客上的博文总数、有意义跟帖等数据，运用因子分析法分析发现，网络用户和资源内容是影响网络信息资源动态发展利用的两个重要因素[④]。其中，用户之间的交互程度影响着网络资源的动态发展和利用水平，在资源的动态发展利用过程中，核心用户或意见领袖扮演着主要角色；此外，社群内小团体的形成对知识节点的丰富以及整个社区内资源的动态发展和利用也会产生一定的影响[⑤]。卿蔚等使用文献计量学方法，通过对某学校10年间研究生学位论文参考文献统计分析，结合调查问卷，归纳出影响网络信息资源利用的因素有用户需求与偏好、网络资源特点、网络硬件设施和社会认可度四个方面[⑥]。张青敏认为用户对信息的关注度、信息主题影响因子、信息失真率、信息效用价值、信息类型、社会环境等因素影响了网络信息生命周期的演化[⑦]。

[①] 王小根，范水娣. 混合式学习环境下学习资源生成模式设计研究[J]. 电化教育研究，2018，39（1）：61-67.

[②] 刘权纬，王兴辉，蒋红星. 中小学教师混合研修中生成性学习资源使用意向影响因素研究[J]. 现代远距离教育，2020（6）：24-34.

[③] 何向阳. 用户参与网络信息资源再生影响因素的实证研究[J]. 远程教育杂志，2015，33（5）：88-96.

[④] 徐刘杰，熊才平，席淑娟. 网络信息资源动态发展利用的影响因素研究[J]. 图书与情报，2012（6）：96-100.

[⑤] 徐刘杰，熊才平，郭伟. 网络资源动态发展利用的社会网络分析：以新浪微博"教育技术"群为例[J]. 远程教育杂志，2013，31（1）：38-44.

[⑥] 卿蔚，李松玲，吴英梅. 网络资源利用的影响因素探究[J]. 晋图学刊，2010（4）：27-30.

[⑦] 张青敏. 基于系统动力学的网络环境下信息生命周期演化规律研究[J]. 情报理论与实践，2011，34（5）：6-9.

在泛在学习环境中，网络学习资源进化的动力主要源自两个方面：用户和资源。用户的协同编辑、学习过程信息、人际网络，以及资源的关联、外部资源的嵌入和链接等因素，共同推动着网络学习资源的进化过程[①]。除此之外，外部的环境因素也会对进化产生影响，但一般来说，这种影响并不是直接影响，而是作用于用户和资源的间接影响。

总结上述学者的研究观点和成果，可以将影响网络学习资源进化的影响因素大致概括为用户、学习资源和学习环境三个维度（图4-1）。首先，用户是网络学习资源的创造者、使用者、协作者，也是资源进化的直接受益者。一方面，用户的需求和特征驱动着学习环境及学习资源需要不断发生变化，同时也构成了网络学习资源进化的根本目的；另一方面，用户之间的共建共享行为是资源进化的直接推动力，学习资源在被编辑、被利用的过程中，逐渐完善自身建设，朝着更高质量的方向发展。其次，网络学习资源发生进化是因为资源本身具有的生物属性。资源的质量、呈现方式均会影响用户对资源的访问和编辑，发生进化的学习资源更容易在变化的学习环境中生存下去，不被淘汰。最后，环境因素是影响网络学习资源进化的外部因素，主要包括硬环境（学习空间、学习平台、学习机制等）和软环境（经济需求、社会发展等）。基础设施建设组成的网络学习空间是用户创作资源的主阵地，也是资源进化的基础，便捷的学习环境和完善的学习机制会提高用户对资源创作的积极性，从而促进资源进化的发生；随着社会的发展，人们的教育需求不断提高，促使资源不断进化以形成高质量的网络学习资源。

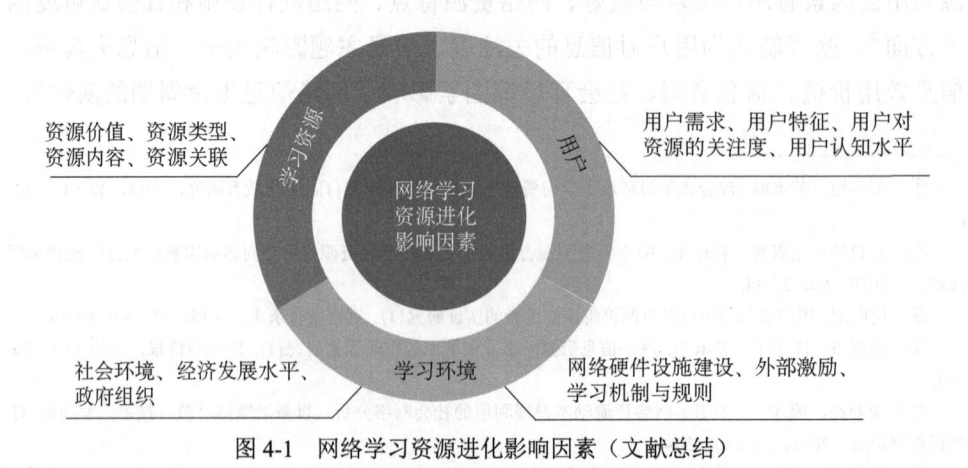

图4-1 网络学习资源进化影响因素（文献总结）

---

① 杨现民，余胜泉. 泛在学习环境下的学习资源信息模型构建[J]. 中国电化教育，2011（9）：72-78.

4.1.2 网络学习资源进化规律研究

在明确网络学习资源进化的影响因素后，进一步挖掘资源进化过程中的相关规律，有利于把握资源进化的内在机理，并以此为依据对进化采取干预措施，引导资源进化朝着正确的方向进行。目前，研究者利用社会网络分析、系统力学仿真分析、机器学习、微分动力系统、时间序列分析、滞后序列分析、流程挖掘等方法对学习资源进化规律进行挖掘并取得了积极的研究成果。

1. 资源进化特性与整体规律

起初，研究者以维基资源为研究对象对其数量与质量变化、用户类型等方面展开规律探索。在数量方面，维基百科的数量呈现指数增长[1]，其条目被访问的频率存在"长尾现象"[2]；在质量方面，维基资源的质量与用户协作亲密程度之间表现为曲线弯曲而非直线的关系[3]，与条目被编辑次数在一定范围内呈正相关[4]；在用户类型方面，忠诚的维基百科用户在早期就展现出与普通用户不同的特点，但共同之处在于他们都会逐渐变得"懈怠"[5]。随着新技术的发展，研究者围绕用户、资源和环境三个维度提出了大数据时代下数据驱动资源聚合可视化的四维规律，分别是基于图谱、资源与人之间关联的可视化表征律，基于学习者模型构建的可视化行为律，资源适应性视角下的可视化需求律，基于生成性资源开发与应用的可视化因果律[6]。四维规律的得出，为生成性学习资源的应用与建设提供了新的思路。刘丽君等采用跟踪观察法，对网络资源的跟帖和留言进行分析，统计了网络教育信息资源总量的变化，得出网络教育信息资源量呈现先快后慢的增加规律[7]。不难看出，资源进化规律的挖掘依旧是建立在影响因素识别的基

---

[1] Kittur A, Chi E, Pendleton B, et al. Power of the few vs. wisdom of the crowd: Wikipedia and the rise of the bourgeoisie[J]. World Wide Web, 2007, 1 (2): 19.

[2] Lam S T K, Riedl J. Is Wikipedia growing a longer tail?[C]//Proceedings of the 2009 ACM International Conference on Supporting Group Work. ACM, 2009: 105-114.

[3] Ransbotham S, Kane G C. Membership turnover and collaboration success in online communities: Explaining rises and falls from grace in Wikipedia[J]. MIS Quarterly, 2011, 35 (3): 613-627.

[4] Lih A. Wikipedia as participatory journalism: Reliable sources? Metrics for evaluating collaborative media as a news resource[J]. Nature, 2004, 3 (1): 1-31.

[5] Panciera K, Halfaker A, Terveen L. Wikipedians are born, not made: A study of power editors on Wikipedia[C]//Proceedings of the 2009 ACM International Conference on Supporting Group Work. ACM, 2009: 51-60.

[6] 杨帆, 吴晓蒙, 赵蔚. 大数据视野中资源聚合可视化的四维演化规律探究[J]. 广西社会科学, 2020 (5): 72-77.

[7] 刘丽君, 熊才平, 何向阳. 网络环境下教育信息资源动态发展利用研究[J]. 远程教育杂志, 2011, 29 (5): 83-88.

础之上，不同影响因素在资源进化过程中的作用程度不尽相同，也就呈现出不同的作用规律。例如，用户的编辑协作行为会对资源进化产生影响并呈现一定的统计学特征，上述提到的在维基百科序化过程中，用户编辑频率越高的条目有更高的质量[1]。网络用户之间交互的次数越多，交互的时间越长，交互的程度越深，网络信息资源动态发展利用的周期就越长[2]。因此，掌握用户编辑协作行为规律有利于实现学习资源进化质量检测和预警，推动资源高质量发展。

网络学习资源进化是一个复杂过程，其中包含的要素众多，在多要素共同作用下，整个进化过程呈现出连续的阶段规律。知识进化领域，研究者将知识进化过程划分为孕育、产生、成长、成熟和衰老五个状态[3]。网络学习资源的进化过程同样也遵循着一定的发展阶段轨迹。杨现民和余胜泉认为泛在学习资源的生命周期经历着产生期、发展期、流通期、成熟期和消亡期五个阶段[4]。徐刘杰等指出学习资源在进化过程中会出现正发展（进步性的进化）、平衡和淘汰（退步性的进化）三个状态[5]。米桥伟等在总结先前研究者的观点的基础上，以信息生态学为指导，将网络学习资源进化经历的状态划分为起始态、成长态、稳定态、衰退态和死亡态[6]。但网络学习资源进化并非简单的单向直线变化过程，它会经历不同的进化阶段，在外界因素的干预下，进化未必会严格按照阶段顺序进行。例如，处于衰退态的学习资源，我们可以对其内容进行编辑修改并将资源进行推荐与宣传，使该资源重新回到稳定态。

2. 资源进化的网络结构变化规律

在知识进化领域，研究者认为互联网环境中知识生成和进化呈现问题驱散、群智协同、生产与传播统称、过程非线性等新特征[7]。互联网时代下的知识传播

---

[1] Wöhner T, Peters R. Assessing the quality of Wikipedia articles with lifecycle based metrics[C]//Proceedings of the 5th International Symposium on Wikis and Open Collaboration. ACM, 2009: 1-10.

[2] 徐刘杰，熊才平，夏秀明. 网络信息资源动态发展利用的周期性研究[J]. 开放教育研究，2012，18（4）：91-98.

[3] 孙振领. 知识生态系统进化机制研究[J]. 情报杂志，2011，30（6）：152-155.

[4] 杨现民，余胜泉. 泛在学习环境下的学习资源信息模型构建[J]. 中国电化教育，2011（9）：72-78.

[5] 徐刘杰，余胜泉，郭瑞. 泛在学习资源进化的动力模型研究[J]. 电化教育研究，2018，39（4）：52-58.

[6] 米桥伟，杨现民，李康康. 如何识别网络学习资源的进化状态：一种基于信息量体的量化表征方法[J]. 现代远程教育研究，2023，35（1）：103-112.

[7] 陈丽，逯行，郑勤华. "互联网+教育"的知识观：知识回归与知识进化[J]. 中国远程教育，2019（7）：9-18.

和生产是一个复杂网络演变的过程[1]。维基百科中的知识构建是个体知识和群体知识协同演化的过程，呈现复杂的网络结构。维基百科条目含有丰富的语义关系，网络协同生产与超链接环境会对维基百科条目的语义结构产生重要的影响，通过计算维基条目网络的节点度分布、平均路径长度和聚类系数，发现以知识主题为节点的开放知识网络具有无标度特性和小世界效应[2]。知识网络中的入度符合幂律分布，出度则符合广延指数分布。新加入的条目更倾向于连接到度数较高的节点，已存在的高度节点则更倾向于连接到度数较低的节点[3]。还有研究者提出一种维基百科领域知识的演化关系抽取方法，该方法利用语法分析特征，构建了演化关系推理模型，可以有效地抽取维基百科中领域知识的演化关系[4]。裘江南等基于社会网络分析理论和网络结构熵理论，以英文维基百科为研究对象，通过计算知识网络和社会网络的平均路径长度、聚类系数、同配系数、蔡氏结构熵，揭示了网络的演化规律。他通过条目"Big Bang"的案例研究发现：在线知识社区中知识观点较社会关系更为紧密，聚合程度相对较高；社区演化初期，两个网络是无序的同配网络，随后逐渐演化为有序的异配网络[5]。

资源进化领域，研究者通过构建用户关联网络、资源关联网络和用户与资源的协作网络等不同的网络结构，对网络学习资源发展过程和进化趋势进行探索及预测。资源之间的关联网络构建是增强泛在学习资源"进化力"的重要途径。早期学习资源的关联研究，大多依据共享内容对象参考模型（shareable content object reference model，SCORM）规范中定义的九种关系元数据来设计关联算法，构建资源关联模型[6]。然而，这种静态关系元数据仅能描述结构导向的关系，而无法有效描述语义层面的关系，难以保证资源关联结果的全面性[7]。之

---

[1] 陈丽，郑勤华，徐亚倩. 知识的"技术"发展史与知识的"回归"[J]. 现代远程教育研究，2022，34（5）：3-9.

[2] Lerner J, Lomi A. The network structure of successful collaboration in Wikipedia[C]//52nd Hawaii International Conference on System Sciences（HICSS），2018.

[3] 潘旭伟，杨祎，王世雄，等. 知识协同视角下 Wiki 知识网络的特性研究：以 Wikipedia 为例[J]. 情报学报，2013（8）：817-827.

[4] 高俊平，张晖，赵旭剑，等. 面向维基百科的领域知识演化关系抽取[J]. 计算机学报，2016，39（10）：2088-2110.

[5] 裘江南，杨畅，李灵. 在线知识社区知识系统与社会系统序化规律研究：以 Wikipedia 为例[J]. 情报科学，2017，35（5）：8-14.

[6] Chang W C, Hsu H H, Smith T K, et al. Enhancing SCORM metadata for assessment authoring in e-Learning[J]. Journal of Computer Assisted Learning, 2004, 20（4）：305-316.

[7] Wu P F, Yu S Q, Ren N, et al. Development of a visual e-learning system for supporting the semantic organization and utilization of open learning content[J]. Multimedia Tools and Applications, 2018, 77（13）：17437-17456.

后，学者开始尝试利用语义本体[1][2]、关联数据[3]、数据挖掘[4]、知识图谱[5]等技术研究学习资源的关联网络，比如宾夕法尼亚大学的 Ryan Baker 教授团队提出了基于罕见关联规则挖掘的 e-Learning 资源与用户关联模型，利用这些规则可以很好地提高教育数据收集的效率，在教育环境中有着较好的性能和适用性[6]；华中师范大学刘清堂教授领导的团队研究了基于语义本体的 e-Learning 资源关联模型。在这个框架中，他们构建了一个领域本体，以描述领域的知识结构。通过利用本体技术和资源描述框架对所有资源和用户组合进行描述，以支持语义推理，该框架可作为教师和资源设计者的有益指南[7]。屈宝强和屈丽娟使用基于二分网络的原理，构建了一个用于文献资源共享的用户网络和资源网络。其运用复杂网络的理论方法和模型，提出了文献共享网络的基本拓扑特征、幂律分布、富人俱乐部现象、用户动力学行为以及网络同步分析等基本框架。这些分析框架可以帮助研究者更好地认识文献资源共享的特点，提高共享服务的质量，并为优化资源配置提供理论依据[8]。网络学习资源进化过程中的资源关联网络、用户关联网络等变化是一个复杂的过程，研究者可以通过复杂网络理论与方法开展研究，例如，从 800 万条资源进化数据中提取关联信息，生成无向资源关联网络。通过观察资源进化关联网络的度及度分布、平均路径长度、聚集系数、介数等核心指标，分析网络入度和网络出度的分布规律。随后，计算资源进化关联网络中的群组数量和规模，并对不同级别的资源群组的整体进化指标（如 RG、REPG 等）进行比较分析，以识别群组规模、网络密度等变量对资源群体进化的影响。

---

[1] Liu S, Bremer P T, Thiagarajan J J, et al. Visual exploration of semantic relationships in neural word embeddings[J]. IEEE Transactions on Visualization and Computer Graphics, 2018, 24（1）：553-562.

[2] Garcıa-Gonzalez H, Gayo J E L, Paule-Ruiz M. Enhancing e-Learning content by using semantic web technologies[J]. IEEE Transactions on Learning Technologies, 2017, 10（4）：544-550.

[3] Musto C, Narducci F, Lops P, et al. Linked open data-based explanations for transparent recommender systems[J]. International Journal of Human-Computer Studies, 2019, 121：93-107.

[4] Gasparetti F, De Medio C, Limongelli C, et al. Prerequisites between learning objects: Automatic extraction based on a machine learning approach[J]. Telematics and Informatics, 2018, 35（3）：595-610.

[5] Shen Y, Ding N, Zheng H T, et al. Modeling relation paths for knowledge graph completion[J]. IEEE Transactions on Knowledge and Data Engineering, 2021, 33（11）：3607-3617.

[6] 转引自 Romero C, Romero J R, Luna J M, et al. Mining rare association rules from e-learning data[C]// Proceedings of the 3rd International Conference on Educational Data Mining, 2010：171-180.

[7] Wu L J, Liu Q T, Zhou W L, et al. A semantic web-based recommendation framework of educational resources in e-Learning[J]. Technology, Knowledge and Learning, 2020, 25（4）：811-833.

[8] 屈宝强, 屈丽娟. 基于复杂网络视角的文献资源共享分析框架[J]. 情报科学, 2013, 31（3）：27-30.

4.1.3 网络学习资源的系统动力仿真研究

1. 系统动力学仿真分析的基本概述

计算机仿真分析是利用仿真软件对实际问题模型化再进行仿真分析的一种科学研究方法。系统动力学（system dynamics，SD）仿真是计算机仿真分析的一种，基于系统动力学视角，可以理解复杂系统的结构和动态行为特性[①]。进行系统动力学仿真分析的一般步骤为：首先，确定系统边界，建立仿真模型。系统动力学模型是对研究对象的抽象描述，能够识别和建立系统内部的关键要素、结构，以及它们之间的因果关系和反馈机制。这一模型通常是一个包含一系列差分方程或微分方程的模型。其次，设定和验证模型的参数。在建立模型之后，需要确定模型中各个参数的具体数值，并进行参数的验证。参数的设定可以基于现有的数据或者专家知识，并利用参数敏感性分析来评估模型对参数敏感性的影响。再次，进行仿真分析，将分析结果可视化。通过数值迭代和模拟运算，系统动力学模型可以模拟系统随时间变化的行为。通过观察仿真结果，可以分析系统的状态变化、动态特性以及各个要素之间的相互关系。在分析过程中，会产生大量的图形结果（曲线图），这些结果可以被进一步分析和可视化，帮助研究者理解系统的行为和变化规律。常用的分析方法包括敏感性分析、场景分析、策略仿真等。最后，调整和优化仿真模型。根据对仿真结果的分析，研究者可以检验模型的合理性和适应性。如果模型无法准确反映实际系统的行为，可以对模型进行修正和调整，以提高模型的预测能力和可靠性。

通过系统动力学仿真分析，可以帮助研究者深入理解复杂系统的行为和变化规律，揭示系统内部的互动和反馈机制，以及评估各种策略和政策的效果。目前，这种分析方法在管理学、环境科学、经济学、教育学等领域中被广泛应用。

2. 系统动力学在资源进化领域的应用

在资源进化领域，仿真分析适用于开展资源进化影响因素与进化规律探究。研究者对维基资源演化过程进行模拟仿真，发现维基资源的有序演化受到了用户数量、维基内容数量和质量的影响[②]；对维基百科群体协作进行主体建模仿真，发现多样编辑行为影响了维基百科条目质量[③]。模拟仿真可将网络学习资源

[①] 钟永光，贾晓菁，钱颖，等. 系统动力学[M]. 2版. 北京：社会科学出版社，2013：1.
[②] 夏永红. Starlogo 对 Wiki 演化过程模拟探析[J]. 图书情报知识，2008（3）：23-27.
[③] 赵东杰，王华，李德毅，等. 基于 CAS 理论的群体协作维基条目编辑建模仿真[J]. 上海理工大学学报，2012，34（5）：441-446.

进化过程清晰、完整地展示出来，故仿真分析在学习资源进化研究领域具有独特优势。

有关系统动力学仿真的应用，杨波通过构建知识转移演化的系统动力学模型，探究了知识差距、发送能力、吸收能力、转移阈值和转移情境因素对知识转移的影响，揭示了组织间知识转移的特性及机理，为促进组间知识转移提出策略，如建立知识转移和创新的激励机制[①]。高晴和段金菊为探究关联学习社区知识生产的动态过程及其演化规律，利用系统动力学进行建模与仿真，发现知识生产的过程分为知识共享、汇聚、整合及创造四个阶段，并且这四个阶段呈现动态协同的演化特征[②]。在实际应用层面，文章从学习者、教师、资源和环境四个方面提出了有关促进关联社区中知识生产的教学干预策略。牟智佳等通过建立学习者个性化学习需求预测模型，并结合两门慕课数据的系统动力学仿真，发现学习兴趣、需求满足程度和课程目标是引起学习需求变化的高杠杆因素，而高杠杆因素的影响程度会随着课程的不同而有所不同[③]。晋欣泉等利用系统动力学方法，构建了知识建构行为的演化博弈模型，并进行了仿真分析以探究行为演化的稳定路径。研究结果表明，在知识建构行为博弈中，双方最终的演化稳定策略是协同，同时各参与者对知识存储量、信任关系、知识吸收能力、协同收益、投机收益以及奖惩制度等变量具有较高的敏感度[④]。

研究者利用系统动力学仿真分析的方法探究了知识序化、知识转移、知识建构、资源建设等问题，而对网络学习资源进化的探究相对较少。从系统动力学视角来看，网络学习资源进化是一个由多要素组成的复杂系统的变化过程，其影响因素众多，且影响因素与学习资源进化之间存在着复杂的线性或非线性关系。系统动力学为开展学习资源进化研究提供了一个新方法，它为研究者提供了一个综合框架，可以模拟和分析多个因素对网络学习资源进化过程的影响。这些因素包括学习者行为、资源质量、学习环境等。通过综合分析这些因素之间的相互作用，可以更好地理解和预测网络学习资源的发展趋势。

---

① 杨波. 系统动力学建模的知识转移演化模型与仿真[J]. 图书情报工作, 2010, 54（18）: 89-94.

② 高晴, 段金菊. 关联学习社区知识生产过程的系统动力学建模及仿真分析[J]. 电化教育研究, 2022, 43（12）: 78-85.

③ 牟智佳, 王卫斌, 李雨婷, 等. MOOCs环境下个性化学习需求预测建模与仿真：系统动力学的视角[J]. 电化教育研究, 2018, 39（11）: 29-37.

④ 晋欣泉, 姜强, 赵蔚. 基于系统动力学的知识建构行为演化博弈模型及仿真分析[J]. 远程教育杂志, 2022, 40（1）: 103-112.

4.1.4 小结

本节从网络学习资源进化影响因素、进化规律和进化的系统动力学仿真三个方面进行了文献综述，发现研究者通过社会网络分析、模拟仿真等方法，聚焦于用户、学习资源和学习环境，探究了网络学习资源进化的影响因素及其作用规律。然而，研究者在分析资源进化影响因素时往往局限于特定维度，如用户、技术等，导致得到的影响因素不够全面，并且对进化规律的挖掘不够深入。因此，本研究基于信息生态学理论，运用德尔菲法、解释结构模型法、结构方程模型法和系统动力学仿真分析等方法，识别网络学习资源进化的影响因素，并对其作用规律进行了深入分析，旨在为高质量网络学习资源的建设提供参考和指导。

4.2 网络学习资源进化影响因素识别

准确识别网络学习资源进化的影响因素有助于把握资源进化的规律与内在机理，从而助力学习资源高质量建设。本节基于信息生态学理论，结合对相关文献的梳理与分析，初步构建了网络学习资源进化影响因素指标体系；接着利用德尔菲法展开两轮专家意见征询，对影响因素指标体系进行修改；再利用解释结构模型法进一步分析因素之间的逻辑关系与内在联系，最终构建网络学习资源进化影响因素解释结构模型。

4.2.1 基于德尔菲法的研究设计

1. 研究工具

本研究设计《网络学习资源进化影响因素指标体系专家咨询问卷》作为评估和确定影响因素的工具。研究共进行了两轮专家咨询问卷调查，回收率均达到100%。第一轮问卷包含基本信息、填表说明和指标评价量表三个部分，其中指标评价量表涵盖了指标评分和修改建议。第二轮问卷则包括第一轮结果的统计反馈、第一轮修改建议的回复以及新增指标项的评价量表。通过两轮专家意见征询，最终确定了网络学习资源进化影响因素指标体系。

2. 专家选取

专家选择是开展德尔菲法和解释结构模型分析的重要过程。本研究共选取13位教育信息化领域的权威专家进行德尔菲意见征询，涵盖高等院校、教育信息化工作机构等不同层面的专家学者,他们均在教育信息化领域研究数年,有着较为丰富的理论与实践经验,具有一定的代表性和权威性。专家详细信息如表 4-1 所示。在进行解释结构模型分析时,又在 13 位专家中选取了 2 位,以完成资源进化影响因素邻接矩阵构建。

表 4-1 咨询专家信息

序号	工作单位	研究领域
1	西北师范大学	信息技术与教育应用
2	河南师范大学	学习科学、信息化教学设计、多媒体学习理论与实践研究
3	深圳大学	信息化教学创新、智能教育
4	华中师范大学	教师信息素养、智慧校园、教育信息化评估
5	国家开放大学	数字化学习资源、在线教学、教师专业化发展
6	南京邮电大学	技术促进学习、数字阅读、STEM 教育、社交媒体与学习
7	海南大学	教育大数据分析、学习分析、教育信息化
8	华南师范大学	信息化教学创新
9	东北师范大学	个性化自适应学习、大数据学习分析、知识可视化
10	江苏师范大学	现代远程教育、开放课程、混合式学习、STEAM 教育、教育大数据
11	海南师范大学	智慧教育、数字化资源设计与开发、教师教育技术能力培训
12	江南大学	联通主义学习理论与 MOOC、"互联网+教育"基本原理、远程学习教学交互、教育管理
13	西南大学	学习科学与技术、网络与远程教育、STEM+C 教育

3. 研究过程

首先,基于信息生态学理论,并结合国内外文献调研,初步拟定网络学习资源进化影响因素指标体系;其次,对拟定的指标体系开展两轮专家意见征询,对影响因素指标体系进行修订;接着,对指标体系中的各项影响因素进行解读与分析;最后,利用解释结构模型对所得出的影响因素进行层级划分,构建网络学习资源进化影响因素解释结构模型。具体研究过程如图 4-2 所示。

图 4-2 基于德尔菲法的影响因素指标体系构建过程

4. 数据分析

本研究选取的德尔菲法分析指标有：专家权威程度系数（C_r）、专家积极程度系数（K）、重要性均值（C_i）、满分率（F）、标准差（δ_i）、变异系数（V_i）以及肯德尔和谐系数（Kendall）[①]。

（1）专家权威程度系数

专家权威程度系数是指专家针对某一问题的权威力度，由专家对问题的判断依据 C_a 和熟悉程度 C_b 两个因素决定。一般认为 $C_r>0.7$ 即研究结果可靠。计算公式为：

$$C_r = \frac{C_a + C_b}{2} \tag{4-1}$$

（2）专家积极程度系数

专家积极程度系数反映了专家对评价内容的关心程度，一般用咨询问卷的回收率 K 来表示，发放出的问卷回收越多，表示专家积极程度越高。计算公式为：

$$K = \frac{m}{M} \tag{4-2}$$

式中，m 指参与评分的专家数，M 指发放问卷的专家数。

（3）重要性均值

重要性均值表示专家对该指标的认可度，直接反映了该指标的影响度。计算公式为：

$$C_i = \frac{1}{M} \sum_{j=1}^{M} C_{ij} \tag{4-3}$$

式中，C_{ij} 指专家 j 对影响因素 i 的重要性评分值，M 指全部参与评分的专家人数。

（4）满分率

满分率是指给予该指标满分的专家人数与专家总数之比，从侧面反映了该指标的重要度。计算公式为：

$$F = \frac{m_i}{M_i} \tag{4-4}$$

式中，m_i 指对影响因素 i 给出满分的专家人数，M_i 指对影响因素 i 进行评分的总人数。

（5）标准差

标准差表示专家意见的离散程度，通常认为标准差 $\delta_i<1$ 时，专家意见较为统

---

① 杨世玉，刘丽艳，李硕. 高校教师教学能力评价指标体系建构：基于德尔菲法的调查分析[J]. 高教探索，2021（12）：66-73.

一。计算公式为:

$$\delta_i = \sqrt{\frac{1}{m-1}\sum_{j=1}^{m_i}(C_{ij}-C_i)^2} \qquad (4\text{-}5)$$

式中，m 指参与评分的专家数，C_{ij} 指专家 j 对影响因素 i 的重要性评分值，C_i 指影响因素 i 的重要性均值。

（6）变异系数与肯德尔和谐系数

变异系数与肯德尔和谐系数表示专家的协调程度，通常认为 $V_i<0.25$ 或肯德尔和谐系数处于 0.4—0.5 时[1]，专家建议的协调程度较高，存在分歧较小，可终止意见征询。肯德尔和谐系数可以通过 SPSS 进行计算，变异系数计算公式为：

$$V_i = \frac{\delta_i}{C_i} \qquad (4\text{-}6)$$

式中，δ_i 指影响因素 i 的标准差，C_i 指影响因素 i 的重要性均值。

各评价等级的量化数值[2]如表 4-2 所示。

表 4-2　专家评分项及量化参考

评分项	评分等级	量化值
重要性	非常重要	5.0
	比较重要	4.0
	一般	3.0
	不太重要	2.0
	不重要	1.0
熟悉程度	非常熟悉	1.0
	熟悉	0.8
	一般	0.4
	不太熟悉	0.2
	不熟悉	0.0
判断依据	实践经验	0.8
	理论分析	0.6
	参考国内外参考文献	0.4
	直观感受	0.2

---

[1] 沈绮云，欧阳河，欧阳育良. 产教融合目标达成度评价指标体系构建：基于德尔菲法和层次分析法的研究[J]. 高教探索，2021（12）：104-109.

[2] 樊长军，张馨，连宇江，等. 基于德尔菲法的高校图书馆公共服务能力指标体系建[J]. 情报杂志，2011，30（3）：97-100+169.

4.2.2 网络学习资源进化影响因素的确定

1. 来自信息生态学的重要启示

生态学是一门研究生物生存条件、生物及其群体与环境相互作用的过程及其作用规律的学科。[①]信息生态学则是在其基础上发展而来的，研究者基于生态学视角分析信息环境的发展及其规律。信息生态学的主要研究对象是信息生态系统。信息生态系统是由信息人、信息和环境三要素组成的具有复杂性、多样性和动态性的统一整体[②]，三要素之间相互作用，引导了整个信息生态系统的不断变化和发展。

与我们生存的自然界生态系统不同，信息生态系统有其独特之处。自然界的生态系统是自发的，进化也是无组织的。而信息生态系统是人为构建的，其进化与发展更容易进行人为干预。正是这样的差别，使我们可以借助信息生态学理论来指导网络学习资源进化影响因素识别研究。本研究依据信息生态学理论中的三要素，构建了网络学习环境下的学习资源生态系统（图4-3），资源进化正是发生在由用户、学习资源和学习环境等要素所组成的系统之中。在该系统中，环境要素位于最底层，是整个生态系统正常运行的基本保障。网络学习平台和管理机制等基础设施的建设为用户协作和资源进化提供了场所。用户处于核心位置，是主体要素，他们的需求不断刺激着学习资源发生进化。在网络平台中，拥有庞大的用户基础和活跃的用户群体时，用户之间的协作行为更为频繁，从而能够最大限度地促进资源进化的发生。客体要素指的是学习资源本身。一方面，学习资源的数量和质量等因素会影响其自身的进化；另一方面，在用户和环境的影响下，资源会发生内容进化（表现为资源版本的更迭）和关联进化（表现为资源网络结构的不断丰富），并呈现出一定的变化规律。

本研究基于信息生态学理论，从用户、学习资源和学习环境三方面展开分析，进一步挖掘影响网络学习资源进化的关键因素。

2. 影响因素指标体系的初步拟定

构建合理的网络学习资源进化影响因素指标体系是开展专家意见咨询的前提。首先，以信息生态学为理论基础。国内许多研究者利用信息生态学理论来进

[①] 张向先，郑絮，靖继鹏. 我国信息生态学研究现状综述[J]. 情报科学，2008，26（10）：1589-1593+1600.

[②] 肖钠. 我国信息生态理论研究综述[J]. 情报科学，2011，29（7）：1114-1120.

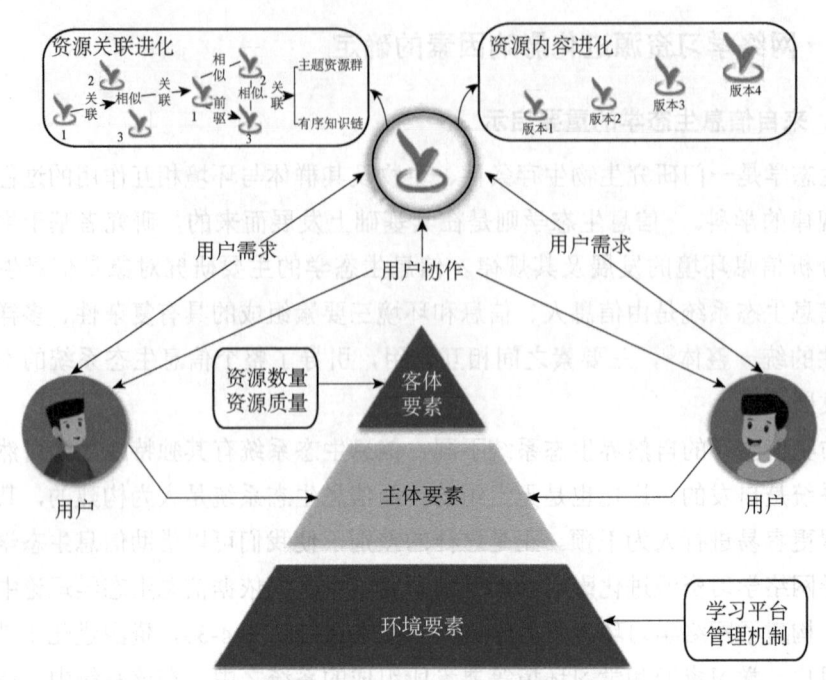

图 4-3　网络学习环境下的学习资源生态系统

行学习资源相关研究。例如研究者以信息生态学理论为指导，提出了有关建设网络资源库的意见，如要注重资源类型的多样性、建立便利的反馈机制、促进资源库中的信息流动，提高资源的利用率[①]；在教育信息化建设过程中，可以构建生态系统，同时分析系统中的各种限定因子，发挥各主体的能动性，以促进信息化资源高质量发展[②]等。因此，本研究在前文构建的网络学习环境中的学习资源生态系统基础上，选取用户（U）、学习资源（R）和学习环境（E）作为一级指标。其次，通过文献提取、文献查阅和深入分析，完成二级指标的初步构建。在用户层面，考虑了"用户数量""用户质量""用户关联度""用户活跃度"对网络学习资源进化的影响；在学习资源层面，考虑了"资源受关注度""资源关联度""资源呈现方式"对网络学习资源进化的影响；在学习环境层面，考虑了"平台易用性""平台开放性""机制完备性"对网络学习资源进化的影响。具体如表 4-3 所示。

[①] 修永富，张桂芸，贾花萍. 信息生态学对网络教育资源库建设的指导意义[J]. 现代教育技术，2008，18（9）：84-85+47.

[②] 汪颖，解利. 教育生态学对信息化教学资源建设与应用的启示[J]. 现代教育技术，2010，20（11）：19-22.

表 4-3　网络学习资源进化影响因素指标体系（初步拟定）

一级指标	二级指标	指标内涵解读	参考文献
U 用户	U1 用户数量	平台中的用户数量影响学习资源的进化，用户越多，学习资源被编辑、浏览和协作的概率越大，进而越能促进网络学习资源的进化	Yang 和 Yu[1] 杨丽娜等[2] 杨现民和余胜泉[3]
	U2 用户质量	平台中的用户质量主要指平台注册用户的文化水平、学习能力、协作能力等，用户的质量越高，越能更好地参与资源使用和持续优化，进而促进网络学习资源的进化	任伶[4]
	U3 用户关联度	用户关联度是指网络学习平台中用户之间的联系程度，也是用户群体社交能力的体现。用户关联度越高，表示用户间的协作互动性越强，越有助于网络学习资源的进化	余胜泉等[5] 张豪锋和赵耀远[6] 杨现民和余胜泉[7] 万力勇等[8] 裘江南等[9]
	U4 用户活跃度	用户活跃度是指用户发生登录、评价、修改、点赞等行为的频率。用户活跃度越高意味着学习资源被访问、利用的概率越大，越有助于促进网络学习资源的进化	张青敏[10] 杨丽娜等[11] 徐刘杰等[12]
R 学习资源	R1 资源受关注度	学习资源受关注度是资源被用户关注的程度，受关注度越高，学习资源被访问、利用和改进的概率就越大，越有助于促进网络学习资源的进化	Chiu 等[13] 马费成和高静[14] 杨现民和余胜泉[15]

---

[1] Yang X M, Yu S Q. A study of learning resource evolution in ubiquitous learning environment: Analysis of some key issues and the solutions[C]//Proceedings of 15th Global Chinese Conference on Computers in Education, 2011: 10-14.

[2] 杨丽娜, 颜志军, 孟昭宽. 虚拟学习社区有效学习发生影响因素实证研究[J]. 中国远程教育, 2012 (1): 52-57+95-96.

[3] 杨现民, 余胜泉. 生成性学习资源进化评价指标设计[J]. 开放教育研究, 2013, 19 (4): 96-103.

[4] 任伶. 在线开放创新社区的知识共享影响因素及发展途径研究[J]. 情报科学, 2019, 37 (9): 48-53.

[5] 余胜泉, 杨现民, 程罡. 泛在学习环境中的学习资源设计与共享: "学习元"的理念与结构[J]. 开放教育研究, 2009, 15 (1): 47-53.

[6] 张豪锋, 赵耀远. 虚拟学习社区中影响参与者共享行为的因素探究[J]. 中国远程教育, 2012 (7): 67-71+96.

[7] 杨现民, 余胜泉. 生态学视角下的泛在学习环境设计[J]. 教育研究, 2013, 34 (3): 98-105.

[8] 万力勇, 黄志芳, 邢楠, 等. 用户生成性学习资源建设的驱动因素研究: 以百度百科平台为例[J]. 电化教育研究, 2015, 36 (2): 50-57.

[9] 裘江南, 张美慧, 宋晓玉. 在线知识社区结构平衡对知识序化影响研究: 以维基百科为例[J]. 情报学报, 2017, 36 (3): 231-240.

[10] 张青敏. 基于系统动力学的网络环境下信息生命周期演化规律研究[J]. 情报理论与实践, 2011, 34 (5): 6-9.

[11] 杨丽娜, 颜志军, 孟昭宽. 虚拟学习社区有效学习发生影响因素实证研究[J]. 中国远程教育, 2012 (1): 52-57+95-96.

[12] 徐刘杰, 陈中, 熊才平. 基于连通主义的网络教育资源发展与利用研究[J]. 电化教育研究, 2014, 35 (12): 81-85.

[13] Chiu C M, Hsu M H, Wang E T G. Understanding knowledge sharing in virtual communities: An integration of social capital and social cognitive theories[J]. Decision Support Systems, 2006, 42 (3): 1872-1888.

[14] 马费成, 高静. Web2.0 信息半衰期影响因素实证研究: 以社会书签网站为例[J]. 情报理论与实践, 2010, 33 (11): 1-6.

[15] 杨现民, 余胜泉. 生成性学习资源进化评价指标设计[J]. 开放教育研究, 2013, 19 (4): 96-103.

续表

一级指标	二级指标	指标内涵解读	参考文献
R 学习资源	R2 资源关联度	学习资源关联度是指资源之间的关联程度，关联度越高，资源之间相互关联的广度和深度越高，学习资源被访问、利用和改进的概率就越大，越有助于促进网络学习资源的进化	杨现民和余胜泉[1] 杨现民和余胜泉[2] 张婧婧等[3] 杨现民[4] 徐刘杰等[5]
	R3 资源呈现方式	平台中的资源呈现方式越多样，越能符合更多用户偏好、吸引更多用户关注和使用，越有助于促进网络学习资源的进化	马费成和高静[6] 杨现民和余胜泉[7]
E 学习环境	E1 平台易用性	平台易用性是衡量用户对平台功能设计满意程度的重要指标。平台易用性直接影响用户黏性，平台易用性越强，越能吸引用户、提高用户进行资源协作的意愿和应用资源的概率，越有助于促进网络学习资源的进化	万力勇等[8] 何向阳[9] 徐刘杰等[10] 任伶[11]
	E2 平台开放性	平台开放性是指平台的对外开放程度，例如是否兼容不同的系统、是否开放接口等。平台开放性影响用户量、资源量的扩增，越是开放的平台，汇聚用户和资源的能力越强，越有助于促进网络学习资源的进化	万力勇等[12] 何向阳[13]
	E3 机制完备性	平台功能机制直接影响平台的运行水平，激励、监督等机制越健全，用户参与资源建设、使用和优化的积极性就越高，越有助于促进网络学习资源的进化	杨现民和余胜泉[14] 杨丽娜等[15] 杨现民[16] 徐刘杰等[17] 任伶[18]

[1] 杨现民，余胜泉. 开放环境下学习资源内容进化的智能控制研究[J]. 电化教育研究，2013，34（9）：83-88.

[2] 杨现民，余胜泉. 生成性学习资源进化评价指标设计[J]. 开放教育研究，2013，19（4）：96-103.

[3] 张婧婧，郑勤华，陈丽，等. 开放教育资源共享行为及其影响因素的实证研究：以"学习元"为例[J]. 中国电化教育，2014（8）：73-81.

[4] 杨现民. 开放知识社区中学习资源进化现状与问题分析：以学习元平台为例[J]. 中国电化教育，2015（11）：45-53.

[5] 徐刘杰，余胜泉，郭瑞. 泛在学习资源进化的动力模型构建[J]. 电化教育研究，2018，39（4）：52-58.

[6] 马费成，高静. Web2.0 信息半衰期影响因素实证研究：以社会书签网站为例[J]. 情报理论与实践，2010，33（11）：1-6.

[7] 杨现民，余胜泉. 泛在学习环境下的学习资源信息模型构建[J]. 中国电化教育，2010（9）：72-78.

[8] 万力勇，黄志芳，邢楠，等. 用户生成性学习资源建设的驱动因素研究：以百度百科平台为例[J]. 电化教育研究，2015，36（2）：50-57.

[9] 何向阳. 用户参与网络信息资源再生影响因素的实证研究[J]. 远程教育杂志，2015，33（5）：88-96.

[10] 徐刘杰，陈中，熊才平. 基于连通主义的网络教育资源发展与利用研究[J]. 电化教育研究，2014，35（12）：81-85.

[11] 任伶. 在线开放创新社区的知识共享影响因素及发展途径研究[J]. 情报科学，2019，37（9）：48-53.

[12] 万力勇，黄志芳，邢楠，等. 用户生成性学习资源建设的驱动因素研究：以百度百科平台为例[J]. 电化教育研究，2015，36（2）：50-57.

[13] 何向阳. 用户参与网络信息资源再生影响因素的实证研究[J]. 远程教育杂志，2015，33（5）：88-96.

[14] 杨现民，余胜泉. 泛在学习环境下的学习资源信息模型构建[J]. 中国电化教育，2011（9）：72-78.

[15] 杨丽娜，颜志军，孟昭宽. 虚拟学习社区有效学习发生影响因素实证研究[J]. 中国远程教育，2012（1）：52-57+95-96.

[16] 杨现民. 开放知识社区中学习资源进化现状与问题分析：以学习元平台为例[J]. 中国电化教育，2015（11）：45-53.

[17] 徐刘杰，余胜泉，郭瑞. 泛在学习资源进化的动力模型构建[J]. 电化教育研究，2018，39（4）：52-58.

[18] 任伶. 在线开放创新社区的知识共享影响因素及发展途径研究[J]. 情报科学，2019，37（9）：48-53.

3. 影响因素指标体系的修订完善

本研究共计实施了两轮专家意见征询。在 13 位专家中，两轮专家权威系数 C_r 分别为 0.797 和 0.756，均大于 0.7，说明本研究选取的专家具有较高的权威程度，符合德尔菲法的要求。具体数据如表 4-4 所示。

表 4-4　专家权威程度

轮次	判断系数（C_a）	熟悉程度（C_s）	权威系数（C_r）
1	0.702	0.892	0.797
2	0.677	0.835	0.756

通过两轮专家意见征询，对初步构建的网络学习资源影响因素指标体系进行修订，具体如下。

（1）第一轮专家意见征询

在一级指标中，本研究列出的 3 个一级指标的重要性均值 C_i 均大于 3.50，变异系数 V_i 均介于 0—0.25，标准差 δ_i 均小于 1.00。可见，专家对"用户""学习资源""学习环境"3 个一级指标较为认可，且意见趋于一致。在二级指标中，各项二级指标的重要性均值 C_i 均大于 3.50，变异系数 V_i 均小于 0.25，标准差 δ_i 均小于 1.00。可见，专家对 10 个二级指标较为认可。但一级指标和二级指标的肯德尔系数为 0.157 和 0.093，表明专家在一级指标和二级指标之间的一致性水平不高，因此在采纳部分专家给出的修改意见后，对指标体系进行调整并进行第二轮意见征询。具体的指标数据如表 4-5、表 4-6 所示。

表 4-5　第一轮一级指标专家意见征询结果

一级指标	编号	重要性均值（C_i）	满分率（F）/%	变异系数（V_i）	标准差（δi）
用户	U	4.38	46.15	0.14	0.62
学习资源	R	4.77	84.61	0.12	0.58
学习环境	E	4.38	53.84	0.17	0.74

表 4-6　第一轮二级指标专家意见征询结果

二级指标	编号	重要性均值（C_i）	满分率（F）/%	变异系数（V_i）	标准差（δi）
用户数量	U1	4.08	30.77	0.18	0.73
用户质量	U2	4.15	30.77	0.16	0.66
用户关联度	U3	4.23	46.15	0.19	0.79
用户活跃度	U4	4.46	53.85	0.14	0.63
资源受关注度	R1	4.62	69.23	0.13	0.62
资源关联度	R2	4.15	38.46	0.19	0.77

续表

二级指标	编号	重要性均值（C_i）	满分率（F）/%	变异系数（V_i）	标准差（δi）
资源呈现方式	R3	4.23	46.15	0.21	0.89
平台易用性	E1	4.54	53.85	0.13	0.59
平台开放性	E2	4.00	30.77	0.20	0.78
机制完备性	E3	4.15	38.46	0.19	0.77

第一轮专家给出的指标修改意见主要有如下几点：

1）一级指标方面，"E 学习环境"的概念过于宽泛，需要进行进一步的细分，同时机制对学习资源进化有着极为重要的影响，需考虑到指标体系中；

2）二级指标方面，"U2 用户质量"在后期较难进行评估，需要进一步思考。

结合专家意见，经过研究团队商讨，对网络学习资源进化影响因素指标体系进行修改：将一级指标"E 学习环境"修改为"P 学习平台"和"M 管理机制"；删除二级指标"U2 用户质量"；修改二级指标"E1 平台易用性"和"E2 平台开放性"为"P1 平台易用性"和"P2 平台开放性"；新增二级指标"M1 激励机制"、"M2 运营机制"和"M3 监控机制"。

（2）第二轮专家意见征询

第二轮专家意见征询中，修改后的 2 个一级指标的重要性均值 C_i 分别为 4.69 和 4.77，均大于 3.50；标准差 δ_i 分别为 0.48 和 0.44，均小于 1.0；变异系数 V_i 也均介于 0—0.25，表明专家对这 2 个一级指标认可度较高且存在较小的意见分歧。在二级指标方面，修改后的 5 个二级指标重要性均值 C_i 均大于 3.50；标准差 δ_i 均小于 1.0；变异系数 V_i 均介于 0—0.25；肯德尔系数为 0.403。表明这 5 个二级指标具有较高重要性并且专家集中性较好。具体数据如表 4-7、表 4-8 所示。

表 4-7　第二轮一级指标专家意见征询结果

一级指标	编号	重要性均值（C_i）	满分率（F）/%	变异系数（V_i）	标准差（δi）
学习平台	P	4.69	69.2	0.10	0.48
管理机制	M	4.77	79.6	0.09	0.44

表 4-8　第二轮二级指标专家意见征询结果

二级指标	编号	重要性均值（C_i）	满分率（F）/%	变异系数（V_i）	标准差（δi）
平台易用性	P1	5.00	100	0	0
平台开放性	P2	4.23	30.8	0.13	0.59
激励机制	M1	4.85	84.6	0.07	0.38
运营机制	M2	4.23	38.5	0.17	0.73
监控机制	M3	4.23	38.5	0.19	0.83

在本次意见征询中，专家对修改后的一级指标和二级指标提出如下意见：

1）在对指标进行内涵解读时，要理清指标之间的关联，不要产生指标描述交叉现象。

2）学习平台方面是否考虑的指标较少。

3）"M1 运营机制"通常用于描述商业平台，对于学习平台是否适用，需进一步思考。

综合考虑各专家意见，本研究团队经过商讨认为，在本研究中主要是依靠"学习元"平台开展研究，学习平台的易用性和开放性可以解释影响学习资源进化的主要原因，所以不将两者进行进一步的细分或增设新的指标项。对于运营机制，本研究以学习用户和资源为视角，看待学习平台的运营对学习资源进化的影响，而不是类似于商业平台的运营，所以不对该指标进行修改。因此，在经过第二轮专家意见征询后，对影响因素指标体系不做调整，但对各项指标的内涵解读做了进一步修改，使各项指标的表述更精准。

综合两轮专家意见征询数据分析和意见整合，发现第二轮中专家认为指标体系更清晰合理且意见征询结果一致性较高，因此不再进行第三轮意见征询。至此，本研究最终确定了网络学习资源进化影响因素指标体系，包括"用户""学习资源""学习平台""管理机制"4个一级指标和"用户数量""用户关联度""用户活跃度"等11个二级指标（图4-4）。

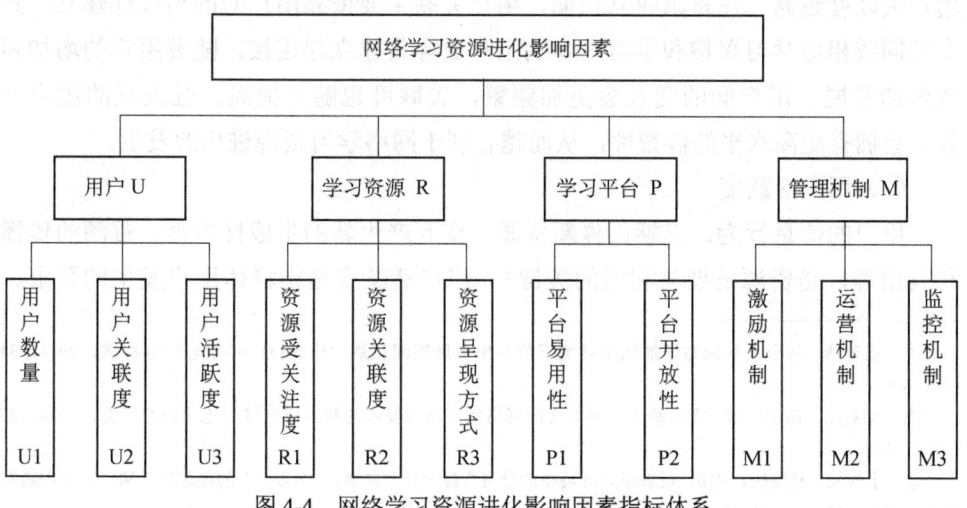

图4-4 网络学习资源进化影响因素指标体系

4.2.3 网络资源进化影响因素的阐释

1. 用户层面影响因素

用户是网络学习资源的创造者、使用者，是网络学习资源进化的直接受益者。用户的需求和特征驱动着学习资源不断变化，赋予网络学习资源进化最直接的推动力。

（1）用户数量

在网络学习空间中，学习者与资源之间不断交互，这些交互推动着网络资源的发展[1]。本研究将在学习平台中的学习者称为用户，用户是创建资源、发展资源和利用资源的主体[2]，较大的用户数量不仅可以促使更多的人贡献和分享知识，进而使网络学习资源的内容更加丰富和多样化，还可以提供更多的观点和反馈，有助于筛选和纠错，从而提高网络学习资源的质量和准确性。需要注意的是，用户数量的增加并不意味着网络学习资源的进化一定是正向的，因为用户数量的增加可能带来一些挑战，如信息超载、质量控制等。因此，适度管理用户数量，引导和激励用户积极参与和贡献，是网络学习资源进化的关键所在。

（2）用户关联度

用户关联度是指网络学习平台中用户之间的联系程度。在网络学习中，学习者通过学习行为和学习内容建立起连接，形成了特殊的人际关系网络[3]，与之类似，学习平台中的用户依赖学习资源建立用户关联网络，关联网络越复杂则表明用户关联度越高。在资源建立初期，用户关联主要依靠用户间的相似性建立，具有相同或相似学习兴趣和学习内容的用户更容易建立起连接。随着用户的增加和资源的发展，用户间的交互会更加频繁，关联度也随之提高。强关联的用户群体，会拥有更高水平的群智性，从而越有利于网络学习资源进化的发生。

（3）用户活跃度

用户的信息行为，包括创建新资源、交互产生新的生成性内容、资源的传播和利用等，是资源发展与利用的关键[4]。用户活跃度是指群体用户发生的登录、

---

[1] 张青敏. 基于系统动力学的网络环境下信息生命周期演化规律研究[J]. 情报理论与实践，2011，34（5）：6-9.

[2] 徐刘杰，陈中，熊才平. 基于连通主义的网络教育资源发展与利用研究[J]. 电化教育研究，2014，35（12）：81-85.

[3] 余胜泉，杨现民，程罡. 泛在学习环境中的学习资源设计与共享："学习元"的理念与结构[J]. 开放教育研究，2009，15（1）：47-53.

[4] Yang X, Yu S. A study of learning resource evolution in ubiquitous learning environment[C]//Proceedings of 15th Global Chinese Conference on Computers in Education，2011：10-14.

修改、评论、点赞、分享等一系列行为的频率。在"互联网+"时代，学习不再是简单的知识传递和接受，而是更加注重与人和物的互动交流[1]。一方面，用户的交互协作行为打通了资源与资源之间的连接，增强了资源之间的关联性，资源关联使得用户更加方便地访问不同的学习资源，提高了学习资源利用率；另一方面，用户协作行为直接使学习资源内容和结构发生改变。事实上，促进学习进化发生的是用户产生的有效协作行为，诸如恶意评论、恶意编辑、重复分享等无效协作行为会对网络学习资源进化产生阻碍。综合上述分析，当用户活跃度高且有效时，网络学习资源的利用率提高，进而资源进化发生的概率提高。

2. 学习资源层面影响因素

网络学习资源是资源进化的主体，为进化提供内部动力。从学习资源视角来看，进化是一种主动行为，与人类适应环境相似，学习资源通过不断地完善自身内容和调整自身结构，以适应变化的学习环境[2]。

（1）资源受关注度

网络学习资源受关注度影响了用户访问、编辑、评论、点赞、分享资源的概率，同时资源受关注度又受到诸多因素影响，例如资源质量、资源推送等。用户更愿意协作主题新颖、富有创新、贴合当下热点话题的学习资源，因此，在创建初期，资源的质量很大程度上决定了自身进化的趋势，初始质量不同的学习资源，其进化难易程度不同。除高质量学习资源外，推送资源会提高用户对学习资源的关注度，智能推送是学生与资源个性化交互的重要方式[3]。学习资源受用户的关注度越高，学习资源被访问和被编辑的概率越大，进化就越容易发生。

（2）资源关联度

资源关联度是指网络学习资源之间的联系程度。在网络化知识中，知识点与知识点之间、知识单元与知识单元之间存在相互生成和转化的过程，从而形成知识之间交叉融合的网络[4]。与之类似，资源与资源之间建立连接，形成了资源关联网络，该网络为用户进行资源协作建立起桥梁，使用户产生"跨资源协作"行为。资源关联网络不仅提供资源进化的能量，还成为学习生态系统中能量流动的

---

[1] 高明，张婧婧. 联通主义学习中参与者资源贡献与交互模式分析[J]. 现代远距离教育，2020（4）：73-80.
[2] 杨现民，余胜泉. 生态学视角下的泛在学习环境设计[J]. 教育研究，2013，34（3）：98-105.
[3] 赵慧臣，李琳. 智能时代数字化学习资源质量评估研究：基于用户体验的视角[J]. 现代教育技术，2022，32（1）：75-84.
[4] 王怀波，陈丽. 网络化知识的内涵解析与表征模型构建[J]. 中国远程教育，2020，544（5）：10-17+76.

通道[①]。关联网络越复杂则表明资源关联度越高。一般来说，资源之间依靠语义联系建立连接，语义信息是区分不同资源的属性[②]。资源关联度与资源数量、内容以及用户有关。资源之间的联系越紧密，资源被访问和被编辑的概率就越大，资源进化也就越容易发生。

（3）资源呈现方式

资源呈现方式对用户的资源创作意愿产生影响。传统的学习资源主要以文本和图片为主，但随着时代的发展，这种呈现方式难以吸引学习者的学习兴趣，也难以维持他们的持久学习积极性。多模态的网络学习资源很好地弥补了传统学习资源的不足，多样化的呈现方式使得资源变得更加生动活泼。赵刚等指出，在对户外学习资源进行动态组织时，需要根据学习者认知风格设计不同的资源组织方式，基于学习者认知风格的媒体偏好总结户外学习资源页面设计规则，为户外学习资源动态组织提供依据[③]。当前，形式多样化的学习资源不仅提升了资源本身的质量，还吸引了更多用户关注和使用，因此，学习平台中需要合理组织资源呈现方式，给予用户更好的学习协作体验。

3. 学习平台层面影响因素

学习平台是用户交互物理载体，发挥着汇聚和融合学习资源的作用[④]。用户借助学习平台进行资源协作，学习资源依托学习平台进行扩散并吸引用户对其进行编辑和使用，促使自身发生进化。

（1）平台易用性

学习平台的功能、界面呈现和操作过程等因素，会对学习用户的偏好和学习效果产生影响[⑤]。学习平台设计要遵循"用户为中心"的理念，要能满足用户的使用需求和习惯。平台易用性主要表现在以下几方面：首先是易于理解，学习平台设计定位准确，用户可以清楚地知晓平台的性质。其次是易于操作，平台用户特别是新用户在技术操作上要有较小的认知负荷[⑥]，此外，用户在使用平台中的

---

① 徐刘杰, 余胜泉, 郭瑞. 泛在学习资源进化的动力模型构建[J]. 电化教育研究, 2018, 39（4）: 52-58.

② 余胜泉, 王琦, 汪凡淙, 等. 泛在学习资源组织和描述框架国际标准研究：暨学习元的国际标准化研究[J]. 中国远程教育, 2021, 558（7）: 1-9+76.

③ 赵刚, 初洁, 朱文娟, 等. 基于知识图谱的户外动态学习资源智能生成与服务模型研究[J]. 电化教育研究, 2022, 43（4）: 55-62.

④ 刘革平, 王星. 虚拟现实重塑在线教育：学习资源、教学组织与系统平台[J]. 中国电化教育, 2020, 406（11）: 87-96.

⑤ 杨金龙, 胡广伟. 移动学习社区中用户感知学习效果的组态因及提升策略研究[J]. 现代情报, 2020, 40（8）: 71-81.

⑥ 杨现民. 开放知识社区中学习资源进化现状与问题分析：以学习元平台为例[J]. 中国电化教育, 2015（11）: 45-53.

各项功能时，不易出现错误操作且有较高的满意度。最后是易于学习，用户熟悉平台使用后，可以很好地解决问题，提高学习效率。因此，平台易用性越强，越能调动用户资源协作的意愿，从而提高用户使用资源的概率，进一步推动网络学习资源的进化。

（2）平台开放性

开放性描述了学习平台对外开放的程度。网络学习平台是学习资源、技术平台和人三者之间的交互关系[1]，在交互的影响下，平台经历不同的发展阶段。不同阶段的学习平台具有不同的开放程度，对资源和用户的吸纳程度也不同。从平台自身来看，开放性主要包括是否与不同系统兼容，是否开放接口等方面；从用户的角度来看，开放性主要包括是否允许多种登录方式，是否允许用户生成内容（user-generated content，UGC）等。因此，开放程度越高的学习平台，越能汇聚用户和学习资源，越有助于学习资源进化的发生。

4. 管理机制层面影响因素

管理机制是学习资源进化的重要保障，机制建设不仅可以规范用户的协作行为，还可以保证平台的运作有章可循，从而营造良好的学习协作氛围，促进网络学习资源进化的发生。

（1）激励机制

针对用户设置激励机制。激励与学习动力密切相关[2]。网络学习资源协作中需要对用户的特征进行分析，针对用户的真实需求，设计相应的激励措施[3]。在学习平台中，主要有 3 种常见的激励方式：一是目标激励，通过设置低级至高级的不同目标，来激励用户进行学习协作。例如，按照有效学习时长来划分青铜学习者、白银学习者、黄金学习者、钻石学习者。在这样的目标刺激下，用户会积极主动地学习。二是财富激励，学习平台中，融入"积分、学分、财富点"等虚拟财富，通过收集这些财富，用户可以兑换奖励，这能够激发用户学习协作的积极性。三是荣誉激励，通过设置个人或团队学习榜单，对前三名进行表扬和奖励。需要注意的是，设置激励措施要避免过度激励，激励的目的是激发用户参与学习资源协作的意愿，而不是鼓励用户赚取学分或争得荣誉称号。综上所述，合理地设置激励机制，将会促进网络学习资源的进化。

---

[1] 王涛. 从信息系统发展阶段理论看网络学习平台的进化[J]. 现代教育技术，2015，25（5）：47-52.
[2] 何向阳. 用户参与网络信息资源再生影响因素的实证研究[J]. 远程教育杂志，2015，33（5）：88-96.
[3] Barthelmé F, Ermine J L, Rosenthal-Sabroux C. An architecture for knowledge evolution in organisations[J]. European Journal of Operational Research，1998，109（2）：414-427.

(2) 运营机制

针对学习平台，可以设置适当的运营机制。通过合理的运营，学习平台能够保持活跃性，不断吸引新用户加入并汇聚新资源。首先，在平台建立初期，重点应放在资源内容建设和输出上，不断完善平台中的学习资源并向用户推送，以巩固平台的发展基础。其次，需要将建设重点转向宣传推广，通过各种宣传方式提升平台的知晓度[①]，吸引更多用户并积聚更多的学习资源。最后，充分发挥线上平台的优势，通过数据分析实时监测平台各项数据，及时发现平台运营中存在的问题并进行调整，使平台的维护工作贯穿始终，不断优化平台服务。适时的运营机制可以确保学习平台中用户和资源不断增加，从而促进学习资源的进化。

(3) 监控机制

针对学习资源设置监控机制，目的是保证资源的高质量和活性。首先，实施质量监控，有研究者提出，应该对资源质量进行检测、评价和反馈，关注资源内容的更新，构建资源质量控制框架[②]。对用户协作的资源进行检测（编辑资源、评论资源、分享资源等），避免出现重复资源、无价值资源。其次，实施状态监控，对学习资源进化过程进行干预，如预警机制，针对进化过程中的"不活跃、倒退"等现象进行预警。完备的监控机制是网络学习资源进化的重要保障，对进化的发生有着积极作用。

4.2.4 网络资源进化影响因素的层级划分

德尔菲法可以检验所构建的网络学习资源进化影响因素指标体系的正确性与合理性，但无法观察到各个因素之间的逻辑关系与作用层次，因此引入解释结构模型法对影响因素指标体系进行进一步分析。解释结构模型法是现代系统工程中一种以定性研究为主的方法，可用于探究系统结构关系情况[③]。其基本思路如下：首先，在确定问题的要素基础上，分析各要素之间的逻辑关系，建立邻接矩阵与可达矩阵；其次，对可达矩阵进行逐层分解，建立解释结构模型；最后，得到各要素之间的层级关系。本研究拟使用解释结构法对 11 个网络学习资源进化影响因素进行层级划分，构建网络学习资源进化影响因素层级模型，以深入了解

---

① 余平，顾小清. 数字化学习资源应用成效计算方法及其应用研究[J]. 中国电化教育，2020（2）：117-125.

② 万力勇，赵呈领，黄志芳，等. 用户生成性学习资源：数字化学习资源开发与利用的新视角[J]. 电化教育研究，2014，35（5）：53-58.

③ 娄策群，牟奇蕾. 基于解释结构模型的信息生态制度环境影响因素研究[J]. 情报科学，2021，39（6）：19-26.

和呈现这些因素之间的关联和层次结构。

1. 进化影响因素的邻接矩阵构建

构建影响因素的邻接矩阵，判断因素之间是否存在影响关系。其基本准则是，如对应行的因素对所对应列的因素有影响，则标注为"1"，反之则为"0"。由于各因素之间关系较为复杂，因此只考虑直接影响作用，而忽略间接影响作用。本研究通过2位行业专家的两轮商讨与修改，对11个网络学习资源进化影响因素进行作用关系标注，最终构建了如表4-9所示的邻接矩阵A。

表4-9 邻接矩阵A

影响因素	U1	U2	U3	R1	R2	R3	P1	P2	M1	M2	M3
U1	0	0	0	0	0	0	0	0	0	0	0
U2	1	0	1	0	1	0	0	0	0	0	0
U3	0	1	0	0	0	0	0	0	0	0	0
R1	1	0	0	0	1	0	0	0	0	0	0
R2	0	1	0	1	0	0	0	0	0	0	0
R3	0	0	0	1	1	0	0	0	0	0	0
P1	1	0	1	0	0	0	0	0	0	0	0
P2	1	0	1	0	0	0	0	0	0	0	0
M1	1	1	1	0	0	0	0	0	0	0	0
M2	0	0	0	0	0	0	1	1	0	0	0
M3	0	0	0	0	1	1	0	0	0	0	0

2. 进化影响因素的层级关系划分

邻接矩阵反映出因素之间的直接影响关系，而要进行因素的层级关系划分则需要计算出可达矩阵。利用布尔运算法则，将邻接矩阵A与单位矩阵I做运算，直到满足$(A+I)^{K-1} \neq (A+I)^K = (A+I)^{K+1} = R(A)(K \geq 2)$时，得出可达矩阵$R(A)$。本研究求出的可达矩阵如表4-10所示。

表4-10 可达矩阵R(A)

影响因素	U1	U2	U3	R1	R2	R3	P1	P2	M1	M2	M3
U1	1	0	0	0	0	0	0	0	0	0	0
U2	1	1	1	1	1	0	0	0	0	0	0
U3	1	1	1	1	1	0	0	0	0	0	0
R1	1	1	1	1	1	0	0	0	0	0	0
R2	1	1	1	1	1	0	0	0	0	0	0
R3	1	1	1	1	1	1	0	0	0	0	0
P1	1	1	1	1	1	0	1	0	0	0	0

续表

影响因素	U1	U2	U3	R1	R2	R3	P1	P2	M1	M2	M3
P2	1	1	1	1	1	0	0	1	0	0	0
M1	1	1	1	1	1	0	0	0	1	0	0
M2	1	1	1	1	1	0	1	1	0	1	0
M3	1	1	1	1	1	1	0	0	0	0	1

在进行因素层级划分之前，需要引入两个基本概念：可达集合 R(Si) 与先行集合 Q(Si)。可达集合是指可达矩阵中因素 Si 可以到达的全部因素集合（即 Si 行中所有关系为 1 的集合）；先行集合是指可达矩阵中其他因素能到达因素 Si 的全部集合（即 Si 列中所有关系为 1 的集合）。实现因素分层的基本方法是：首先，根据 R(Si)∩Q(Si)=R(Si) 的条件，在满足的情况下，抽取出最高层级的因素；其次，将抽取的因素删除，重复执行条件；再次，抽取出第二层级的因素；以此类推，逐步完成不同层级的因素抽取。表 4-11 为第一次抽取结果，由表 4-11 可知，第一层级的因素为 U1。

表 4-11 可达集合与先行集合及其交集表

影响因素	可达集合 R(Si)	先行集合 Q(Si)	R(Si)∩Q(Si)
U1	1	1,2,3,4,5,6,7,8,9,10,11	1
U2	1,2,3,4,5	2,3,4,5,6,7,8,9,10,11	2,3,4,5
U3	1,2,3,4,5	2,3,4,5,6,7,8,9,10,11	2,3,4,5
R1	1,2,3,4,5	2,3,4,5,6,7,8,9,10,11	2,3,4,5
R2	1,2,3,4,5	2,3,4,5,6,7,8,9,10,11	2,3,4,5
R3	1,2,3,4,5,6	6,11	6
P1	1,2,3,4,5,7	7,10	7
P2	1,2,3,4,5,8	8,10	8
M1	1,2,3,4,5,9	9	9
M2	1,2,3,4,5,7,8,10	10	10
M3	1,2,3,4,5,6,11	11	11

经过四轮的因素抽取，得到了如表 4-12 所示的影响因素层次分解表。

表 4-12 影响因素层次分解表

层级	要素
第 1 层（顶层）	U1
第 2 层	U2、U3、R1、R2
第 3 层	R3、P1、P2、M1
第 4 层（底层）	M2、M3

最终，本研究构建了网络学习资源进化影响因素的解释结构模型，将 11 个影响因素划分为 4 层阶梯式结构，如图 4-5 所示。

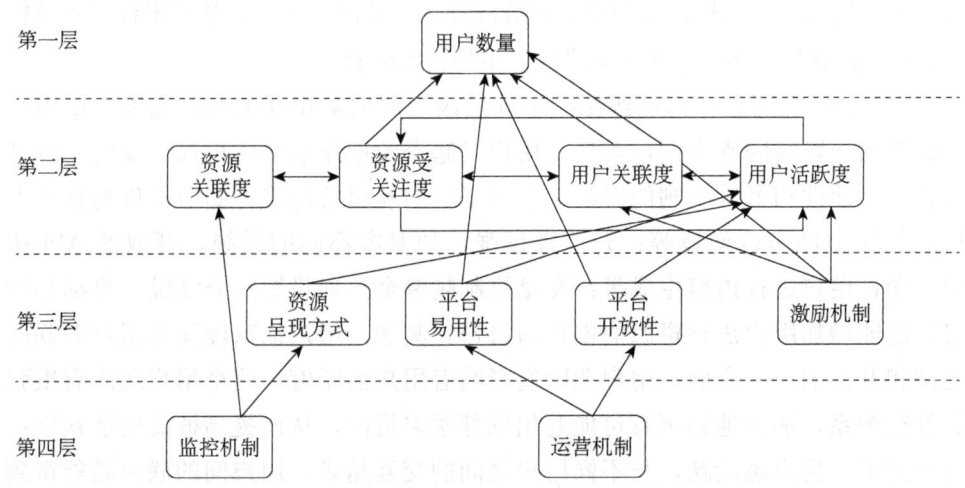

图 4-5　网络学习资源进化影响因素的解释结构模型

3. 模型解释

由图 4-5 可知，监控机制与运营机制构成了影响网络学习资源进化的第四层因素，即初始因素；资源呈现方式、平台易用性、平台开放性和激励机制构成了第三层因素；资源关联度、资源受关注度、用户关联度、用户活跃度构成了第二层因素；用户数量则是影响网络学习资源进化的直接因素。该模型分为 4 个层次，从底层逐级向上表示层级递进关系。最低层级的特征越具体，其稳定性越差、覆盖范围越小；越高的层级则说明其稳定性越好、覆盖范围越大[①]。这里的覆盖范围是指该层级的影响和作用范围更广泛，并且可能涵盖更多的子部分或组成部分。

由第一层和第二层可以看出，用户和网络学习资源对资源进化具有重要影响。网络学习资源的进化需要遵循"应用为王，服务至上"的原则，即为用户提供更好的教育服务，以满足他们的个性化学习需求。在这些下层因素的逐层影响下，网络平台中拥有高质量和活跃的用户数量越多，越有利于资源进化的发生。第三层和第四层展示了由学习平台和管理机制组成的网络学习环境，这是影响资

---

① 贾斌，徐恩芹，谢云. 基于解释结构模型的大学生课堂学习绩效影响因素分析[J]. 现代教育技术，2014，24（3）：42-49.

源进化的基础因素。在开展网络学习之前，对平台的建设和机制的设置将决定用户聚集及资源整合的难易程度。换句话说，学习环境的建设为用户协同创作和资源升级迭代提供了支持，是网络学习资源进化的基础。因此，学习平台和管理机制的相关因素位于下层，是影响进化发生的初始因素。

  4个层级之间存在跨层级影响和同层级之间因素相互影响的现象。以用户活跃度这一影响因素为例，首先，用户发起资源创作活动的积极性受到平台易用性、开放性和激励机制的影响。学习平台的易用性越强，如所提供的技术支持越智能、操作越便捷等；开放性越强，如兼容不同的系统、开放的API接口、允许用户进行内容生成等；激励机制越健全，如设置积分激励、目标奖励等，越能增加用户进行资源的创作与协作。其次，用户活跃度又与用户关联度之间相互影响。一方面，用户关联度影响着用户活跃度，两个用户之间有很强的社交关系，那么他们更有可能互相推荐学习资源，从而提高彼此的活跃度；另一方面，用户越活跃，与不同用户之间的交互越多，用户间的联系越能得到进一步增强。这就提示网络学习平台管理者要着重考虑如何提高用户活跃度，用户对网络学习资源的使用频率越高、时间越长，那么这些资源就会得到越多的更新和改进。

4.3 网络学习资源进化影响因素关系分析

  根据前文中得到的网络学习资源进化影响因素指标体系和解释结构模型，本研究对各个影响因素之间的关系进行了假设，并构建了网络学习资源进化影响因素关系模型。这个模型的构建与分析不仅有助于深入理解资源进化过程中各影响因素之间的相互作用关系，而且为后续的模拟仿真分析提供了有力支持。

4.3.1 影响因素模型初步构建

1. 研究假设

  根据前文所得到的网络学习资源进化影响因素解释结构模型来看，4个影响因素维度之间存在着影响关系。因此，本研究提出以下10条假设。

  假设1：管理机制维度因素正向影响学习平台维度因素。完善的运营机制是网络学习平台顺利运行的保障。通过对平台进行定期的安全维护和宣传推广，有助于提升平台的服务能力,为用户提供更优质的资源创作环境,从而推动资源的进化。

假设 2:管理机制维度因素正向影响学习资源维度因素。监控机制涵盖资源质量监测、资源评价反馈和用户行为监测等方面,其目的是确保学习资源的高质量。监控机制越完善,学习资源发生有序进化的"自身优势"越显著。

假设 3:管理机制维度因素正向影响用户维度因素。设置激励机制的目的在于激发用户参与资源创作的积极性。在网络学习环境中,用户拥有更多自主学习的机会,通过积分、荣誉等奖励,用户的学习动机将得到提升。适度的激励将促使平台用户保持高水平的活跃度,从而推动学习资源进化的发生。

假设 4:学习平台维度因素正向影响用户维度因素。首先,一个高度开放的学习平台不仅更容易吸引用户,还有助于用户进行自主学习,从而提高用户数量和活跃度。其次,当平台的易用性较强时,用户更容易理解和操作,因此在进行资源创作时表现出较高的积极性。

假设 5:学习平台维度因素正向影响学习资源维度因素。首先,易用性越强的学习平台通常能够提供友好的界面和良好的用户体验,使用户更容易找到和使用学习资源,从而提高资源的关注度;能够帮助用户迅速找到与其学习目标相关的资源,提高资源与用户需求之间的关联度。其次,开放性水平越高的学习平台,能够吸引越多的用户参与学习和资源共享,从而提高学习资源的关注度;通常涵盖多样的学科领域和资源类型,使用户有更广泛的选择,提高了资源与用户需求的关联度;采用多种形式的呈现方式,包括文字、视频、互动等,有助于满足不同用户的学习习惯和需求。

假设 6:学习资源维度因素正向影响用户维度因素。学习资源的特性会对用户的资源创作行为产生影响。一方面,当资源主题新颖、紧跟热点、呈现方式多样时,会引起用户更多的关注和使用,这意味着用户的资源创作积极性提高,活跃度也提升;另一方面,学习资源是用户建立关联的重要桥梁,高质量的资源通常能够吸引更多具有相似学习兴趣的用户,进而提升用户数量和关联度。

假设 7:用户维度因素正向影响学习资源进化效果。作为学习资源的使用主体,用户的行为和特性直接推动着资源的进化。在网络学习平台中,用户的数量越多、关联越紧密、活跃度越高,就越能提高资源的利用率,从而资源发生进化的可能性增加，也相应带来更好的进化效果。

假设 8：管理机制维度因素正向影响学习资源进化效果。当优化管理机制以确保学习资源进化时，重要的一点是实施资源监控机制。通过对资源设置监控机制，可以实现对其质量和进化状态的实时监测和预警。这一举措将极大地提高资源的进化能力和效率，有助于引导资源朝着有序的方向发展。此外，管理机制通过优化学习平台、学习资源和用户之间的互动，间接促进资源的进化效果。具体来说，平台的设计和管理可以激励用户积极参与资源创作和分享，同时，用户对资源的反馈和使用情况也能影响资源的质量和发展方向。通过这种互动，平台能够不断优化和调整学习资源，以更好地满足学习者的需求，推动资源的持续进化。

假设 9：学习平台维度因素正向影响学习资源进化效果。学习平台在技术、个性化、社交、数据和创新等多个维度因素上的不断优化，将正向推动学习资源的进化效果，使其更贴近学习者需求、更具有吸引力和实用性。这种维度因素的正向影响有助于构建一个强大且可持续的学习生态系统。此外，学习平台还通过用户间接影响资源进化效果。平台通过提供个性化学习路径、智能推荐、社交互动等功能，促进用户之间的知识交流和合作，激发用户的创造力和参与度。这些互动不仅丰富了资源的内容和形式，也推动了资源的更新与迭代，使其更加多样化和符合学习者的实时需求。通过这种互动和反馈机制，学习平台能够持续优化学习资源，提升其质量与适用性，进而增强资源进化的效果。

假设 10：学习资源维度因素正向影响资源进化效果。通过学习资源内容质量的不断提高和结构的不断优化，资源能更精准地满足学习者的需求，提升用户体验水平。在外界环境的不断变化和刺激下，学习资源灵活性和适应性更强，从而促使其自身不断发生进化。此外，学习资源还通过用户间接影响资源进化效果。学习资源越能精准地满足用户的需求，用户的参与和反馈就越积极，这推动了资源的进一步优化和更新。

2. 研究模型

根据上述的研究假设，本研究构建了网络学习资源进化影响因素的初始假设模型。用户、学习资源、学习平台和管理机制 4 个维度的因素影响了学习资源发生内容与关联的进化（图 4-6）。接下来对 10 条基本假设进行检验分析。

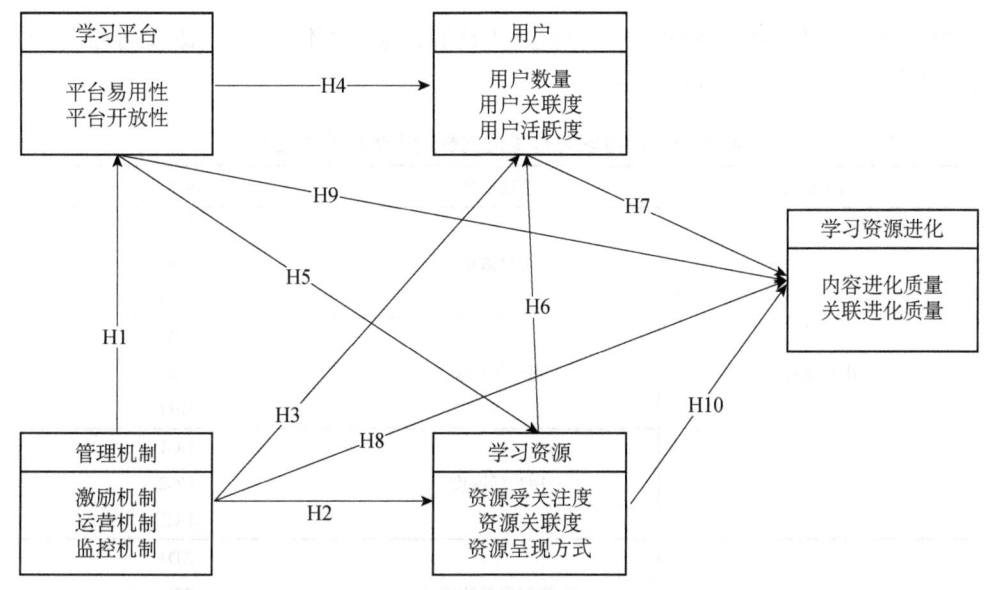

图 4-6　网络学习资源进化影响因素的初始假设模型

4.3.2　影响因素问卷设计与实施

基于网络学习资源进化影响因素指标体系和初始假设模型，本研究为 11 个影响因素设立了相应的测量指标并对其进行编号（表 4-13），用于编制调查问卷。此外，本研究还对问卷进行了试测分析和修改，以确保问卷具有良好的信度和效度。

1. 问卷设计与试测分析

（1）问卷设计

本研究通过综述网络学习资源进化影响因素的相关文献，并结合指标体系，制定了《网络学习资源进化影响因素调查问卷》。该调查问卷为封闭式结构，所有被调查者均通过匿名方式回答。问卷共包括四个部分。第一部分是导语，向被调查者介绍此次调查的主要内容和目的，并对"网络学习资源进化"和"网络学习平台"两个概念做出解释。第二部分是被调查者的基本信息收集，包括性别、年龄、学历、每周登录网络学习平台的频率、每周使用网络学习平台的时长等。第三部分为问卷的核心内容，共 39 个问题，涵盖 13 个观测变量，每个变量均包括 3 个问题。第四部分为结束语，向被调查者表达感谢之意。本研究采用了利克特七点量表法编制问卷。该问卷中的所有问题都是单选题，每个问题的选项包括

7个选项——"非常不同意""不同意""比较同意""不确定""比较同意""同意""非常同意",分别对应1—7分。

表 4-13 网络学习资源进化影响因素的测量指标

测量维度	潜在变量	编码
用户属性	用户数量	UA1 UA2 UA3
	用户关联度	UB1 UB2 UB3
	用户活跃度	UC1 UC2 UC3
学习资源属性	资源受关注度	RD1 RD2 RD3
	资源关联度	RE1 RE2 RE3
	资源呈现方式	RF1 RF2 RF3
学习平台属性	平台易用性	PG1 PG2 PG3
	平台开放性	PH1 PH2 PH3
管理机制属性	激励机制	MI1 MI2 MI3
	运营机制	MJ1 MJ2 MJ3
	监控机制	MK1 MK2 MK3

续表

测量维度	潜在变量	编码
资源进化成效	内容进化质量	EL1
		EL2
		EL3
	关联进化质量	EM1
		EM2
		EM3

为保证调查问卷的可靠性和有效性，在正式发放问卷之前，对编制的问卷进行试测分析。本研究选择了 30 位具有网络学习平台学习经历的学生进行前测，共计发放和回收有效问卷 30 份。使用 SPSS23.0 软件，对问卷进行信效度和探索性因子检验。通过对 30 份试测问卷的统计数据进行分析，本研究对未达标准的提项进行修改或删除，最终得到完整的调查问卷。

（2）问卷信度检验

常用的信度分析方法有 Cronbach's α 系数法（α 系数）、Kuder-Richardson 系数法、Beta 系数法等。本研究中选择 α 系数对《网络学习资源进化影响因素调查问卷》进行信度检测，结果如表 4-14 所示。可见满足 $\alpha>0.7$，证明《网络学习资源进化影响因素调查问卷》的信度较高，问卷中量表所测结果具有较好的稳定性以及一致性。

表 4-14 问卷总体信度

α 系数	基于标准化项的 α 系数	项数
0.937	0.936	39

（3）问卷效度检验

常见的效度检验包括内容效度和结构效度两类。在内容效度方面，本研究所设计的调查问卷以信息生态学理论为基础，参考了大量相关文献，并且经过三轮协商修改。因此，该问卷能够较好地反映网络学习资源进化影响因素等情况，问卷具有良好的内容效度。

在结构效度方面，本研究采用 SPSS23.0 对问卷客观题项进行探索性因子分析，具体指标有 KMO 值、Bartlett 球形检验和因子载荷量。一般认为，当 KMO 值>0.6、Bartlett 球形检验的 p 值<0.05、因子载荷量>0.5 时，问卷具有良好的结构效度，适合做因子分析。[1]表 4-15 是本研究问卷的结构效度分析结果，可见所有题项的指标均满足要求，表明本研究所设计的问卷通过效度检验。

---

[1] 孟丽. 数字化社区教育发展影响因素研究[D]. 曲阜：曲阜师范大学，2018.

表 4-15 问卷的结构效度检验

测量维度	题项	因子载荷量	KMO 值	p
用户	UA1	0.538		
	UA2	0.795		
	UA3	0.515		
	UB1	0.542		
	UB2	0.836	0.761	0.000
	UB3	0.597		
	UC1	0.627		
	UC2	0.633		
	UC3	0.553		
学习资源	RD1	0.566		
	RD2	0.760		
	RD3	0.611		
	RE1	0.543		
	RE2	0.569	0.737	0.000
	RE3	0.612		
	RF1	0.764		
	RF2	0.510		
	RF3	0.814		
学习平台	PG1	0.795		
	PG2	0.690		
	PG3	0.625	0.793	0.000
	PH1	0.758		
	PH2	0.535		
	PH3	0.888		
管理机制	MI1	0.660		
	MI2	0.701		
	MI3	0.513		
	MJ1	0.703		
	MJ2	0.735	0.777	0.000
	MJ3	0.591		
	MK1	0.750		
	MK2	0.657		
	MK3	0.745		
进化成效	EL1	0.676	0.769	0.000
	EL2	0.752		

续表

测量维度	题项	因子载荷量	KMO 值	p
进化成效	EL3	0.812	0.769	0.000
	EM1	0.617		
	EM2	0.562		
	EM3	0.531		

2. 问卷正式发放与分析

本研究采用线下发放纸质问卷的方式开展问卷调查，发放对象均具备网络学习平台使用经历，纸质问卷现场发放并回收。本研究共发放问卷 300 份，回收问卷 300 份，回收率为 100%。对问卷数据进行录入，删除选项全部相同和缺失项过多的样本数据，得到有效问卷 292 份，问卷有效率为 97.3%。

（1）样本的描述性统计分析

本研究所关注的网络学习平台用户背景信息包括性别、年龄、学历、学习平台登录频次和学习时长等。根据背景信息的人数和占比情况，对样本进行描述性统计分析，具体结果如表 4-16 所示。

表 4-16　样本的描述性统计分析结果

变量	属性	样本数/人	比例/%
性别	男	99	33.9
	女	193	66.1
年龄	<20 岁	110	37.7
	20—30 岁	180	61.6
	>30 岁	2	0.7
学历	本科	267	91.4
	硕士	24	8.2
	博士及以上	1	0.3
每周登录学习平台的频次	7 次及以上	74	25.3
	3—6 次	138	47.3
	1—2 次	68	23.3
	从不登录	12	4.1
每次登录使用学习平台的时长	0—0.5 小时	65	22.3
	0.5—1.5 小时（不含 0.5 小时）	137	46.9
	1.5—2 小时（不含 1.5 小时）	70	24.0
	2 小时以上	20	6.8

（2）信效度分析

在进行结构方程模型分析之前，需要对样本数据再次进行信效度检验，以保证数据的有效性。信度依旧采用 α 系数进行检验，此外，再检验组合信度（composite reliability，CR）。组合信度展示了量表题目的内在一致性，若 CR>0.6，则表明模型的内在质量良好[①]。组合信度的计算公式是：

$$CR = \frac{(\sum 标准化因子载荷)^2}{(\sum 标准化因子载荷)^2 + \sum 测量误差}$$

在进行效度检验时，依旧检验样本数据的结构效度，此时将结构效度细分为收敛效度和区别效度两个方面。收敛效度衡量了问卷中不同项或维度之间的相关性和内聚性，即各项是否能够合理地聚集在同一概念或维度下。通常情况下用三个指标来衡量收敛效度：①标准化因子载荷量（>0.6）；②潜在变量的平均方差提取值（AVE>0.5）；③同一潜在变量的测量题目的组合信度（CR>0.6）[②]。AVE 表示潜在变量之测量变量的变异数解释力，AVE 越高，表示收敛效度越高，一般认为 AVE>0.36 可接受，AVE>0.5 最佳[③]，其计算公式为：

$$AVE = \frac{(\sum 标准化因子载荷)^2}{(\sum 标准化因子载荷)^2 + \sum 测量误差}$$

具体的信度检验结果如表 4-17 所示，可见本研究的问卷测量指标的 α 系数、组合信度和 AVE 值均符合要求，表明问卷信度具有良好的信度并且收敛效度较好。

表 4-17　正式样本数据的信度检验结果

测量指标	标准化因子载荷	测量误差	组合信度 CR	α 系数	整体 α 系数
U1	0.733	0.267	0.895	0.778	0.903
	0.977	0.023			
	0.642	0.358			
U2	0.535	0.465	0.724		
	0.659	0.341			
	0.591	0.409			
U3	0.729	0.271	0.691		
	0.602	0.398			
	0.373	0.627			
R1	0.581	0.419	0.804	0.788	
	0.787	0.213			
	0.646	0.354			
R2	0.592	0.408	0.781		
	0.778	0.222			
	0.572	0.428			

---

① 王孟成. 潜变量建模与 Mplus 应用·基础篇[M]. 重庆：重庆大学出版社，2014.
② 刘丽丽. 网络学习空间中的学生知识共享影响因素研究[D]. 武汉：华中师范大学，2017.
③ 王孟成. 潜变量建模与 Mplus 应用·基础篇[M]. 重庆：重庆大学出版社，2014.

续表

测量指标	标准化因子载荷	测量误差	组合信度 CR	α 系数	整体 α 系数
R3	0.602 0.828 0.590	0.398 0.172 0.410	0.806	0.788	0.903
P1	0.770 0.440 0.535	0.230 0.560 0.465	0.708	0.713	
P2	0.723 0.675 0.473	0.277 0.325 0.527	0.756		
M1	0.606 0.882 0.442	0.394 0.118 0.558	0.777	0.752	
M2	0.454 0.829 0.473	0.546 0.171 0.527	0.713		
M3	0.704 0.722 0.477	0.296 0.278 0.523	0.768		
E1	0.742 0.850 0.716	0.258 0.150 0.284	0.885	0.809	
E2	0.475 0.607 0.808	0.525 0.393 0.192	0.763		

表 4-17 展示了本研究问卷中各变量之间的区别效度，表中主对角线的值是该变量 AVE 平方根，非对角线的值是变量间的相关系数。由表 4-18 可知，本研究中的每个潜在变量具备足够的区别效度。

表 4-18 正式样本数据的区别效度检验结果

变量	U1	U2	U3	R1	R2	R3	P1	P2	M1	M2	M3	E1	E2
U1	0.864												
U2	0.302**	0.684											
U3	0.398**	0.448**	0.666										
R1	0.228**	0.324**	0.467**	0.763									
R2	0.305**	0.489**	0.450**	0.421**	0.761								
R3	0.256**	0.322**	0.412**	0.410**	0.387**	0.766							
P1	0.247**	0.301**	0.372**	0.308**	0.359**	0.547**	0.677						

续表

变量	U1	U2	U3	R1	R2	R3	P1	P2	M1	M2	M3	E1	E2
P2	0.097*	0.356**	0.373**	0.399**	0.363**	0.482**	0.444**	0.718					
M1	0.208**	0.249**	0.271**	0.211**	0.297**	0.386**	0.311**	0.290**	0.746				
M2	0.226**	0.319**	0.315**	0.381**	0.297**	0.496**	0.530**	0.431**	0.327**	0.688			
M3	0.296**	0.184**	0.305**	0.260**	0.371**	0.350**	0.465**	0.350**	0.323**	0.457**	0.729		
E1	0.172**	0.188**	0.306**	0.131*	0.247**	0.125**	0.112**	0.173**	0.178**	0.055	0.111*	0.849	
E2	0.150**	0.261**	0.251**	0.206**	0.279**	0.174**	0.119**	0.258**	0.197**	0.125**	0.224**	0.552**	0.727

**表示 $p<0.01$，*表示 $p<0.05$，全书同

4.3.3 影响因素模型验证与分析

结构方程模型是一种能够分析变量之间的复杂关系，同时观察变量和潜在变量并建立多个因素之间的复杂因果关系及相互作用的模型。一个完整的结构方程模型包括测量模型和结构模型两个部分。测量模型描述了潜在变量与其观察指标之间的关系；结构模型则揭示了潜在变量之间的直接或间接关系。本研究利用Amos23.0软件对网络学习资源进化影响因素的结构方程模型进行了检验和分析，旨在揭示用户、学习资源等变量与资源进化之间的路径关系。通过这一分析，本研究初步揭示了各影响因素之间的作用关系，也为后续的模拟仿真分析奠定了方程建立的基础。

1. 结构模型检验与修正

（1）结构模型的适配度检验

本研究选取的结构模型适配度检验结果如表4-19所示。

表4-19 结构模型适配度检验结果

适配度指标	检验值	适配标准	适配结果
χ^2/df	2.845	<3	适配
RMR	0.097	<0.05	不适配
RMSEA	0.080	<0.08	适配
GFI	0.728	>0.80	不适配
AGFI	0.695	>0.80	不适配
PNFI	0.525	>0.50	适配
PGFI	0.617	>0.50	适配

由表4-19可知，本研究所构建的结构模型在初步检验后，有多项指标未达标准，因此接下来将对该模型进行修正，以保证其具备更好的适配度。

(2) 结构模型的修正

据 Amos 软件"Modification Indices"建议修正模型，通过建立残差项间共变关系改善拟合度。例如，e9（网络学习平台中的用户收藏、分享学习资源的频率越高，资源的利用率就会提升，从而资源进化越容易发生）与 e10（一条网络学习资源被收藏的次数越多，它被访问、被编辑的概率越大，其进化也就越容易发生），因用户行为相互影响，故建立共变。依此类推，增加共变关系后重检模型（图 4-7），拟合度显著提升（表 4-20），表明模型合理。

对修正后的结构模型再次进行拟合度检验，发现拟合度相较于修正前有了明显提高，具体的拟合结果如表 4-20 所示。由此可见，本研究所构建结构模型具有一定的合理性。

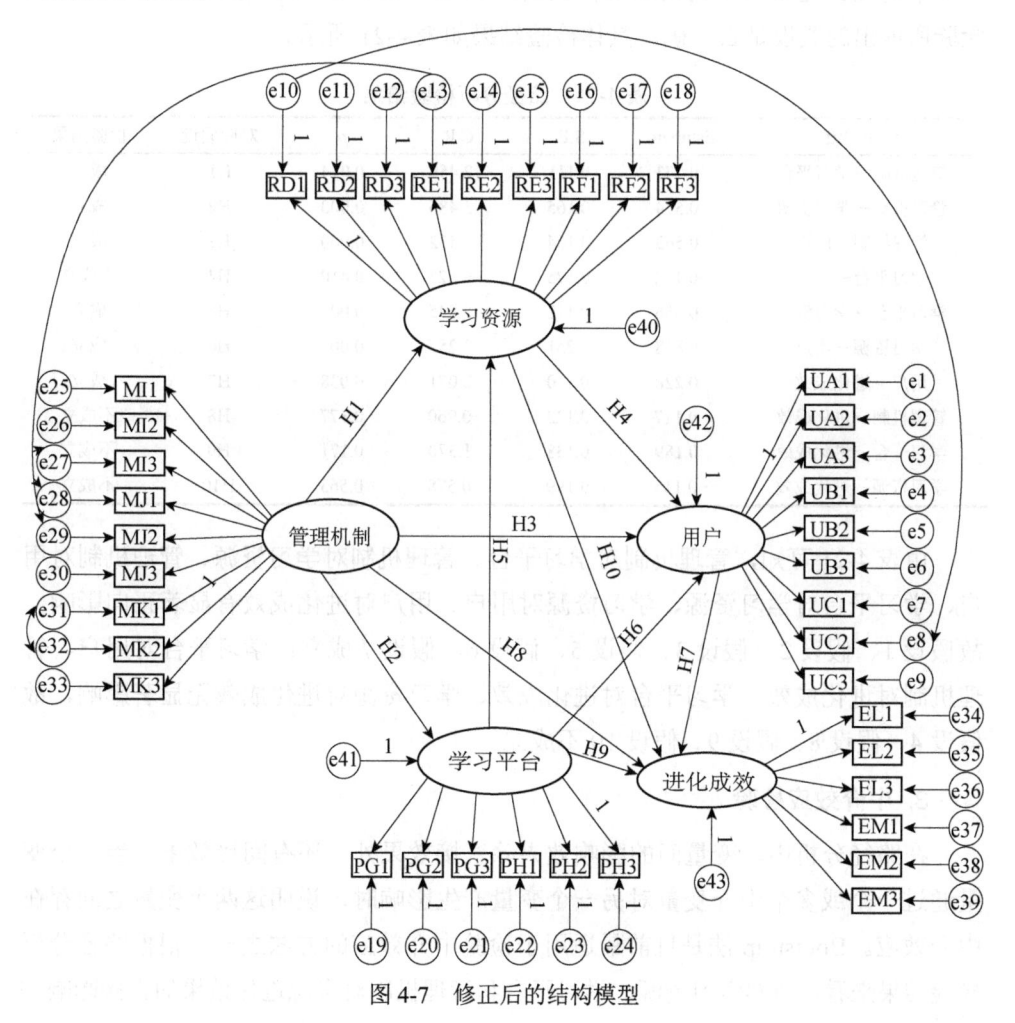

图 4-7 修正后的结构模型

表 4-20 修正后结构模型适配度检验结果

适配度指标	检验值	适配标准	适配结果
x^2/df	1.714	<3	适配
RMR	0.049	<0.05	适配
RMSEA	0.050	<0.08	适配
GFI	0.843	>0.80	适配
AGFI	0.812	>0.80	适配
PNFI	0.586	>0.50	适配
PGFI	0.743	>0.50	适配

2. 路径分析检验

本研究在完成对结构模型的修正后，利用 Amos 软件对模型进行路径分析以检验所提出的假设是否正确。具体检验结果如表 4-21 所示。

表 4-21 路径分析检验结果

路径假设	Estimate	S.E.	C.R.	p	对应假设	检验结果
管理机制→学习平台	0.273	0.111	2.459	0.014	H1	成立
管理机制→学习资源	0.574	0.165	3.486	0.000	H2	成立
管理机制→用户	0.563	0.164	3.432	0.000	H3	成立
学习平台→用户	−0.152	0.175	−0.823	0.410	H4	不成立
学习平台→学习资源	0.656	0.112	5.845	0.000	H5	成立
学习资源→用户	0.818	0.251	3.257	0.001	H6	成立
用户→进化成效	0.228	0.110	2.071	0.038	H7	成立
管理机制→进化成效	−0.117	0.122	−0.960	0.377	H8	不成立
学习平台→进化成效	0.189	0.138	1.370	0.171	H9	不成立
学习资源→进化成效	−0.115	0.199	−0.578	0.563	H10	不成立

由表 4-21 可知，管理机制对学习平台、管理机制对学习资源、管理机制对用户、学习平台对学习资源、学习资源对用户、用户对进化成效有显著正向影响，故假设 1、假设 2、假设 3、假设 5、假设 6、假设 7 成立；学习平台对用户、管理机制对进化成效、学习平台对进化成效、学习资源对进化成效无显著影响，故假设 4、假设 8、假设 9、假设 10 不成立。

3. 中介效应检验

在路径分析中，变量间的影响效果除直接效果外，还有间接效果。当一个变量通过一个或多个中介变量对另一个变量产生影响时，说明这两个变量之间存在中介效应。Bootstrap 法是目前最适用于检验中介效应的方法之一。根据路径分析检验结果来看，虽然学习资源、学习平台和管理机制对资源进化效果的直接影响并不显著，但并不能说明 3 个因素对资源进化不存在影响。因此，本研究利用 Amos 中的 Bootstrap 方法，通过 1000 次迭代进行中介效应检验，以验证学习资源、学习平台和管理机制对资源进化存在间接影响关系。具体检验结果如表 4-22 所示。

表 4-22　Bootstrap 方法中介效应检验结果

中介效应假设路径	效应值	SE	95%置信区间 下限	95%置信区间 上限	p
M→P→U→E	−0.02	0.097	−0.501	0.015	0.244
M→U→E	0.129	0.149	0.006	0.715	0.035
M→R→U→E	0.051	0.071	0.005	0.593	0.027
P→U→E	−0.035	0.139	−0.515	0.037	0.291
P→R→U→E	0.123	0.182	0.011	0.951	0.022
R→U→E	0.187	0.242	0.019	0.304	0.023

注：M 为管理机制，P 为学习平台，U 为用户，E 为进化成效，R 为学习资源

路径 I1：M→P→U→E 的效应值是−0.02，95%置信区间为[−0.501,0.015]，$p>0.05$，说明该路径不存在显著中介效应，故假设不成立。

路径 I2：M→U→E 的效应值是 0.129，95%置信区间为[0.006,0.715]，$p<0.05$，说明该路径存在显著中介效应，故假设成立。

路径 I3：M→R→U→E 的效应值是 0.051，95%置信区间为[0.005,0.593]，$p<0.05$，说明该路径存在显著中介效应，故假设成立。

路径 I4：P→U→E 的效应值是−0.035，95%置信区间为[−0.515,0.037]，$p>0.05$，说明该路径不存在显著中介效应，故假设不成立。

路径 I5：P→R→U→E 的效应值是 0.123，95%置信区间为[0.011,0.951]，$p<0.05$，说明该路径存在显著中介效应，故假设成立。

路径 I6：R→U→E 的效应值是 0.187，95%置信区间为[0.019,0.304]，$p<0.05$，说明该路径存在显著中介效应，故假设成立。

4. 分析结果

网络学习资源进化影响因素模型的分析结果如图 4-8 所示（图中的虚线表示存在中介效应），通过对模型进行拟合度检验、路径检验和中介效应检验，本研究最终验证了用户、学习资源、学习平台和管理机制 4 个维度因素对资源进化的影响关系以及两两因素之间的影响效应。具体的影响关系如图 4-8 所示。

首先，管理机制在网络学习资源进化中起到了至关重要的作用。通过路径检验，确认管理机制对学习平台、用户和学习资源都有直接的显著正向影响。这表明一个有效的管理机制有助于提升学习平台的性能，激发用户的积极参与，并促

进学习资源的发展。更有趣的是，研究还发现管理机制通过用户和学习资源对资源进化成效产生了间接影响。这意味着管理机制不仅直接影响各个要素，还通过塑造用户和学习资源的互动，间接影响了资源进化的效果。

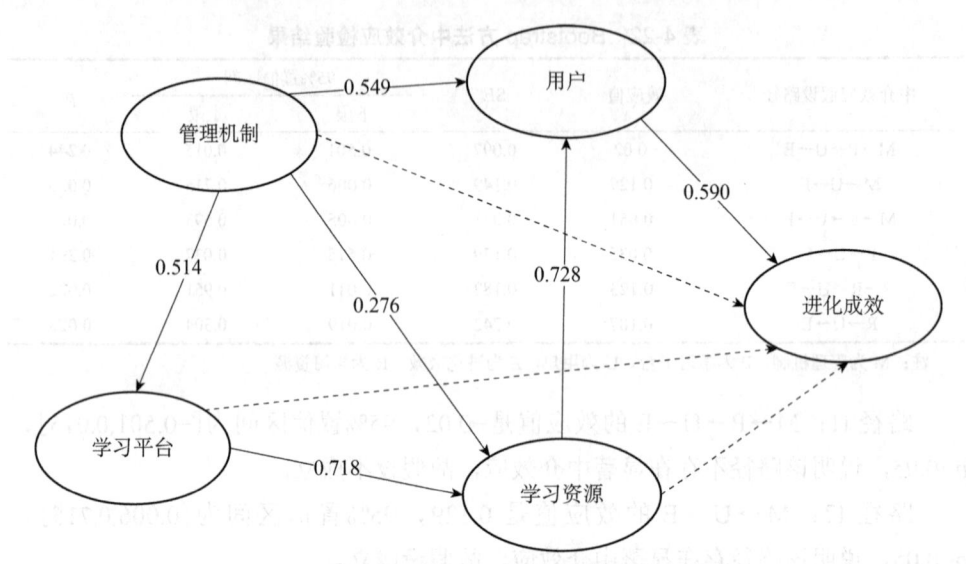

图 4-8　网络学习资源进化影响因素模型的分析结果

注：实线为直接影响，虚线为间接影响

其次，学习平台对学习资源有直接的显著正向影响，这表明学习平台的设计和性能会直接影响学习资源的质量及数量。通过学习资源和用户对资源进化成效的中介效应分析，研究还发现学习平台通过这两个渠道产生了对资源进化的间接影响。这强调了设计先进的学习平台对促进学习资源进化的重要性。

再次，学习资源对用户有直接的显著正向影响，这表明优质的学习资源有助于提升用户的学习体验和满意度。通过用户对资源进化成效的中介效应分析，研究发现学习资源还通过用户间接影响了资源进化的效果。这凸显了学习资源在网络学习环境中的关键作用，对用户的吸引力和影响力。

最后，用户对进化成效有直接显著正向影响，这说明用户在整个资源进化过程中的重要性。用户的积极参与和反馈对资源的改进和发展起到了至关重要的作用。这也强调了在设计网络学习资源时应考虑用户体验和需求的重要性。

综合而言，结构方程模型分析的结果强调了网络学习资源进化中各要素之间复杂而密切的关系。有效的管理机制、先进的学习平台、优质的学习资源以及积极的用户参与共同构成了一个相互促进、协同作用的系统，推动着网络学习资源的不断进化和提升。

4.4 网络学习资源进化影响因素作用规律分析

本节基于系统动力学和 Vensim PLE 软件搭建网络学习资源进化模拟仿真环境，构建并检验网络学习资源进化影响因素的系统动力学模型。对模型进行单因素情境分析，探究单个因素对系统的稳定性和行为产生的主要影响，以及它们的影响方向；随后，进行多因素情境分析，通过模拟 5 种资源进化情境，进一步探究多因素协同作用影响下网络学习资源进化情况，并借助系统动力学仿真分析，以期揭示影响因素对网络学习资源进化的作用规律。

4.4.1 模型边界与基本假设

1. 模型边界界定

确立模型的边界实际上是将模型与外在现实环境进行区分，界定时，需要做到"有所为有所不为"，牢牢把握需要解决的核心问题，忽略一些不重要因素。本书中，网络学习资源进化是研究的主要内容，一方面，依据前文所得出的影响因素，围绕影响资源进化的主体（用户）、客体（学习资源）和环境（学习平台和管理机制）要素进行分析；另一方面，除前述三类影响因素外，暂不考虑其他因素和系统对网络学习资源进化的影响。

2. 模型基本假设

根据系统边界和系统目标，提出如下的系统模型基本假设：

假设 1：网络学习资源进化发生在一个复杂系统之中，其进化质量受到了用户、学习资源、学习平台和管理机制四类影响因素的影响，暂不考虑其他因素。因素与因素之间相互影响、相互作用，共同决定了网络学习资源进化质量的优劣。

假设 2：网络学习资源进化发生在一个设定好的进化系统之中，是一个循环往复的过程，具有一定的周期性。

假设 3：仿真模型中的变量取值仅在本次模拟仿真周期过程中有效，与周期外无关。

假设 4：网络学习资源进化还受到相关政策、经济发展水平等因素的长期影响，在本次的仿真周期中对这些外在影响因素忽略不计。

4.4.2 系统模型因果关系分析

前文通过德尔菲法和解释结构模型识别了影响网络学习资源进化的因素，并利用结构方程模型初步探寻了影响因素之间的相互作用关系。在此基础上，将网络学习资源进化影响因素系统分为进化主体影响因素子系统、进化客体影响因素子系统和进化环境影响因素子系统3个子系统，围绕一级指标和二级指标，探究各子系统内的因果关系。此外，为了完善系统的整体结构，依据《网络学习资源进化影响因素调查问卷》，再划分出影响二级指标的相关变量。此举不仅可以使得部分二级指标可量化分析，还可以提高仿真模型的精确度。

1. 进化主体影响因素子系统

在进化主体影响因素子系统中，描述了用户层面的网络学习资源进化影响因素对用户影响水平这一变量的作用关系。3个二级指标构成了用户影响资源进化水平的直接因素，首先，用户数量受到注册用户、登录用户和留存用户3个因素的正向影响。当有更多的用户注册并且定期登录保持活跃时，用户数量增多，从而对资源进化产生积极影响。这说明用户的规模和参与度对资源进化具有重要影响。其次，用户关联度受到处于同一群组、拥有相似学习兴趣和在学习平台上的交互紧密度3个因素的正向影响。当用户与其他用户共同参与群组、分享相似的学习兴趣，并且在平台上有更多互动时，他们的关联度提升，这对资源进化产生积极影响。最后，用户活跃度受到登录使用平台频率、编辑评论资源频率和收藏分享资源频率3个因素的正向影响。当用户频繁登录平台、积极编辑评论资源以及收藏分享资源时，他们的活跃度提高，这对资源进化产生积极影响。进化主体影响因素子系统因果回路图如图4-9所示。

2. 进化客体影响因素子系统

进化客体影响因素子系统中描述了学习资源层面的资源进化影响因素对资源影响水平这一变量的作用关系。资源受关注度、资源关联度和资源呈现方式这三个因素对资源影响水平产生正向影响。资源受关注度与资源被收藏次数、被分享次数和被推荐次数有关。当一条资源被用户多次收藏、分享和推荐时，它的受关注度就会提高，从而对资源影响水平产生正向影响。这意味着用户对该资源有较强烈的兴趣和较高的评价，这些互动行为反映了资源的受欢迎程度。资源关联度受到多个因素的影响，包括资源的访问链接、与热点资源的关联度及其在其他资源列表中的出现频率。资源的关联度影响了用户在浏览或搜索时是否会查看或使用其他相关资源。较高的关联度可以提升资源的曝光率和使用率，从而对资源影响水平产生正向影响。在网络学习平台中，资源的呈现方式包括呈现方式多元、视觉效果良好和呈现形式灵活。如果资源以多种方式呈现，具有吸引人的视觉效

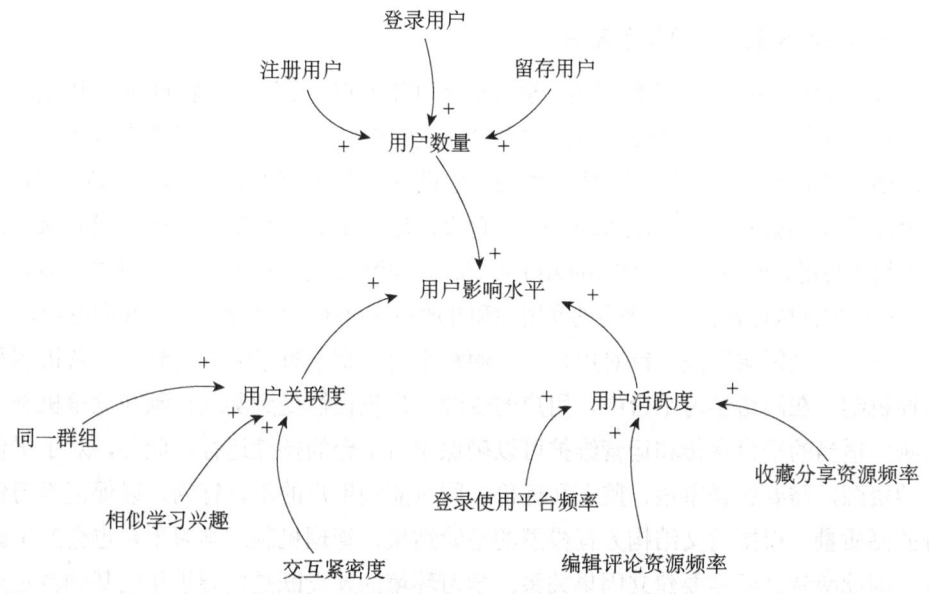

图 4-9　进化主体影响因素子系统因果回路图

果，并且可以根据用户需求进行灵活呈现，那么它更容易吸引用户对其进行编辑和使用。这种灵活性和吸引力有助于提高资源的影响水平。综上所述，学习资源本身的特征和质量对资源的进化及影响水平至关重要。进化客体影响因素子系统因果回路图如图 4-10 所示。

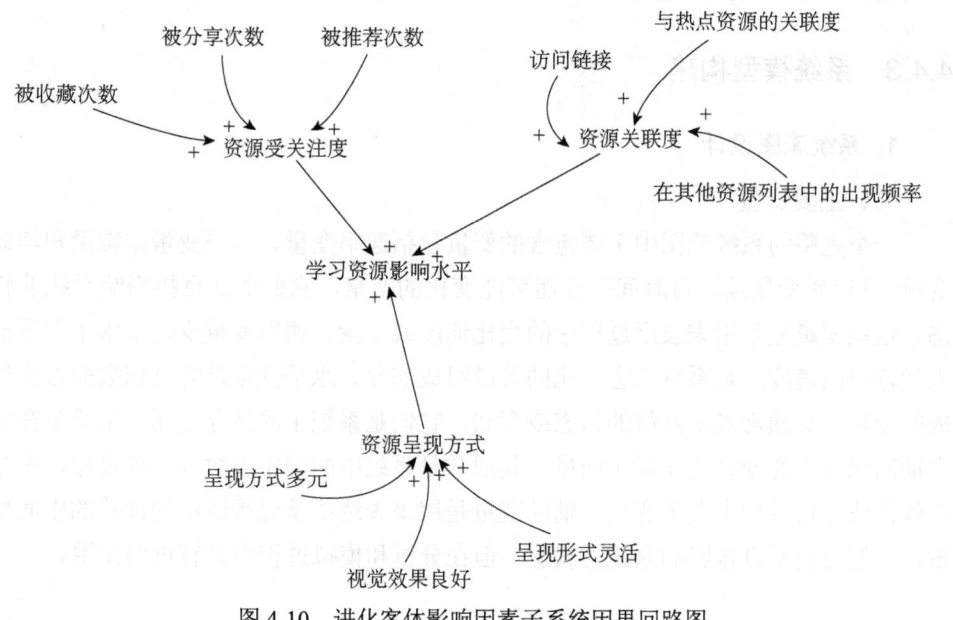

图 4-10　进化客体影响因素子系统因果回路图

3. 进化环境影响因素子系统

进化环境影响因素子系统描述了学习平台和管理机制层面的资源进化影响因素分别对平台影响水平和管理机制影响水平这两个变量的作用关系。学习平台影响层面，当一个网络学习平台具备高易用性和开放性时，它能够吸引更多的用户和学习资源。平台的易用性可以通过以下 3 个指标来评判：平台设计是否合理、互动功能是否多样以及操作是否简单易用。如果平台有开放的 API 接口、允许第三方接入和用户自主生成内容，那么该平台的开放性就较强。平台的易用性和开放性均对环境影响水平产生正向影响。

管理机制影响层面，针对用户、资源和平台分别设置了激励机制、运营机制和监控机制。在网络学习平台中，用户的资源创作积极性受到奖励机制和竞争机制等影响。适当的平台宣传和运营维护可以确保学习平台的持续运行。此外，对于平台上的资源，需要加强审核、监管和评价，同时监测用户的不良行为，以保证学习资源的高质量。根据前文结构方程模型的检验结果，管理机制对学习平台也会产生影响，因此两者之间需要建立因果关系。学习环境的建设既是资源进化的基础也是重要保障。只有具备完善的平台硬环境和完备的机制软环境，才能最大限度地确保学习资源有序进化。进化环境影响因素子系统的因果回路如图 4-11 所示。

4. 系统的因果关系图

根据上述对网络学习资源进化影响因素 3 个子系统的因果关系分析，确定了本研究的网络学习资源进化影响因素系统的因果关系（图 4-12）。

4.4.3 系统模型构建

1. 系统流图设计

（1）主要变量

一个完整的系统流图中主要包含的变量包括速率变量、水平变量、常量和辅助变量。[1]速率变量是随着时间推移而可能变化的变量，它们能够直接影响系统的状态。这些变量通常用来表示过程中的变化速度或流量。速率变量反映了水平变量输入和输出的速度，是系统动态变化的关键组成部分。水平变量是通过积累的方式形成的变量，其通常表示系统的状态或存储，它们是系统中的储存容器。常量是在研究期间保持不变或者变化微小的量。其通常是系统中的固定参数或局部目标，不会在模拟或分析过程中发生变化。辅助变量是用来表达决策过程或中间计算的中间变量，它们可能不直接影响系统的状态，但在分析和模拟过程中具有重要作用。

---

① 钟永光，贾晓菁，钱颖，等. 系统动力学[M]. 2版. 北京：科学出版社，2013：95.

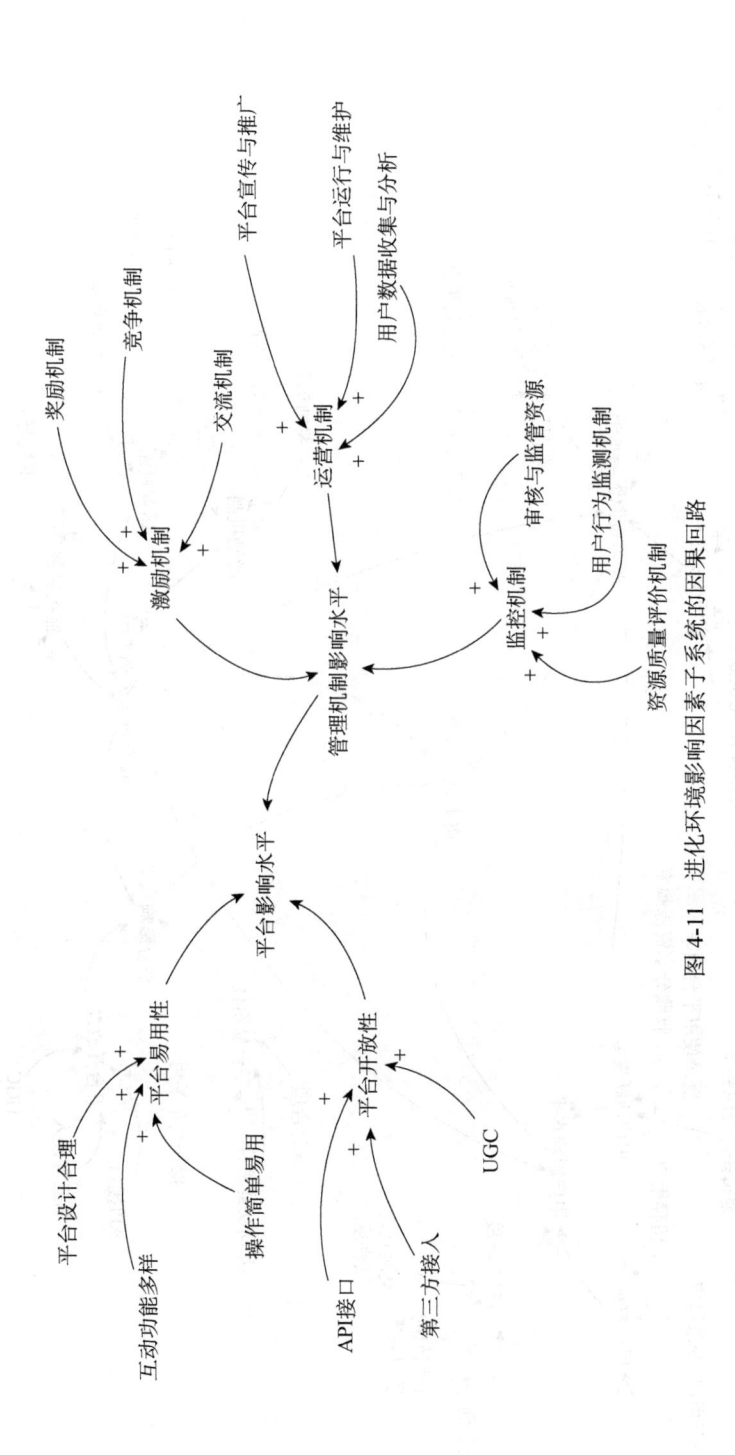

图 4-11 进化环境影响因素子系统的因果回路

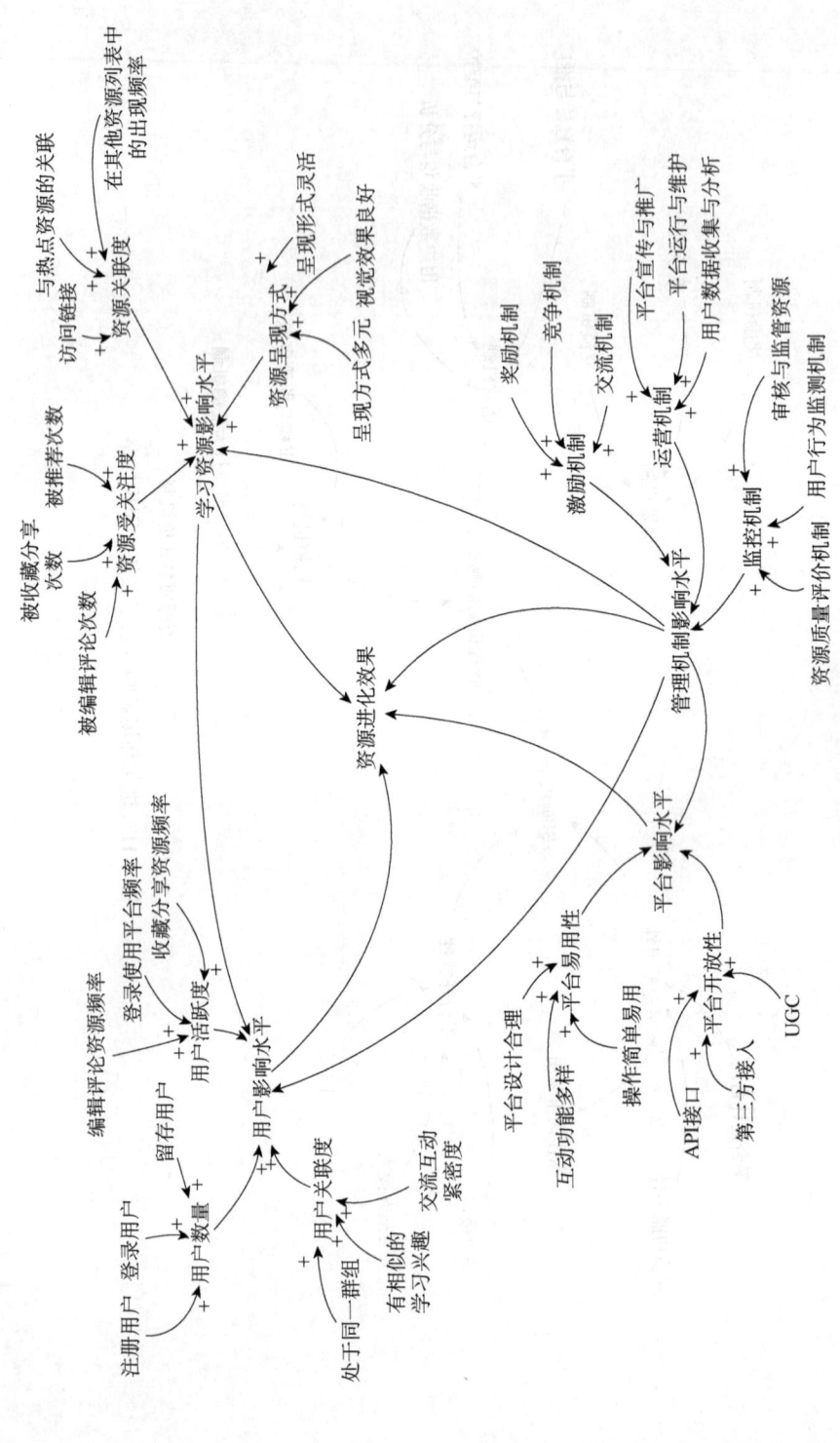

图 4-12 网络学习资源进化影响因素系统因果关系

本研究中设置的各项变量如表 4-23 所示。

表 4-23　网络学习资源进化系统流图的变量

类型	序号	变量名称	类型	序号	变量名称
水平变量	1	资源进化效果	辅助变量	34	呈现形式灵活
	2	资源进化主体		35	视觉效果良好
	3	资源进化客体		36	平台易用性
	4	资源进化平台		37	平台开放性
	5	资源进化管理机制		38	互动功能多样
速率变量	6	资源进化效果增加量		39	平台设计合理
	7	资源进化效果衰减量		40	操作简单易用
	8	资源进化主体水平变化量		41	开放 API 接口
	9	资源进化客体水平变化量		42	允许第三方接入
	10	资源进化平台水平变化量		43	允许用户自主生成内容
	11	资源进化管理机制水平变化量		44	激励机制
辅助变量	12	用户数量		45	奖励机制
	13	注册用户		46	交流机制
	14	登录用户		47	竞争机制
	15	留存用户		48	运营机制
	16	用户关联度		49	平台宣传与推广
	17	处于同一学习群组		50	平台运行与维护
	18	具有相似的学习兴趣		51	平台服务优化
	19	交流互动紧密度		52	监控机制
	20	用户活跃度		53	资源质量监管机制
	21	登录使用平台频率		54	资源质量评价机制
	22	编辑评论资源频率		55	用户行为监测机制
	23	收藏分享资源频率	起始常量	56	起始主体影响水平参数
	24	资源受关注度		57	起始客体影响水平参数
	25	被编辑评论次数		58	起始平台影响水平参数
	26	被收藏分享次数		59	起始管理机制影响水平参数
	27	被推荐次数		60	起始学习资源进化效果
	28	资源关联度	延迟常量	61	资源进化主体影响水平变化延迟
	29	拥有的访问链接数量		62	资源进化客体影响水平变化延迟
	30	与热点资源之间的关联		63	资源进化平台影响水平变化延迟
	31	在其他资源中的出现频率		64	资源进化管理机制影响水平变化延迟
	32	资源呈现方式		65	资源进化效果变化延迟
	33	呈现方式多元			—

（2）系统流图构建

根据前文对网络学习进化影响因素系统中的各要素因果关系分析及各变量设置，利用 Vensim PLE 软件对网络学习资源进化影响因素系统流图进行构建，如图 4-13 所示。

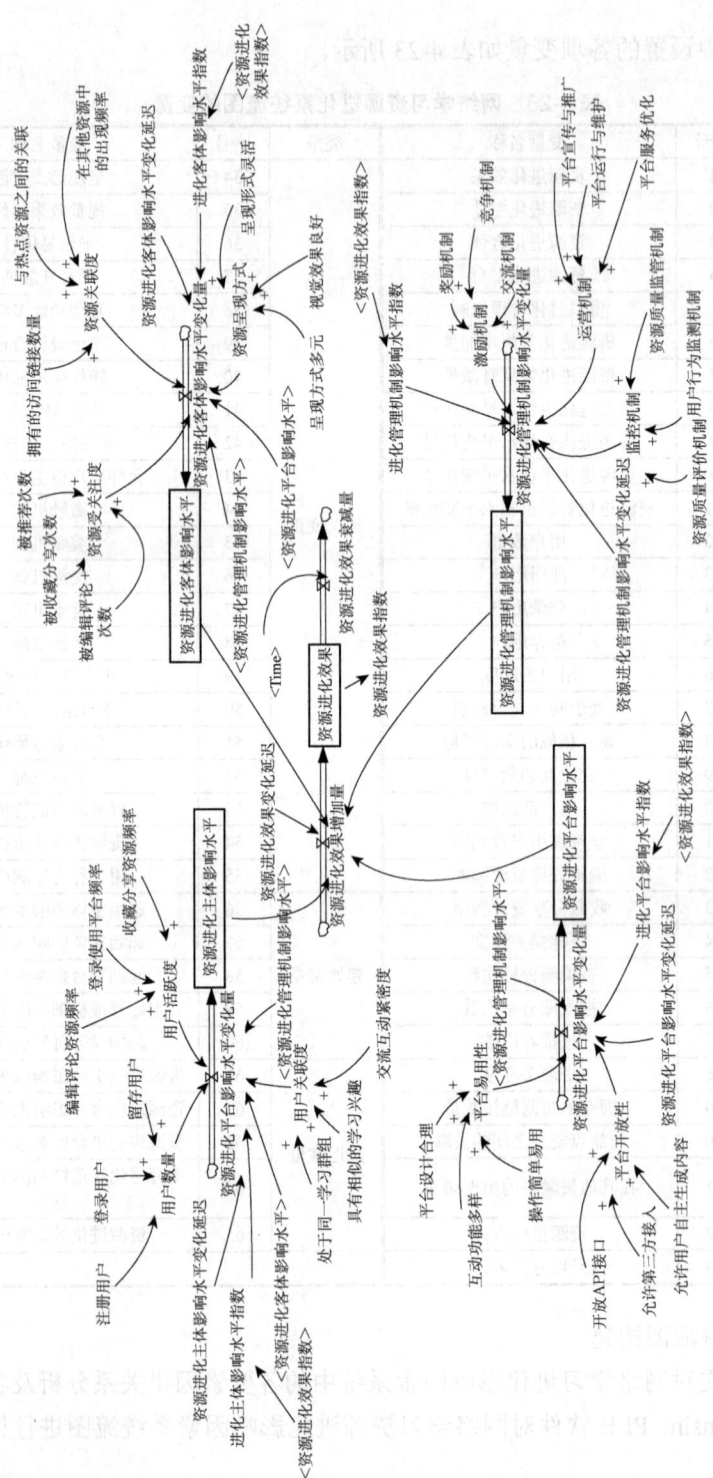

图 4-13 网络学习资源进化影响因素系统流图

2. 系统模型仿真方程式

（1）方程式设计

在进行模拟仿真之前，需要构建系统中主要变量之间的方程式并且估计其参数。仿真模型的参数主要包括初始数据（模型运行时所需的基础数据）和系数参数（各影响因素的权重）两类。[①]在确定参数时，主要依据德尔菲专家咨询对一级、二级指标的重要性打分以及结构方程模型分析时所得出的各项数值。根据变量类型的不同，系统动力学方程主要包括水平变量方程（L）、速率变量方程（R）、辅助变量方程（A）和常数方程（C）。本研究涉及的主要方程式如表 4-24 所示。

表 4-24　主要方程式设计

方程类型	方程式
L	整体资源进化效果=INTEG(资源进化效果增加量-资源进化效果衰减量,起始资源进化效果) 资源进化主体影响水平=INTEG(资源进化主体影响水平变化量,起始资源进化主体影响水平) 资源进化客体影响水平=INTEG（资源进化客体影响水平变化量,起始资源进化客体影响水平） 资源进化平台影响水平=INTEG（资源进化平台影响水平变化量,起始资源进化平台影响水平） 资源进化管理机制影响水平=INTEG（资源进化管理机制影响水平变化量,起始资源进化管理机制影响水平）
R	资源进化效果衰减量=EXP(−Time) 资源进化效果增加量=SMOOTH（（主体影响水平×主体水平作用程度+客体影响水平×客体水平作用程度+平台影响水平×平台水平作用程度+管理机制影响水平×管理机制水平作用程度），资源进化效果变化延迟）（方程中的作用程度与该等式左侧变量相关，以下同理） 资源进化主体影响水平变化量=SMOOTH（用户关联度作用程度×用户关联度+IF THEN ELSE（用户数量<10，用户数量作用程度×用户数量，−用户数量作用程度×用户数量）+用户活跃度作用程度×用户活跃度+IF THEN ELSE（资源进化管理机制影响水平<5，进化管理机制影响水平作用程度×资源进化管理机制影响水平，−进化管理机制影响水平作用程度×资源进化管理机制影响水平）+IF THEN ELSE（资源进化客体影响水平<5，进化客体影响水平作用程度×资源进化客体影响水平，−进化客体影响水平作用程度×资源进化客体影响水平），资源进化主体影响水平变化延迟）×进化主体影响水平指数 资源进化客体影响水平变化量=SMOOTH（（资源关联度作用程度×资源关联度+资源受关注度作用程度×资源受关注度+资源呈现方式作用程度×资源呈现方式+IF THEN ELSE（资源进化平台影响水平<5，进化平台影响水平作用程度×资源进化平台影响水平，−进化平台影响水平作用程度×资源进化平台影响水平）+IF THEN ELSE（资源进化管理机制影响水平<5，进化管理机制影响水平作用程度×资源进化管理机制影响水平，−进化管理机制影响水平作用程度×资源进化管理机制影响水平）），资源进化客体影响水平变化延迟）×进化客体影响水平指数 资源进化平台影响水平变化量=SMOOTH（（平台开放性作用程度×平台开放性+平台易用性作用程度×平台易用性+IF THEN ELSE（资源进化管理机制影响水平<5，进化管理机制影响水平作用程度×资源进化管理机制影响水平，−进化管理机制影响水平作用程度×资源进化管理机制影响水平）），资源进化平台影响水平变化延迟）×进化平台影响水平指数

---

① 孙瑜. 基于系统动力学的政府大数据治理研究[D]. 哈尔滨：黑龙江大学，2021.

续表

方程类型	方程式
R	资源进化管理机制影响水平变化量=SMOOTH((激励机制作用程度×激励机制+运行机制作用程度×运行机制+监控机制作用程度×监控机制),管理机制影响水平变化延迟))×资源进化管理机制影响水平指数
A	用户数量=0.51×注册用户+0.57×登录用户+0.56×留存用户
	用户关联度=0.36×处于同一学习群组+0.45×具有相似学习兴趣+0.47×交流互动紧密度
	用户活跃度=0.55×登录使用平台频率+0.53×编辑评论资源频率+0.45×收藏分享资源频率
	资源受关注度=0.45×资源被编辑评论次数+0.54×被收藏分享次数+0.53×被推荐次数
	资源关联度=0.43×拥有的访问链接数量+0.57×与热点资源之间的关联+0.58×在其他资源中出现的频率
	资源呈现方式=0.59×呈现方式多元+0.60×呈现形式灵活+0.58×视觉效果良好
	平台易用性=0.61×互动功能多样+0.52×平台设计合理+0.55×操作简单易用
	平台开放性=0.51×开放API接口+0.50×允许第三方接入+0.58×允许用户自主生成内容
	激励机制=0.48×奖励机制+0.55×交流机制+0.41×竞争机制
	运营机制=0.36×平台宣传与推广+0.28×平台运行与维护+0.47×平台服务优化
	监控机制=0.38×资源质量监管机制+0.48×资源质量评价机制+0.62×用户行为监测机制
	资源进化效果指数=LN(起始资源进化效果+资源进化效果)
	资源进化主体影响水平指数=主体影响水平作用程度×资源进化效果指数
	资源进化客体影响水平指数=客体影响水平作用程度×资源进化效果指数
	资源进化平台影响水平指数=平台影响水平作用程度×资源进化效果指数
	资源进化管理机制影响水平指数=管理机制影响水平作用程度×资源进化效果指数

其中,根据前文中对网络学习资源进化影响因素结构方程模型的分析结果可知,主体影响水平、客体影响水平、平台影响水平和管理机制影响水平对网络学习资源进化的影响程度分别为0.37、0.19、0.12、0.13。在主体影响水平中,用户数量、用户关联度、用户活跃度、客体影响水平和管理机制影响水平对其影响程度分别为0.40、0.81、0.92、0.74、0.33;在客体影响水平中,资源受关注度、资源关联度、资源呈现方式、平台影响水平和管理机制影响水平对其影响程度分别为0.68、0.78、0.82、0.76、0.18;在平台影响水平中,平台易用性、平台开放性和管理机制影响水平对其作用程度分别为0.76、0.84、0.33;在管理机制影响水平中,激励机制、运营机制和监控机制对其影响程度分别为0.50、0.74、0.76。各三级指标的作用程度将在表4-25中给出,此处不再赘述。

(2) 初始值设定

对网络学习资源进化模拟仿真模型中的各变量进行初始值设置,可以保证模型的输出结果能够客观反映各维度的影响因素对资源进化的影响能力。

各三级维度常量的初始值。主要依靠前期进行的问卷调查得到各三级维度变量的得分作为其初始值。具体的方程参数初始值设置如表 4-25 所示。

网络学习资源进化效果和各二级维度变量的初始值。设置起始网络学习资源进化效果、起始进化主体影响水平参数、起始进化客体影响水平参数、起始进化平台影响水平参数和起始管理机制影响水平参数的值为 1，表示各维度变量的初始状态。

网络学习资源的进化效果及各二级维度变量对资源演变效果的延迟常数。根据前文研究，我们可以得知不同维度的影响因素对网络学习资源进化效果的作用程度是不同的。本研究认为，首先管理机制对网络学习资源演变效果的作用最为迅速，延迟较小，将管理机制的影响水平变化延迟设置为 0.2；其次是学习平台的影响，将平台影响的水平变化延迟设置为 0.4；接下来是学习资源的影响，将客体影响的水平变化延迟设置为 0.6；最后是用户的影响，由于用户受学习环境的长期影响，尽管对学习资源进化效果的影响最为显著和直接，但其所造成的影响需要经过较长的周期才能反映出来。因此，将用户主体影响水平变化延迟设置为 0.8。网络学习资源进化效果的变化受到 4 个维度的共同作用，呈现出更为缓慢的变化趋势，变化的延迟也最为显著，因此将网络学习资源进化效果的变化延迟设置为 1。

表 4-25　模型方程参数的初始值设置

变量类型	变量名称	初始值
水平变量	资源进化效果	/
	资源进化主体	/
	资源进化客体	/
	资源进化平台	/
	资源进化管理机制	/
速率变量	资源进化效果增加量	/
	资源进化效果衰减量	/
	资源进化主体影响水平变化量	/
	资源进化客体影响水平变化量	/
	资源进化平台影响水平变化量	/
	资源进化管理机制影响水平变化量	/
辅助变量	用户数量	/
	用户关联度	/
	用户活跃度	/
	资源受关注度	/
	资源关联度	/

续表

变量类型	变量名称	初始值
辅助变量	资源呈现方式	/
	平台易用性	/
	平台开放性	/
	激励机制	/
	运营机制	/
	监控机制	/
	注册用户	5.10
	登录用户	5.39
	留存用户	5.57
	处于同一学习群组	5.07
	具有相似的学习兴趣	5.51
	交流互动紧密度	5.47
	登录使用平台频率	5.12
	编辑评论资源频率	5.53
	收藏分享资源频率	5.47
	被编辑评论次数	5.42
	被收藏分享次数	5.56
	被推荐次数	5.63
	拥有的访问链接数量	5.25
	与热点资源之间的关联	5.34
	在其他资源中的出现频率	5.54
	呈现方式多元	5.68
	呈现形式灵活	5.72
	视觉效果良好	5.68
	互动功能多样	5.89
	平台设计合理	5.60
	操作简单易用	5.71
	开放 API 接口	5.40
	允许第三方接入	5.18
	允许用户自主生成内容	5.83
	奖励机制	5.22
	交流机制	5.10
	竞争机制	5.29
	平台宣传与推广	5.47
	平台运行与维护	5.77
	平台服务优化	5.78

续表

变量类型	变量名称	初始值
辅助变量	资源质量监管机制	5.69
	资源质量评价机制	5.68
	用户行为监测机制	5.76
起始常量	起始进化主体影响水平参数	1
	起始进化客体影响水平参数	1
	起始进化平台影响水平参数	1
	起始进化管理机制影响水平参数	1
	起始学习资源进化效果	1
延迟常量	主体影响水平变化延迟	0.8
	客体影响水平变化延迟	0.6
	平台影响水平变化延迟	0.4
	管理机制影响水平变化延迟	0.2
	资源进化效果变化延迟	1

注：/表示这些参数不需要设置初始值

3. 模型检验

为了确保仿真结果的科学性和正确性，在正式进行模拟仿真之前，需要对所构建的仿真模型进行验证。常见的验证方法包括边界适当性测试、极端条件测试、量纲一致性测试和灵敏度测试等。[①] 其中，极端条件测试是使用较为广泛的检验方式。极端条件测试是在输入变量采用极端值（0或者无穷大）时，检查模型方程是否仍然具有意义，模型的响应是否仍然合理，及其表现是否遵循物理规律。接下来，将对本研究构建的系统动力学模型进行极端值测试。

首先，研究对模型进行结构检验，其目的是确保模型正常运行且产生的结果具有解释性。在前期研究中，对网络学习资源进化系统内部各要素之间的关系、系统的动力机制进行了理论分析、逻辑梳理和验证分析。此外，研究还充分借鉴了系统动力学在该研究领域建模的经验和做法，因此能够清晰、客观地构建网络学习资源进化系统内部的控制结构。通过使用 Vensim PLE 软件，再次对所建立的系统动力学模型进行"Model—Check Model"，检查模型中的变量设置、变量间的因果关系以及数学方程。检验结果显示"Model is OK"，表明所构建的系统动力学模型能够有效支持后续的模拟仿真分析。

---

① 约翰·D. 斯特曼. 商务动态分析方法：对复杂世界的系统思考与建模[M]. 朱岩, 钟永光, 等译. 北京：清华大学出版社, 2008.

其次，本研究对所构建的系统动力学模型中的所有速率方程和辅助方程进行了极端条件测试，以确保其更具稳定性和鲁棒性。检验时，设置仿真周期为1年，时间单位为月，步长为1，将用户数量调整为0，表示网络学习平台中的使用人数为0，同时用户活跃度和用户关联度也为0。调整前后的检验结果如图4-14所示。

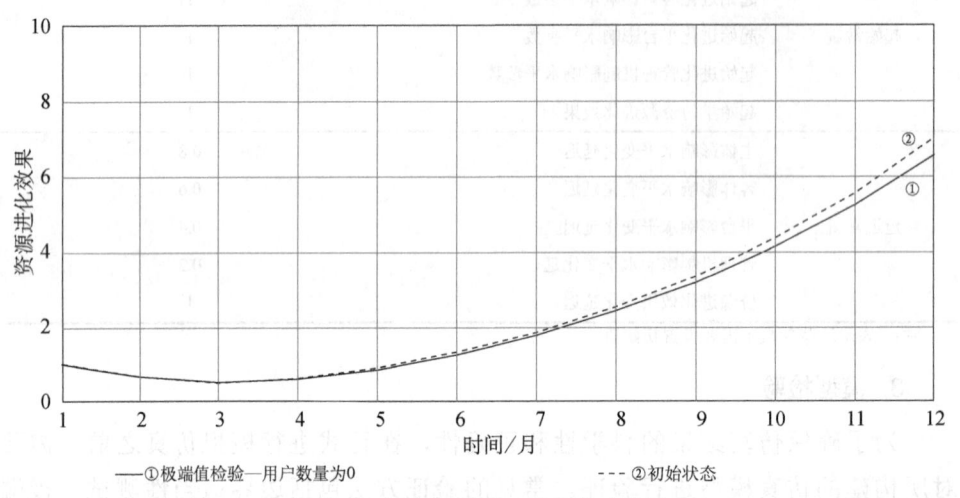

图4-14 用户数量为0时的测试结果

当用户数量降低为0时，学习资源进化效果将大幅度下降，但依旧会发生进化。这是因为学习资源在网络学习平台中，仍然有机制和平台会对其产生影响，只是缺少了用户对其使用，也就表现出较低的进化趋势。因此，极端值检验结果是符合现实情况的，同时也表明模型中的方程设置并不存在问题。

通过极端条件测试，检验了本研究所构建的流率方程和辅助方程，模型的方程在各种边界情况下都能够合理地响应，保持了系统的稳定性和鲁棒性，也进一步验证了所构建的系统动力学模型的科学性和可靠性。

4.4.4 仿真结果

1. 初始仿真结果

本研究将网络学习资源进化影响因素的系统动力学模型在 Vensim PLE 软件中进行模拟仿真分析，设置 Units for Time 为月，INITIAL TIME=1，FINAL TIME=12，TIME STEP=1。初始的仿真结果如图4-15所示。

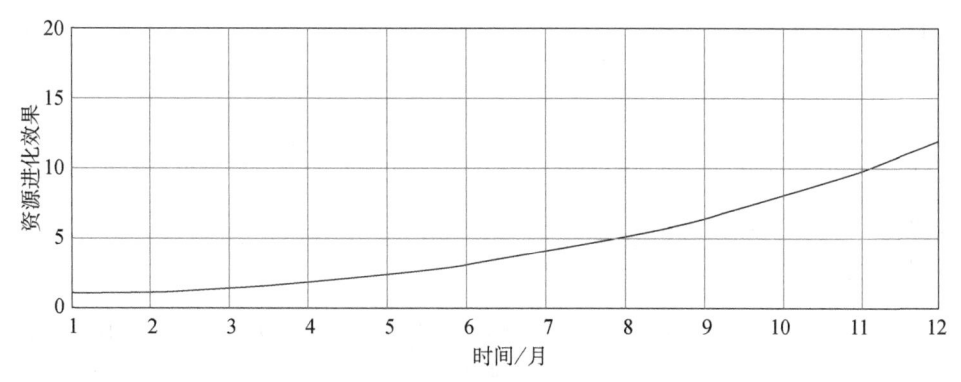

图 4-15　网络学习资源进化效果的初始仿真结果

通过图 4-15 可知，在仿真周期内，网络学习资源进化过程整体呈现增加趋势，增长变化由慢变快。在进化初期的前两个月内，网络学习平台吸纳了新用户并创建了一系列新资源。但由于用户对资源创作和平台使用还不够熟悉，仍处于适应阶段，可能出现多种问题，导致资源进化效果变化较为缓慢。为了引导用户创作更高质量的学习资源，促进资源有序进化，需要及时调整管理机制以发现并解决这些问题。随着时间的推移，网络学习平台的管理机制逐渐完善，用户创作积极性保持在一定水平，使网络学习资源的质量不断提升，进化效果逐步增强，呈现出明显的增长趋势。从长远来看，这一变化趋势可以看作是网络学习资源进化中各个水平变量相互作用的结果，用户的积极参与、学习资源的不断提升、管理机制的有效调整以及平台的影响力扩大共同推动了网络学习资源的有序进化。

再观察资源进化主体影响水平、客体影响水平、平台影响水平和管理影响水平四个水平变量的变化情况（图 4-16）。可以看出，四个水平变量的趋势均表现为逐渐增加。其中主体影响水平占据主要地位，接下来依次是客体影响水平、管理机制影响水平和平台影响水平。首先，主体影响水平的逐渐增加表明了用户参与度的提升，他们更加积极地参与学习资源的创作和使用。这可能源于网络学习平台的不断改进和机制设置，使得用户更加熟悉和信任该平台，从而提高了他们的参与度。其次，客体影响水平的逐渐升高反映了学习资源不断丰富及其质量的提升。随着用户参与度的提高，更多的高质量学习资源被创造和共享，从而促使整体学习资源水平提升。再次，管理影响水平的提升表明网络学习平台在进化过程中对资源管理的不断完善。通过及时调整管理机制，平台能更有效地解决初期阶段可能出现的问题，提高资源的质量和用户体验水平。最后，平台影响水平的逐渐提升意味着网络学习平台本身的影响力不断扩大。平台的改进、创新及对用户的引导作用，都为整体的网络学习资源进化做出了积极贡献。

——①资源进化主体影响水平：初始状态　　——·——③资源进化平台影响水平：初始状态
- - - -②资源进化客体影响水平：初始状态　　·······④资源进化管理影响水平：初始状态

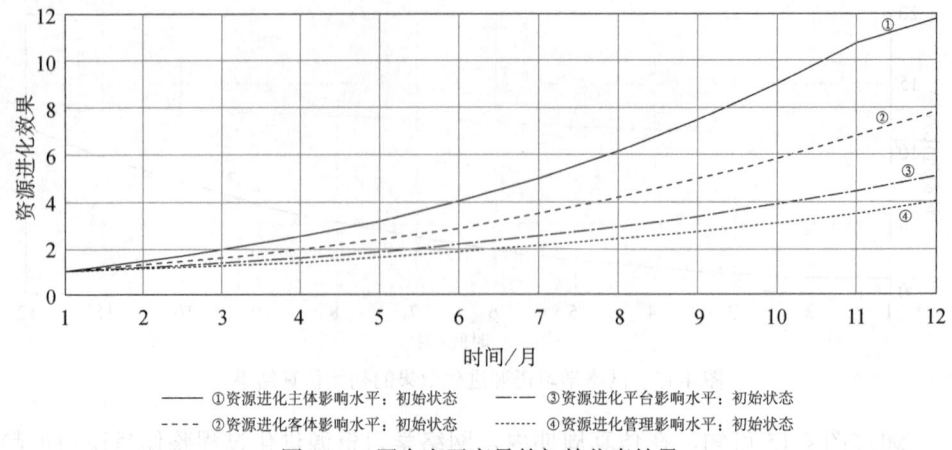

图 4-16　四个水平变量的初始仿真结果

2. 单因素情境分析

灵敏度分析是通过观察某个变量在一定范围内的变化，评估其对模型运行结果的影响程度。灵敏度测试包括模型数值、行为以及政策等方面的灵敏度分析。[①] 灵敏度分析既可以对仿真模型的正确性进行检验，还可以评估系统中各个参数对模型输出的影响程度。

灵敏度分析包括单因素情境分析和多因素情境分析两种类型。单因素情境分析通过保持模型中的其他因素或参数不变，只改变一个因素或参数，观察系统输出的变化。单因素情境分析有助于确定哪些因素对系统的稳定性和行为产生主要影响，以及它们的影响方向。然而，这种方法未考虑多个因素同时变化的情况，可能无法完全反映实际系统的复杂性。多因素情境分析考虑多个因素或参数同时变化对系统行为的影响。通过同时改变多个因素，多因素情境分析能够更全面地评估系统对多变量变化的响应，以及不同因素之间的相互作用。这有助于揭示系统的整体行为和因素之间的复杂关系。因此，本研究对网络学习资源进化过程同时进行了单因素情境分析和多因素情境分析，以更好地把握不同影响因素对资源进化过程的作用规律。

（1）进化主体影响水平层面

在模型初始状态下，保持其他参数不变，分别将用户数量、用户关联度和用户活跃度值提高和降低，观察网络学习资源进化效果的变化情况（图 4-17）。

---

① 钟永光，贾晓菁，钱颖，等. 系统动力学[M]. 2 版. 北京：科学出版社，2013.

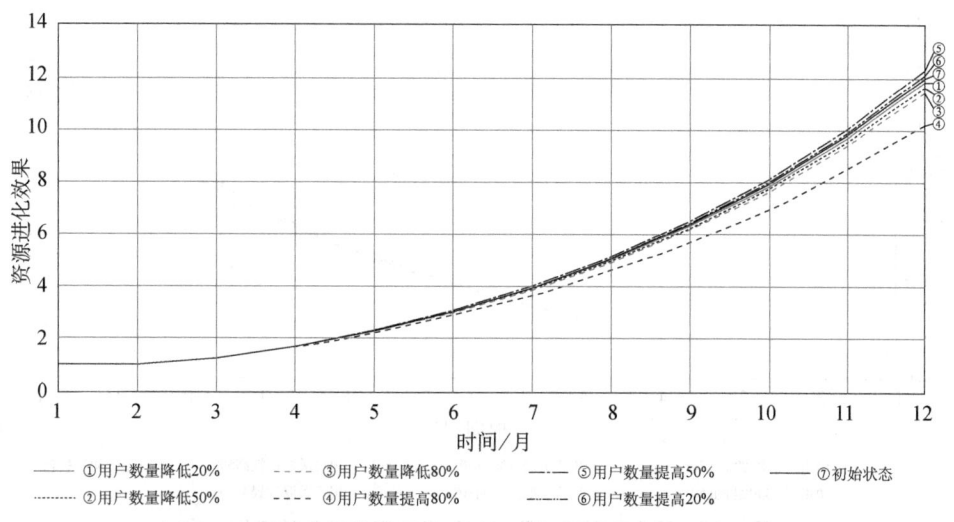

图 4-17 用户数量变化对网络学习资源进化效果的影响示意图

由图 4-17 可知，在仿真周期内，用户数量的增加，可以促进网络学习资源进化效果提升；用户数量的减少，则会使网络学习资源进化效果降低。但当用户数量增加 80%时，资源进化效果不增反降，其降低趋势甚至大于用户数量减少所带来的效果。这说明用户数量增加到一定程度时，系统的性能达到饱和状态，继续增加用户数量可能不会再产生正向效应，甚至可能导致系统资源的过度竞争或负面影响。这种情况可能是由于资源进化效果在应对大量用户需求时达到瓶颈，无法进一步提升。此外，随着用户数量的增加，网络学习资源可能遇到拥堵和竞争，导致资源进化效果降低。这可能表明系统中的资源分配机制或网络架构在高负载时存在一些局限，导致性能下降。而在用户数量减少时，竞争减弱，资源更容易满足用户需求，因此资源进化效果相对用户数量过多有一定提升。本研究将在多因素情境分析中深入探讨此问题。

由图 4-18、图 4-19 可知，用户关联度和用户活跃度的调整对网络学习资源进化效果所产生的影响相似。一方面，提升用户关联度可能激发更多的用户互动，进而提高用户活跃度，从而共同提高网络学习资源的进化效果。反之亦然，降低用户关联度可能导致用户活跃度下降，从而影响网络学习资源进化的效果。另一方面，用户关联度和用户活跃度的调整可能导致用户群体行为特征的变化。例如，当用户关联度较高时，可能形成更为紧密的用户群体，而高活跃度可能意味着更频繁的资源使用和贡献。这些变化可能在整个网络学习生态系统中产生协同效应，影响学习资源的进化效果。

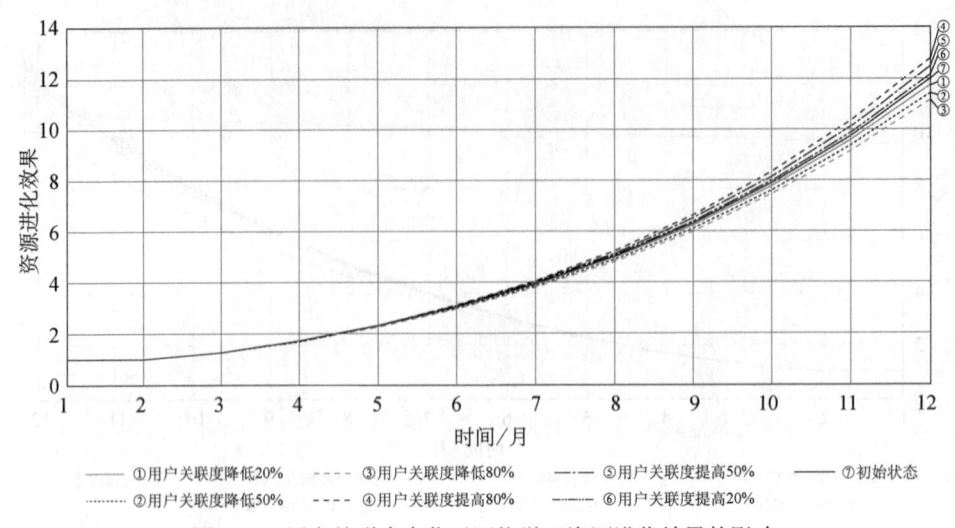

图 4-18　用户关联度变化对网络学习资源进化效果的影响

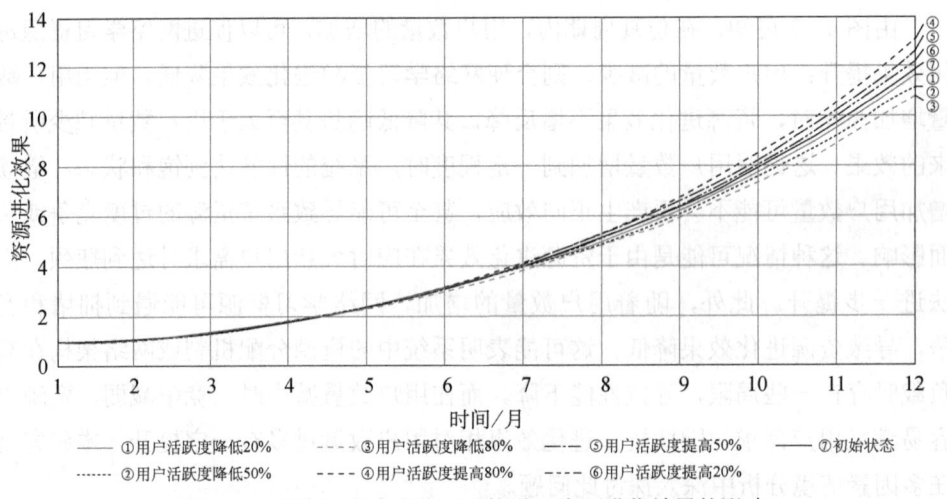

图 4-19　用户活跃度变化对网络学习资源进化效果的影响

(2) 进化客体影响水平层面

在初始状态下，保持其他参数不变，分别将资源受关注度、资源关联度和资源呈现方式提高或降低，观察网络学习资源进化效果的变化情况（图 4-20—图 4-22）。

由图 4-20—图 4-22 可知，资源受关注度、资源关联度和资源呈现方式的变化在一定范围内对网络学习资源进化效果产生正向影响，而当超过这个范围时，其对资源进化的影响将会减弱，进化效果的增长速率也将变缓。例如当资源关联度增加

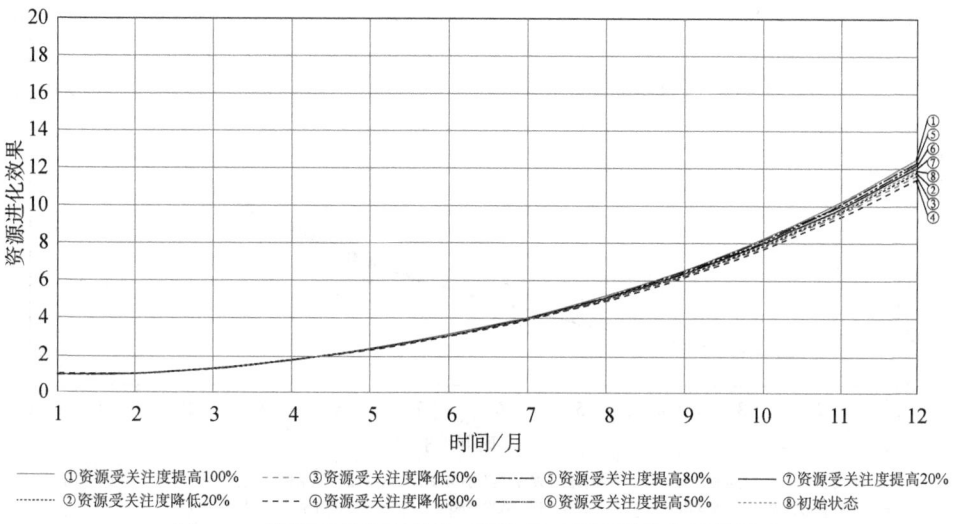

图 4-20 资源受关注度变化对网络学习资源进化效果的影响

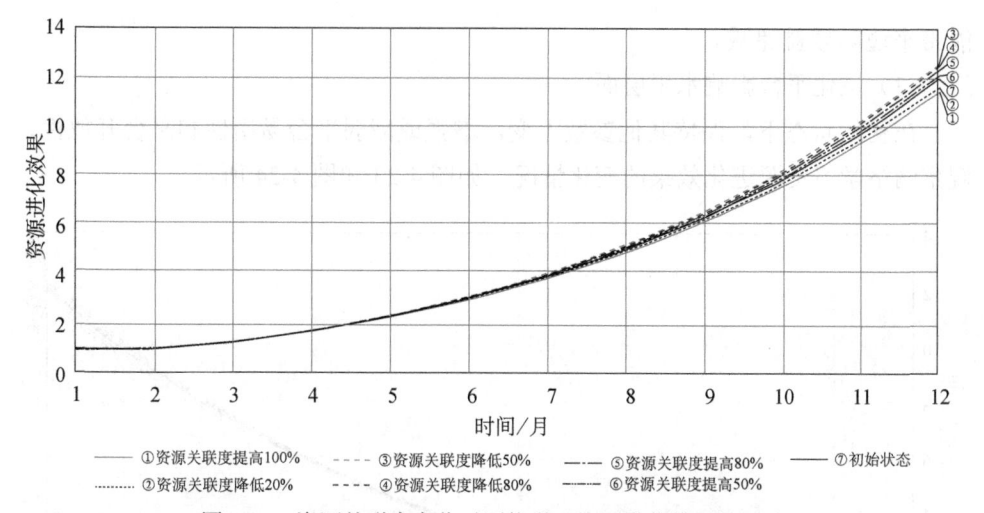

图 4-21 资源关联度变化对网络学习资源进化效果的影响

量为100%时，资源进化效果变化相较于之前明显变缓。在资源受关注度、资源关联度和资源呈现方式变化较大的情况下，用户可能需要时间来适应和理解这些变化。当变化过于剧烈时，用户可能感到困扰或者不适，导致对资源的有效利用程度下降。因此，适度的变化能够激发学习，但过度的变化可能引起负面影响。当资源受关注度、资源关联度和资源呈现方式过度增加时，可能导致用户面临信息过载的问题。用户难以处理大量的信息和选择，这可能降低他们对资源的专注程度和学习效果。因此，在某一点上，进一步增加这些影响因素可

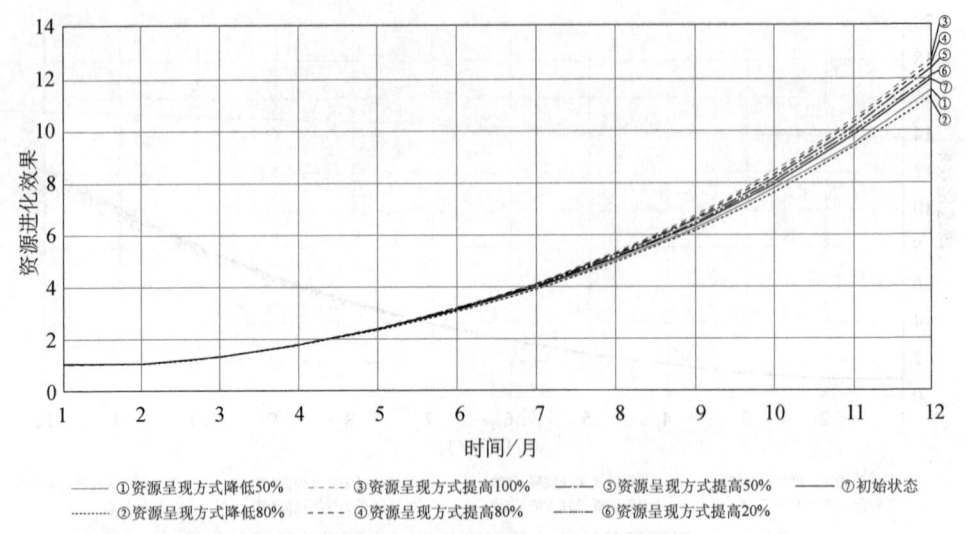

图 4-22 资源呈现方式变化对网络学习资源进化效果的影响

能带来边际效益递减。

（3）进化平台影响水平层面

在初始状态下，保持其他参数不变，增强或减弱平台易用性和平台开放性，观察网络学习资源进化效果的变化情况，如图 4-23 和图 4-24 所示。

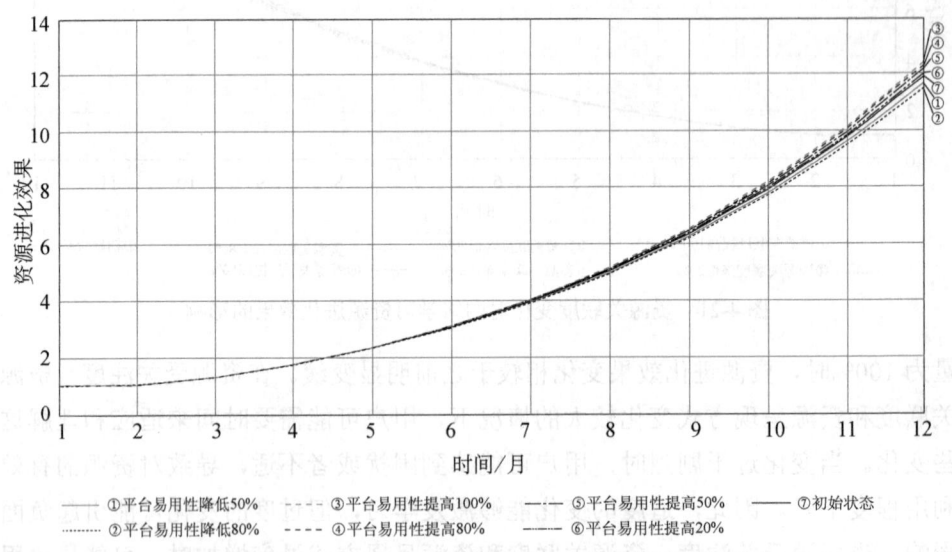

图 4-23 平台易用性变化对网络学习资源进化效果的影响

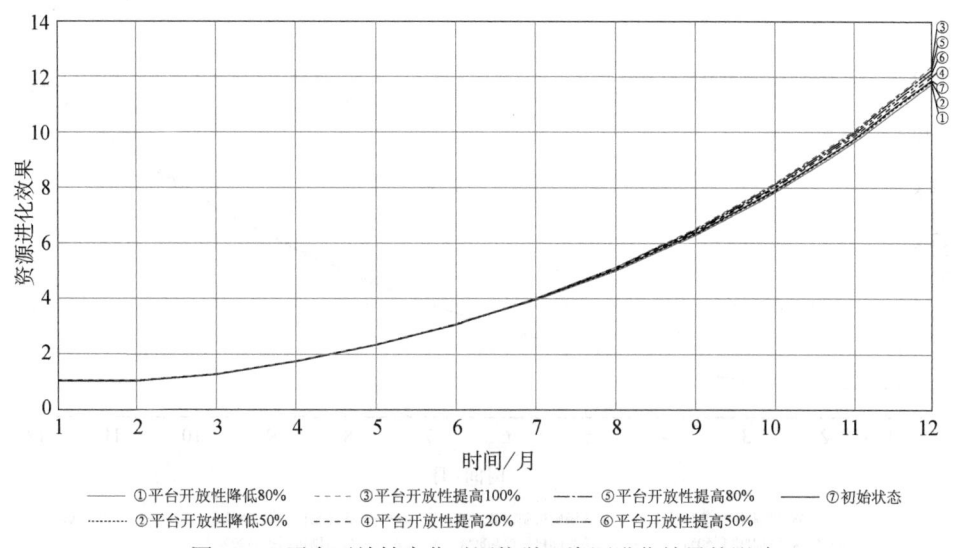

第 4 章　网络学习资源进化影响因素及其作用规律 | 151

图 4-24　平台开放性变化对网络学习资源进化效果的影响

由图 4-23、图 4-24 可知，平台易用性和平台开放性对资源进化效果的影响也存在一定的限度。随着平台易用性的增强，用户可能更容易上手并熟悉平台的操作，但在某一点上，进一步增强易用性可能不再带来显著增益。用户的适应度在一定水平后可能趋于饱和，超过这个水平则可能不再对资源进化产生显著影响。在平台开放性不断增强的情况下，可能面临平台复杂水平的提升。虽然开放性可以促进更多的资源合作和创新，但当平台变得过于复杂时，可能导致用户面临过多的选项和信息，影响他们对资源的有效利用。因此，平台开放性的增强可能存在一个平衡点，超过这个点可能导致资源进化效果减弱。

（4）进化管理机制影响水平层面

在初始状态下，保持其他参数不变，分别提高和降低激励机制、运营机制、监控机制，观察网络学习资源进化效果的变化情况，如图 4-25—图 4-27 所示。

由图 4-25—图 4-27 可知，三类管理机制对网络学习资源进化效果的影响具有相似点。当数值提高到 50%—80% 时，资源进化效果的提升效果最优；当数值提高至 100% 时，资源进化效果提升速率明显降低。这表明管理机制在资源进化过程中存在三种现象：一是激励递减效应。随着用户激励机制的增强，它在一定范围内可能提升用户的学习积极性和参与度，促使他们更积极地贡献和利用学习资源。然而，当激励机制提高到一定水平时，用户可能对激励的响应逐渐减弱，导致激励效果递减。二是平台运营平衡。增强平台运营机制可能意味着更有效

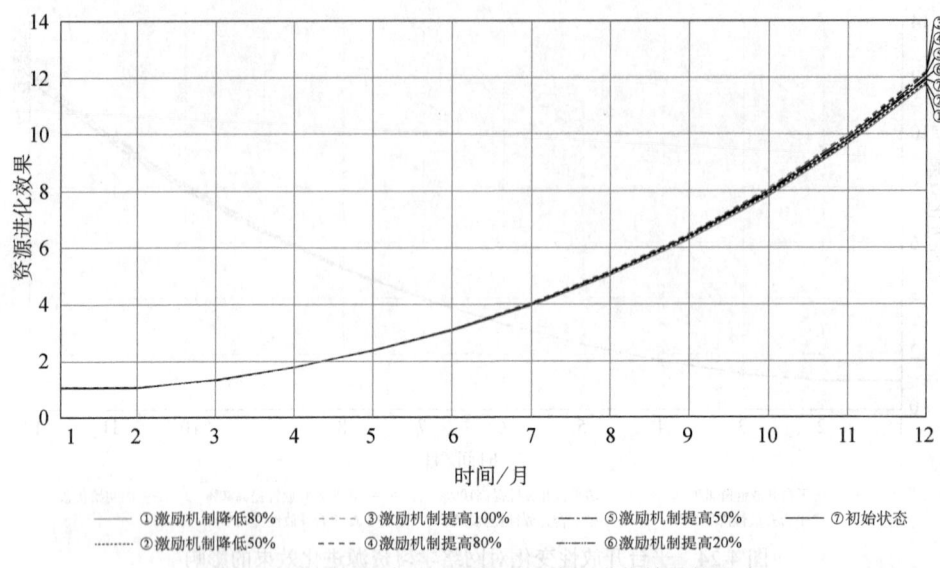

图 4-25　激励机制变化对网络学习资源进化效果的影响

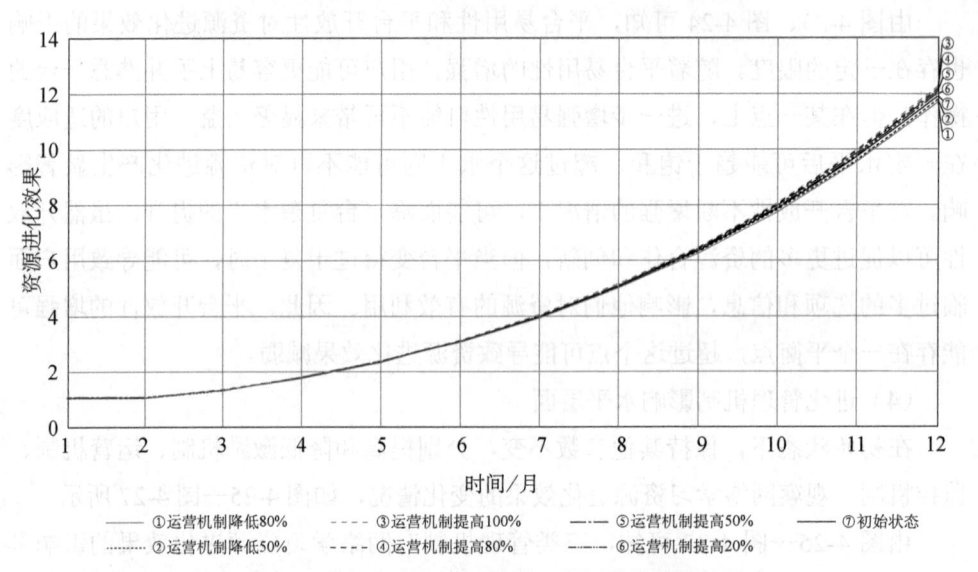

图 4-26　运营机制变化对网络学习资源进化效果的影响

的资源管理和优化，但在一定范围内。过度的运营机制可能导致平台过于僵化或过度控制，使得用户创新和参与受到限制。因此，在增强运营机制时需要找到一个平衡点，以确保系统在稳定性和创新性之间取得良好的平衡。三是资源监控的成本效益。增强资源监控机制可能带来更好的资源使用效率和学习资源进化效果，但在一定水平后，进一步提高监控的成本可能无法获得相应的效益。这是因

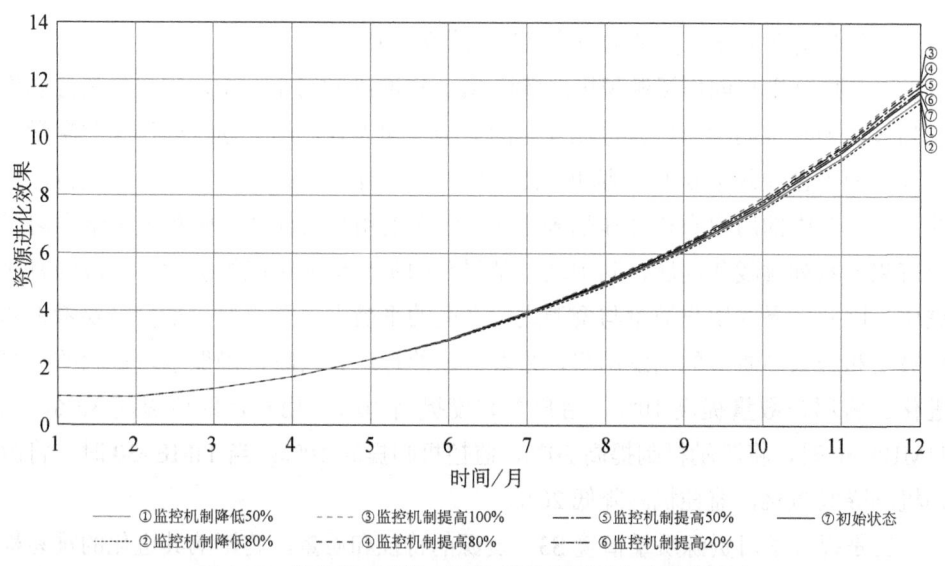

图 4-27　监控机制变化对网络学习资源进化效果的影响

为监控成本可能包括技术、人力和时间等资源，此外，过度的监控也会导致用户创作资源的积极性下降，从而减缓学习资源进化效果的提升。

通过单因素情境分析，本研究发现，在同一影响水平下，不同因素对资源进化效果的影响程度存在差异。这凸显了资源进化过程的复杂性和不确定性。接下来，研究将深入分析不同因素组合的影响情况，以模拟现实环境中可能出现的多种情境，并找到相关对策，旨在为促进网络学习资源进化和高质量学习资源建设提供有益参考。

3. 多因素情境分析

本研究的核心问题在于如何有效促进网络学习资源的有序进化，多因素情境分析是解决这一问题的有效手段，通过同时改变和调整系统动力学模型中不同变量的参数值，可以实现对网络学习资源进化过程中不同情境的模拟。这样的分析有助于检验不同变量变化对资源进化的影响规律，为促进资源有序进化和高质量建设提供可参考的建议。

（1）情境设定

基于对现实中用户在网络学习平台学习中可能出现的情况的考量，本研究通过对不同因素组合和数值调整，观察仿真结果，选取了 5 种典型的网络学习资源进化情境。

一是一般情境 S1。S1 是原模型模拟结果的延续，不采取任何调整措施，其作用是作为对照方案，其他的方案调整以此为基础。

二是提升用户创作资源积极性情境 S2。在网络学习平台中，用户的资源创作行为被认为是推动学习资源进化发生的直接驱动因素。用户通过创作和共享学习资源，为平台注入了新的内容和观点，促使学习环境不断变化。然而，值得注意的是，平台中的用户数量并非越多越好。过多的用户可能在一定程度上给学习平台带来一系列挑战和问题，其中之一是平台的负荷增加可能抑制学习资源的有序进化。因此，寻求用户数量与资源进化之间的平衡点至关重要。平台需要考虑如何吸引和维系高质量的活跃用户，采取合适的管理和策略，确保学习资源的有序进化。将用户数量提高 10%、用户关联度提高 30%、用户活跃度提高 30%，当 TIME≤30 时，将激励机制提高 20%，监控机制提高 10%；当 TIME>30 时，将激励机制降低 20%，监控机制降低 20%。

三是提升学习资源质量情境 S3。资源的特征和质量，将影响其进化的难易程度。一方面，需要提高资源与热点信息的关联度并采用多样的呈现方式使其获得更高的用户关注度；另一方面，提高资源受关注度和采用多样的呈现方式可能使用户的注意力分散。用户在多种资源特征和呈现方式中切换，通常难以深入专注于某一种学习内容，从而影响了学习的深度和长期效果。因此，在追求学习资源的高质量同时，还需要关注用户体验等其他因素。当 TIME≤30 时，将资源受关注度、资源关联度、资源呈现方式和监控机制提高 80%；当 TIME>30 时，将资源关联度和资源呈现方式降低 10%，监控机制降低 20%。

四是完善学习平台建设情境 S4。不同的用户群体对平台易用性和开放性的需求可能存在差异。一些用户可能更喜欢简单易用的平台，另一些用户可能更喜欢复杂和开放的平台。平台设计可能需要考虑不同用户群体的需求，以平衡易用性和开放性。在增强平台易用性和开放性的同时，可能面临技术和资源的限制。例如，平台可能需要更多的技术支持和资源来维护开放性，而这在一定程度上可能受到限制。因此，平台设计需要配合管理机制以达到平衡点。运营机制提高 80%，当 TIME≤30 时，平台易用性提高 30%，平台开放性提高 50%；当 TIME>30 时，平台易用性提高 10%，平台开放性降低 20%。

五是综合情境 S5。网络学习资源的有序进化是一个复杂的系统过程，依赖于多个因素之间的协同作用。在综合情境 S5 中，依据上述四种情境同时对多项指标参数进行调整，旨在探究不同学习资源进化策略的组合效应。这种综合性的策略调整涉及多个层面，从资源特性、用户互动、平台设计到管理机制等方面的协同优化。①主体影响水平层面：用户数量提高 10%，用户关联度和用户活跃度提高 20%。②客体影响水平层面：资源受关注度提高 50%，当 TIME≤25 时，资源关联度提高 30%，资源呈现方式提高 30%；当 TIME>25 时，资源关联度降低 10%，资源呈现方式降低 20%。③平台影响水平层面：当 TIME≤25 时，平台易用性提高 30%，平台开放性提高 50%；当 TIME>25 时，平台易用性降低 10%，平台开放性降低 20%。④管理机制影响水平层面：当 TIME≤25 时，激励机制提高 20%，监控机制提高 40%；当 TIME>25 时，激励机制降低 20%，运营机制提高 40%，监控机制降低 30%。5 种情境下的参数调整具体如表 4-26 所示。

表 4-26　多因素情境分析的调整参数设置

调整参数	S1	S2	S3	S4	S5
用户数量	8.7925	9.1767	8.7925	8.7925	9.1768
用户关联度	6.8756	8.9828	6.8756	6.8756	8.2507
用户活跃度	8.2489	10.7236	8.2489	8.2489	9.8987
资源受关注度	8.4253	8.4253	15.1655	8.4253	8.4253
资源关联度	8.6195	8.6195	15.5151 / 13.9636	8.6195	11.2053 / 10.0848
资源呈现方式	10.0776	10.0776	18.1397 / 16.3257	10.0776	13.1009 / 10.4807
平台易用性	9.6454	9.6454	9.6454	12.539 / 13.7929	12.5390 / 11.2851
平台开放性	8.6953	8.6953	8.6953	13.0429 / 10.4344	13.0429 / 10.4344
激励机制	7.4795	8.9754 / 5.9836	7.4795	7.4795	8.9754 / 7.1803
运营机制	6.3014	6.3014	6.3014	11.3425	8.8220
监控机制	8.4598	9.3058 / 6.7678	15.2276 / 12.1821	8.4598	11.8437 / 8.2906

（2）情境模拟与分析

第一，一般情境 S1。

一般情境 S1 在原模型的基础上，不调整任何参数数值，延长仿真周期至 36 个月，仿真结果如图 4-28 所示。从模拟结果来看，网络学习资源进化效果呈现先增后减的变化趋势。第 30 个月后，学习资源进化逐渐无法维持原有的增长速率，开始出现波动，其可能的原因包括：①用户满足度下降。在模拟的 36 个月周期内，用户可能已经达到对学习资源的最大满足度，进一步的学习资源提升可能无法满足用户的期望。这导致用户对学习资源的需求降低，从而影响整体的学习资源进化效果。②学习资源达到饱和。随着时间的推移，学习资源可能达到了一定的饱和度，即系统中可用的学习资源已经满足用户的主要需求，进一步增加学习资源并不能显著提高整体效果。这可能导致学习资源进化效果的减缓和趋于平稳。③平台逐渐失去活力。随着用户数量的不断增多，需求也不断增加，平台服务逐渐无法适应用户需求。此外，竞争对手的崛起、技术滞后或管理不善等原因导致平台逐渐失去原有的活力和竞争力。失去活力的平台难以保持用户的关注和吸引力，从而抑制学习资源的进化。

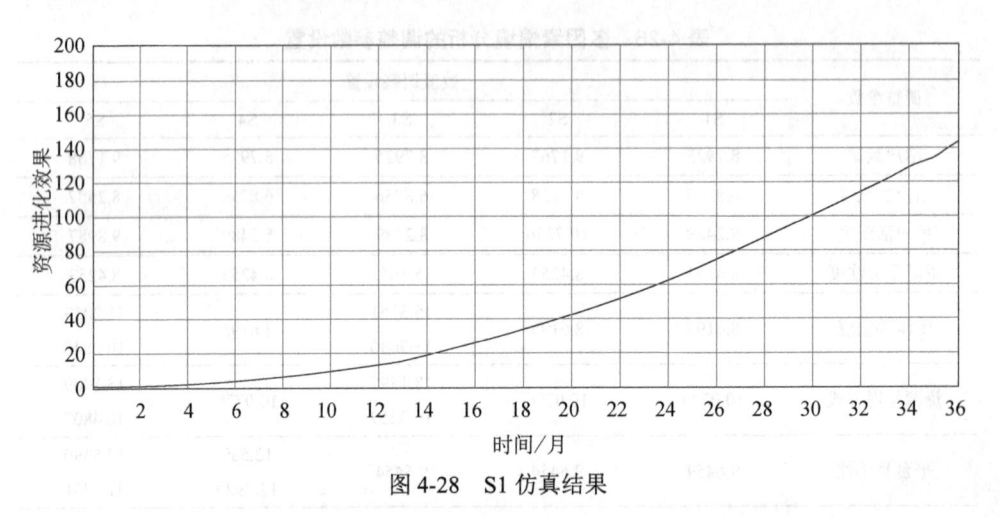

图 4-28　S1 仿真结果

第二，提升用户创作资源积极性情境 S2。

该情境以提高用户数量、用户关联度和用户活跃度为主，配合激励机制和监控机制的灵活调整来优化网络学习资源进化效果。仿真结果如图 4-29 所示。该情境下网络学习资源在第 4 个月以更高的速率发生了进化。在前 30 个月内，激励机制提高了学习资源创作的积极性，通过奖励和激励用户提高了资源贡献度。监控机制的提高也有助于维护学习资源的质量和规范。这两者的协同作用可能使学习资源快速进化。增加用户数量和提高用户关联度及活跃度，意味着更多的用户参与、更多的资源互相关联，并且这些用户更活跃地参与学习资源的创作和分享。这为学习资源的丰富性和多样性创造了更有利的条件。

30 个月之后，激励机制和监控机制水平的降低可能表明系统趋向更自主的学习资源进化环境。激励机制的降低可能是为了防止过度激励导致资源质量下降或者用户疲劳。同时，监控机制的降低可能是为了减轻管理的压力，让学习平台更加灵活地适应用户的创新和需求，促进学习资源更加自由地演化。该情境在学习资源进化的不同阶段采取了差异化的调整策略,既通过前期的激励和监控机制提高效率,又在后期减弱了对用户的过多干预,促使学习资源自主进化。

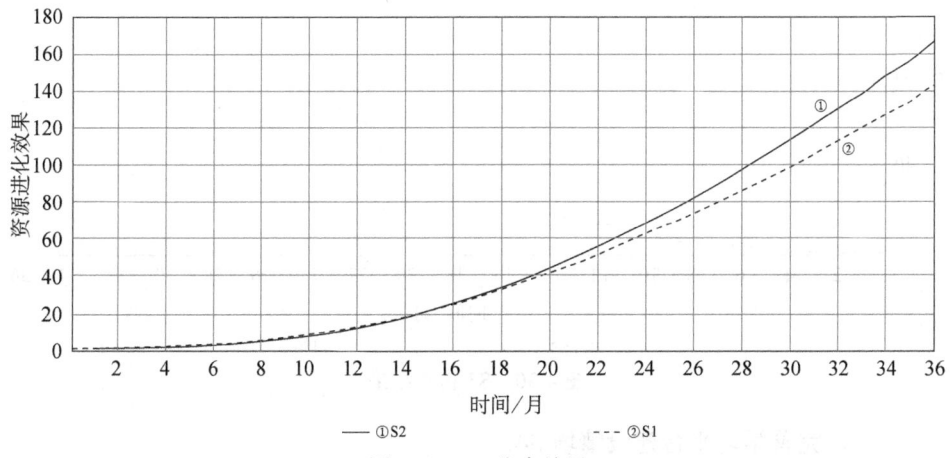

图 4-29　S2 仿真结果

第三,提升学习资源质量情境 S3。

该情境通过调整资源受关注度、资源关联度和资源呈现方式,配合监控机制的调整来促进资源进化效果的提升(图 4-30)。学习资源进化效果有明显上升,但在第 32 个月后,上升趋势出现波动,其中第 33—34 个月、第 35—36 个月呈现下降趋势。在前 30 个月内,通过大幅度提高资源受关注度、资源关联度和资源呈现方式以及加强监控机制,成功吸引了更多用户的关注,增强了资源间的关联性,提高了资源的可见度和吸引力。这种策略在短期内推动了学习资源的高速进化。

在第 32 个月后,通过降低资源关联度和呈现方式,学习平台可能鼓励用户创作更为创新和多样的学习资源。过高的资源关联度和相似的呈现方式可能导致内容相对单一,而通过降低这些限制,用户更有可能尝试新颖的创意和不同的学习资源形式。降低监控机制水平可能使用户感到更加自主,不受严格监管。这可能激发用户更积极地参与学习资源的创作,因为他们有更大的自由度和更强的独立性。一定程度的自主性可能激发用户的创造力,促进资源的多样化。然而,这种策略的长期效果存在一些潜在风险。资源关联度和呈现方式水平的降低可能导致学习资源的多样性或用户对资源的兴趣减弱,使得一些较低质量的资源进入平台,进而影响整体的学习资源质量。因此,情境 S3 中的调整方法在一段时间内是有效的,但若长时间这样发展,其有效性可能大大减弱。

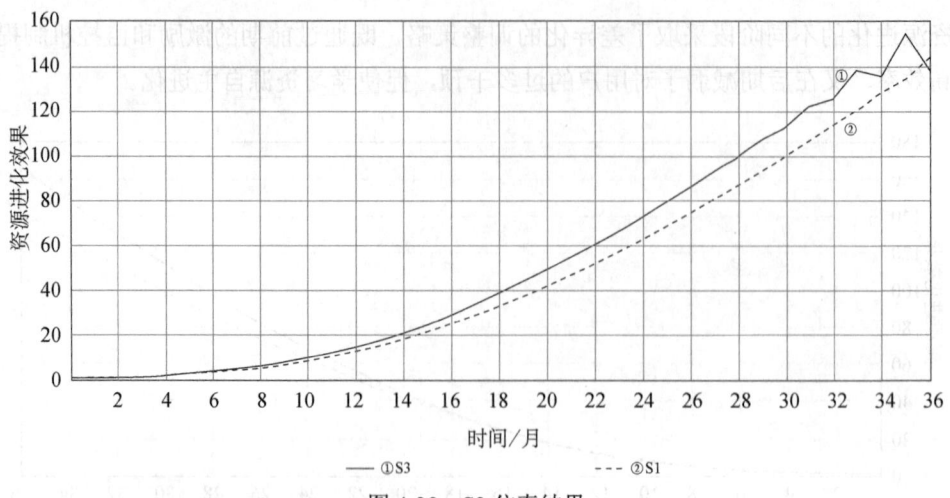

图 4-30　S3 仿真结果

第四，完善学习平台建设情境 S4。

该情境通过调整平台易用性和平台开放性，配合运营机制水平的提升来完善学习平台建设，为网络学习资源进化提供更好的基础场所，仿真结果如图 4-31 所示。结果与情境 S3 类似，该情境下的网络学习资源进化效果得到了一定优化，但其优化效果比 S3 稍差。在前 30 个月内，通过增强平台易用性、平台开放性以及运营机制，成功吸引了更多用户的参与，提升了学习平台的整体质量。平台易用性的增强使用户更加方便快捷地使用平台，平台开放性的增强促进了更多的资源共享和互动。运营机制水平的提升可能推动学习平台更加有针对性地引导用户参与，提升平台的活跃度。

30 个月后，资源进化效果出现幅度更大的波动，其中出现了三段下降过程。平台易用性水平继续提高，但平台开放性水平降低。这种调整可能导致用户体验和平台开放性之间的矛盾。平台易用性水平的提高可能使用户更容易使用平台，但平台开放性水平的降低可能限制用户对外部创新和多样性资源的接触。这种矛盾可能导致资源进化效果的波动。情境 S4 调整策略在平台的初期构建和运营阶段表现出一定的优越性，对网络学习资源进化起到了促进作用，但在平台发展的后期需要更加细致和灵活地调整，以应对用户需求和资源创新的变化。

第五，综合情境 S5。

综合情境 S5 通过平衡资源特性、用户互动、平台设计和管理机制，可以创造出一个更具活力和可持续发展的学习平台，为用户提供更丰富、高质量的学习资源。根据仿真结果来看（图 4-32），S5 仿真结果表现为学习资源进化效果呈现

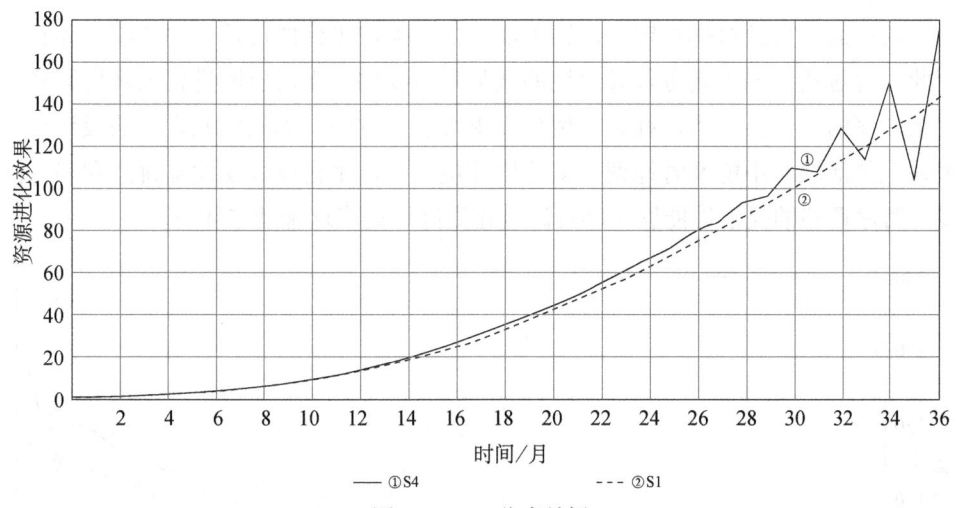

图 4-31　S4 仿真结果

出良好的增加趋势，并且在整个仿真周期内均未出现资源进化效果下降的阶段，这进一步印证了 S5 的有效性。

　　S5 仿真结果的独特之处在于精准的时序调整，通过对不同时间段进行有针对性的调整，以更好地满足学习平台发展的动态需求。在前 25 个月，S5 通过提高资源关联度和呈现方式、增强平台易用性和开放性，以及加强激励机制，有效激发了用户的创作热情，吸引了更多用户的积极参与。而在后续时间，通过降低资源关联度、呈现方式，减弱平台易用性和开放性，以及适度降低激励机制和监控机制，有助于保持资源进化的平稳性，避免了对学习平台的过度干预。

　　与其他情境相比，S5 仿真结果显示出学习资源进化效果呈现良好的趋势，并且不存在资源进化效果下降的阶段。这可能表明 S5 更为成功地平衡了用户的需求、资源的多样性以及平台的可持续性，从而避免了不必要的波动和下降。因此，S5 方案为学习平台的发展提供了一个可行的参考模型。

　　学习资源的进化是一个不断演变的动态过程。在不同的时期，学习资源所面临的需求、用户行为、技术创新等因素都会发生变化。因此，为了保持学习资源的活力和适应性，需要不断进行时序调整。时序调整指的是根据时间的推移，对学习资源进化的各个方面进行有目的、有计划的调整。这包括但不限于资源特性的优化、用户参与度的管理、平台设计的更新以及管理机制的改进。通过时序调整，可以更好地适应外部环境和内部发展的动态变化。学习资源进化的关键因素，如资源质量、用户互动、平台设计等，其重要性和影响程度会随着时间的推移而发生变化。在资源进化的初期阶段，可能需要更多关注资源质量和用户的创意互动；而在资源进化稳定后，则可能更需要关注平台的可持续性和用户体验。因此，对这些关键因素进行时序性的调整是必要的。学习资源进化的环境同样是复杂多变的，包括技术、社会、用户需求等多个方面。如果资源进化的设计和管理缺乏灵活性，不能及时地调整来适应环境变化，平台就容易面临挑战和陷入困境。时序调整的灵活性能够帮助资源进化更好地适应这种动态环境。

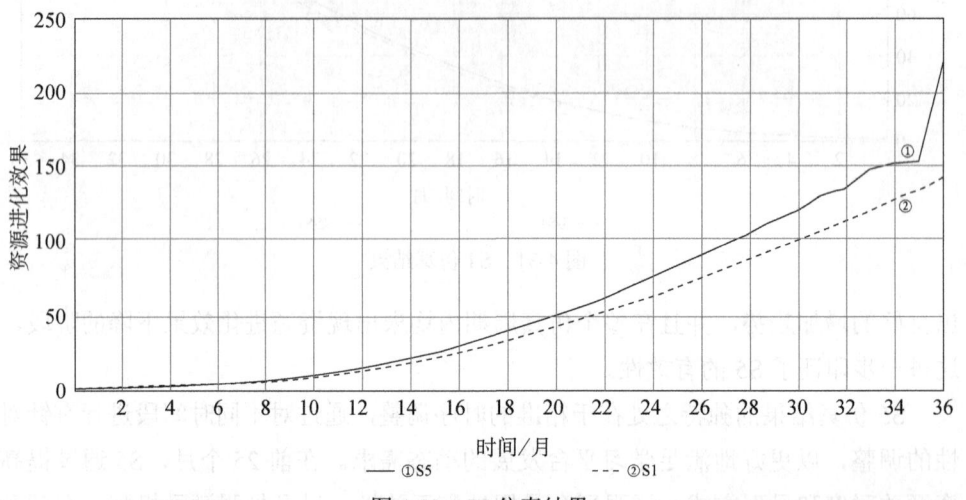

图 4-32　S5 仿真结果

通过多因素情境分析，本研究认为合理的用户参与是推动学习资源进化的核心。用户数量、用户关联度和用户活跃度的提升能够激发更多的创造力与互动，推动学习资源的不断更新和演进。学习资源的质量、受关注度、关联度和呈现方式等特性是影响进化效果的重要因素。在适当的范围内增强这些特性，能够吸引更多用户关注、提高资源的可见度，并丰富学习资源的多样性。平台易用性和开放性是推动学习资源进化的基础。合理的平台设计能够提供良好的用户体验，鼓励用户创作和互动。开放性的平台设计有助于促进资源共享和交流。激励机制、运营机制和监控机制的调整需要根据学习资源进化的不同阶段有针对性地进行。适度的激励、运营和监控机制，能够引导用户行为、维持学习资源的质量，同时避免过度干预引起的负面效应。

综上所述，合理的用户参与、资源特性的增强、平台设计和管理机制的调整是促进网络学习资源进化的关键策略。通过综合考虑和精准调整这些因素，可以促使学习资源在不同阶段保持平稳的进化趋势，优化学习资源进化效果。

4. 影响因素作用规律总结

综合单因素情境分析和多因素情境分析结果，本研究认为在网络学习资源进化过程中，多种因素的单一作用和协同作用会对资源进化产生不同的影响效果，从而呈现不同的进化规律。

（1）单一影响因素作用下学习资源进化存在差异和限度

一方面，用户、学习资源、学习平台和管理机制不同维度的因素对资源进化的影响效果存在相似性和差异性。整体来看，任意一个影响因素水平的升高都促进网络学习资源的有序进化，反之亦然。然而，每个因素对资源进化的促进和抑制程度却存在差异，例如，提高用户活跃度所带来的进化效果提升优于提高资源受关注度所带来的结果。这与我们之前发现的影响因素重要性层级有关，不同层级的影响因素作用程度不同，因此对资源进化的影响效果存在差异。

另一方面，在资源进化过程中，影响因素的促进作用存在一个阈值，超越这个阈值，提升该影响因素并不能进一步提高资源进化效果。这一限度反映了资源进化的复杂性和多样性，以及各因素之间的相互制约关系。在某一影响因素达到一定程度后，进一步提升其水平可能带来递减的增益，甚至可能引发负面效应。

（2）时序调整四维度因素对网络学习资源进化效果提升具有最佳效果

由于单一因素对网络学习资源进化的影响效果存在差异和限度，本研究进一步探究了不同因素组合调整下的资源进化效果的变化情况。仿真结果显示，S2 与 S5 仿真结果较为理想。这两种情境都关注了用户与管理机制层面的影响因素，并提升了对应因素的比重，对资源进化效果的提升发挥了积极作用。在 S2 的基础上，S5 考虑了学习平台和学习资源的影响作用，通过合理分配四维度因素的比重，资源进化效果再次得到显著提升。S5 仿真结果表明，资源进化是四个维度影响因素的共同作用，但在进化的不同时间段，各影响因素的作用存在一定差异。在进化前期，平台和资源的影响占据了主要地位，增强平台开放性与易用性、提高资源受关注度将给予资源更多的进化潜动力。随着时间的推移，为避免学习资源、学习平台和管理机制所带来的影响限度作用，相对应地降低了三个维度的影响因素，以鼓励用户创造更多的优质资源，再次强调用户对资源进化的影响作用。因此，四维度因素的影响作用会随着时间和现实情况不断发生变化，变化时应当在因素中寻求一种"平衡"状态，本研究通过调整因素的取值找到某一平衡点。在实际的平台运营中，管理者可以此为依据，结合具体情况，进行动态调整。

在提升影响因素比重时，本研究对用户维度因素的提升幅度较小。这是因为用户因素具有不确定性与活跃性，受到外部环境和个体选择的影响较大。相比之下，本研究对学习资源、学习平台与管理机制维度因素的提升幅度较大。这些因素可以人为把控，因此其调整范围较为宽泛，对资源进化的效果产生的影响更为直接和可控。在资源进化过程中，除了要同时考虑四维度因素的影响，还需要对四个维度下的各项影响因素进行时序调整，这将最大限度地优化网络学习资源进化效果。通过合理调整用户、学习资源、学习平台和管理机制等因素的时序关系，可以实现资源进化效果的增强。这种协同调整的优势在于能够有效地克服单一因素的局限性，使得各项因素在相互配合中发挥更大的作用，从而推动网络学习资源向更高水平进化。

5. 促进网络学习资源进化的建议

仿真分析发现，学习平台、学习机制构成的学习环境和学习资源影响了用户对学习资源的协作意愿，从而影响学习资源进化的发生。基于此，我们得到了四个促进网络学习资源进化的启示。

（1）扩大平台用户数量，提升用户创作积极性

在某个网络学习平台中，用户基数越大，学习资源的进化就越容易发生。例如，在某学校的网络学习平台和维基百科中同时创建一条网络学习资源，一个月后，拥有更多用户的维基百科中的资源有更多的浏览和编辑次数，从而经历更多的版本变化。因此，网络学习平台需要吸引更多的用户，并进一步考虑如何提升用户的活跃度。当用户进行网络学习时，在协作交互的过程中产生了知识共享，然而，这种共享意愿受到多种因素的影响。[1]参与学习资源协作的用户来源广泛，用户之间存在较大的认知和行为差异。因此，要注重培养用户的协作意愿，通过设置合理的管理机制和创新学习形式来帮助用户保持学习资源协作的积极性。例如，可以根据学习特征和兴趣将用户分组，同一组中的用户具有较多相似点，更容易建立联系，从而具有更高的用户关联度。随着时间的推移，学习群组逐渐成熟，可以加强群组之间的互动，使群组之间建立联系。久而久之，用户之间会建立更为紧密的互动联系，对学习资源的进化发生起促进作用。

（2）提升学习资源质量，加强自身"可进化"力

高质量的网络学习资源往往具备更强的进化能力。主题新颖、内容丰富、结

---

[1] Cmc A M, Hsu M H, Wang E T G. Understanding knowledge sharing in virtual communities: An integration of social capital and social cognitive theories[J]. Decision Support Systems, 2006, 42（3）: 1872-1888.

构完整、目录清晰的学习资源更容易吸引用户参与创作，从而发生进化。要保证学习资源的高质量，有几个关键方面需要考虑。首先，在创建资源时需要结合时下的热点信息和话题，例如 ChatGPT、元宇宙等，以便通过与这些热点关键词和高热度资源之间的连接来提高自身的知名度，从而吸引更多的用户。其次，用户在创建学习资源时应该突破单一模式的限制，丰富资源的呈现方式，促使学习资源多模态化。通过多样化的呈现形式，例如图表、视频、实例等，能够更好地满足不同用户的学习需求。在学习资源的发展过程中，还需要对质量和状态进行监控。通过统计资源的数量、浏览次数、评论次数、分享次数等数据，并制作可视化图表，可以及时发现资源存在的问题并对其进行修改，从而不断提升资源的质量。最后，通过资源推荐的方式进一步提高资源被访问和被编辑的概率，进而提高资源的关注度。只有被使用的学习资源才能发挥价值，同时，在这个过程中它们也会不断提高质量并发生进化。总之，高质量的网络学习资源需要关注热点话题、丰富多样的呈现方式、持续的监控和改进以及有效的推荐机制，这样才能吸引用户的参与并不断进化发展。

（3）优化学习平台建设，提升平台服务能力

网络学习平台建设属于学习环境中的硬环境建设，为用户创作和资源进化提供了基础场所。然而，在当前情况下，许多平台仍存在注册学习人数不多、用户活跃度不高、评论量不足等问题。[①]通过优化平台建设，可以提高网络学习资源的可用性和可访问性，从而促进网络学习资源的进化。首先，根据《教育部关于数字教育资源公共服务体系建设与应用的指导意见》和《网络学习空间建设与应用指南》的要求，学习平台需要与国家和省级教育资源公共服务平台实现互联互通，不断加强学习平台的开放性。这样可以实现资源的共享和互联，为用户提供更多元化的学习资源选择。其次，平台建设可以融合新兴的信息技术，如大数据采集与分析技术、区块链技术、云存储与计算技术、生成式人工智能技术等。通过引入这些技术，可以丰富学习平台的功能设计，满足用户的多样化使用需求，并提供更智能化的学习支持。最后，平台的运行维护工作也非常关键，需要保证平台持续拥有活力。这包括及时更新和维护平台的软件和硬件设施，解决用户反馈的问题，推动平台的不断改进和创新。通过优化学习平台建设，增强平台的易用性和开放性为目标，不断提升平台汇聚用户和资源的能力。高质量的网络学习平台能够提高网络学习资源的质量和效率，促进用户之间的互动和交流，进而推

---

① 梁宇，李诺恩. 中文数字学习资源使用意愿及其影响因素研究：基于 TAM 扩展模型[J]. 语言文字应用，2023（2）：23-35.

动网络学习资源的创新和发展。

（4）健全进化管理机制，打造进化适宜环境

管理机制的建设是学习环境中软环境建设的重要组成部分。完善的管理机制能够增强用户的资源创作积极性，提升学习资源的质量，并保障网络学习平台的正常运行。与平台和网络等硬件建设相比，合适的管理机制设置更具挑战性。因此，在管理机制建设过程中，需要充分考虑用户需求、资源特点以及平台运营模式等因素。首先，建立完善的资源监控机制至关重要，以确保学习资源的质量和合法性。这意味着需要加强对资源的审核和评估，防止出现低质量或违规内容。其次，建立激励机制是关键，可以鼓励用户积极参与资源创作和分享，提高他们的积极性和创造力。例如，可以设置奖励机制，给予资源贡献者一定的认可和回报，以鼓励更多用户参与创作和分享。此外，建立健全用户反馈机制也是必要的，应注重用户的平台使用体验。从用户体验中获取用户需求是平台精益开发和迭代升级过程中不可或缺的环节①。用户体验作为重要的驱动力，推动了技术创新和应用的发展。通过开展用户调研、收集用户反馈等方式，平台可以深入了解用户的实际需求，并根据情况进行相应的调整和改进。总之，完善的管理机制对提升网络学习软环境的建设水平起着重要作用。只有通过合理的机制设置和管理，才能更好地促进网络学习资源的发展和创新，为用户提供更优质、高效的学习服务。

---

① 刘述. 用户视角下在线学习平台体验研究[J]. 电化教育研究，2019，40（10）：47-52.

第 5 章　网络学习资源关联网络演化规律及其特征

数字化学习资源是数字教育生态的关键要素之一，其在建设、应用与管理的过程中不是单一的、孤立的存在，而是以资源关联网络的形式逐步演化的，并为数字教育生态的健康发展提供服务保障。数字化学习资源关联网络的构建与运行，直接影响资源系统的稳定性与健壮性，同时也是实现学习资源适应性推荐的必要条件。近年来，来自教育学、管理学、信息科学等领域的研究者应用复杂网络、知识图谱、图模型等理论和技术，探索了数字化学习资源关联网络构建、拓扑结构及演化规律等问题，促进了数字资源管理理论的发展以及实践的改进。然而，目前缺乏对资源关联网络科学的、统一的度量标准，导致网络质量难以比较和评估。对资源关联网络进行质量监测与评估反馈，要从规模特征、结构特征等多个维度评价资源关联网络质量，形成可量化、操作性强的质量评价标准。为此，本章以中文维基百科为例，提取 2014—2023 年中文维基百科中资源群体演化的过程性数据，对这些过程性数据进行深度挖掘与分析，归纳其在规模和结构上的演化规律，并在此基础上建立数学模型来表征资源关联网络演化质量，以更好地为学习资源群体的高质量建设和管理提供理论支持与实践参考。

5.1　相关研究

大规模开放协同环境下数字化学习资源的生产和传播是一个复杂网络演变过程。在生成和分享过程中，数字化学习资源逐步与其他资源建立关联，实现规模扩大和网络结构完善，形成数字化学习资源关联网络。当前，数字化学习资源关联网络相关研究不断涌现，从构建技术来看，一般包括数据准备、模态融合、可视化表达、网络分析四个步骤，涉及数据挖掘、复杂网络分析、多模态信息处理三项关键技术。从拓扑结构上看，其通常符合幂律分布特性，表现出无标度、小世界的特点，新加入的节点往往倾向于与有影响力的节点连接。从演化模型上看，已有模型大多利用经典无标度网络模型及其改进模型来研究演化机理，揭示演化规律。

5.1.1 数字化学习资源关联网络概述

当前数字化学习资源关联网络研究不断涌现，但对于数字化学习资源关联网络基础概念的认识仍较模糊。为此，本研究系统梳理数字化学习资源关联网络相关概念，在此基础上提出数字化学习资源关联网络的形式化定义，并归纳了其特征，以期在多学科之间形成研究上的概念共识。

1. 数字化学习资源关联网络概念

数字化学习资源关联网络相关研究最早可以追溯到网络计量学中的关联链接网络（association link network）。关联链接网络是一种通过关联分析技术，挖掘多媒体网络资源之间的关联关系而形成的语义链接网络[①]。随后，图书情报领域将关联分析技术应用于知识管理和组织，并衍生出知识网络。知识网络是由知识节点及其之间的关联关系组成的网状拓扑结构，能够揭示知识发展变化的特征和规律[②]。

数字化学习资源关联网络是由学习资源及其之间的关联关系组成的复杂网络。其形式化定义为：$G=\{V,E,R\,|\,v_i\in V, e_i\in E, R_{ij}\in R\}$，式中 G 为图，V 是资源节点集合，E 是边的集合，v_i 和 e_i 分别表示关联网络中的某个节点或连边。$V=\{v_1,v_2,\cdots,v_n\}$，$E=\{e_1,e_2,\cdots,e_n\}$。对于存在关联关系的两个节点有关系映射函数：$\varphi(v_i,v_j)=R_{ij}$，R 表示节点间相互作用的方式和强弱程度。

2. 数字化学习资源关联网络类型

从构成要素看，数字化学习资源关联网络由资源节点及关联关系组成。根据节点和连边属性的不同，数字化学习资源关联网络可分为资源主体网络、资源间关联网络以及主体-资源网络三种类型。

资源主体网络是指以参与资源生产、传播的个人及小组等为节点，以其共同开展的资源操作行为作为关联关系所构成的网络结构，如基于个体、共同体、科

---

① Zhang S X, Luo X F, Xuan J Y, et al. Discovering small-world in association link networks for association learning [J]. World Wide Web, 2014, 17 (2): 229-254.

② 王旻霞, 赵丙军. 科学知识网络的结构特征及演化动力[J]. 情报杂志, 2014, 33 (5): 88-95.

研机构及其论文合作关系建立的科学合作网络[1]、基于课程学习者交流关系建立的 cMOOC 学习者网络[2]以及开发者知识交流网络[3]等。

资源间关联网络是资源与资源之间通过显性关联或隐性关联方式建立联系形成的网络。显性关联是基于系统已有的关系类型建立的资源关联，易被用户观察和识别[4]，如百科条目之间的链接关系、文献之间的引用关系、课程之间的推荐关系等。隐性关联是从语义上难以通过人工发现但可以通过数据挖掘技术识别出来的潜在资源关联类型，如百科条目之间的包含关系、网络课程之间的先序关系等。

主体-资源网络则是综合了上述两种网络的复合型网络，它连接了主体和资源两种类型的节点，关联类型涵盖资源主体间关系、资源间关系以及主体与资源交互类型。该网络最初来源于社会交互网络，强调学习资源应当考虑动态的人际网络[5]。

3. 数字化学习资源关联网络特征

研究者从复杂系统、信息生态等多个视角探讨了数字化学习资源及其关联网络的特征。综合来看，数字化学习资源关联网络具备复杂性、动态性、适应性、开放性四个特征。

资源关联网络的复杂性体现在三个方面：一是网络规模大。2014—2023 年，中文维基百科的条目网络节点数已达到数百万，边数高达数千万，且仍在持续增长（图 5-1）。二是节点类型和关联类型多样。关联网络中的节点可以表示资源主体以及任何类型的资源，如文献、课程、网页、图片等，节点与节点之间的连接有不同的类型、权重和方向。三是网络结构复杂。数字化学习资源关联网络结构通常由两个或更多的单层网络组成，结构错综复杂。

资源关联网络的动态性是指网络结构、规模、状态、特性等会随着时间的推移发生动态变化。这种变化由资源主体行为和资源的自组织行为引起。主体行为能够引起网络节点和连边属性、数量的改变。资源在创建之初，关联网络上仅有其自身一个节点，通过用户协同生产和创新，大规模资源涌现，并不断与其他资

---

[1] 何秀美，朱庆华，沈超. 科学共同体的合作网络及演化研究：以"2011 计划"协同创新中心为例[J]. 现代情报，2018，38（3）：24-30.

[2] 田浩，陈丽，黄洛颖，等. cMOOC 学习者知识流动特征与交互水平关系研究[J]. 中国远程教育，2020（8）：15-24+76.

[3] 达一菲，刘旭东，孙海龙. 大数据驱动的开发者社区中知识交流网络的分析[J]. 计算机科学，2018，45（9）：113-118.

[4] 杨现民，余胜泉，张芳. 学习资源动态语义关联的设计与实现[J]. 中国电化教育，2013（1）：70-75.

[5] 程罡，余胜泉，杨现民. "学习元"运行环境的设计与实现[J]. 开放教育研究，2009，15（2）：27-36.

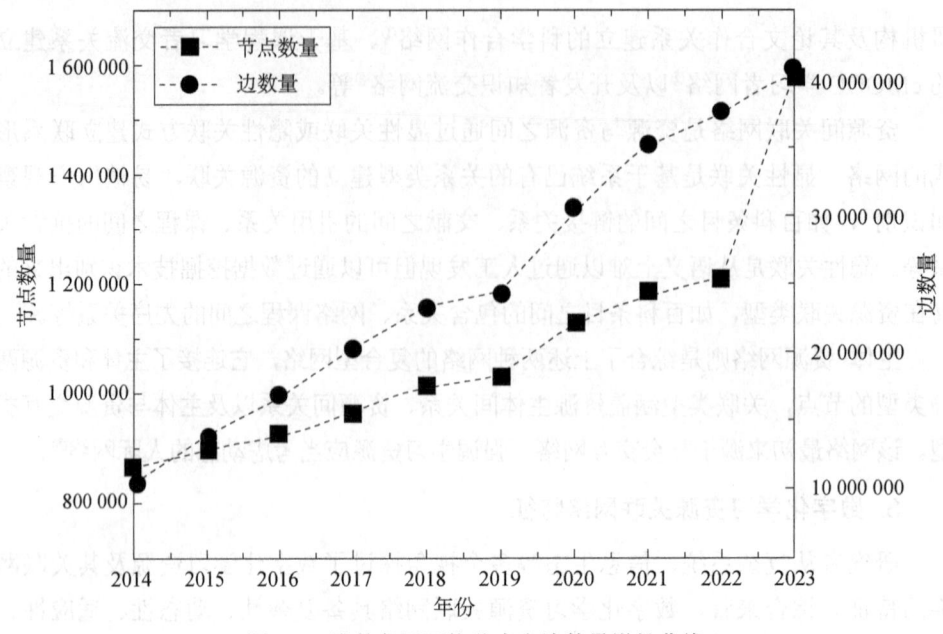

图 5-1　维基条目网络节点和边数量增长曲线

源建立关联，逐步扩大关联网络的规模[①]。例如，维基网络中每天都有不同的条目被编辑和访问，条目版本迭代频繁，直接影响了该资源的节点属性和关联关系等。此外，资源节点之间的合作、竞争等相互作用也会改变网络结构特征[②]，进而引起系统功能及其他特性的改变。

资源关联网络的适应性是指其对外界环境刺激的敏感性和适应能力。简言之，只要外界环境发生改变，资源关联网络的状态就会发生改变。在数字化学习资源关联网络中，每一个资源节点都是一个适应性个体，通过重构和改造来优化自身关联结构，以适应多样化的学习与不断变化的环境需求，个体和群体的协作、竞争等活动也能推动新资源的生成和原有资源的调整与更新，以适应外界环境的变化。相反，一些不适应系统的资源如果长时间不被更新，则滞后于时代发展，将被淘汰。

资源关联网络在演化过程中除了进行内部结构调整，还会不断与外界资源实体如社会资源等建立关系，进行资源外部结构的持续更新和完善。数字化学习资源关联网络的边界具有可渗透性[③]，允许外部资源的引入以增加自身的资源数量。这种开放性特征使得数字化学习资源关联网络能够与政治、经济、科技等外

[①] 杨现民，余胜泉. 泛在学习环境下的学习资源进化模型构建[J]. 中国电化教育，2011（9）：80-86.

[②] Asllani M, da Cunha B R, Estrada E, et al. Dynamics impose limits to detectability of network structure[J]. New Journal of Physics，2020，22（6）：063037.

[③] 许国志. 系统科学[M]. 上海：上海科技教育出版社，2000：25.

部环境通过相互作用不断进行大量的能量、物质、信息的交换，实现教育内部各子系统间、教育与社会间的持续性关联，从而保持和发展系统内部的有序性以及结构的稳定性。

5.1.2 数字化学习资源关联网络构建技术研究

数字化学习资源关联网络以图的方式展现资源结构，揭示资源之间的复杂关联，通常采用自顶向下的方法进行构建，主要流程如图 5-2 所示。

数据准备阶段。资源关联网络的数据源主要包含非结构化数据、半结构化数据和结构化数据。结构化数据存储在数据库中，采用直接映射的方式将关系型数据库中的数据映射在资源描述框架上，不需要特殊处理。对于互联网上公开的半结构化数据源，如以 Wikidata、YAGO、Freebase 和 DBpedia 等为代表的开放链接数据，主要依赖维基百科页面的结构化内容[1]，通过数据转储功能或 API 接口获取。下载这类半结构化数据之后，使用解析工具可以直接获得包含节点列表和边列表的数据。对于其他非结构化数据如国家智慧教育平台资源和网页信息资源等，需要使用网络爬虫技术进行数据爬取、清洗和预处理。

模态融合通过提取多个模态数据中的信息，实现各个模态信息的转换和交流。面向多模态数据的融合技术主要包含多模态数据文本扩充、实体对齐和表示学习三个核心技术[2]。文本扩充将不同类型的资源类型转换为文本，即使用光学字符识别（optical character recognition，OCR）技术和自动语音识别（automatic speech recognition，ASR）技术能够有效地从图像和音频中提取文本信息[3]。实体对齐技术能够将不同来源的实体指向同一事物，以确保数据的一致性。通过实体抽取和对齐后获取的实体之间往往是离散且无关联的，下一步需要建立起各个资源间的联系。表示学习技术是将多模态数据映射到同一语义表示空间，实现不同模态数据的语义融合和关联。

对于大规模的复杂网络来说，可视化整个网络难度较大，简化图形对大规模网络来说更实用且更具成本效益，常见技术有可视化抽象、图压缩、鱼眼畸

---

[1] Tiwari S, Al-Aswadi F N, Gaurav D, et al. Recent trends in knowledge graphs: Theory and practice[J]. Soft Computing, 2021, 25（13）: 8337-8355.

[2] Zhu X R, Li Z X, Wang X D, et al. Multi-modal knowledge graph construction and application: A survey [J]. IEEE Transactions on Knowledge and Data Engineering, 2024, 36（2）: 715-735.

[3] 陈囿任, 李勇, 温明, 等. 多模态知识图谱融合技术研究综述[J]. 计算机工程与应用, 2024, 60（13）: 36-50.

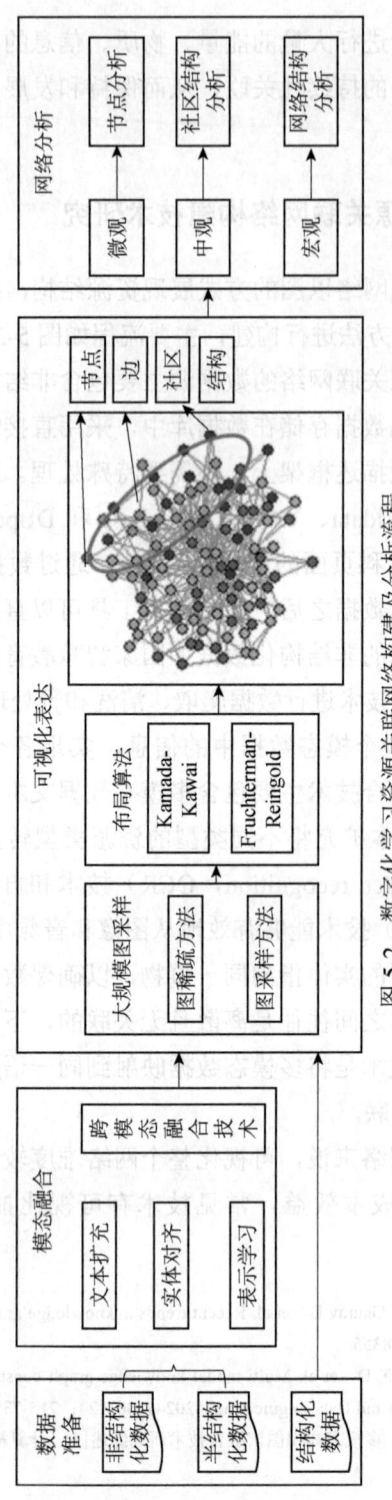

图 5-2 数字化学习资源关联网络构建及分析流程

变、双曲布局等[1]。而在可视化表达中，通常使用节点链接图并结合经典力导向布局算法或弹性布局算法对网络进行可视化，经典算法如 Fruchterman-Reingold 算法、Kamada-Kawai 算法等。

在网络分析上，以复杂网络为理论基础，从微观、中观、宏观三个层面分析资源关联网络。微观层次是对节点的分析，通常计算节点的度、中心度等，能够反映节点的重要程度和网络地位。中观层次分析使用社区检测算法和模块度检验分析社区结构，发现不同社区连接的紧密程度。宏观层次计算度分布、聚类系数等查看网络的分布情况和结构特征。在分析工具的选取上，除了诸如 Pajek、Gephi、CiteSpace 等经典的复杂网络处理软件，还有一些基础函数库，如 Python 的 Network X 和 R 语言的 igraph 扩展包，这些都为复杂网络的分析提供了技术支持。

5.1.3 数字化学习资源关联网络演化研究

近年来，国内外学者从拓扑学、复杂网络、统计学以及图论等视角研究资源关联网络的拓扑结构、演化与动力、行为、绩效等[2][3]。在网络拓扑结构方面，已有研究主要集中于探究关联网络的小世界、无标度、自相似等整体结构特征，以及网络中的社群、层次、控制和空间集聚等做形态结构观测[4][5]。对关联网络内部拓扑结构和演化模型的研究有助于揭示数字化学习资源的分布状态、内在关联和组织模式，对促进资源组织、资源推荐与服务、资源管理创新等研究都具有重要的理论与实践意义[6]。

1. 数字化学习资源关联网络拓扑结构研究

网络的拓扑结构直接决定着数字化学习资源关联网络的形态、功能和性能。当前研究使用复杂网络理论中的拓扑性质参数，如度及度分布、网络直径、聚类

---

① Hu Y F, Shi L. Visualizing large graphs[J]. Wiley Interdisciplinary Reviews: Computational Statistics, 2015, 7 (2): 115-136.

② Latora V, Marchiori M. Efficient behavior of small-world networks[J]. Physical Review Letters, 2001, 87 (19): 198701.

③ Guan J C, Liu N. Exploitative and exploratory innovations in knowledge network and collaboration network: A patent analysis in the technological field of nano-energy[J]. Research Policy, 2016, 45 (1): 97-112.

④ Hu J M, Zhang Y. Discovering the interdisciplinary nature of Big Data research through social network analysis and visualization[J]. Scientometrics, 2017, 112 (1): 91-109.

⑤ 徐露允, 曾德明, 陈静. 基于专利的知识网络结构特征演变分析: 以中国汽车产业为例[J]. 情报学报, 2019, 38 (7): 750-759.

⑥ 巴志超, 刘学太, 梁镇涛. 技术的知识网络层次结构及其知识复杂度测度方法研究[J]. 情报理论与实践, 2021, 44 (3): 178-187.

系数、平均路径等对其拓扑结构和演化特征进行客观描述和分析。综合来看，当前资源关联网络呈现出无标度、小世界特征。

无标度网络即节点度服从幂律分布的网络[1]，这揭示了资源关联网络在生长过程中的两个机制：节点增长和偏好连接。资源关联网络是动态演变的，随着新资源的加入，网络的规模也随之不断扩大；偏好连接即新加入的资源往往倾向于与度值高的节点连接，这种现象也被称为"富者更富"或"马太效应"。

小世界特征即较短平均最短路径长度和高聚类系数，反映资源群体的普遍关联性。虽然资源群体庞大，但只需要很短的路径就能将两个资源联系在一起。在维基百科这样的大型关联网络中，由于条目与条目之间语义相关造成整个网络系统连接极其紧密，能够被快速传播共享。

下面分别介绍资源主体网络、资源间关联网络以及主体-资源协同网络的拓扑特性，如表 5-1 所示。

表 5-1　数字化学习资源关联网络

网络类型	作者	网络名称	拓扑特性
资源主体网络	Wang 等[2]	知识协同者网络	无标度、小世界
	Newman[3]	科研合作网络	无标度、小世界
	田浩等[4]	cMOOC 学习者网络	多中心性
	达一菲等[5]	开发者知识交流网络	无标度、小世界
	郭建科等[6]	专利合作网络	无标度和小世界特性逐渐明显
	De-Marcos 等[7]	游戏化课程的社交网络	小世界

---

[1] Watts D J, Strogatz S H. Collective dynamics of 'small-world' networks[J]. Nature, 1998, 393：440-442.

[2] Wang P, Hu J, Zeng H J, et al. Using Wikipedia knowledge to improve text classification[J]. Knowledge and Information Systems, 2009, 19（3）：265-281.

[3] Newman M E J. Scientific collaboration networks. I. Network construction and fundamental results[J]. Physical Review E, 2001, 64（2）：016131.

[4] 田浩, 陈丽, 黄洛颖, 等.cMOOC 学习者知识流动特征与交互水平关系研究[J]. 中国远程教育, 2020（8）：15-24+76.

[5] 达一菲, 刘旭东, 孙海光. 大数据驱动的开发者社区中知识交流网络的分析[J]. 计算机科学, 2018, 45（9）：113-118.

[6] 郭建科, 田冬翠, 胡凯. 中国海洋产业产学研合作创新网络演化及创新绩效影响因素[J]. 热带地理, 2023, 43（9）：1712-1725.

[7] De-Marcos L, García-López E, García-Cabot A, et al. Social network analysis of a gamified e-learning course: Small-world phenomenon and network metrics as predictors of academic performance[J]. Computers in Human Behavior, 2016, 60：312-321.

续表

网络类型	作者	网络名称	拓扑特性
资源间关联网络	裘江南等[1]	维基条目网络	无标度、小世界
	吴江等[2]	学术信息资源关联网络	无标度、小世界
	吕莉媛[3]	图书馆数字资源网络	无标度、小世界
	康微[4]	博客资源网络	小世界
	王新才等[5]	政府资源网络	无标度、小世界
	Redner[6]	引文网络	无标度
主体-资源协同网络	姚月娇等[7]	发明者-专利网络	富人俱乐部现象
	巴志超等[8]	科研合作超网络	无标度
	Xiao 等[9]	科学协作超网络	无标度
	Li 等[10]	社会超网络	无标度、高聚合
	Li 等[11]	科学合作超网络	服从幂律分布
	索琪等[12]	用户评论网络	无标度
	屈宝强等[13]	文献资源共享网络	富人俱乐部现象

资源主体网络是使用维基百科用户协作编辑数据构建的知识协同者网络，属

---

[1] 裘江南，杨畅，李灵. 在线知识社区知识系统与社会系统序化规律研究：以 Wikipedia 为例[J]. 情报科学，2010，35（5）：8-14.

[2] 吴江，金妙，陈君. 基金视角下的学科知识流动网络构建与分析[J]. 图书情报工作，2016，60（8）：79-85.

[3] 吕莉媛. 基于复杂网络的图书馆数字资源整合[J]. 情报科学，2009，27（12）：1811-1815.

[4] 康微. 从小世界理论分析网络博客资源对图书馆参考咨询服务的创新意义[J]. 新世纪图书馆，2010（4）：28-30.

[5] 王新才，丁家友. 复杂网络视角的国外政府信息资源研究[J]. 图书情报工作，2013，57（21）：119-125+132.

[6] Redner S. How popular is your paper? An empirical study of the citation distribution[J]. The European Physical Journal B-Condensed Matter and Complex Systems，1998，4（1）：131-134.

[7] 姚月娇，刘向，余博文. 多层图时序专利网络中的发明者影响力演变[J]. 复杂系统与复杂性科学，2023，20（3）：35-43.

[8] 巴志超，李纲，朱世伟. 基于知识超网络的科研合作行为实证研究和建模[J]. 情报学报，2016，35（6）：630-639.

[9] Xiao C，Lina Z，Feng H. Scale-free analysis of scientific collaboration hyper- networks[C]//2020 International Conference on Computer Science and Management Technology（ICCSMT），IEEE，2020：85-90.

[10] Li P，Wei L，Ding H，et al. Study of information dissemination in hypernetworks with adjustable clustering coefficient[J]. Applied Sciences，2023，13（14）：8212.

[11] Li X，Wang G，Wei D. Dynamical evolution behavior of scientific collaboration hypernetwork[J]. AIP Advances，2022，12（11）：115117.

[12] 索琪，郭进利. 在线社交网络资源评论关系超网络演化模型[J]. 系统管理学报，2016（5）：852-857+867.

[13] 屈宝强，屈丽娟. 基于复杂网络视角的文献资源共享分析框架[J]. 情报科学，2013（3）：27-30.

于典型的无标度网络，具有明显的小世界效应[1]，但网络拓扑是非层次结构的，且协作过程中参与者并不完全遵循偏好连接规律[2]。郭建科等的研究发现，基于联合申报专利数据构建的中国海洋产业产学研合作创新网络在 2000—2001 年不具备复杂网络特征，但 2002—2019 年网络的小世界和无标度特性逐渐明显[3]。此外，有学者通过计算分布、验证 Bow-tie 模型等方法测量了基于订阅关系的用户关联网络的特性，发现该网络符合无尺度特性，用户之间的联系并不紧密，但有相当多的用户处于网络的核心地位，在信息传播中发挥重要作用[4]。

资源间关联网络具有无标度特性和小世界效应[5]。维基条目网络入度服从幂律分布，出度服从广延指数分布，新加入的条目更倾向于与节点度高的条目连接[6]；有学者通过连续抓取收集一系列频繁的静态快照来尝试捕获英文维基网络的动态演化规律，描述了维基图节点、边、集群的时间变化规律等[7]；徐汉青等研究发现，知识网络在其生长初期的度分布并没有很好地遵循幂律形式，通过不断演化生长，其幂律分布特性才逐渐体现出来[8]。研究发现，知识网络在其生长初期的度分布并没有很好地遵循幂律形式，通过不断演化生长，其幂律分布特性才逐渐体现出来。学科知识流动网络为无标度动态网络，网络的规模和结构会随着时间的推移发生显著的变化[9]；在引证网络中不同论文的参考文献数量存在差异，论文平均参考文献数量呈上升趋势，即出度随时间增长[10]。

---

[1] Wang P, Hu J, Zeng H J. et al. Using Wikipedia knowledge to improve text classification[J]. Knowledge and Information Systems，2009，19（3）：265-281.

[2] Lerner J, Lomi A. The network structure of successful collaboration in Wikipedia[C]//Proceedings of the 52nd Hawaii International Conference on System Sciences，2019：2622-2631.

[3] 郭建科，田冬翠，胡凯. 中国海洋产业产学研合作创新网络演化及创新绩效影响因素[J]. 热带地理，2023，43（9）：1712-1725.

[4] 马晨曦，陈兴蜀，郑炳伦，等. 在线视频分享网络中的复杂网络特性研究[J]. 计算机应用研究，2018，35（7）：2059-2062.

[5] 康扬，李梦琳，王晓光. 维基百科词条语义结构研究[J]. 信息资源管理学报，2017，7（3）：88-96.

[6] 裘江南，杨畅，李灵. 在线知识社区知识系统与社会系统序化规律研究：以 Wikipedia 为例[J]. 情报科学，2010，35（5）：8-14.

[7] Buriol L S, Castillo C, Donato D, et al. Temporal analysis of the Wikigraph[C]//2006 IEEE/WIC/ACM International Conference on Web Intelligence（WI 2006 Main Conference Proceedings）（WI'06），IEEE，2006：45-51.

[8] 徐汉青，滕广青，栾宇，等. 知识网络演化中的结构稳定性与知识涌现[J]. 图书与情报，2019（1）：53-62.

[9] 吴江，金妙，陈君. 基金视角下的学科知识流动网络构建与分析[J]. 图书情报工作，2016，60（8）：79-85.

[10] Biglu M H. The influence of references per paper in the SCI to impact factors and the Matthew effect[J]. Scientometrics，2008，74（3）：453-470.

目前，针对数字化学习资源关联网络的研究主要聚焦在上述两类网络中，对于用户与资源间协作网络研究较少，基本是从二分网络、多层网络视角出发。如有学者通过用户持续的资源评论行为构建用户与评论之间的二分网络，将用户视为节点，将资源评论关系视为超边，发现该网络具有无标度特性[1]。屈宝强和屈丽娟基于二分网络构建了包括用户网络和资源网络的文献资源共享网络，发现该网络同时存在"用户富人"和"资源富人"两类节点，节点之间的联系构成了具有二分特性的富人俱乐部[2]。

由此可见，无论是维基网络、知识网络、协作网络还是社交网络，通常具有无标度特性、小世界效应的特点，且新加入的节点往往倾向于与有影响力的节点连接，呈现出"马太效应"现象。合作关系网络虽不同于上述网络，但随着时间的推移可能逐渐具备与之类似的特征。

2. 数字化学习资源关联网络演化模型研究

数字化学习资源关联网络演化模型是对演化过程的抽象表达，可揭示关联网络演化的过程机制，以及探讨和发现资源传播和发展的脉络。节点的加入和退出、链接的形成和断裂、节点状态的改变和传播，这些是最常见的演化方式，也是当前网络模型构建的基础。

早期的研究主要侧重于对演化模型的描述，通过统计分析的手段来解释网络的演化过程。随后学者从多个角度出发，提出了不同的过程模型，并利用仿真方法来探索这些内在演化机制的作用方式。举例来说，针对节点的增长，Price 研究了科学文献之间的引用关系网络，发现入度分布服从幂律形式，并给出了最初的网络模型，称这种"贫者愈贫，富者愈富"的现象为"累积优势"，在社会学中被称为"马太效应"，其最显著的特征是网络规模不断变大，常见的例子如因特网、合作网络、引文网络[3]。后续提出的无标度模型沿用了与 Price 模型类似的度择优机制，马费成和刘向[4]在度择优和时间择优的基础上，增加了交叉连接机制，使得新节点会随机选择另一个局域世界以度择优方式进行连接，这种跨领域交叉连接不仅满足了学科知识交叉引用的要求，还能形成一定的聚集拓扑特征。

---

[1] 索琪，郭进利. 在线社交网络资源评论关系超网络演化模型[J]. 系统管理学报，2016（5）：852-857+867.

[2] 屈宝强，屈丽娟. 基于复杂网络视角的文献资源共享分析框架[J]. 情报科学，2013（3）：27-30.

[3] Price D J. Networks of scientific papers[J]. Science, 1965, 149（3683）：510-515.

[4] 马费成，刘向. 科学知识网络的演化模型[J]. 系统工程理论与实践，2013，33（2）：437-443.

早期模型如无标度模型、小世界模型和局部世界的增长网络模型，揭示了资源关联网络中节点优先增长和择优增长的重要机制。

除上述经典模型外，已有研究还通过仿真的手段对经典网络模型持续改进或者沿袭以无标度网络模型为主的复杂网络演化模型，能够反映资源关联网络内在作用模式的演化模型，进一步揭示领域资源群体及个体的演化规律。代表模型包括随机和择优混合模型[1]、多因素影响的领域知识网络演化模型[2]，以及储节旺和李佳轩[3]借鉴传染病模型 SEIR 构建的局域世界演化模型 K-SEIR 等。

尽管这些网络演化模型在理解网络演化规律方面取得了一定的进展，但在解释现实情况的效果上仍有较大的提升空间。数字化学习资源关联网络在演化过程中既包括复杂的集体行为（如自组织、非线性和涌现性等），也涉及个体在系统中的演化机制（如选择机制、竞争机制、协同机制等）。未来的研究需要进一步深化对资源关联网络内在机制的理解，构建更贴近实际的演化模型，以更好地揭示和预测网络的演化规律。

5.1.4 小结

本研究在理清数字化学习资源关联网络概念、类型及特征的基础上，系统梳理了国内外数字化学习资源关联网络的研究进展、研究难题及研究趋势，对引导和深化数字化学习资源关联网络研究具有积极的推动作用。近年来，生成式人工智能的出现颠覆了学习资源的生产逻辑，学习资源生产和传播的主体由个体建构、群建共享转变为人机协同。这种人机协同生产的方式能够带来更高的生产效率、更稳定的资源质量和更丰富的资源类型。因此，坚持人机协同的基本思想，将生成式人工智能的功能优势与学习资源应用场景有机结合，有望驱动资源关联网络乃至整个数字化学习资源生态的塑造。未来应聚焦数字化学习资源关联网络研究面临的关键难题，融合信息论、统计物理学、系统科学等研究方法，采用数据挖掘、多模态分析、时序分析等关键技术，开展生成式人工智能环境下大规模、长周期、多模态的资源关联网络研究，以期产出更多标志性

---

[1] Liu Z H, Lai Y C, Ye N, et al. Connectivity distribution and attack tolerance of general networks with both preferential and random attachments[J]. Physics Letters A, 2002, 303（5/6）：337-344.

[2] 陈果, 赵以昕. 多因素驱动下的领域知识网络演化模型：跟风、守旧与创新[J]. 情报学报, 2020, 39（1）：1-11.

[3] 储节旺, 李佳轩. 知识生态系统中知识演化及智慧创生研究：以知乎社区为例[J]. 情报理论与实践, 2022, 45（9）：51-58.

的基础和应用研究成果，为数字化学习资源高质量建设和管理提供理论支持及实践参考。

5.2　资源关联网络的构建方法

研究选取高质量的维基百科作为资源关联网络的数据来源，以条目和条目间显性的链入链出关系作为关联关系，构建了资源关联网络。考虑到研究的实际需要对网络进行预处理，将资源关联网络中的最大连通分量作为实际分析的对象。

5.2.1　数据获取

1. 中文维基百科简介

维基百科作为 Web2.0 的典范，现已成为全世界最大的线上多语言大百科，世界上最大和更多样化的协作作者社区，其具有自组织、可汇聚、可增长、多人协作的特性，在数字化学习环境下有效地发挥了资源共享、共创的作用，已经成为信息时代知识传播与创新的重要阵地。维基百科是数字化学习资源与复杂网络研究中公认的可靠数据源，它的演化、进化规律受到管理学、教育学、信息科学等领域研究者的高度关注。

如图 5-3 所示，维基百科中最基本的组成单位是文章（article），在中文维基百科中，不称作"词条"，而称作"条目"，因此本研究统一使用"条目"进行规范性描述。条目指维基百科上所有的"百科全书式"文章以及目录索引（如列表、年度大事记等），是维基百科全书最基本的组成单元。其标题通常是一个简单的词语或者短语，唯一地描述了一个特定的概念或实体。在维基百科的条目描述文档中会发现丰富的链接信息，这些链接关系方便用户可以在不同的相关条目间跳转浏览，同时又体现了条目之间的语义关系，如继承、属性、包含、实例等，在维基百科中所有的链接关系构成一张复杂的网状结构图。维基百科因不同条目之间的链接关系而构成了一个错综复杂的资源网络。通过对维基百科这类资源的网络结构进行研究，了解其随着时间的推移而变化的过程，有助于了解其他数字化学习资源群体表现出的宏观结构和发展情况。

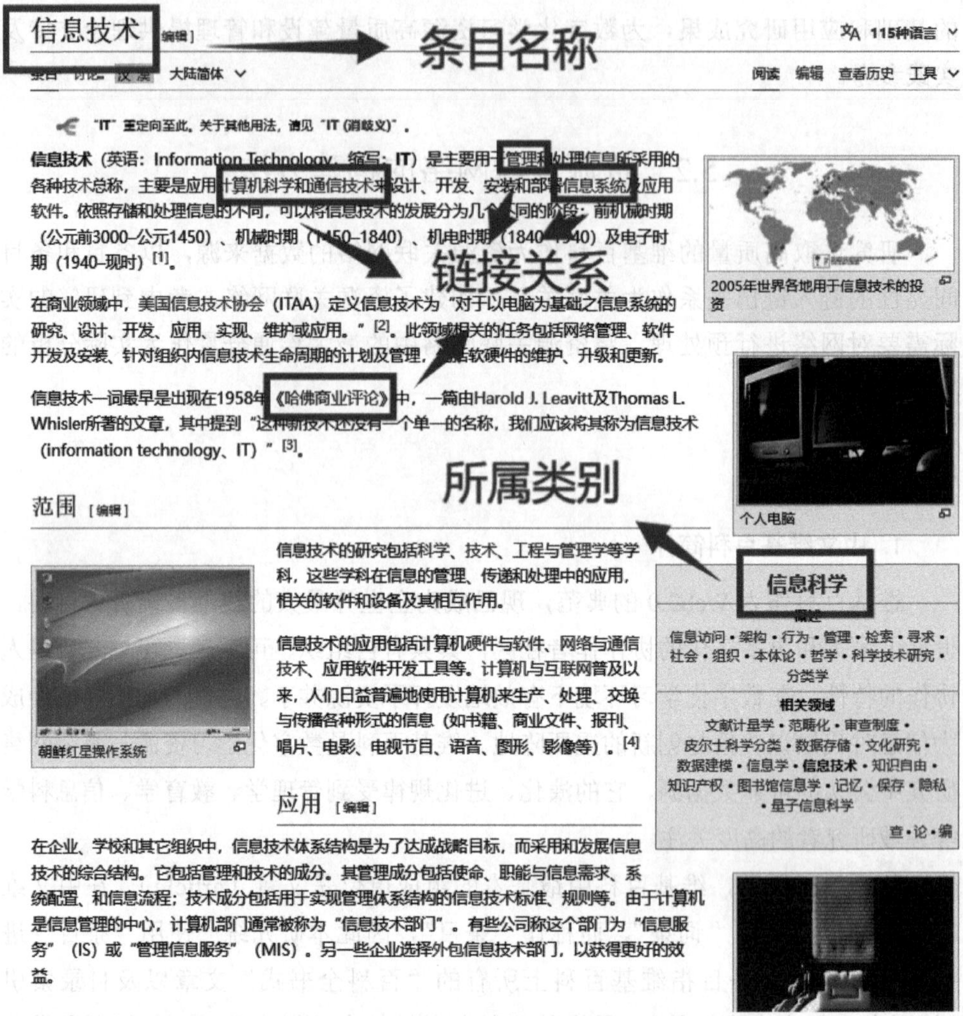

图 5-3 中文维基百科条目"信息技术"

与其他数字化学习资源相比，维基百科具有下列优势：

1）覆盖范围广：维基百科的口号是"人人可编辑的自由百科全书"，吸引了各行各业的人群编辑他们感兴趣和熟悉的主题，涵盖了人文社科、自然科学、宗教哲学等各个领域。维基百科还是世界上最大、最多样化的协作编辑社区，社区成员可以针对某一主题内容展开交流和协作，从而使得条目内容覆盖范围更全面。

2）资源质量高：维基百科在准确度上已经接近最权威的百科全书。原因在于维基百科编辑中需要遵循两个重要的内容方针："非原创研究方针"和"可供查证"，即不允许发布原创内容和初级研究，要以具有公信力的出版者记录或发表过的事件、主张、理论、概念、意见和论证作为编写依据。这些方针保证了条目信息来源的准确性和可靠性。此外，维基百科还采取了一些行动以提升条目的质量，如开展了持续性的条目质量提升计划，并且对条目有严格的质量审核机制，会定期清除低质量、无可靠来源的条目。

3）结构清晰：维基百科中的每个实体都唯一地对应一个页面，拥有唯一的URL和ID。在每一个条目页面中，都有着丰富的链接信息，以大量错综复杂的"链入"和"链出"的方式来表述当前条目与其他条目之间的引用和被引用关系，正是这些链接关系使得维基百科系统成为一个复杂的网络结构。

鉴于上述优势，本研究使用维基百科作为构建数字化学习资源关联网络的数据来源。

2. 数据解析

Wikidata提取了包括中文版在内的不同语言版本的维基百科中具有共同认知的条目，并抽取该页结构化数据。作为一个开源的项目，Wikidata提供了完整的数据转储功能，数据转储是指定期地将整个数据库复制到磁带或另一个磁盘上保存起来的过程。因此可下载完整的维基百科数据到本地。中文维基百科数据库转储文件的下载地址为http://download.wikipedia.com/zhwiki/。该网站中的数据每两周会生成一个维基数据快照，并且维基百科为每个条目指定了一个唯一的整数标记符，方便用户进行查找和研究。它的全部内容都可以用大型XML文件和数据库转储SQL的形式进行描述，并保持最新的版本。

除了上述的中文维基百科转储地址外，更久远的维基百科离线包需在https://archive.org/网站上获取。本研究开始于2023年10月，拟采用近十年10月份的离线包，但由于上传者的决定或维基百科基金会的某些使用条款，部分项目可能因各种原因而被移除，所以研究分别下载了中文维基百科2014年10月、2015年10月、2016年10月、2017年10月、2018年10月、2019年2月、2020年10月、2021年10月、2022年5月、2023年10月的离线版本，共计26.52GB数据。在本书中主要使用条目信息、条目间的链接关系、类别信息和条目到所属类别的链接信息这几项数据资源，具体如表5-2所示。

表5-2 维基百科数据源

数据文件名	数据的描述
Page-article.sql.gz	条目信息
Pagelinks.sql.gz	条目间的链接关系
Categorylinks.sql.gz	类别间的链接信息

获取到原始数据后，需要进一步对数据进行解析，获得包含条目链接关系的边列表信息。研究使用 JWPL（Java Wikipedia Library）工具进行解析。JWPL 即 Java 维基百科库，是一个开源的访问 wikipeida 数据的 JavaAPI 包，提供了快速访问维基百科中包含的信息，如重定向、类别、文章和链接结构的结构性访问接口。它提供的 DataMachine 工具类可快速解析 wiki 格式文件，生成 txt 文件，可通过 MySQL 导入本地数据库。JWPL 的核心功能包括快速有效地访问维基百科数据、分析处理 wiki 格式数据、可以处理任何语言。本研究获得离线数据包之后运用 JWPL DataMachine Jar 包对维基百科数据源进行解析，生成可直接导入 Mysql 数据库中的结构化数据。在数据获取和解析之后，每一年数据都包含 11 个数据表，包含链接关系的核心数据表有 6 个（表 5-3）。

最后需要将获取到的数据导入 MySQL 数据库，本研究中用到的核心数据表为 pagelinks 数据表，记录了条目与条目之间的链接信息，其中 page_inlinks 记录了条目的链入关系，page_outlinks 记录了条目的链出关系，二者数据量相同，只需要采用一种进行构建即可。据统计，2014—2023 年共提取 201 793 487 条包含维基百科条目链接信息的数据。

表 5-3　维基百科数据表

数据表名	数据表说明	字段名	字段说明
category_inlinks	指向类别的链接信息	id inLinks	类别 ID 指向该类别的 ID
category_outlinks	类别指向的链接信息	id outLinks	类别 ID 指向的类别 ID
category_pages	类别与页面的关系表	id pages	类别 ID 该类别指向的页面 ID
page_inlinks	指向页面的链接信息	id inLinks	页面 ID 指向该页面的 ID
page_outlinks	页面指向的链接信息	id outLinks	页面 ID 指向的页面 ID
PageMapLine	所有页面的标题信息	id name pageid	页面 ID 标题名称 指向包含实际信息的页面 ID

5.2.2 网络构建

1. 工具选择

在获取数据集之后，需要应用复杂网络理论、图论和统计分析方法对其相关特性进行研究。由于本研究涉及大规模网络的构建和分析，需要选取高效的分析工具，目前很多现成的编程语言和软件可供选择，但是每个工具都有相应的优点和缺点。

UCINET 是一款主要用于社会网络分析的商业软件，适用于对多重关系复杂问题的数据处理[1]，能够将原始数据转化为各种关系矩阵，最多能处理 32 767 个节点的数据[2]。

Gephi 是一款开源的能够在多个平台上运行的网络分析软件，支持多种数据格式的导入，如 GDF、GraphML、GML、NET、GEX 等。其最大的优势是具有交互式界面的可视化分析功能，并且给用户提供了多种网络布局的方式。该软件页面简洁，易于快速学习，用户无须具备编程技能，就可以计算得到中心性、密度、网络直径、聚类系数等常见的网络指标。其缺点在于最多能够处理 10 万个节点和 100 万条边[3]，并不符合本研究大规模网络分析的需要。

相比 Gephi，Pajek 在处理大规模网络上更具优势，其发布的 Pajek 3XL 版本能够处理的数据量多达 100 亿个节点，对网络大小几乎没有限制。但 Pajek 能够处理的数据格式较单一，只能是.net 类型。此外，Pajek 界面相对复杂，操作指令较烦琐，并且它的统计分析功能很弱。

Network X 和 Igraph 都是用于复杂网络分析的函数库，提供了全面的网络分析功能，支持创建各类网络，其内置各种函数，可用于高效计算网络指标、检测社区等任务。但 Network X 只支持 Python，而 Igraph 支持 C 语言、Python 和 R 语言。

使用各类编程语言进行网络分析时，常用 C++、Python 和 R 语言，C++处理效率最高，但其提供的内部函数库 BGL 的函数并不够丰富，复杂网络处理和计算流程相对烦琐；R 语言次之，但其具备强大的统计分析和计算能力，其 ggplot 2 函数包还可以对统计结果以及网络结构进行可视化。Python 尽管语法简洁，易于上手，但其在处理大规模网络时速度最慢。

---

[1] 邓君，马晓君，毕强. 社会网络分析工具 Ucinet 和 Gephi 的比较研究[J]. 情报理论与实践，2014，37（8）：133-138.

[2] Analytic Technologies. UCINET[EB/OL]. http://www.analytictech.com/archive/ucinet.htm. [2024-10-23].

[3] Gephi. Features[EB/OL]. https://gephi.org/features/. [2024-10-23].

因此，综合对以上各种工具优缺点的分析，结合实际研究和数据特点情况，本研究选择 R 语言，结合 Igraph 函数包进行网络的构建和分析工作，使用 Origin 软件绘制图表，对度分布曲线进行线性拟合。

2. 网络图的表示方法

复杂网络主要通过图来建模，在以维基百科为数据源构建的资源关联网络中，使用抽象的节点表示条目，使用连线表示条目之间的链接关系。图由点集和边集组成。进一步，存在三种表示图的格式：邻接列表、边列表以及邻接矩阵。

邻接列表是一种按节点顺序排列的序列，大小为 N，即节点集 V 的数量。对于每个节点，邻接列表的每个元素都是一个链表，包含所有与该节点相连的终点节点。如果图 $G=(V,E)$ 中存在从节点 i 到节点 j 的边，则第 i 个列表包含节点 j。邻接列表特别适合表示稀疏图。对于图 G，在邻接列表表示中，每个节点都有一条链表，因此该图有 V 条链表。假设使用一个大小为 V 的数组 A_{dj} 来存储这些链表，其中 $A_{dj}[i]$ 表示与节点 i 相连的所有节点集合。那么，$A_{dj}[i]$ 中的元素就是所有与节点 i 直接相邻的节点。邻接列表中的节点可以分为两类：顶点节点和边节点。

边列表是一种更简单的表示方法。它用两列来列出图中所有的边，每一对节点表示一条边。Igraph 输出边集合时通常采用这种格式。例如，若图包含边 (A,B)、(B,C)、(C,D)，则边列表表示为 [(A,B),(B,C),(C,D)]。

复杂网络也可以采用矩阵的形式来表示和存储，常用到的两种矩阵类型分别为邻接矩阵和关联矩阵。其中邻接矩阵用于表示网络中节点间的邻接关系。它是一个方阵，行和列对应的是网络中的节点。矩阵中的元素 a_{ij} 表示从节点 i 到节点 j 的边的数量。若节点 i 与节点 j 邻接（即相连），则 $a_{ij}=1$，否则 $a_{ij}=0$。在无向图中，邻接矩阵是对称矩阵，并且其对角线上的元素通常为 0。而在有向图中，边的方向性会影响矩阵的结构，邻接矩阵不为对称矩阵。而关联矩阵顾名思义，当节点与边相关联则关联矩阵中的元素为 1，不关联则用 0 表示。它描述了一个网络中节点与边之间的关系。

3. 资源关联网络构建

一个图 $G=(V,E)$ 是一种包含"节点"（vertices 或 nodes）集合 V 与"边"（edges 或 links）集合的数学结构，其中的元素是不同节点的无序组合 $\{u,v\}$，$u,u \in V$。节点的数量 $N=|V|$ 和边的数量 $Ne=|E|$ 有时分别被称为图 G 的"阶数"

(order)和"规模"(size)。常简单地使用整数 1,2,3,…,N 对节点和边进行标记。

矩阵是多数编程语言和软件中的基本数据对象，而网络图也经常以邻接矩阵的形式用于统计模型之中。但是，对于现实中常见的大型稀疏网络，除非使用稀疏矩阵的方法，一般的矩阵表示可能非常低效。研究使用 JWPL 工具对中文维基百科的 dump 数据进行解析后获得边列表数据，因此使用边列表的方式构建中文维基百科资源关联网络。

使用 R 语言从边列表信息中构建有向图可以分为以下两个步骤：

（1）读取数据

使用 read.table()函数从文件中读取数据，数据被存储为一个表格格式。

（2）创建有向图

directed_graph <- graph_from_data_frame(data, directed = TRUE)

5.2.3 网络预处理

在有向图 G 中，如果两个顶点间至少存在一条路径，称两个顶点强连通（strongly connected）。如果有向图 G 的每两个顶点都强连通，称 G 是一个强连通图。非强连通图有向图的极大强连通子图，称为强连通分量（strongly connected components）。将有向图的所有的有向边替换为无向边，所得到的图称为原图的基图。如果一个有向图的基图是连通图，则其无向图是弱连通图。大型网络通常由多个互不相连的连通分量组成，两个连通分量之间没有路径，这会导致路径长度为无穷大，通过计算发现以维基百科作为数据源构建的资源关联网络包含多个连通分量，因此需要对网络进行预处理，提取其中的最大连通分量。本研究构建的资源关联网络基本信息以及处理后的基本信息如表 5-4 所示。

通过对数据的初步分析不难发现，尽管在 2014—2023 年总节点数呈稳定增长趋势，然而最大连通分量中节点数在 2023 年出现显著下降，这并不符合网络演化的一般趋势。具体原因将在 5.4.1 节中进行探讨。

表 5-4 资源关联网络基本信息

时间	总节点数	总边数	处理后节点数	处理后边数
2014 年 10 月	834 242	11 480 543	467 818	10 134 188
2015 年 10 月	917 823	12 860 764	513 877	11 311 290
2016 年 10 月	994 301	13 928 965	556 461	12 218 090

续表

时间	总节点数	总边数	处理后节点数	处理后边数
2017 年 10 月	1 080 674	15 426 558	607 391	13 502 346
2018 年 10 月	1 158 598	17 610 821	664 905	15 516 842
2019 年 2 月	1 186 731	18 304 710	682 209	16 061 416
2020 年 10 月	1 337 785	22 089 382	780 832	18 784 427
2021 年 10 月	1 454 548	24 301 221	851 191	20 515 439
2022 年 5 月	1 511 173	25 529 878	888 057	21 702 237
2023 年 10 月	1 592 677	40 260 645	697 888	25 044 518

5.3 资源关联网络的分析方法

在资源生成和分享过程中，资源逐步与其他资源建立关联，实现规模扩大和网络结构完善，形成数字化学习资源关联网络。数字化学习资源关联网络演化主要体现为规模和结构上的变化。研究通过节点数量、边数量、网络直径、网络密度衡量网络规模，使用幂指数、平均路径长度、聚类系数及网络结构熵衡量网络结构。基于这些指标，研究进一步构建了资源关联网络的演化质量评价模型，从演化状态和趋势两个维度对网络的动态变化进行综合评价。

5.3.1 资源关联网络规模分析

数字化学习资源关联网络是由点集 V 和边集 E 组成的图 $G=(V,E)$，E 中每条边都有 V 中一对点与之相对应。规模分析通常以频数或者频率描述，节点构成了图的基本元素，在复杂网络和图论领域，常以节点数 N 衡量网络规模大小，研究综合考虑了用节点数量、边数量、网络直径和网络密度四个指标表征网络规模。不同于节点数量单调递增的增长网络，现实中的网络，每个节点都有它的生命周期，导致网络在演化过程中始终伴随着节点的增减。资源网络在演化过程中的规模变化主要表现为节点数量、边数量、网络直径和网络密度的变化，因此选取这四个指标进行网络规模分析。

1. 节点数量

表征资源关联网络规模最常用的指标是网络中包含的节点总数。用变量 N 表示：

$$N=|V| \qquad (5\text{-}1)$$

其中，|V|表示网络中节点的集合。

2. 边数量

当两个节点 $u,v \in V$ 之间通过一条边连接，我们称两者是"关联"的。关联数量可以用两点间的边数量表示，在复杂网络中被称为节点的度。度是节点的一种极为重要的属性，其定义为与节点 i 连接的其他节点的数目，即与 v 关联的边的数量。在有向网络中一个节点的度分为出度（out-degree）和入度（in-degree）。节点的出度是指从该节点指向其他节点的边的数目，节点的入度是指从其他节点指向该节点的边的数目。

本研究中关联数量=所有出度个数+所有入度个数=边的总数，用字母 M 表示：

$$M = |E| \tag{5-2}$$

3. 网络直径

网络直径是衡量网络规模的重要指标之一，决定了网络中信息传播的最大范围。网络直径定义为所有节点对之间的最大距离。一个包含一些孤立节点、多个连通子图的网络是非连通的，网络直径趋于无穷大。

$$D = \max_{i,j} d_{i,j} \tag{5-3}$$

4. 网络密度

网络密度是衡量网络中各成员之间连接紧密程度的指标。网络密度越高，网络成员之间的互动度越高，有利于促进资源节点之间的信息交流，可以交流成本和风险。一个图的"密度"（density）是指实际出现的边与可能的边的频数之比。网络密度计算公式为：

$$\rho = \frac{E}{N(N-1)} \tag{5-4}$$

为确保网络结构的准确性和分析的有效性，本研究对初始有向网络进行了以下预处理和计算步骤：提取有向图中的最大连通子图。使用 components 函数识别有向图中的所有连通分量，并通过 induced_subgraph 提取其中规模最大的连通子图。

5.3.2 资源关联网络结构分析

网络结构的整体特征通常由给定的网络微观量的统计分布或统计平均值来刻

画[①]。研究通过幂指数评估网络的度分布特性，通过平均路径长度和平均聚类系数判断网络的小世界特性，通过蔡氏结构熵评估网络的异构性和有序度。

1. 幂指数

在复杂网络中，通过幂指数的取值范围可以判断节点的度分布，从而确定资源关联网络是否为无标度网络。在目前复杂网络研究中，主要有两种常见的度分布：一种是指数分布，另一种是幂律分布。当幂指数取值范围在[1,3]时，判断该网络的节点度分布属于幂律分布。

度分布（degree distribution）是网络的一个重要几何性质，可以揭示网络的类型及性质。度分布函数用 $P(K)$ 来描述，$p(k)$ 表示随机选定的节点的度恰好为 k 的概率，或者等价地描述为网络中度为 k 的节点数占整个网络节点数的比例。具有幂律分布的网络也被称为无标度（scale-free）网络。使用下列公式计算网络的度及度分布情况：

$$\log P(K) = \log C - \gamma \log K \tag{5-5}$$

假设对于一个给定的网络，其度分布满足其中 C 为一个给定的常数。对于式（5-5）两边同时取对数来验证维基资源关联网络是否服从幂律分布的基本方法为：首先统计维基知识网络中每个网络节点的出度数和入度数的出现频率，也即 $P(K)$；然后分别对 K 和 $P(K)$ 两个值取对数并对其进行相关性分析，最后则通过线性拟合求出斜率记为幂指数 γ。

具体实现步骤如下：第一步，计算节点的入度和出度，使用 degree 函数对有向图的入度和出度进行统计；第二步，计算入度和出度分布的频率，即不同入度和出度值出现的频率，通过 table 函数进行统计，并对其结果进行归一化处理，计算出各度数的相对频率；第三步，筛选出度数大于 0 的数据点，因为在幂律分布的拟合过程中，仅考虑正值度数有助于减少噪声的影响；第四步，将筛选后的入度和出度数据转换为数值类型，以便后续的线性拟合；第五步，对入度和出度分布进行线性拟合，基于对数变换的幂律分布公式，对数据进行线性回归拟合，获得拟合斜率（幂指数）和拟合优度检验评估拟合模型的效果，确保幂律分布的合理性；第六步，计算并输出幂指数的斜率，即入度和出度分布的幂律指数。

2. 平均路径长度

近年来，研究者发现大多数现实网络虽然规模很庞大但任意两个节点之间都

[①] 张云开，马捷，张子钊，等. 面向智慧政务的政府信息协同网络结构与测度研究[J]. 情报科学，2021，39（4）：165-173.

存在较小的路径长度，即整个网络的平均最短路径较小。这就是所谓的"小世界效应"(small-world effect)。WS 模型最早提出"小世界"的概念，即现实网络虽然具有极大量的节点，但是整个网络却具有比较小的平均最短距离。根据小世界理论，平均路径长度一般不超过 10，介于 3—7 的网络具有小世界效应。在具有小世界特征的动力系统中，资源和信息的传播能力、计算能力等都得到了增强。而资源和信息的传播具有加强作用，当整体资源关联网络具有较高的聚类系数时，表明网络局部的交流和互动比较活跃，资源和信息的传播在局部得到强化，这有利于资源关联网络规模的扩大。

平均路径长度和聚类系数是复杂网络小世界特性的重要判定数。网络中两个节点 i 和 j 之间的距离 d_{ij} 定义为连接这两个节点的最短路径上的边数。而网络中任意两个节点之间距离的最大值则定义为网络的直径。平均路径长度指网络中任意两个节点之间距离的算数平均值，也被称为网络的特征路径长度（characteristic path length），记为 $<l>$，即

$$\langle l \rangle = \frac{1}{\frac{1}{2}N(N-1)} \sum_{i \geq j} d_{ij} \tag{5-6}$$

平均最短路径反映的是网络的全局特性，在复杂网络研究中起着至关重要的作用，它可以较好地衡量实际网络中节点之间的疏密程度。而在有向网络中，从节点 i 到节点 j 之间的距离 d_{ij} 往往不等于节点 j 到节点 i 之间的距离 d_{ji}。它们常常大于或等于伴随无向网络的最短路径，因为在无向网络中最短路径不考虑边的方向性。

3. 平均聚类系数

一般地，假设网络中的一个节点 i 有 k_i 条边将它和其他节点相连，这 k_i 个节点就称为节点 i 的邻居。显然，在这 k_i 个节点之间最多可能有 $K_i = (k_i - 1)/2$ 条边。而这 K_i 个节点之间实际存在的边数 E_i 和总的可能的边数 $K_i = (k_i - 1)/2$ 之比就定义为节点 i 的聚类系数 C_i

$$C_i = 2E_i / K_i(k_i - 1) \tag{5-7}$$

聚类系数（clustering coefficient）是指同一个节点的邻居节点间也互为邻居的比例，它描述的是网络中节点的集聚程度或紧密程度。与最短路径分布一样，聚类系数也是衡量一个网络是否具有小世界效应的一种重要度量参数。节点 i 的聚类系数 C_i 被定义为它 K_i 个邻居节点之间的边数 E_i（实际存在的边数）占可能的最大边数的比例，即

$$C_i = \frac{\text{与节点}i\text{相连接的三角形的数量}}{\text{与节点}i\text{相连的三元组的数量}} \tag{5-8}$$

式中，与节点 i 相连的三元组的数量指的是经过节点 i 的节点数为 3 的连通子图的个数，即包括节点 i 的 3 个节点并且至少存在从节点 i 到其他两个节点的两条边。整个网络的聚类系数 C 定义为所有节点 i 的聚类系数 C_i 的算术平均值，即

$$C = \frac{1}{N}\sum_{i=1}^{N}\frac{2E_i}{K_i(K_i-1)} \tag{5-9}$$

式中，N 为整个网络中的节点数。在中文维基百科资源关联网络中，聚类系数反映了资源条目之间的聚集程度。

具体操作步骤如下：首先计算每个节点的局部聚类系数。使用 transitivity 函数，传入有向图（directed_graph）和类型参数（type="local"），得到每个节点的局部聚类系数。然后计算局部聚类系数的平均值。使用 mean 函数，传入局部聚类系数向量（local_cc），并设置 na.rm 参数为 TRUE 以忽略缺失值，得到聚类系数平均值。

4. 蔡氏结构熵

熵作为系统无序程度的度量，凭借其独特的内涵已被应用于统计物理学、信息论以及其他广义系统，成为复杂系统研究的重要工具。网络结构熵是指在一个开放且相对独立的网络系统中，网络节点、网络联结等网络构成要素所呈现的能量状态和有序的能效比值。网络结构熵反映了网络结构的平均信息量，是目前测度网络异构性的重要指标。

当前衡量网络结构熵常用的三类方法分别为度分布结构熵、吴氏结构熵和蔡氏结构熵。其中度分布结构熵和吴氏结构熵从节点度的绝对分布与相对分布等微观角度考虑网络的有序性，未考虑网络连接的结构特征，蔡氏结构熵则将结构重要性引入熵的计算中，从节点和边的异构性出发，基于网络节点以及网络节点连接的差异性来定义网络结构熵[1]，是一个更为全面的网络结构熵计算方法，因此研究选择蔡结构熵计算网络有序性。

网络节点的差异性定义为网络中与该节点度不相同的节点的数目：

$$S_i = [1 - P(K_i)]N \tag{5-10}$$

式中，N 为网络中节点的个数；K_i 为节点 i 的度；$P(K_i)$ 为网络中度为 K_i 的节点的概率。

---

[1] 蔡萌，杜海峰，任义科，等. 一种基于点和边差异性的网络结构熵[J]. 物理学报，2011，60（11）：157-165.

节点连接的差异性定义为：
$$D_i = K_i[1-P(K_i)]N \qquad (5-11)$$
最后综合节点和节点连接的差异性定义网络节点的结构重要性程度：
$$I'_i = \alpha S_i + \beta E_i \qquad (5-12)$$
式中，α 和 β 分别为点异构性和边异构性的权重，且有 $\alpha+\beta=1$，$\alpha \geq 0$，$\beta \leq 1$。由此，节点 i 在网络中的相对重要度为：
$$I_i = \frac{I'_i}{\sum_{j=1}^{N} I'_j} \approx \frac{\left(1+\frac{\beta}{\alpha}K_i\right)[1-P(K_i)+\Delta]}{\sum_{j=1}^{N}\left(1+\frac{\beta}{\alpha}K_j\right)[1-P(K_j)+\Delta]} \qquad (5-13)$$
其中，引入 $\Delta \sim O\left(\frac{1}{N^2}\right)$，$N>1$ 为在计算过程中避免 $P(K_i) \equiv 1$ 的情况。将 I_i 带入蔡氏结构熵为：
$$E = -\sum_{i=1}^{N} I_i \log I_i \qquad (5-14)$$

具体操作步骤如下：首先将网络看成无向图，计算节点的度以及统计度的概率分布。然后，设置权重参数 α、β 和小的扰动值。本研究认为节点和边的异构性同等重要，因此设定 α 为 0.5，β 为 0.5，Δ 为 1×10^{-6}。接着根据上述公式计算节点 i 的相对重要度和蔡氏结构熵。

5.3.3 资源关联网络演化质量分析

本研究基于"缓进则退"的思想[①]，使用演化速度变化情况来表征网络演化质量，演化速度越快，网络演化质量越高；演化速度越慢，网络演化质量越低。生态位态势理论认为，生态系统演化是系统当前演化状态与未来演化潜力相互作用的结果[②]。从生态学视角来看，资源关联网络是随时间不断演化的生态系统，其演化速度同样具备状态和趋势两个属性。基于此，使用"演化速度状态"描述资源关联网络演化速度变化的状态，使用"演化速度趋势"[③]描述资源关联网络演化速度变化的趋势，进一步将二者融合分析演化速度特征以探究网络演化质量。

---

① 雷吉斯·麦肯纳在其著作《时间角逐》中提到，速度是抢占市场的武器，能够带来竞争新优势。以速度为中心的质量观，认为对质量的持续改善比质量本身更重要，由此"缓进则退"的思想逐步替代传统"不进则退"的思想。

② 朱春全. 生态位态势理论与扩充假说[J]. 生态学报，1997（3）：324-332.

③ 刘微微，石春生，赵圣斌. 具有速度特征的动态综合评价模型[J]. 系统工程理论与实践，2013，33（3）：705-710.

研究使用复杂网络理论中节点数量、边数量、网络直径及网络密度指标衡量网络规模,使用幂指数、平均路径长度、聚类系数及结构熵指标衡量网络结构。进一步以信息协同学中的序参量原理为指导,选取 8 个复杂网络指标作为质量评价指标。原因如下:序参量原理认为网络的演化状态可以通过一组核心参数(序参量)来描述[①],这些序参量主导了网络的整体演化状态和质量。基于此,建立了资源关联网络演化规律分析指标体系,如表 5-5 所示。

表 5-5 资源关联网络演化规律分析指标体系

指标	变量或公式	描述	变量名
节点数量	N	网络中的节点总数	e_1
边数量	E	网络中的边总数	e_2
网络直径	$D = \max_{i,j} d_{i,j}$	网络中所有节点对之间距离的最大值,为连接两个节点的最短路径的边数	e_3
网络密度	$\rho = \dfrac{E}{N(N-1)}$	网络密度是指网络中实际存在的边数与可能的最大边数的比值,反映了网络的连接紧密程度	e_4
幂指数	$\log P(K) = \log C - \gamma \log K$	$P(K)$是节点的度分布函数,γ为幂指数,是衡量无标度网络的重要特征,幂指数越小,网络中的中心节点数就越多	e_5
平均路径长度	$\langle l \rangle = \dfrac{1}{\frac{1}{2}N(N-1)}\sum_{i \geqslant j} d_{ij}$	d_{ij}代表两个节点间的最短路径长度。平均路径长度是网络中所有节点对之间最短路径的平均值,是小世界特征的衡量标准之一	e_6
聚类系数	$C = \dfrac{1}{N}\sum_{i=1}^{N}\dfrac{2E_i}{K_i(K_i-1)}$	网络中的一个节点的邻居节点之间相互连接的程度,反映网络的聚集程度	e_7
结构熵	$E = -\sum_{i=1}^{N} I_i \log I_i$	参考蔡氏结构熵[②]方法,I代表节点在网络中的相对重要度,反映网络有序性	e_8

1. 演化速度状态测度

研究主要利用孟庆松和韩文秀[③]提出的复合生态系统协调度评估模型并结合上述特征向量来测度资源关联网络演化状态。具体而言,主要通过选择网络分析领域中的 8 个指标对整个资源系统演化的综合贡献度来评估网络演化状态,即先

---

① 董春雨. 试析序参量与役使原理的整体方法论意义[J]. 系统科学学报,2011,19(2):17-21.
② 蔡萌,杜海峰,任义科,等. 一种基于点和边差异性的网络结构熵[J]. 物理学报,2011,60(11):165-173.
③ 孟庆松,韩文秀. 复合系统协调度模型研究[J]. 天津大学学报,2000,33(4):444-446.

计算出各子指标的单独贡献度，进而通过几何加权平均法集成计算出所有指标的综合贡献度。

首先，设资源关联网络在 t 时刻的特征向量为：

$$e_i^t = \left(e_1^t, e_2^t, \cdots, e_n^t\right) \quad (5\text{-}15)$$

其中 $n \geq 1$，$i=1,2,\cdots,n$。考虑到不同的序参量对于网络演化方向的控制作用不同，我们改进了向量规范法[①]，确定如下参量贡献度计算公式：

$$\varphi_i^t = \begin{cases} e_i^t \Big/ \sqrt{\sum_{t=1}^k e_i^{t2}} \\ (1/e_i^t) \Big/ \sqrt{\sum_{t=1}^k (1/e_i^t)^2} \end{cases} \quad (5\text{-}16)$$

其次，网络的总体质量从理论上讲不仅取决于各序参量数值的大小，更取决于它们之间的组合形式。不同的网络结构具有不同的组合形式，组合形式又决定了"集成"法则。本文参考李晓娣和张小燕[②]的研究，利用几何加权法对网络特征向量贡献度进行集成，可得到资源关联网络综合贡献度，其公式为：

$$S_i^t = \prod_{i=1}^n \varphi(e_i^t)^{w_i} \quad (5\text{-}17)$$

式中，S_i^t 表示序参量集合在 t 时间下对该资源关联网络的综合贡献度，w_i 为第 i 个序参量的权重。权重的确定采用相关系数法[③]，其步骤包括：

假设指标体系共有 n 个指标，则其相关系数矩阵为：

$$C = \begin{bmatrix} a_{11} & a_{12} & \cdots & a_{1n} \\ a_{21} & a_{22} & \cdots & a_{2n} \\ \vdots & \vdots & & \vdots \\ a_{n1} & a_{n2} & \cdots & a_{nn} \end{bmatrix}, a_{ii}=1(i=1,2,\cdots,n) \quad (5\text{-}18)$$

$$C_i = \sum_{j=1}^n |a_{ij}| - 1, i=1,2,\cdots,n \quad (5\text{-}19)$$

式中，C_i 表示第 i 个指标对其他 $(n-1)$ 个指标的总影响，将 C_i 归一化处理便可求得各指标的权重：

$$w = \frac{C_i}{\sum_{i=1}^n C_i}, i=1,2,\cdots,n \quad (5\text{-}20)$$

资源关联网络的演化速度可定义为综合序参量对于促进系统演化的平均贡献

[①] 郭亚军. 综合评价理论、方法及应用[M]. 北京：科学出版社，2008：101-144.

[②] 李晓娣，张小燕. 我国区域创新生态系统共生及其进化研究：基于共生度模型、融合速度特征进化动量模型的实证分析[J]. 科学学与科学技术管理，2019，40（4）：48-64.

[③] 李晓娣，张小燕. 我国区域创新生态系统共生及其进化研究：基于共生度模型、融合速度特征进化动量模型的实证分析[J]. 科学学与科学技术管理，2019，40（4）：48-64.

度在一段时间内的动态变化。根据式（5-17）计算出资源关联网络在 t_k 和 t_{k+1} 时间的综合贡献度分别为 S_k 和 S_{k+1}，同时设资源关联网络在 $[t_k, t_{k+1}]$ 时间段的演化速度为 V_k，得出如下演化速度测度公式：

$$V_k = \frac{S_{k+1} - S_k}{t_{k+1} - t_k} \tag{5-21}$$

V_k 初步反映了在 $[t_k, t_{k+1}]$ 时刻系统演化的速度增长或减少情况。设在 $[t_k, t_{k+1}]$ 时间段内，资源关联网络演化速度始终为匀速，t_k、V_k、V_{k+1}、t_{k+1} 与时间 t 轴围成的面积即在 $[t_k, t_{k+1}]$ 时间段内资源关联网络演化速度变化的状态。演化速度状态测度公式为[①]：

$$Q_V(t_k, t_{k+1}) = \int_{t_k}^{t_{k+1}} [V_k + (t - t_k) \times (V_{k+1} - V_k)/(t_{k+1} - t_k)] dt \tag{5-22}$$

式（5-22）体现资源关联网络在 $[t_k, t_{k+1}]$ 时期的演化速度状态特征，Q_V 值的正负情况分别意味着速度变化的上升和下降状态。

2. 演化速度趋势测度

基于公式（5-22）可以计算出第 k 时间点和 $k+1$ 时间点资源关联网络演化速度。为此设[②]：

$$\mu_{k+1} = \begin{cases} 0, & t_{k+1} = 1 \\ \dfrac{V_{k+1} - V_k}{t_{k+1} - t_k}, & t_{k+1} > 1 \end{cases} \tag{5-23}$$

式中，μ_{k+1} 为资源关联网络演化速度在时间点 $[t_k, t_{k+1}]$ 的线性增长率，进一步令 γ 是关于 μ_{k+1} 的函数，构建资源关联网络演化速度趋势模型为：

$$\gamma(\mu_{k+1}) = \frac{\varepsilon}{1 + e^{-\mu_{k+1}}} \tag{5-24}$$

根据极限求解情况，可知 $\gamma(\mu_{k+1})$ 在演化过程中存在拐点，且拐点前后段区间分别表示 $\gamma(\mu_{k+1})$ 的加速和递减。对于速度趋势模型 $\gamma(\mu_{k+1})$ 中的参数 ε，可根据特征值法进行求解，设当 $\mu_{k+1}=0$ 时，$\gamma(\mu_{k+1})=1$，从而得到 $\varepsilon=2$。可知，当 $\gamma(\mu_{k+1})<1$，说明网络的节点增长速度在减缓，表示系统演化速度变化呈现加速递减趋势，当 $\gamma(\mu_{k+1})>1$，说明网络的节点增长速度在加快，系统演化速度变化呈现加速递增趋势，当 $\gamma(\mu_{k+1})=1$，表示系统演化速度变化呈现平稳趋势。

[①] 刘微微，石春生，赵圣斌. 具有速度特征的动态综合评价模型[J]. 系统工程理论与实践，2013，33（3）：705-710.

[②] 董庆兴，郭亚军，单翔. 基于双重差异驱动的群体评价方法[J]. 系统管理学报，2014，23（3）：451-454.

然后基于上式求出的演化速度状态 Q_V 和速度趋势 $\gamma(\mu_{k+1})$ 两种速度特征，运用 $\gamma(\mu_{k+1})$ 对 Q_V 进行激励或惩罚的修正，根据速度趋势 μ_{k+1} 不同取值，将 $\varepsilon=2$ 代入演化速度趋势模型可得到如下三种修正情况：

1）当 $\mu_{k+1}=0$ 时，$\gamma(\mu_{k+1})=1$，对 Q_V 乘以 1，即不做相应修正。

2）当 $\mu_{k+1}>0$ 时，$\gamma(\mu_{k+1})>1$，对 Q_V 乘以大于 1 的系数，即进行正向激励修正。

3）当 $\mu_{k+1}<0$ 时，$\gamma(\mu_{k+1})<1$，对 Q_V 乘以小于 1 的系数，即进行负向惩罚修正。

3. 演化质量测度模型

基于牛顿第二定律中的信息融合思想①，可将资源关联网络在时间区间 $[t_k,t_{k+1}]$ 内的演化质量表示为②：

$$Y_V = Q_V(t_k,t_{k+1}) \times \gamma(\mu_{k+1}) \tag{5-25}$$

在式（5-25）中演化速度状态和演化速度趋势共同决定了资源关联网络在 $[t_k,t_{k+1}]$ 时期的演化质量。

当 $Y_V>0$ 时，网络在 $[t_k,t_{k+1}]$ 时期内演化速度处于上升发展态势，表明演化质量良好；当 $Y_V<0$ 时，系统在 $[t_k,t_{k+1}]$ 时期内演化速度处于下降倒退态势，表明演化质量较差；当 $Y_V=0$ 时，系统在 $[t_k,t_{k+1}]$ 时期内演化速度处于稳定平缓态势，表明演化质量一般。

进一步求平均值可以得到资源关联网络在整个时间跨度 $[t_1,t_n]$ 的整体演化质量如下：

$$Y = \frac{1}{h-1}\sum_{k=1}^{h-1} Q_V(t_k,t_{k+1}) \times \gamma(\mu_{k+1}) \tag{5-26}$$

式中，当 $Y>0$ 时，资源关联网络演化质量整体良好，且值越大，表明其演化的整体质量水平越高；当 $Y=0$ 时，其演化质量整体一般；当 $Y<0$ 时，其演化质量整体较差，且绝对值越大，表明其演化的整体质量水平越低。

基于此，本研究将遵循以下分析流程对资源关联网络的规模、结构以及演化质量进行分析（图5-4）。

---

① 牛顿第二定律：$F=m \cdot a$ 中的 m 为物体质量，a 为加速度，质量和加速度是反比关系，共同决定了物体的合外力。本研究中的演化速度状态相当于物体质量，演化速度趋势相当于加速度，共同决定网络演化质量。

② 杨早立，陈伟，李金秋. 我国知识产权管理系统协同及其演化的速度特征研究[J]. 管理工程学报，2018，32（3）：171-177.

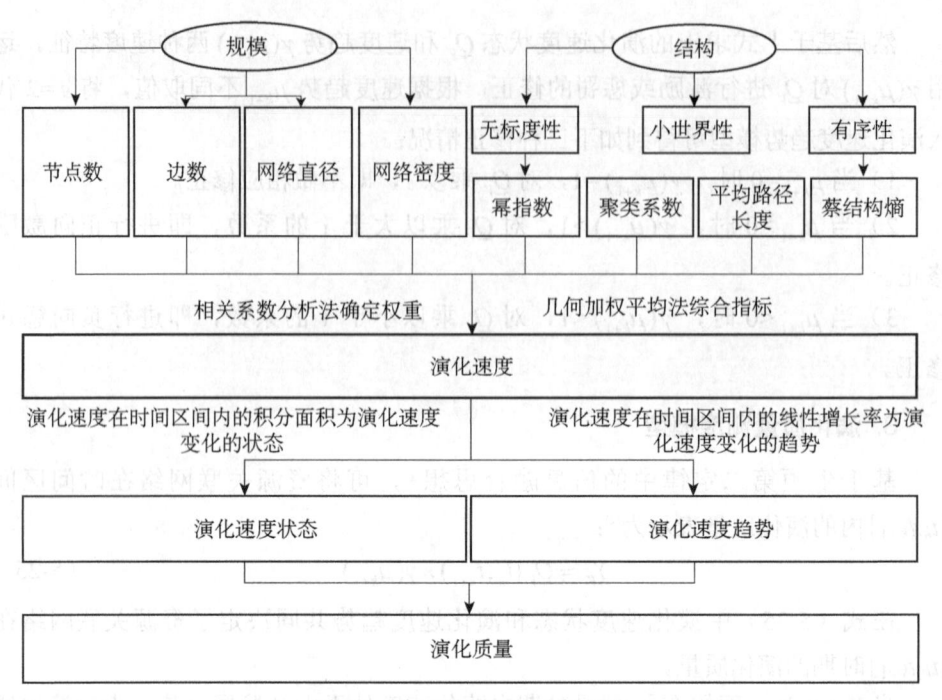

图 5-4 资源关联网络分析思路

5.4 资源关联网络的演化特征

5.4.1 网络规模演化规律分析

1. 节点数量和边数量演化

统计显示，中文维基百科资源关联网络的节点数从 2014 年的 834 242 增长到 2023 年的 1 592 677，边数从 11 480 543 增长到 40 260 645，如图 5-5 所示。提取最大连通子图后，节点数和边数的演化趋势如图 5-6 所示。

网络中不止有新节点的生成，还有旧节点的消亡。当新生的节点数目大于节点的消亡数目时，网络总节点数表现为增加趋势，当新生的节点数目小于消亡数目时，网络总节点数表现为减小。图 5-6 显示，对于整个中文维基资源关联网络来说，节点数和边数都呈现出稳定增长的趋势，但其最大连通子图的节点数量演化趋势与整个网络并不相符。2023 年最大连通子图中节点数要小于 2022 年，但是边数依旧在稳定增长。为了进一步探究造成该现象的原因，研究对 2014—2023 年所有的连通分量大小和个数进行了提取、计算，发现在 2023 年大小为 1

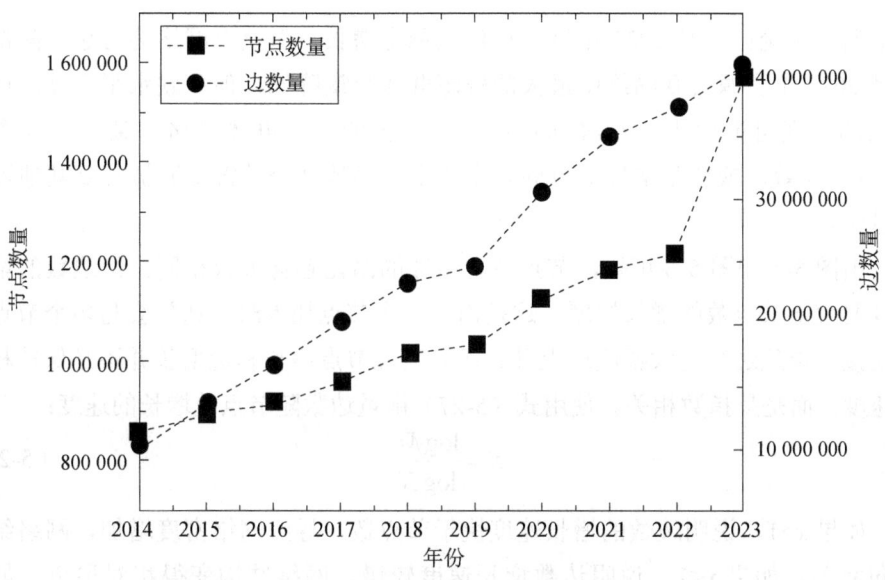

图 5-5 中文维基百科资源关联网络总节点数和总边数

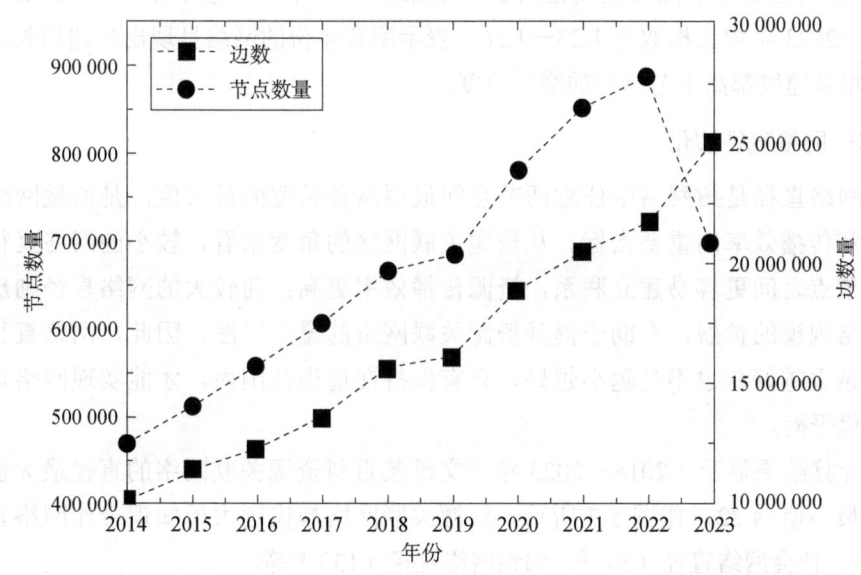

图 5-6 中文维基百科资源关联网络最大连通子图节点数和边数趋势

的强连通分量个数突然增长（从 2022 年的 611 024 增长至 2023 年的 879 996 个），其余大小连通分量个数相比于过去的年份也呈增长趋势。

在以中文维基百科数据构建的资源关联网络中，每个连通子图都意味着一个资源群体，结合连通分量的定义（在每个强连通分量内部，节点两两可达）得出以下研究结论：一是 2023 年资源总数虽稳定增长，但整个网络的可达性降低；二是 2023 年资源关联网络中最大的资源群体数量降低，但关联水平升高。这个现象的出现可能由于：在维基百科中，最大的资源群体网络的某些关键资源（条目）失效，或者是链接的方向发生改变，导致部分关键资源被移到其他连通分量中。

由图 5-5 和图 5-6 可知，节点数与边数的演化趋势大致相同，但边数的增长幅度要大于节点数的增长幅度。这是由于一个节点加入时，通常会与多个节点建立连接，导致边数更大幅度地上升。研究发现节点增长和边增长并不是保持相同的速度，而是呈指数相关。使用式（5-27）衡量边数随节点数增长的速度：

$$x = \frac{\log M}{\log N} \tag{5-27}$$

如果 $x>1$，说明边数的增长速度快于节点数，导致网络密度增加，网络结构趋向复杂。如果 $x<1$，说明边数增长速度较慢，网络结构变得相对稀疏。如果 $x=1$，说明边数与节点数呈线性增长，意味着网络的结构趋向均匀。计算后发现 2014—2023 年增长指数为 1.23—1.26，表示所有年份的网络呈现出异速增长，边数的增长速度都高于节点数的增长速度。

2. 网络直径演化

网络直径是指网络中任意两节点间最短路径长度的最大值，是衡量网络连通性和传播效率的重要指标。从资源关联网络的角度来看，较小的网络直径意味着节点之间更容易建立联系，资源传播效率更高；而较大的网络直径则反映了网络规模的扩展，有助于提升资源关联网络的覆盖广度。因此，网络直径既不是越大越好，也不是越小越好，只有保持在适当范围内，才能实现网络功能的最优平衡。

计算结果显示，2014—2023 年中文维基百科资源关联网络的直径最大值为 41，最小值为 22，如图 5-7 所示。资源关联网络规模远大于知识合作网络直径（4）[1]、社会网络直径（5）[2]、知识网络直径（13）[3]等。

---

[1] 覃柳婷，滕堂伟，张翌，等. 中国高校知识合作网络演化特征与影响因素研究[J]. 科技进步与对策，2020，37（22）：125-133.

[2] 李卓育. 知识传播的社会网络结构研究：以 MOOC 为例[J]. 情报科学，2022，40（5）：180-186+193.

[3] 陈婷，胡改丽，陈福集. 政务微博知识推送的知识网络演化研究：基于知识协同视角[J]. 情报科学，2016，34（5）：23-28.

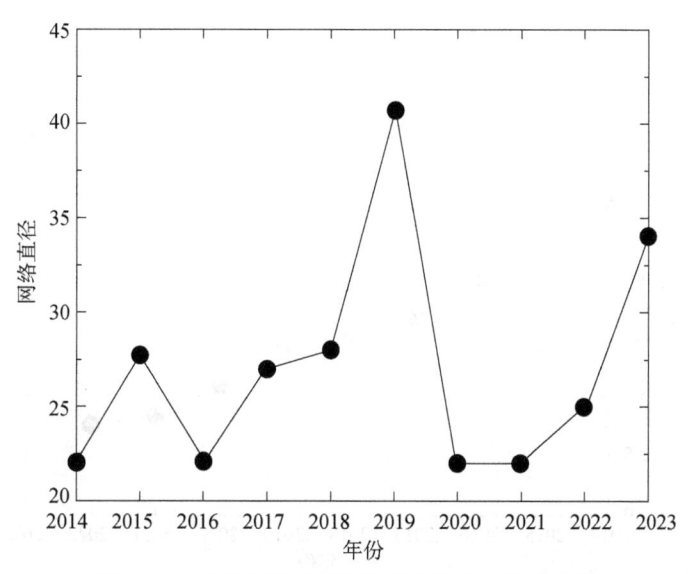

图 5-7　中文维基百科资源关联网络直径演化趋势

整体来看，网络直径的波动性较强，表现出明显的动态演化特征。2014—2019 年，网络直径整体呈增长趋势，在 2019 年达到峰值后显著下降。网络直径的变化可划分为两个阶段：在第一阶段网络直径呈现逐渐增大的趋势，这是由于节点数量较少，多数节点只能通过直接连接的方式实现连通，网络连通性较弱；在第二阶段，网络中节点数量持续增加，但网络直径逐步减小，节点间的连通性得到了显著提升，节点之间可以通过间接路径实现更高效的连接。

3. 网络密度演化

保持适度的网络密度对于资源关联网络的长期活力至关重要。图 5-8 呈现了 2014—2023 年中文维基百科资源关联网络密度的变化情况。分析发现，尽管网络节点数量和边数量在 2014—2022 年不断增加，但网络密度呈现下降趋势，直到 2023 年才出现明显的上升拐点。

从整体来看，网络密度趋近于 0，说明网络比较稀疏，中文维基百科资源关联网络中各资源间的联系不够紧密。具体来看，2014—2022 年，网络密度稳定下降，稀疏性增强。但由上文分析可知网络中的节点数稳定增长，边数在加速增长，说明尽管边数增长速度大于节点数增长速度，但对于整个资源关联网络来说，资源节点数量增多，导致潜在关联数量远大于实际关联数量，从而造成网络密度不断下降。2023 年网络密度变化出现拐点，呈现明显上升趋势，从图 5-8 中可以发现，2023 年关联数量明显增长，高于其他年份，因此 2023 年增长的关联数量能够支撑网络密度的持平甚至增长。

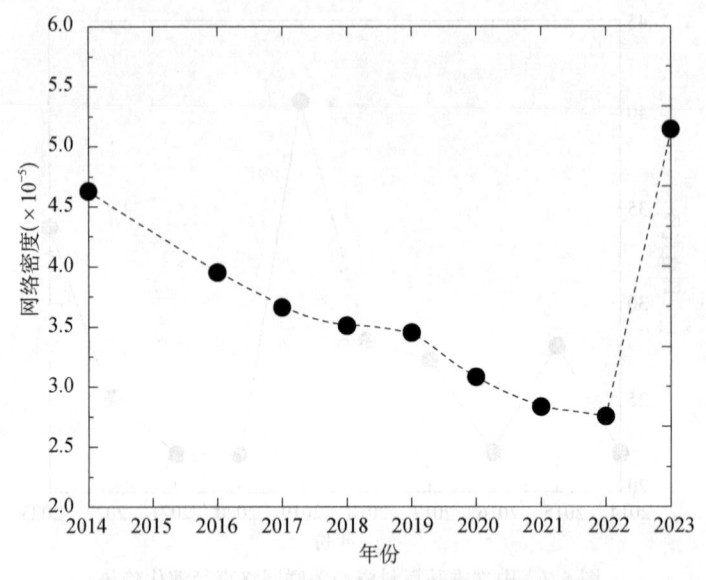

图 5-8　中文维基百科资源关联网络密度演化趋势

5.4.2　网络结构演化规律分析

1. 无标度特征演化

通过幂指数变化，可以归纳出资源关联网络的无标度特征演化规律。通过计算中文维基百科资源关联网络入度和出度的分布情况，使用 Origin 软件进行线性拟合得到斜率（幂指数）和拟合优度。度分布函数用 $p(k)$ 来描述，$P(K)$ 表示随机选定的节点的度恰好为 K 的概率，或者等价地描述为网络中度为 K 的节点数占整个网络节点数的比例。资源关联网络的入度分布如图 5-9 所示。

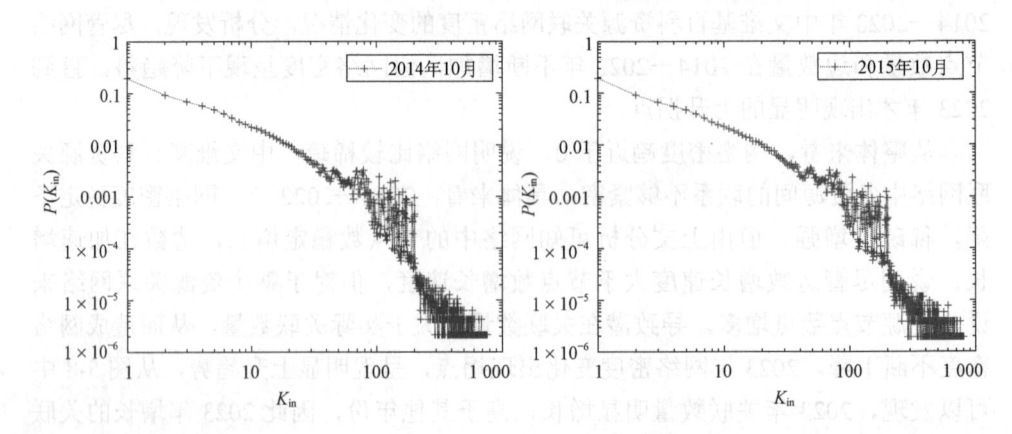

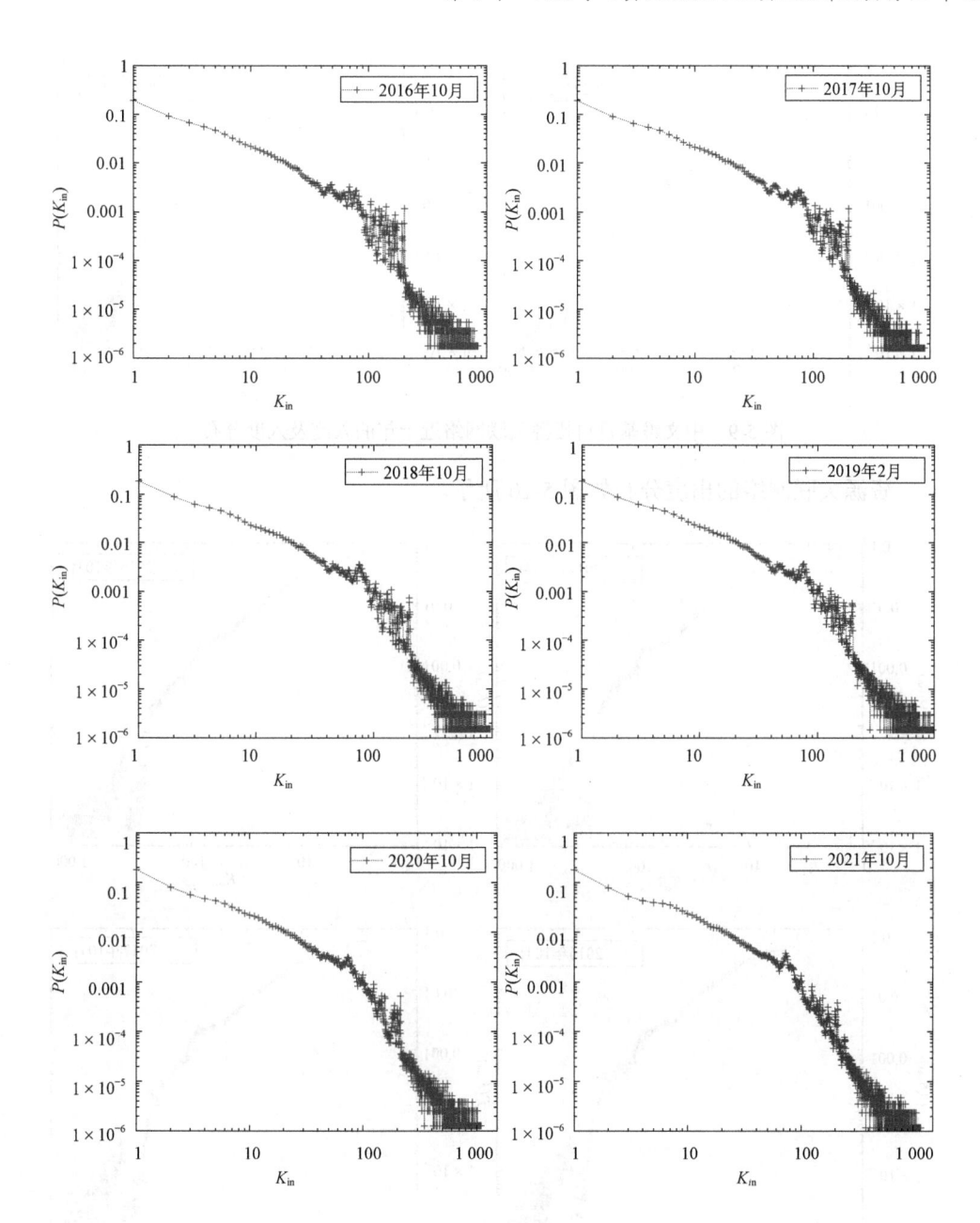

第 5 章　网络学习资源关联网络演化规律及其特征

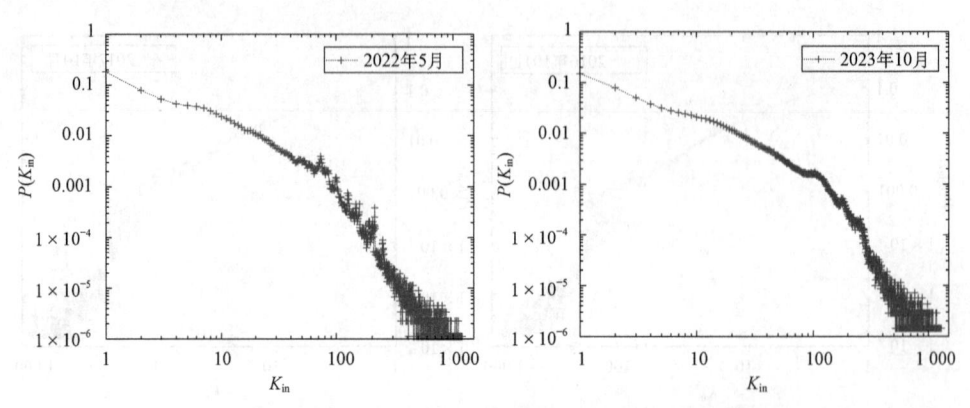

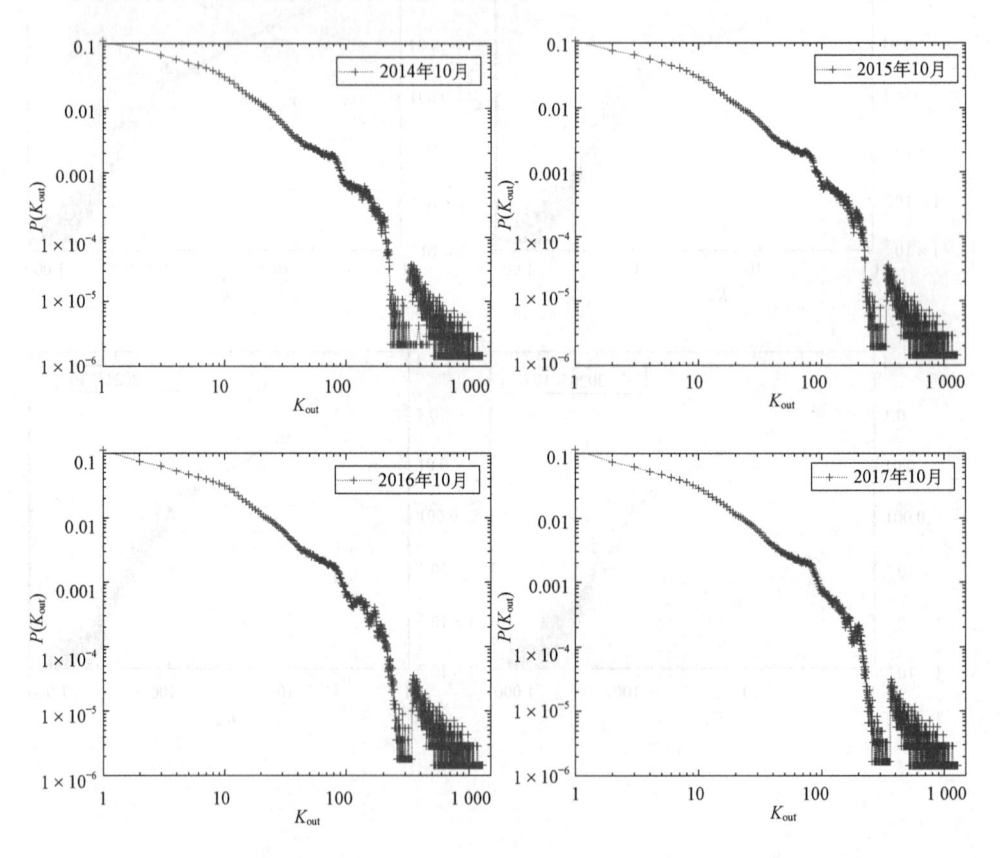

图 5-9　中文维基百科资源关联网络近十年的入度及入度分布

资源关联网络的出度分布如图 5-10 所示。

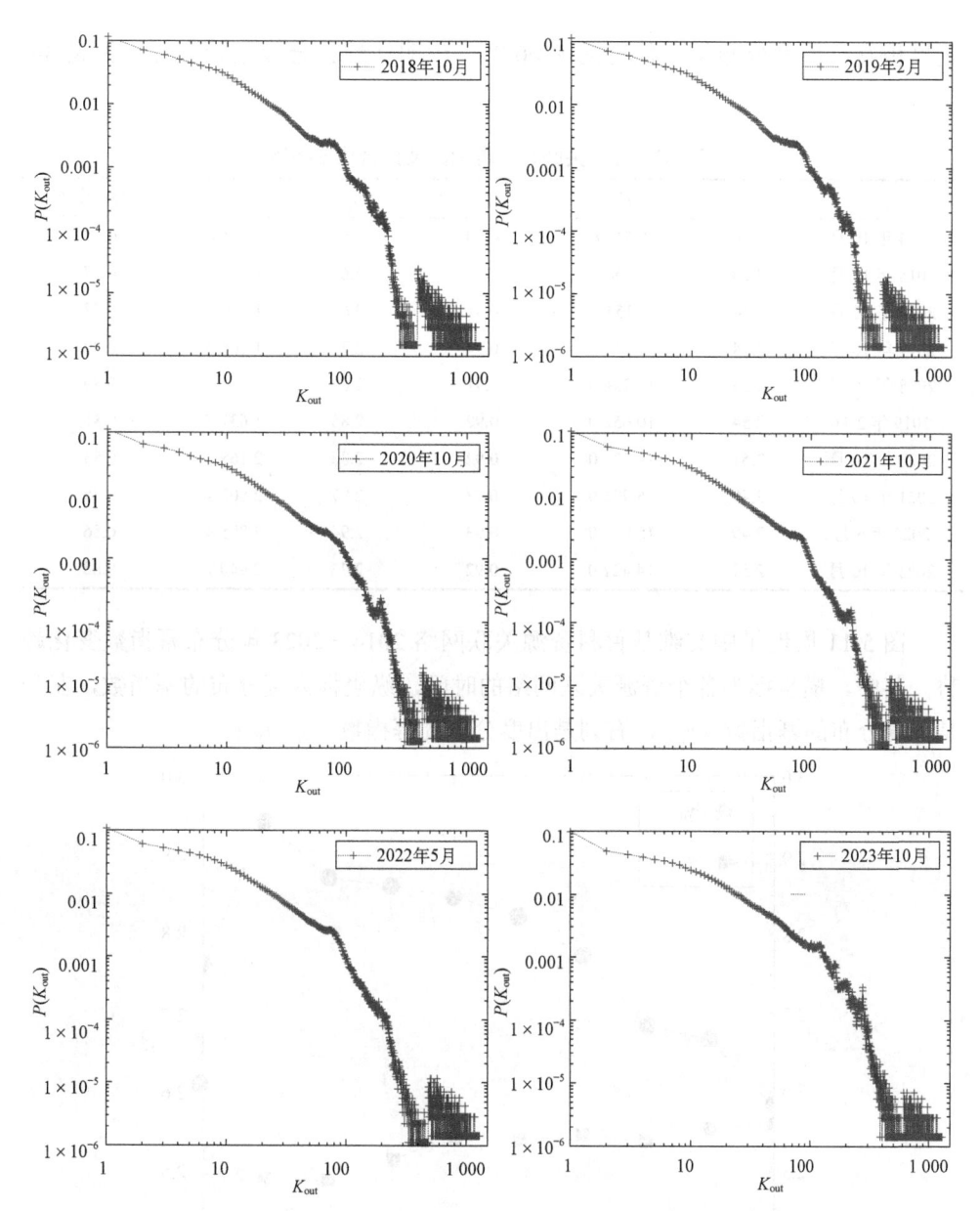

图 5-10　中文维基百科资源关联网络近十年的出度及出度分布

整体来看，在资源关联网络数十年的演化过程中，不管是网络入度及入度分布，还是出度及出度分布，都始终保持着幂律关系。

研究分别对入度分布和出度分布曲线图进行线性拟合，并计算了每条拟合直线的斜率，得到幂指数的值，其中入度分布拟合优度的 $R^2>0.90$，说明线性拟合效果极好；出度分布拟合优度的 R^2>0.77，说明线性拟合效果较良好，如表 5-6 所示。

表 5-6　资源关联网络幂指数及拟合优度检验

时间	γ_{in}	F	拟合优度 R^2	γ_{out}	F	拟合优度 R^2
2014 年 10 月	2.56	6 549.8	0.90	2.59	1 126.4	0.77
2015 年 10 月	2.56	7 168.6	0.90	2.67	1 106.1	0.77
2016 年 10 月	2.54	8 153.2	0.91	2.68	1 150.7	0.77
2017 年 10 月	2.54	9 458.9	0.91	2.77	1 368.0	0.79
2018 年 10 月	2.54	10 234.0	0.91	2.82	1 567.1	0.80
2019 年 2 月	2.54	10 652.0	0.92	2.85	1 631.7	0.81
2020 年 10 月	2.51	13 272.0	0.92	2.86	2 168.2	0.83
2021 年 10 月	2.49	15 471.0	0.93	2.87	2 502.4	0.85
2022 年 5 月	2.49	15 938.0	0.93	2.94	2 895.4	0.86
2023 年 10 月	2.52	14 422.0	0.92	2.76	2 940.7	0.83

图 5-11 展现了中文维基百科资源关联网络 2014—2023 年分布幂指数变化趋势。其中，横坐标为各个资源关联网络的时间，纵坐标为度分布的幂指数，左列是入度分布的幂指数（γ_{in}），右列是出度分布的幂指数（γ_{out}）。

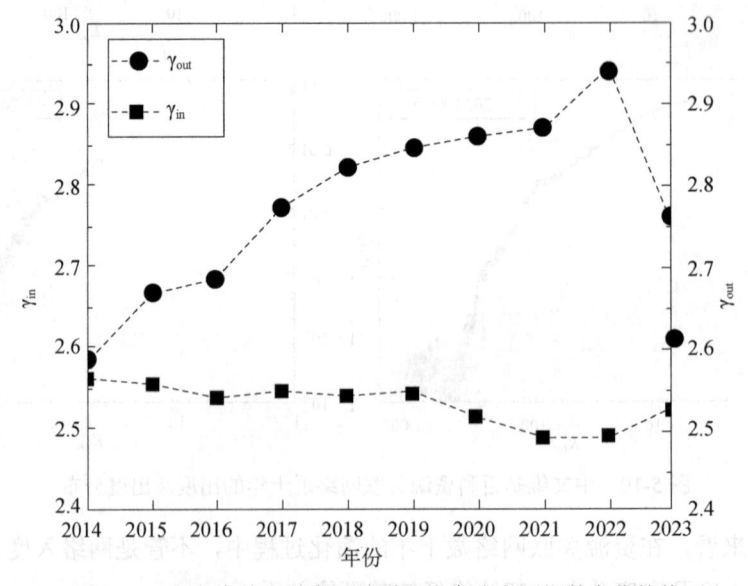

图 5-11　中文维基百科资源关联网络度分布幂指数变化趋势

从中文维基百科资源关联网络 2014—2023 年的演化过程来看，节点的度及度分布始终保持着幂律关系（幂指数保持在 2—3），属于无标度网络。2014—

2022年出度分布的幂指数均呈缓慢增长趋势，说明随着网络的演化，部分高连接度节点可能因为资源分散或过度负载而失去其中心地位，导致网络中的连接开始向低度节点转移。此现象表明网络结构正在经历一种"去中心化"的演变，出现更为分散的连接模式，低出度节点的重要性开始增强。

然而，2023年出度分布的幂指数突然下降。这反映出2023年网络拓扑结构中"少数节点拥有多数连接"的现象强化，节点度分布扭曲的程度越来越高，高度值节点获取新节点的连接优势正在强化。入度分布的幂指数呈波动式降低，这表明网络中相当一部分低度值节点在网络演化中也会有更多机会被连接，节点入度分布会更平坦化，预测入度分布幂指数会继续降低。

2. 小世界特征演化

小世界特征表现为多数节点除了与自身周围节点紧密关联以外，其与网络中其他任一节点也只需经过少数几个节点即可到达。对于小世界特征的"高聚集、短路径"特征，可分别通过平均聚类系数和平均路径长度两项指标进行定量描述。

通常小世界现象需要同时满足较大的聚类系数和较小的平均距离，即一般认为，满足聚类系数大于0.1而平均距离小于10的网络为小世界网络[①]。由表5-7可知，在中文维基百科资源关联网络中，任意两个条目之间只需要通过6个节点就可以联系在一起。2014—2023年，平均路径长度整体呈现下降趋势，从5.80逐渐减小到5.22。这可能表明网络变得更加紧密，或者网络中的节点连接性增强，使得任意两个节点之间的距离变得更短。2014—2022年，聚类系数保持相对稳定，在0.2左右。然而在2023年10月，聚类系数显著提高到0.35。这可能表明网络中的节点开始形成更加紧密的社区或群体，节点之间的局部连接性增强。

表5-7　不同年份的平均路径长度和聚类系数

时间	平均路径长度	聚类系数
2014年10月	5.80	0.20
2015年10月	5.74	0.19
2016年10月	5.77	0.19
2017年10月	5.76	0.20
2018年10月	5.69	0.20
2019年2月	5.69	0.20
2020年10月	5.63	0.20

---

① Valverde S，Cancho R F，Solé R V. Scale-free networks from optimal design[J]. Europhysics Letters，2002，60（4）：512-517.

续表

时间	平均路径长度	聚类系数
2021年10月	5.56	0.20
2022年5月	5.56	0.20
2023年10月	5.22	0.35

综合分析平均路径长度和聚类系数，中文维基百科资源关联网络表现出显著的小世界性，并且 2014—2023 年，网络的小世界特性逐渐明显。这种小世界现象说明在维基百科可以快速有效地实现资源的传播共享。

3. 网络有序性演化

蔡氏结构熵可用来度量网络静态结构的有序度。蔡氏结构熵值越大，其有序度越低，结构越趋向无序；相反，网络结构熵值越小，其有序度越高，结构越趋向有序。

图 5-12 显示，中文维基百科资源关联网络 2014—2022 年的蔡氏结构熵随着时间的演化，总体上呈上升趋势，2023 年出现明显下降。这表明，中文维基百科资源关联网络 2014—2022 年无序程度提升，在 2023 年发生变化，有序性增强。

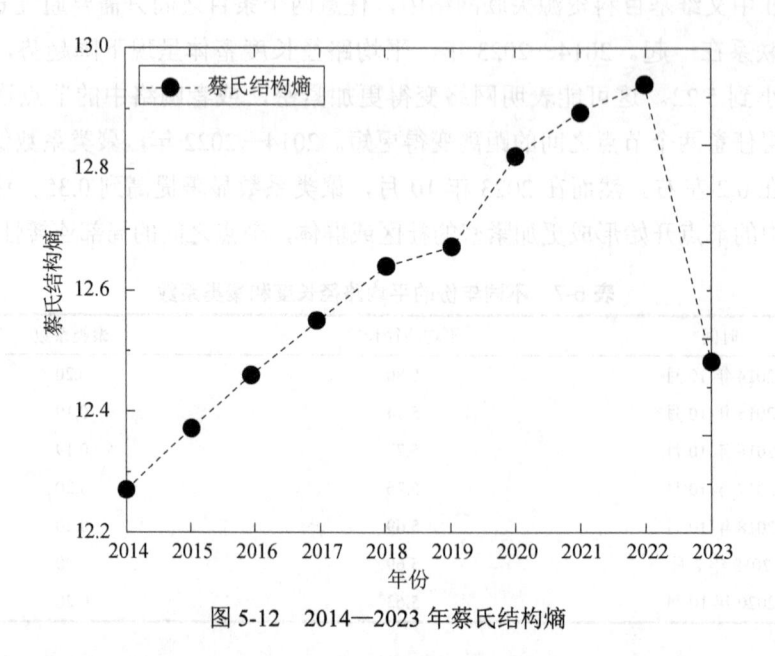

图 5-12　2014—2023 年蔡氏结构熵

关于 2023 年有序性增强的原因，我们可以通过熵变公式解释。在熵变公式

$\Delta d_s = \Delta d_{is} + \Delta d_{es}$ 中，是资源关联网络本身的熵增过程且不可逆，因此 Δd_{is} 恒大于 0；Δd_{es} 是网络与外界交换信息和能量引起的熵流。这表明 2023 年中文维基百科资源关联网络开放性增加，通过与外界物质的交换引入了负熵，使得 $\Delta d_{es} < 0$，网络有序性增强。

5.4.3 网络演化质量规律分析

对 2014—2023 年中文维基百科资源关联网络最大连通子图的各序参量进行计算并获取相关原始数据后，使用式（5-15）进行指标无量纲化，并映射到 [0,1]。具体而言，先计算向量的欧几里得范数，再进行标准规范化。标准化后数据如表 5-8 所示。

表 5-8　标准化处理后数据

年份	e_1	e_2	e_3	e_4	e_5	e_6	e_7	e_8
2014	0.2163	0.1871	0.3681	0.3852	0.3065	0.3073	0.2903	0.3256
2015	0.2376	0.2089	0.2892	0.3561	0.3111	0.3103	0.2758	0.3232
2016	0.2573	0.2256	0.3681	0.3286	0.3108	0.3088	0.2758	0.3208
2017	0.2808	0.2493	0.2999	0.3045	0.3165	0.3092	0.2903	0.3183
2018	0.3074	0.2865	0.2892	0.292	0.3193	0.3134	0.2903	0.3156
2019	0.3154	0.2966	0.1975	0.287	0.3209	0.3134	0.2903	0.3149
2020	0.361	0.3469	0.3681	0.2563	0.3199	0.3162	0.2903	0.3112
2021	0.3935	0.3788	0.3681	0.2355	0.3191	0.3204	0.2903	0.3092
2022	0.4106	0.4007	0.3239	0.2288	0.3232	0.3206	0.2903	0.3081
2023	0.3226	0.4624	0.2382	0.4277	0.3145	0.3412	0.508	0.3149

根据式（5-16）求出单个指标的贡献度，然后根据几何加权平均法计算每年的综合演化水平（表 5-9）。

表 5-9　演化贡献度

比较项	2014 年	2015 年	2016 年	2017 年	2018 年	2019 年	2020 年	2021 年	2022 年	2023 年
演化贡献度	0.29	0.30	0.29	0.30	0.31	0.32	0.30	0.30	0.31	0.38

综合上述数据来看，2014—2023 年，资源关联网络的综合贡献度缓慢波动式上升，2023 年，资源关联网络总体指标贡献度增速最高，这意味着 2023 年网络演化水平显著升高。

运用式（5-21）求出资源关联网络演化速度。在$[t_k,t_{k+1}]$时段内，当网络演化速度均为正（网络演化呈现上升趋势）时，网络演化速度值均位于横轴上方；当网络演化速度为负（网络演化呈现下降趋势）时，网络演化值均位于横轴下方；当网络演化速度有正有负（网络演化呈现上升或下降趋势）时，网络演化速度值分别位于横轴上方或下方，与横轴有一个交点。如果将两个相邻时间段内被评价对象变化速度状态在坐标轴上连接起来，则两点之间的连线即可表示被评价对象变化速度的运动轨迹，如图 5-13 所示。

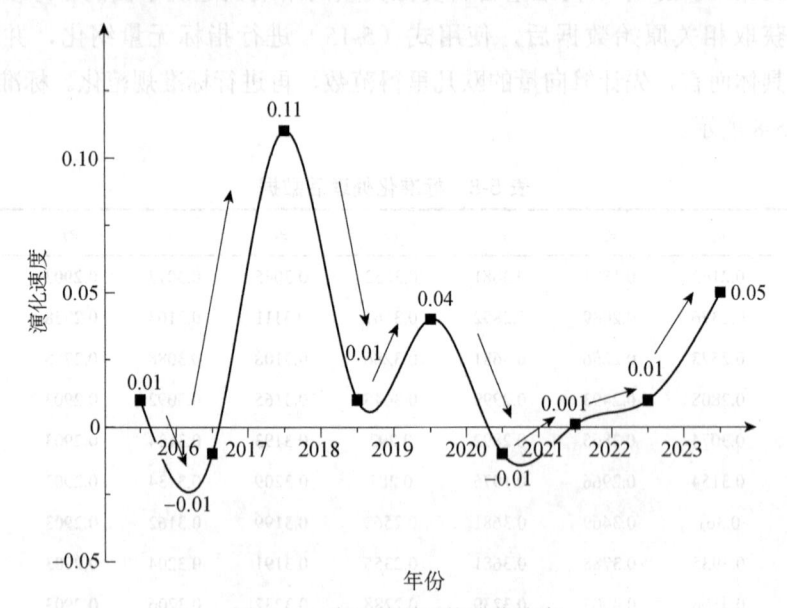

图 5-13 资源关联网络演化速度

V_i能够初步反映在 i 时刻资源关联网络演化速度变化情况。当 $V_i>0$ 时，资源关联网络演化加速，演化能力较强；当 $V_i<0$ 时，资源关联网络演化减速，演化能力较弱；当 $V_i=0$ 时，资源关联网络演化速度呈稳定态。由图 5-13 可见，资源关联网络演化速度变化经历了以下阶段：2015—2016 年，演化速度为正，网络演化加速，演化能力较强；2016—2017 年，演化速度为负，网络演化短暂减速。2017—2020 年，演化速度持续为正，网络演化经历了长时间加速。2020—2021 年，演化速度再次为负，网络短暂减速后恢复至正值。2021—2023 年，演化速度为正，网络继续加速演化。

接着根据式（5-22）—式（5-25）计算得到资源关联网络演化速度状态、演化速度趋势和演化质量，见表 5-10。

1. 演化速度状态变化

2015—2020 年的演化速度状态数据显示，中文维基百科资源关联网络演化速度状态值不断升高，网络朝高质量方向发展；然而 2020—2021 年，演化速度状态值突然下降，这一年中网络低质量发展；2021—2023 年，网络演化速度状态值逐渐上升，网络朝高质量方向演化（表 5-10）。总的来看，尽管 2020—2021 年的演化速度状态出现了负值，但整体演化速度状态呈上升态势，网络整体朝高质量演化的方向发展。

表 5-10　资源关联网络演化状态、演化趋势和演化质量

比较项	2015—2016 年	2016—2017 年	2017—2018 年	2018—2019 年	2019—2020 年	2020—2021 年	2021—2022 年	2022—2023 年
演化速度状态 Q	0.001	0.002	0.009	0.008	0.028	−0.005	0.004	0.420
演化速度趋势 γ	0.991	1.009	0.998	1.056	0.983	1.006	1.008	1.013
演化质量 Y	0.001 良好	0.001 良好	0.009 良好	0.009 良好	0.027 良好	−0.004 较差	0.004 良好	0.042 良好

2. 演化速度趋势变化

演化速度趋势值在整个研究期间基本保持在 1 左右，资源关联网络演化速度趋势在递增和递减之间徘徊，尽管加速度状态有所波动，但长期来看，关联网络演化速度趋势仍保持着较为稳定的增长趋势。这也符合生态位态势理论中"势"总是由低态势向高态势发展的变化规律。需要说明的是，2020—2021 年，网络演化速度状态值为−0.005，是 2014—2023 年唯一网络演化质量较差的时期。这说明网络的演化在此期间出现了短暂的减速，但演化速度趋势发挥了激励作用，通过缓解演化速度的下降，网络的演化质量有所恢复。

3. 关联网络演化质量

演化速度状态和演化速度趋势共同决定了演化质量。根据式（5-25）得出中文维基百科资源关联网络演化质量，如图 5-14 所示。2016—2020 年，网络演化质量大于 0 且呈上升趋势，网络演化质量较高，势头更猛。2020—2021 年，网络演化质量值短暂降至−0.04，但由于演化速度趋势值保持在 1.006，网络演化的调整和恢复仍在继续，说明此时的下行趋势较短，未对整体网络发展造成长期影响。进一步根据式（5-26）计算 2014—2023 年资源关联网络的总体演化质量，其结果约为 0.0125，大于 0，表明该网络总体演化质量较好。

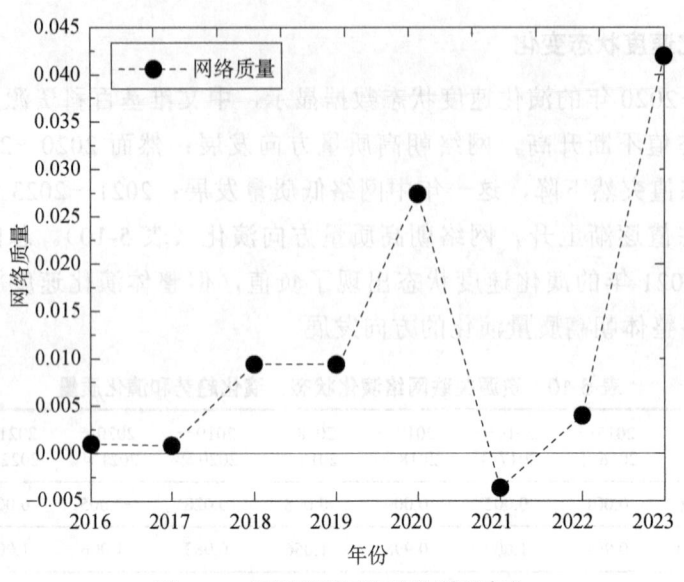

图 5-14　资源关联网络演化质量变化

5.4.4　演化规律总结及讨论

1. 规模演化规律：资源关联网络是一个大规模、稀疏网络，边随节点异速增长

中文维基百科资源关联网络数据显示，2014—2023 年，其规模显著扩大，主要体现在网络中的节点数量和边数量增长上。节点数量从 2014 年的 834 242 个增长至 2023 年的 1 592 677 个，几乎翻了一番。边数量从 2014 年的 11 480 543 条增长至 2023 年的 40 260 645 条，增长幅度远大于节点数的增长，符合超线性增长规律。这种大规模的拓展不仅体现了资源关联网络的广泛覆盖和连接能力，也反映了资源群体在这一时期内的迅速积累和丰富。

然而，尽管网络规模极大，资源关联网络密度却始终保持在较低水平。与学习者对话网络密度（0.167）[①]、社会网络密度（0.047）[②]相比，资源关联网络更稀疏。2014—2022 年，资源关联网络的密度总体呈现下降趋势，这与基于师生讨论区交互数据构建的网络密度变化趋势明显不同（从教学初期的 0.045 上升至教

[①] 蒋纪平，胡金艳，张义兵. 促进社区知识形成的知识建构对话发展研究：基于社会网络和时序分析的方法[J]. 远程教育杂志，2021，39（4）：94-103.

[②] 周炫余，陈丽，郭玉娟，等. 数量和质量并重的社会交互网络构建方法创新及验证研究[J]. 中国远程教育，2022（9）：61-68+79.

学后期的 0.070）[1]。网络密度低表明资源节点之间的直接联系依然较少，潜在关联数量远远大于实际关联数量，可能影响资源关联网络中信息传播和流动的水平。此外，网络直径经历了多个波动期，表现出较强的变化特性。

2. 结构演化规律之一：资源关联网络具有明显的复杂网络特征，且向分布更均匀的网络演化

资源关联网络的复杂网络特征在无标度和小世界性质上表现得日益显著。从无标度性质来看，2014—2023 年，中文维基百科资源关联网络的入度分布和出度分布均符合幂律特征。与之相比，英文维基百科网络分析显示相同点和不同点：两者均具有小世界特征，且入度分布符合幂律关系，但英文维基百科的出度分布呈现广延指数分布[2]。在教育场景中存在着更为普遍的幂律分布和小世界现象，如社会交互网络具备小世界特征[3]；在线开放课程的注意力流网络中，集体注意力的交换量与流转量之间存在幂律关系[4]等。综上所述，本研究进一步验证了教育领域中出现的复杂网络规律。

结合以上规律，建议鼓励用户积极创建和编辑更多条目，以避免过度依赖少数核心节点。通过将新加入的条目链接至已有的高影响力条目，并关注低度值条目的发展，资源将实现更均衡的分配。

3. 结构演化规律之二：资源关联网络出现熵减，由无序状态过渡到有序状态

在网络演化初期，网络的结构不稳定，这时网络规模的增大对网络结构的变化的促进作用较大，所以网络演化初期网络结构熵的增长率较大。在网络演化的中期，此时网络的结构较为稳定，网络节点的增加对网络结构有一定的影响，但是引起的网络结构的变化程度与网络成长初期相比已经变得较小，使得网络结构熵的增加逐步变缓。最后，在网络演化的后期，网络的结构基本稳定，网络规模的增大对于网络结构的变化已经非常微小，所以网络结构熵在网络成长的成熟期

---

[1] 周平红，周洪茜，张屹，等. 深度学习视域下学习者协同知识建构历程的社会认知网络特征分析[J]. 电化教育研究，2021，42（9）：99-107.

[2] 潘旭伟，杨祎，王世雄，等. 知识协同视角下 Wiki 知识网络的特性研究：以 Wikipedia 为例[J]. 情报学报，2013，32（8）：817-827.

[3] 周炫余，陈丽，郭玉娟，等. 数量和质量并重的社会交互网络构建方法创新及验证研究[J]. 中国远程教育，2022（9）：61-68+79.

[4] 张婧婧，杨业宏. 在线学习中的幂律法则：基于开放与平衡流系统的新指标[J]. 远程教育杂志，2019，37（4）：96-105.

增长非常缓慢，基本趋于稳定[①]。

　　热力学第二定律指出了孤立系统自发地朝熵增加的方向的方向单调演化，且这个过程是不可逆的。一切生命系统的有序演化都以系统与环境不断交换物质、能量和信息为先决条件，开放性是系统有序演化的必要条件[②]。要使系统从无序状态转变为在时间上、空间上或功能上的有序状态，关键在于系统可以持续不断地与外界进行互动，引入能够促进自身演化的负熵，抑制自身体内正熵的增长速度，进而使自己获得更好的发展。

　　因此，为了保持自身的持续健康演化，中文维基百科等数字资源平台需要加强与外界系统的联系，增强平台的开放性，以促进其向系统性优化与更复杂的生态系统迈进。此外，2023年熵减的本质原因，是资源关联网络已经进入平衡态在涨落时出现的暂时熵减，还是在2022—2023年达到了一个新的稳定态，还需要进一步探讨。

4. 演化质量评价：资源关联网络十年间演化质量整体良好

　　为弥补当前教育领域中网络质量评价相关研究的不足，本研究创新性地提出融合"演化速度状态"和"演化速度趋势"的网络演化质量评价方法，并关注到长周期演化中资源关联网络质量变化的阶段性特征。分析结果表明，中文维基百科资源关联网络的演化质量在研究期间分别经历了高质量发展阶段、质量下行阶段和质量回升阶段。具体来说，2015—2020年，资源关联网络的演化速度状态呈现持续正值，表明网络演化处于加速状态，演化能力较强。演化速度趋势的变化虽然有一定的波动（如2017—2018年、2019—2020年小于1），但总体上保持了较为稳定的增长态势。最后计算2014—2023年资源关联网络总体演化质量水平，发现资源关联网络在这十年的演化质量总体为良好水平。

　　综上可知，资源关联网络的演化速度状态和演化速度趋势的相互作用使得网络在总体上保持了较强的演化能力，并持续朝向高质量的演化方向进行发展。这些发现为资源关联网络管理和优化提供重要的参考信息，资源关联网络演化质量的变化提示我们要更加关注资源关联网络规模和结构中的各个序参量的变化，促进各要素间协调发展，防止"短板效应"和"结构失衡"。维基百科等协作平台中的资源演化过程同样受到类似的影响，可通过调整激励或惩罚政策对演化状态进行修正，推动资源关联网络的稳定演化和高质量发展。

---

　　① 罗鹏，李永立，吴冲．利用网络结构熵研究复杂网络的演化规律[J]．复杂系统与复杂性科学，2013，10(4)：62-68．

　　② 许国志．系统科学[M]．上海：上海科技教育出版社，2000：25．

第 6 章　网络学习资源平台演化阶段及其规律识别

教育数字化转型背景下，我国积极推进网络学习资源建设、汇聚和共享，依托国家智慧教育公共服务平台已形成"四大平台、一大厅、多专区/服务"的平台架构和"三横三纵"的学习资源体系，为教育高质量发展提供了坚实的资源支持。然而，当前资源平台仍存在诸如资源内容质量无法保障、资源获取引导方式不明确、资源的个性化智能推荐不足等问题[①]，难以满足教师和学生的需求，学习资源平台亟须进行可持续的演化。为此，研究者尝试采用不同研究方法评价资源平台质量，以促进网络学习资源平台发展。如何划分多模态网络学习资源平台的发展阶段？如何识别网络学习资源平台发展状态？如何揭示网络学习资源平台发展过程？以上问题亟须解答。围绕这些问题，本章将系统梳理网络学习资源平台的发展历程、评价方法以及系统仿真法在学习资源研究的应用现状，划分网络学习资源平台演化阶段，构建资源平台演化阶段识别模型，并采用系统仿真方法揭示网络学习资源平台演化过程及规律。

6.1　相 关 研 究

6.1.1　网络学习资源平台的发展历程

伴随媒体技术和数字教育资源发展，国内外都在积极推进网络学习资源平台建设。依据资源平台发展历程不同，目前平台的发展阶段可以划分为两阶段型、三阶段型、四阶段型、五阶段型四种类型，具体如表6-1所示。

---

① 中华人民共和国国家互联网信息办公室. 第47次中国互联网发展状况统计报[EB/OL]. http://www.cac.gov.cn/202102/03/c_1613923423079314.html.（2021-02-03）[2024-06-15］.

表 6-1 资源平台的发展阶段代表性观点

类型	年份	研究者	代表性观点
两阶段型	2015	刘征驰等[①]	网络虚拟社区发展分为初始、成熟两个阶段
三阶段型	2008	罗发奋和袁松鹤[②]	远程教学与管理平台发展分为基于教学法的功能阶段、可用性阶段、有用性阶段
	2011	Lin[③]	知识管理平台发展应该分为启动、发展和成熟三个阶段
	2018	石海瑞等[④]	平台发展应该分为初始期、成长期、成熟期
	2019	王宏起等[⑤]	科技资源共享平台发展应该分为建设推进阶段、专业化转型阶段、生态化智能发展阶段
	2019	张镒等[⑥]	平台发展应该分为初创阶段、发展阶段、成熟阶段
	2020	李长云和王艳芳[⑦]	区域科技服务平台发展应该分为驱动力培育阶段、协同发展阶段、自我完善阶段
	2021	葛安茹和唐方成[⑧]	平台发展应该分为初创期、成长期、成熟期
	2021	Poma 等[⑨]	MOOC 平台发展应该分为规划、开发和展示三个阶段
四阶段型	1973	Nolan[⑩]	企业资源平台建设需要经历初始、扩展、控制和集成四个阶段
	2012	张一春[⑪]	平台建设需要经历共享、共建、共生、共知四个阶段
	2015	王涛[⑫]	平台发展将经过单项技术应用期、综合技术整合期、使用者的连通期、群体智能的涌现期这四个时期的进化历程
	2016	胡立如等[⑬]	平台的发展目前已经历了内容管理系统、学习管理系统、学习内容管理系统和学习活动管理系统等四个阶段
	2016	柯清超等[⑭]	国家教育资源公共服务平台已经历了征集、汇聚、共建、捐赠四个阶段

① 刘征驰,田小芳,石庆书. 网络虚拟社区知识分享治理机制[J]. 管理学报, 2015, 12 (9): 1394-1401.

② 罗发奋, 袁松鹤. 远程教学与管理平台的研究及划分[J]. 电化教育研究, 2008, 29 (5): 28-32.

③ Lin H F. Antecedents of the stage-based knowledge management evolution[J]. Journal of Knowledge Management, 2011, 15 (1): 136-155.

④ 石海瑞, 孙国强, 张宝建. 平台生态系统演化的基模构建及政策解析[J]. 中国科技论坛, 2018 (7): 113-123.

⑤ 王宏起, 李佳, 李玥. 基于平台的科技资源共享服务范式演进机理研究[J]. 中国软科学, 2019 (11): 153-165.

⑥ 张镒, 刘人怀, 陈海权. 平台领导演化过程及机理：基于开放式创新生态系统视角[J]. 中国科技论坛, 2019 (5): 152-162.

⑦ 李长云, 王艳芳. 区域科技服务平台生态系统共生演化机理研究[J]. 科技与管理, 2020, 22 (2): 75-82.

⑧ 葛安茹, 唐方成. 基于平台包络视角的平台生态系统竞争优势构建路径研究[J]. 科技进步与对策, 2021, 38 (16): 84-90.

⑨ Poma A, Rodríguez G, Torres P. User experience evaluation in MOOC platforms: A hybrid approach[J]// Communications in Computer and Information Science, 2021. DOI:10.1007/978-3-030-92325-9_16.

⑩ Nolan R L. Managing the computer resource[J]. Communications of the ACM, 1973, 16 (7): 399-405.

⑪ 张一春. Web2.0 时代信息化教学资源建设的路径与发展理念[J]. 现代远程教育研究, 2012 (1): 41-46.

⑫ 王涛. 从信息系统发展阶段理论看网络学习平台的进化[J]. 现代教育技术, 2015, 25 (5): 47-52.

⑬ 胡立如, 张宝辉, 周榕. 从软件进化的视角看网络学习平台的演变趋势[J]. 电化教育研究, 2016, 37 (1): 72-78+12.

⑭ 柯清超, 郑大伟, 张文, 等. 国家教育资源公共服务平台评价机制研究[J]. 中国电化教育, 2016 (9): 8-15.

续表

类型	年份	研究者	代表性观点
四阶段型	2017	李玥等[①]	区域科技资源共享平台需要经历建设期、发展期、成熟期和转型期
	2018	Seidametova[②]	MOOC 学习平台的发展有生产前、生产、生产后和维护四个阶段
	2021	郭东坡等[③]	平台发展应该分为建设阶段、汇聚阶段、应用阶段、推广阶段
五阶段型	1999	Palloff 和 Pratt[④]	平台发展都要经历形成、规范、震荡、成熟和衰退五个发展阶段

综上，不同研究者对资源学习平台发展阶段的划分标准不一，较多研究将资源平台发展归结为三阶段型和四阶段型。在三阶段型中，平台通常被划分为初创阶段、成长阶段以及成熟阶段。在四阶段型中，网络学习资源平台的发展经历了一个循序渐进的过程，通常被划分为建设阶段、汇聚阶段、应用阶段和推广阶段。随着新一代信息技术不断成熟和应用，网络学习资源平台发展逐渐呈现大规模化、多模态化和开放协同化的新趋势。但上述研究主要关注社区中的单一模态资源平台，对资源平台发展阶段的基本规律认识模糊，缺乏有效的学习资源平台发展阶段诊断模型。因此，亟须开展在大规模、开放协同环境下网络学习资源平台发展阶段的识别研究，以促使学习资源平台不断优化和创新。

6.1.2 网络学习资源平台的评价方法

分析粒度的界定和评价方法的有效性直接关乎网络学习资源平台的评价质量。首先，分析粒度的界定是评价网络学习资源平台的基础和前提。界定过程中，需要对平台各个方面进行详细分析，据此确定适当的指标。这些指标能够有效表征资源活跃性、用户活跃性以及交互活跃性，揭示平台的性能和效益。其次，评价方法的有效性对测评网络学习资源平台至关重要。目前，国内外学者提出了多种评价方法来评估网络学习资源平台质量和性能，包括定性分析、定量分析以及结合定性和定量分析的混合评价方法。

---

① 李玥，张雨婷，李佳. 演化视角下区域科技资源共享平台集成服务模式研究[J]. 中国科技论坛，2017 (2)：51-57.

② Seidametova Z. Design and Development of MOOCs[C]//ICTERI Workshops, 2018: 462-471.

③ 郭东坡，刘三，李卿，等. 社会实践视域下数字教育资源众包模型研究[J]. 中国电化教育，2021 (2)：51-60.

④ Palloff R M, Pratt K. Building Learning Communities in Cyberspace: Effective Strategies for the Online Classroom. Jossey-Bass Higher and Adult Education Series[M]. San Francisco, CA: Jossey-Bass Publishers, 1999.

1. 定性分析

定性分析主要包括访谈法和观察评价法。其中，访谈法包括结构化访谈和半结构化访谈两种形式，研究人员将对话文本和访谈内容进行定性分析，以深入理解受访者的观点、态度和经验，从而产生丰富的研究结果[1]。例如，Ventayen 等利用访谈法评估学习管理系统（learning management system，LMS）GSuite 教室的功能、特点以及学生的满意度等[2]。访谈法能够收集用户在平台使用过程中的及时反馈，以便对平台进一步调整和部署。该方法的优势在于可以在不中断平台使用的情况下即时获取用户的过程性数据，更深入地了解用户的体验和需求[3]。然而，访谈法在规模化应用方面具有一定的挑战性，大多数原始数据通常需要人工分析，在访谈开展时可能对访谈对象的数量有一定限制[4]。

观察评价法是一种通过外部观察者填写测评问卷来评价网络学习资源平台的方法。这些问卷包括观察者对平台质量的主观看法，也包含客观的测量量表。Al-Alwani 的研究采用了以专家为导向的方法，由 42 名高等教育领域专家组成的小组对沙特阿拉伯高等教育课程中电子教育的质量进行评估[5]。Freire 等[6]和 Ardito 等[7]利用观察评价法对电子学习平台的可用性进行了评估。观察评价法的优势在于它能够对学习平台的使用过程进行实时测量，且这种方法对用户的干扰程度较小。但是，观察评价方法要求观察员具有较高的专业素养。

综上，访谈法能有效评估网络学习资源平台，但要考量如何平衡获取详细数据与保证分析效率之间的关系。观察评价方法则需要细致考虑观察员的素质和专业背景，以保证评价的准确性和可靠性。因此，面对不同现实条件应当选择不同

---

[1] Bluemink J, Järvelä S. Face-to-face encounters as contextual support for web-based discussions in a teacher education course[J]. The Internet and Higher Education, 2004, 7 (3): 199-215.

[2] Ventayen R J M, Estira K L A, De Guzman M J, et al. Usability evaluation of google classroom: Basis for the adaptation of gsuite e-learning platform[J]. Asia Pacific Journal of Education, Arts and Sciences, 2018, 5 (1): 47-51.

[3] Missett T C, Reed C B, Scot T P, et al. Describing learning in an advanced online case-based course in environmental science[J]. Journal of Advanced Academics, 2010, 22 (1): 10-50.

[4] Bluemink J, Järvelä S. Face-to-face encounters as contextual support for Web-based discussions in a teacher education course[J]. The Internet and Higher Education, 2004, 7 (3): 199-215.

[5] Al-Alwani A. Evaluation criterion for quality assessment of E-learning content[J]. E-Learning and Digital Media, 2014, 11 (6): 532-542.

[6] Freire L L, Arezes P M, Campos J C. A literature review about usability evaluation methods for e-Learning platforms[J]. Work, 2012, 41 (1): 1038-1044.

[7] Ardito C, De Marsico M, Lanzilotti R, et al. Usability of e-Learning tools[C]//Proceedings of the Working Conference on Advanced Visual Interfaces. ACM, 2004: 80-84.

的评价方法，从而更好地辅助研究者评估网络学习资源平台的性能和用户体验。

2. 定量分析

定量分析方法是对教育问题的说明提供数量的依据，主要包括通过问卷调查方法来获取用户的评价信息[1]。曹伟和丁雪华[2]、刘述[3]从用户体验的角度出发，编制调查问卷，采集用户和专家的体验数据[4]，深入剖析了影响学习平台体验的关键因素，并对各指标要素进行了权重分析与赋值，据此提出一套用于衡量用户感知服务质量的指标体系[5]。问卷调查方法的优势在于适用范围广泛、容易实施、成本较低。但同样也存在一些不足：首先，获取的数据通常是结果型数据，难以获得用户的即时数据和过程性数据，在一定程度上影响对平台的动态监测和分析。其次，问卷调查量表受研究对象、场景等因素影响较大，因此在跨群体、跨情境和跨任务的测量时，其有效性难以保证。

为克服问卷调查方法在测评时的局限性，研究者尝试采用对比分析。国内外大多数研究者通常从不同维度对网络资源平台进行对比评价，比如 Ouadoud 等对摩洛哥的四个免费电子学习平台的维度、规格和基本标准进行了对比分析研究[6]。陈爱霞等[7]、李飞燕和廖正微[8]、罗发奋和袁松鹤[9]选取了国内外知名在线学习平台为样本，从教学资源供给、学习活动组织、学习支持服务等方面对平台的学习体验进行对比分析、总结平台建设特点。Ssemugabi 和 De Villiers [10]、Fakhimi 等[11]为了确定文献总结的平台评估框架的有效性，利用对比分析法对电子学习平台进行

---

[1] 姜凤华. 教育研究的定量分析方法[J]. 中国教育学刊，1997（5）：56-58.

[2] 曹伟，丁雪华. 社区教育服务质量评价模型及指标体系研究[J]. 中国远程教育，2014（11）：69-75+92.

[3] 刘述. 用户视角下在线学习平台体验研究[J]. 电化教育研究，2019，40（10）：47-52.

[4] 谭继安，梁建胜. 师生视角下职业教育资源库评价与应用研究[J]. 湖北开放职业学院学报，2019，32（5）：43-44+49.

[5] 吴振涛，周利江. 基于在线学习平台的数据分析研究[J]. 中国教育信息化，2019（17）：31-34.

[6] Ouadoud M，Chkouri M Y，Nejjari A，et al. Studying and comparing the free e-learning platforms[C]//2016 4th IEEE International Colloquium on Information Science and Technology（CiSt）. IEEE，2016：581-586.

[7] 陈爱霞，范钦，巩利芳. 国内三大在线学习平台学习体验的比较研究[J]. 广东开放大学学报，2022，31（1）：18-23.

[8] 李飞燕，廖正微. 湖北省部属、省属本科院校在线学习平台现状调研[J]. 软件导刊（教育技术），2017，16（4）：72-75.

[9] 罗发奋，袁松鹤. 远程教学与管理平台的研究及划分[J]. 电化教育研究，2008，29（5）：28-32.

[10] Ssemugabi S，De Villiers M R. Usability and learning：A framework for evaluation of web-based e-learning applications[C]//EdMedia+ Invate Learning. Association for the Advancement of Computing in Education（AACE），2007：906-913.

[11] Fakhimi M，Stergioulas L，Abbasi M，et al. Methodology and evaluation framework for measuring impact of an e-learning platform[C]//EDULEARN14 Proceedings. IATED，2014：2150-2155.

了学习者体验的调查评估。张伟远和王立勋[1]、王珠珠和张伟远[2]选择国内网上教学平台及网站为样本，利用比较分析法归纳分析这些平台的特征和异同。穆肃等利用比较分析法归纳分析构建了网上学习环境的评价模型[3]。比较分析法具有评估结果更可靠有效的优点，但存在仅适用于数量有限的情况的局限性，操作也不太方便[4]。因此，研究者需要根据研究问题和可用数据选择合适的方法评估网络学习资源平台。

3. 定性和定量分析相结合

教育现象错综复杂，不仅有可量化的内容，还有不可量化的内容。利用定性和定量分析相结合的方法，能够对教育现象做出准确、迅速、实用的评价。Ismail 等[5]和 Alshaher[6]为评估学生对在线教学平台的评价，利用访谈法及问卷调查法开展了"在电子学习中影响学习者满意度的环境因素的调查"。张伟远和王立勋采用了国际比较、文献分析、问卷调查等多种研究方法，确定了网上教学环境评定指标体系[7]。胡光明和吴群妹运用了关联矩阵法，从用户的角度出发构建了一个具有针对性的教学资源库评价体系[8]。此外，多标准决策分析和层次分析法也是融合定性与定量分析的有效手段。Colace 等[9]为了准确评估在线学习平台的潜力以及郑颖等[10]为了评价资源库，均采用了多标准决策分析和层次分析法，评估了其所在场景的有效性。多目标决策分析法优点在于它能将复杂问题分解为各组成要素，并按照支配关系形成递阶层次结构，帮助确定备选方案，使所有目标达到最佳

---

① 张伟远，王立勋. 网上教学平台的特征之国际比较[J]. 江苏广播电视大学学报，2003，14（5）：5-11+46.

② 王珠珠，张伟远. 我国普通高校网上教学平台及网站建设的现状分析[J]. 中国远程教育，2005（2）：40-44+79-80.

③ 穆肃，袁松鹤，丁新. 我国远程教育试点高校网络学院门户网站的分析研究[J]. 中国电化教育，2006（7）：22-26.

④ 张伟远. 网上学习环境评价模型、指标体系及测评量表的设计与开发[J]. 中国电化教育，2004（7）：29-33.

⑤ Ismail H, Khelifi A, Harous S. A cognitive style based framework for usability evaluation of online lecturing platforms：A case study on zoom and teams[J]. International Journal of Engineering Pedagogy，2022，12（1）：104-122.

⑥ Alshaher A. The McKinsey 7S model framework for e-Learning system readiness assessment[J]. International Journal of Advances in Engineering & Techlogy，2013，6（5）：1948-1966.

⑦ 张伟远，王立勋. 网上教学环境评定指标体系之研究[J]. 中国远程教育，2003（17）：34-39+78-79.

⑧ 胡光明，吴群妹. 基于关联矩阵的用户视角教学资源库评价模式研究[J]. 湖北工业职业技术学院学报，2021，34（5）：70-73.

⑨ Colace F, De Santo M, Pietrosanto A. Evaluation models for e-Learning platform：An AHP approach[C]// Proceedingsof Frontiers in Education. 36th Annual Conference. IEEE，2006：1-6.

⑩ 郑颖，徐高峰，童章成. 基于层次分析法的职业教育专业教学资源库绩效评价指标体系的构建[J]. 纺织服装教育，2021，36（4）：379-384+488.

状态。该方法的局限在于，对于不同性质的目标，难以实现单位统一的比较，且各目标加权值的分配常受主观因素的影响。因此，综合利用定性和定量方法及多目标决策分析方法，可以更全面地评价教育现象，提供更准确和有用的评估结果。这有助于更好地理解和改进教育平台和资源，以提供更高质量的教育服务。

综上所述，本研究发现学习资源平台测评的方法主要包含文献分析、国际比较、问卷调查、专家论证等。同时，建立网络学习资源平台的评价体系需要重点考虑科学性和实用性两个原则，如果不能够遵循这两个原则，那么评价体系的构建将不具备任何意义[①]。鉴于此，未来对学习资源平台的评价方法可以基于文献与访谈得出较为可行的网络学习资源平台评估指标，再利用德尔菲法验证评估指标的科学性，最后基于这些科学的指标构建计算模型评判网络学习资源平台的发展状况，从而更加科学、全面地揭示网络学习资源平台的建设质量。

6.1.3 系统仿真法在学习资源研究的应用

基于学习资源平台评价，国内外研究学者进行了一系列关于系统仿真法在学习资源方面应用的研究，旨在深入探究学习资源的演化机制，明晰学习资源平台发展的内在联系，以提高学习资源的质量。目前系统仿真法在学习资源研究中常用的仿真软件主要划分为三大类：时域仿真、多主体仿真和系统动力学仿真。

1. 时域仿真

在时域仿真方面，Matlab 可以提供丰富的工具和函数来进行仿真分析。Matlab 作为数值计算领域的杰出工具，以矩阵为核心数据单元，已广泛应用于数理统计、动态系统仿真等多个领域，成为这些领域的首选计算平台[②]。从研究场景来看，Matlab 主要在两个领域应用较为广泛，分别为知识交互和产学研协同创新。在知识交互领域，研究者致力于探索用户知识转化与共享的演化博弈[③]，他们借助 Matlab 软件模拟知识的交互机理[④]、演进机制[⑤]以及规

---

① 王秋菊. 社区教育在线学习平台评价体系的设计研究[J]. 通讯世界，2019，26（9）：41-43.

② 谷建涛，佟玉霞，付景红. 一阶偏微分方程的 Mathematica 和 Matlab 解法比较[J]. 河北理工大学学报（自然科学版），2008，108（2）：40-42.

③ 侯贵生，王鹏民，杨磊. 在线健康社区用户知识转化与共享的演化博弈分析[J]. 情报科学，2017，35（7）：31-38.

④ 龙跃，顾新，张莉. 产业技术创新联盟知识交互的生态关系及演化分析[J]. 科学学研究，2016，34（10）：1583-1592.

⑤ 彭晓芳，吴洁，盛永祥，等. 创新生态系统中多主体知识转移生态关系的建模与实证分析[J]. 情报理论与实践，2019，42（9）：111-116.

律[1]，更深入地了解知识交互的动态过程[2]。在产学研协同创新领域，叶伟巍等[3]对产学研协同创新的动态演进机制进行了深入探索和研究，利用 Matlab 软件进行仿真分析，以评估不同因素对产学研联盟稳定性的影响[4]。

为规避 Matlab 在符号功能上的限制，一些研究者采用 Mathematica 进行仿真分析。比如，龙跃等深入研究了"用户主导"多主体知识交互的生态演化规律[5]；吴增源等以知识开放观点为基础，研究了"企业引导与用户主导相结合"型社区的生态演化规律，并通过 Mathematica 进行数值模拟[6]。Mathematica 在输入界面交互性方面较为出色，允许直接输入数学公式计算结果，且编写的程序易于阅读，其符号计算功能得到了充分发挥。此外，Mathematica 还具备高数值计算精度，在精确计算领域性能卓越，以此确立其作为精确计算软件的佼佼者地位。这些特点使得 Mathematica 成为学术研究的有力工具，特别适用于需要高度严谨数学处理的领域。

总而言之，Matlab 作为领先的数值计算工具在矩阵和图形处理等多个领域拥有强大能力，特别在时域仿真方面表现出色。然而，对于需要更高计算精度、符号计算和编程功能的任务，Matlab 可能略显不足。在这种情况下，研究者往往结合 Mathematica，利用其卓越的符号计算和高精度数值计算功能来支持他们的研究工作。因此，在不同的研究场景中，为确保研究的准确性和有效性，选择适当的工具至关重要。

2. 多主体仿真

多主体仿真平台具备强大的功能，在多个领域均得到了广泛应用，特别适合用于研究由多个个体构成的复杂系统的运行机制[7]，主要包括 NetLogo[8] 和

---

[1] 储节旺，李佳轩. 知识生态系统中知识演化及智慧创生研究：以知乎社区为例[J]. 情报理论与实践，2022，45（9）：51-58.

[2] 龙跃. Lotka-Volterra 系统下知识创新扩散模型及仿真研究[J]. 情报理论与实践，2014，37（8）：56-59+55.

[3] 叶伟巍，梅亮，李文，等. 协同创新的动态机制与激励政策：基于复杂系统理论视角[J]. 管理世界，2014（6）：79-91.

[4] 曹霞，于娟，张路蓬. 不同联盟规模下产学研联盟稳定性影响因素及演化研究[J]. 管理评论，2016，28（2）：3-14.

[5] 龙跃，顾新，张莉. 开放式创新下组织间知识转移的生态学建模及仿真[J]. 科技进步与对策，2017，34（2）：128-213.

[6] 吴增源，周彩虹，易荣华，等. 开放式创新社区集体智慧涌现的生态演化分析：基于知识开放视角[J]. 中国管理科学，2021，29（4）：202-212.

[7] 平健. 基于 NetLogo 的政府应急组织合作关系演化趋势仿真研究[J]. 软科学，2018，32（2）：124-129.

[8] 李艳，吴介军，平原，等. 基于 NetLogo 的高校保密项目管理仿真与分析[J]. 计算机技术与发展，2011，21（4）：164-167.

Blanche 软件[①]。比如，李柏洲等选择 NetLogo 软件用于模拟知识创造行为与组织惯例之间的演化博弈[②]，吴洁等用 NetLogo 软件对产学研知识转移的动态过程进行了仿真研究[③]，Dangelico 等[④]、张浩和洪琼[⑤]则使用 NetLogo 软件来模拟知识生命周期的演化过程。除此之外，张喜征等对各知识主体之间的知识传递和转化特点及机制进行了探讨，并利用多智能体仿真软件 Blanche 来描述项目活动中的知识转移状态[⑥]。NetLogo 软件是一个用于模拟复杂系统的建模工具，其语法相对简单，易于使用。Blanche 软件则使创建网络结构和计算仿真网络行为变得更加便捷，因此常被用于仿真和验证特定网络相关假设。

总之，多主体仿真平台在不同学科领域的广泛应用为研究多个体构成的复杂系统提供了有力支撑。NetLogo 和 Blanche 等软件的应用涵盖知识演化、知识转移、网络行为等多个领域，为研究者提供了丰富的模拟和验证机会。使用这些工具有助于深刻理解多主体系统的运行机制，为学术研究提供更加深刻的见解。

3. 系统动力学仿真

系统动力学仿真分析是数字化学习资源领域常见的一种方法。系统动力学由 Forrester 于 20 世纪 50 年代末提出。系统动力学仿真主张将研究对象视为一个整体系统，特别适用于探讨复杂系统内结构、功能及行为之间的动态相互作用关系[⑦]，系统动力学仿真软件主要是 Vensim 软件。该软件可对学术社区知识共享的动态演化规律[⑧]、虚拟企业知识共享的演化路径[⑨]、开放内容社区的成长机理[⑩]、

---

① 王艳伟，黄宜. 基于 NetLogo 平台的 PROT 项目融资管理仿真模型研究[J]. 昆明理工大学学报（自然科学版），2016，41（3）：136-141.
② 李柏洲，赵健宇，郭韬，等. 知识创造行为与组织惯例的演化博弈及其仿真研究[J]. 运筹与管理，2015，24（3）：94-105.
③ 吴洁，彭星星，盛永祥，等. 基于动态控制模型的产学研知识转移合作博弈研究[J]. 中国管理科学，2017，25（3）：190-196.
④ Dangelico R M, Garavelli A C, Petruzzelli A M. A system dynamics model to analyze technology districts' evolution in a knowledge-based perspective[J]. Technovation, 2010, 30（2）：142-153.
⑤ 张浩，洪琼. 协同创新主体间知识创新演化的系统动力学分析[J]. 现代情报，2016，36（1）：35-39.
⑥ 张喜征，刘祚艾，刘捷. 项目开发中多个参与主体间知识转移机制及仿真分析[J]. 情报杂志，2007，26（11）：10-12.
⑦ Andersen D L, Luna-Reyes L F, Diker V G, et al. The disconfirmatory interview as a strategy for the assessment of system dynamics models[J]. System Dynamics Review, 2012, 28（3）：255-275.
⑧ 徐美凤. 基于 CAS 的学术虚拟社区知识共享研究[D]. 南京：南京大学，2011.
⑨ 商淑秀，张再生. 虚拟企业知识共享演化博弈分析[J]. 中国软科学，2015（3）：150-157.
⑩ 马骏. 开放内容社区成长之动力机制研究[J]. 图书馆学研究，2013（17）：10-14+9.

知识转移演化①与创新能力②进行仿真。系统动力学仿真为深入理解数字化学习资源领域中复杂系统的特性和行为提供了有力工具，能够更好地帮助研究者理解数字化学习资源在不同背景和条件下的演化③。

综上所述，本研究发现当前研究主要利用上述三种系统仿真方法深入探讨知识交互、知识转移、知识建构、资源建设以及产学研协同创新等问题，而在网络学习资源平台的发展方面，相关研究相对较少，这对大规模网络学习资源的质量监控和管理升级造成了一定阻碍。鉴于网络学习资源平台发展阶段的界定涉及多个复杂要素，我们需要评估指标与学习资源平台之间存在的复杂线性或非线性关系。因此，利用仿真环境和动态分析的方法，有助于我们更深入地探讨网络学习资源平台的发展阶段，增进对其发展的理解，以提升网络学习资源平台的进化质量和管理效能。

6.1.4 小结

本节深入探讨了网络学习资源平台的发展历程、评价方法以及系统仿真法在学习资源研究方面的应用现状。网络学习资源平台作为数字教育资源公共服务建设的重要载体，始终在不断更新迭代，以适应时代的变化。本研究认识到只有通过不断地演化、完善和提升资源质量，网络学习资源平台才能支撑高质量的教育数字化转型，进而促进学习型社会的建设。然而，本研究也发现目前国内外关于网络学习资源平台的相关研究仍存在一些亟待解决的关键性问题。

1）多模态网络学习资源平台发展阶段尚不清晰，制约了高质量学习资源的大规模生成与持续改进。当前研究对学习资源平台发展阶段的划分主要以社区的单一模态资源平台为研究对象，多模态网络学习资源平台发展阶段尚不明确，并且缺少对学习资源平台发展阶段诊断模型的构建，有碍于高质量学习资源平台的建设。因此，亟须开展大规模开放协同环境下多模态网络学习资源平台发展阶段的识别研究。

2）缺乏完整的量化模型来充分表征网络学习资源平台的发展现状，制约了资源进化实证研究的深入发展。目前，教育领域对网络学习资源平台的发展研究通常采用抽象的概念模型，而在管理学和信息科学领域，则常使用网络分析方法

---

① 张靖. 组织知识创新的系统动力学分析[D]. 青岛：青岛科技大学，2010.
② 杨波. 系统动力学建模的知识转移演化模型与仿真[J]. 图书情报工作，2010，54（18）：89-94.
③ 刘亭亭，吴洁，张宇洁. 产学研合作中高校知识创新能力提升的系统动力学研究：基于知识转移视角[J]. 情报杂志，2012，31（10）：195-200.

来描述知识网络的演化状态。但这两种方法都难以对网络学习资源平台发展现状和趋势进行全面、准确的量化描述。因此，建立适用于网络学习资源平台发展状态的量化表征和数学模型成为研究新方向，亟待进一步突破。

3）网络学习资源平台的系统仿真研究尚未迈出实质性步伐，不利于大规模网络学习资源的质量监控和管理升级。目前，研究者主要借助系统仿真方法研究知识交互、知识转移、知识构建、产学研协同创新等问题，而对多模态网络学习资源平台的发展研究相对较少。从系统仿真的角度来看，网络学习资源平台的各个要素之间存在复杂的线性或非线性关系。因此，借助系统仿真的方法有助于深入研究网络学习资源平台发展的阶段。

6.2 网络学习资源平台演化阶段的划分

网络学习资源平台是我国数字教育资源公共服务的重要载体，需要不断更新迭代，以适应时代的变化。为了准确掌握网络学习资源平台的演化阶段，本研究将采用文献调研和访谈两种混合研究方法，了解网络学习资源平台在各个发展阶段的关键特征与重要事件，以及平台发展面临的实际问题和挑战，并据此划分网络学习资源平台演化阶段。

6.2.1 总体研究设计

1. 研究工具

为保证对受访者的访谈过程进行全面、准确的记录，本研究采用了录音、笔记和视频录像方法。其中，专业录音设备有助于记录和捕捉受访者回答中的详细信息，录音作为后续分析的重要参考，可避免关键信息遗漏。除了录音，访谈者在访谈过程中还进行了实时记录（笔记），主要记录一些与研究问题相关的细节，对后续分析访谈数据和感知受访者态度非常有利。

访谈数据分析的过程为：首先将录音内容转录为文本，逐句整理。接着，采用 NVivo12 软件进行访谈内容的编码与分析。NVivo12 是一款专业的质性研究工具，能够系统、高效地整理和分析庞大的文本数据。在编码过程中，本研究创建了不同的节点，对数据进行标签化，以便对后续访谈数据进行分类，为研究结果提供可靠的支持和解释。

2. 专家选取

为确保网络学习资源平台演化阶段划分的科学性，本研究选取了四位专家进行访谈。这四位专家分别是 A 市某区教育技术装备与信息中心主任、B 市电教馆馆长、C 市电教馆科研培训科科长、D 市电教与装备发展中心主任。四位专家拥有丰富的教育技术从教经验和专业知识，分别在不同地区的教育技术装备与信息中心或电教馆工作，深谙网络学习资源平台的管理和发展，为本研究提供了宝贵的参考和指导。

3. 访谈提纲设计

本研究采用半结构式访谈方法，访谈内容包括共性和个性问题。共性问题涵盖平台的发展历程、影响因素、风险管理措施、管理关注的焦点以及对平台发展状况的评估方法等方面。个性问题则根据不同地区网络学习资源平台的特点和发展情况进行针对性提问，以便深入剖析平台的具体运作方式。

通过与四位专家面对面交流，能够获取网络学习资源平台演化相关的全方位信息。此外，对访谈数据的系统分析和整理不仅能够确保研究的科学性及可信度，还可以为发现不同网络学习资源平台在不同地区的演化过程提供强有力的参照依据。

6.2.2　网络学习资源平台演化阶段的确定

1. 访谈过程

本研究采用了半结构化访谈，通过与四位具有丰富教育技术背景和经验的专家进行面对面交流，收集了来自不同地区网络学习资源平台的发展历程和经验。在筹备阶段，确认专家名册后，通过微信与他们进行联系，向他们介绍了研究目的和重要性。随后，结合访谈提纲再次与四位专家确认访谈时间和地点，并确保他们已充分理解访谈目标和问题。为保证访谈高效进行，我们配备了录音设备，并获得了专家的录音录屏许可。

在访谈过程中，本研究首先提出了共性问题；接着，针对每位专家所在地区网络学习资源平台的特点和发展情况，进一步提出了个性化问题，以深入了解平台的具体运作方式和面临的挑战。在整个访谈过程中，提问者仔细倾听专家的回答，并适时进行追问，确保获得全面细致的信息，每次访谈时长在 60 分钟左右，访谈结束后会立即确认录音的准确性和完整性。

2. 访谈内容的编码

本研究使用相关软件处理每位访谈者的访谈内容，将其访谈录音转换为文本，最终共获得约 4.4 万字的访谈文本材料。随后，本研究利用 NVivo12Plus 软件对访谈文本材料进行原始数据编码,并在此过程中特邀两位研究者共同编码。他们基于概念出现的频次以及概念间的交叉程度展开了深入的探讨,并进行了概念和范畴的比较与提炼。

3. 访谈结果与分析

经过访谈内容编码,最终本研究得出四个重要阶段,详细信息如表 6-2 所示。

表 6-2　网络学习资源平台演化阶段访谈编码示例

阶段名称	访谈片段示例(节点)
部署启动阶段	1. 内容从无到有阶段。风险:内容匮乏。策略:①与教育机构、教师和专业机构合作,鼓励他们提供优质的教学资源。②鼓励用户贡献资源。 2. 起源于 2016 年,正式的启动实施是 2017 年,希望构建一个教育综合服务平台。 3. 初步使用阶段。问题:如何推动使用问题?策略:行政命令要求人人用空间、校校用平台,比如抓校长抓教师,由教师带动学生应用
资源汇聚阶段	1. 第一阶段,2006—2009 年使用××教育公共服务平台,通过行政命令推动,有资源汇聚功能。 2. 资源汇聚阶段。问题:如何形成自下而上的资源汇聚的体系?策略:①活动板块搜集本地特色资源。②行政命令推动,建设校本资源库。③评审机制即成立资源审核团队,抓日常的优质资源汇聚。④众筹资源,组建 9 个学科开发微课,研发虚拟课堂的资源。 3. 应用为王阶段。问题:如何利用汇聚的工具,帮助教师提高工作效率和使用?策略:做访谈或者去学校实地考察老师的真正需求
质量管控阶段	1. 第二阶段,2013—2018 年使用升级版省平台,关注老师是否普及性地利用平台资源进行教学。 2. 质量上从有到好阶段。风险:随着平台内容的增加,质量控制和评估变得更加困难。可能面临低质量、不准确或过时等学习资源问题,影响学习效果和用户信任度。策略:建立有效的内容审核和质量评估机制,确保所提供的学习资源经过严格筛选和审核。 3. 资源建设阶段。问题:对资源做审核。策略:新增评审环节,交给评委老师来进行判断
生态塑造阶段	1. 第三阶段,2018 年以后使用自己的智慧教育平台,更关注教学方式的变革,比如关注资源怎么和老师的教学方式匹配在一起发挥作用,关注平台既可以提供资源服务也可以提供管理服务。 2. 精度上从好到个性化阶段。风险:随着平台发展,提供个性化学习体验成为重要需求。有些不富裕家庭可能无法负担家教费用,因此,如何提供个性化答疑服务是一个关键问题。策略:×市教育局创建了"×市中小学生在线答疑系统",实现名师在线答疑辅导。以不同服务形式,努力解决家长急难愁盼的学生居家学习困难问题。 3. 精准定位阶段。问题:老师们去找资源的时候不方便?策略:利用大数据和人工智能的技术来匹配相应的知识图谱和标签,进行资源推荐

6.2.3　网络学习资源平台演化阶段的阐释

网络学习资源平台的发展历程涵盖一系列关键阶段,每个阶段都呈现不同的特征和面临不同的挑战。总体来看,网络学习资源平台在不同阶段需要不断调整,以适应用户需求、资源供给、资源服务方式创新。根据访谈分析结果,本研究构建了网络学习资源平台演化阶段模型,如图 6-1 所示。

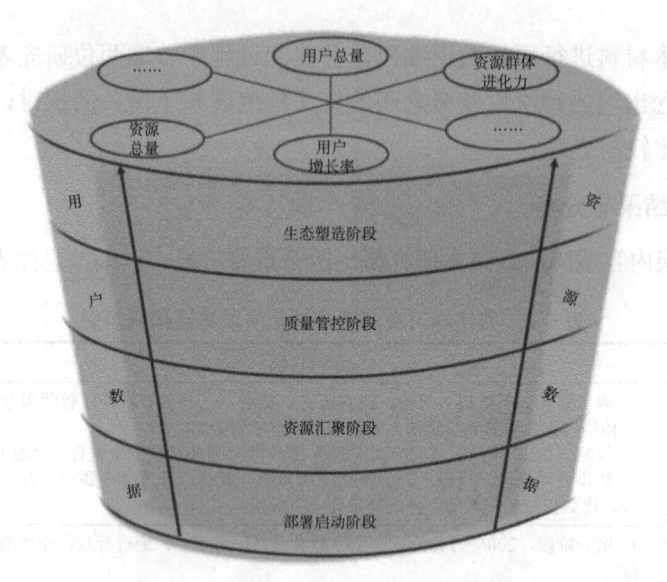

图 6-1　网络学习资源平台演化阶段模型

1. 部署启动阶段

部署启动阶段即平台正处于创建的初期阶段，此时的用户和资源基数处于起步阶段，仅有少数用户选择接触并尝试使用这类平台。从量化指标的角度来看，此阶段的用户增长率（月）呈现出相对较低的趋势，且用户的活跃行为频次也相对较低。这一现象主要是由于平台尚在建设和完善之中，其内容主要集中在一系列基础性的学习资源上，这些资源的数量和质量尚未达到稳定状态，从而限制了网络学习资源平台的进化力和吸引力。

部署启动阶段对平台未来的用户增长和全面发展具有基础性意义。在这一阶段，平台团队应致力于构建坚实的技术框架，以确保平台的稳定性、可扩展性和安全性。同时，他们应积极制定并执行各种策略，以吸引更多的潜在用户，并不断扩充和优化学习资源库，以满足用户日益增长的多样化需求。此外，平台团队应高度重视用户反馈，通过收集和分析用户意见、建议，持续改进和优化平台功能，提升用户体验水平[①]。

2. 资源汇聚阶段

资源汇聚阶段即通过有效的策划和协调平台快速汇聚资源与用户的过程。此阶段意味着平台已经初步拥有一定的用户和资源基础。然而，为了推动平台的持

---

① 石海瑞,孙国强,张宝建.平台生态系统演化的基模构建及政策解析[J].中国科技论坛,2018（7）：113-123.

续发展，进一步加速吸引用户和充实资源内容变得至关重要。在该阶段，平台、用户、资源的增长速率尚待提升，同时资源群体的整体质量有待进一步提升。

资源汇聚阶段是平台快速发展的关键时期。从用户群体的角度来看，随着平台吸引力的增强，用户总量展现出稳步增长的态势。这种增长不仅体现在数量上，更体现在用户的活跃程度上。用户活跃度的逐渐提升，反映了用户对平台内容的认可和喜爱[1]。同时，用户留存率（月）也成为一个重要的观察指标，它直接体现了平台对用户的持续吸引力以及用户忠诚度。在平台资源方面，随着资源的不断扩充，平台资源库日益丰富，涵盖更加广泛和多样化的内容，这一变化不仅满足了用户多样化的需求，还进一步提升了平台的综合竞争力。

3. 质量管控阶段

质量管控阶段的核心目标是提升并稳定平台的服务品质，进而增强用户黏性，促进资源的持续优化[2]。在这一阶段，平台的用户和资源基础已达到一定规模，工作的重点从量的扩张转向质的提升。

质量管控阶段是平台发展过程中的关键时期，标志着平台从初创期的快速扩张转向质量的合理控制。在该阶段，用户总量的快速增长不再是主要追求，主要追求是用户的活跃度和留存率。这反映了平台从追求规模扩张向追求用户忠诚度和深度参与的转变。同时，随着资源库的扩大，平台更加注重资源的品质和持续增长能力，而不仅仅是数量的增加，资源群体的质量和资源的持续进化力成为衡量平台发展水平的关键指标。总的来说，通过严格的质量管控，平台可以建立起稳固的用户基础和高品质的资源库，为下一阶段的发展奠定坚实的基础。

4. 生态塑造阶段

生态塑造阶段即平台已建立相对完善的生态系统。在这一阶段，平台已拥有稳定的用户基础和高品质的资源库，用户和资源群体的质量、资源的持续进化力等关键指标达到行业领先水平。

生态塑造阶段是平台发展的高级阶段，标志着平台已经从单纯的资源提供者转变为综合性的学习生态系统。在此阶段，用户总量的持续增加不再是单纯的数量扩张，更多地体现在用户结构的优化和用户忠诚度的提升上。用户留存率（月）成为衡量平台生态系统健康与否的关键考量因素，它直接反映了用户对平台的依赖程度和满意度。为了提高用户留存率（月），平台需要不断优化用户体

---

[1] 李枫林，胡昌平. 面向用户的网络信息资源整合策略[J]. 中国图书馆学报，2004，30（5）：47-49.
[2] 胡国强，陈崇义. 网络用户服务质量提升策略探讨[J]. 中国管理信息化，2018，21（7）：149-150.

验，提供个性化的服务和高质量的内容，以增强用户的黏性和提升用户的忠诚度。同时，平台的资源库在这一阶段也需要继续完善。这不仅仅是指资源数量的增加，更重要的是资源质量的提升和资源类型的多样化。此外，资源增长率（月）、资源群体的质量和资源持续进化力等关键指标必须保持在相对较高水平，以满足用户不断变化的需求。

6.3 网络学习资源平台演化阶段识别模型构建

当前，网络学习资源平台的建设已迈入高质量发展的新阶段，但确保大规模生成和持续改进高质量网络学习资源仍然是亟待解决的问题。因此，准确识别网络学习资源平台的演化阶段是一项迫切需要进行的基础性研究工作。本研究首先通过对相关文献的综述和访谈内容的深入分析，初步构建了网络学习资源平台演化阶段的评估指标体系。随后，采用了德尔菲法对评估指标体系进行了修改和完善，最终确定了演化阶段的评估指标体系。最后，利用层次分析法确定了评估指标的权重，以进一步提高评估体系的准确性和可信度。

6.3.1 基于德尔菲法的研究设计

1. 研究工具

本研究采用自编的《网络学习资源平台演化阶段识别研究专家咨询问卷》作为评估和确定评估指标的工具，在两轮专家意见征询中实现了 100% 的回收率。第一轮问卷包括基本信息以及专家提供的指标评分和修改建议。第二轮问卷包含第一轮结果的统计反馈、修改建议的回复以及新增指标项的评价量表。通过这两轮意见征询，确定了最终版网络学习资源平台演化阶段评估指标体系。

2. 专家选取

本研究共选择 13 位教育信息化领域的权威专家进行意见征询，涵盖高等院校、教育信息化工作机构等不同层面的专家学者（表 6-3）。这些专家研究教育信息化已有多年，拥有丰富的理论和实践经验，具备一定的代表性和权威性。

表 6-3 德尔菲法专家基本情况统计

专家	学校	对所咨询内容的领域熟悉程度
E1	河南师范大学	非常熟悉
E2	深圳大学	非常熟悉

续表

专家	学校	对所咨询内容的领域熟悉程度
E3	华中师范大学	熟悉
E4	国家开放大学	熟悉
E5	南京邮电大学	很熟悉
E6	海南大学	非常熟悉
E7	西南大学	熟悉
E8	东北师范大学	很熟悉
E9	南京邮电大学	很熟悉
E10	北京外国语大学	熟悉
E11	首都师范大学	非常熟悉
E12	江苏师范大学	非常熟悉
E13	江苏师范大学	很熟悉

3. 研究过程

首先，基于国内外文献调研，并结合访谈内容分析，初步拟定了网络学习资源平台演化阶段评估指标，主要包含 2 个一级指标和 7 个二级指标；其次，运用德尔菲法对评估指标体系进行了细致的修订和完善，直至专家意见一致，最终确定了网络学习资源平台演化阶段评估指标；最后，对各项评估指标进行解读与分析。具体的研究过程如图 6-2 所示。

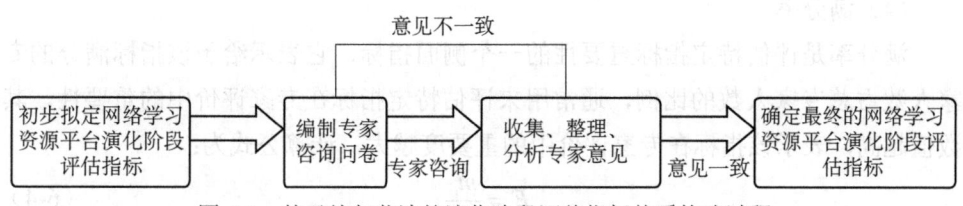

图 6-2 基于德尔菲法的演化阶段评估指标体系构建过程

4. 数据分析

本研究使用 SPSS23.0 和 Office Excel2019 两种工具对收集到的数据进行计算分析。所计算的指标包括专家权威程度系数（C_r）、专家积极程度系数（K）、重要性均值（C_i）、满分率（F）、标准差（δ_i）、变异系数（V_i）以及肯德尔和谐系数（Kendall）[①]。

（1）专家权威程度系数

专家权威程度系数反映了专家在特定问题上的权威程度，C_a 代表专家对问题

[①] 杨世玉，刘丽艳，李硕. 高校教师教学能力评价指标体系建构：基于德尔菲法的调查分析[J]. 高教探索，2021（12）：66-73.

的判断依据、C_b 代表专家对问题的熟悉程度。通常情况下，当 $C_r>0.7$ 时，研究结果被认为具有可靠性，计算公式为：

$$C_r = \frac{C_a + C_b}{2} \tag{6-1}$$

（2）专家积极程度系数

专家积极程度是评价专家对特定内容关注程度的重要指标，通常以咨询问卷的回收率 K 来衡量。问卷回收率越高，意味着专家对此次评价的参与度和积极性越高，计算公式为：

$$K = \frac{m}{M} \tag{6-2}$$

式中，m 指参与评分的专家数，M 指发放问卷的专家数。

（3）重要性均值

重要性均值表示专家对该指标的认可度，直接反映了该指标的影响度，专家对指标的重要性评价等级分为非常重要、比较重要、一般、不太重要和不重要五个层次，计算公式为：

$$C_i = \frac{1}{M}\sum_{j=1}^{M} C_{ij} \tag{6-3}$$

式中，C_{ij} 指专家 j 对影响因素 i 的重要性评分值，M 指全部参与评分的专家人数。

（4）满分率

满分率是评估特定指标重要性的一个侧面指标，它表示给予该指标满分的专家人数占总专家人数的比例，通常用来评估特定指标在专家评价中的重要性，其数值越高，表示该指标在专家评价中的重要度越大，计算公式为：

$$F = \frac{m_i}{M_i} \tag{6-4}$$

式中，m_i 指对影响因素 i 给出满分的专家人数，M_i 指对影响因素 i 进行评分的总人数。

（5）标准差

标准差用于量化专家意见的离散程度，即专家在某一问题或指标上的看法差异大小，通常认为标准差 $\delta_i<1$ 时，专家意见较为一致，计算公式为：

$$\delta_i = \sqrt{\frac{1}{m-1}\sum_{j=1}^{m_i}(C_{ij}-C_i)^2} \tag{6-5}$$

式中，m 指参与评分的专家数，C_{ij} 指专家 j 对影响因素 i 的重要性评分值，C_i 指影响因素 i 的重要性均值。

（6）变异系数与肯德尔和谐系数

变异系数与肯德尔和谐系数作为两种不同指标，共同反映了专家在某一问题或指标上的协调与一致程度，通常认为 V_i<0.25 或肯德尔和谐系数<0.05 时[1]，专家建议的协调程度较高，存在分歧较小。肯德尔和谐系数可以通过 SPSS23.0 进行计算，计算公式为：

$$V_i = \frac{\delta_i}{C_i} \tag{6-6}$$

式中，δ_i 指影响因素 i 的标准差，C_i 指影响因素 i 的重要性均值。

各评价等级的量化数值如表 6-4 专家评分项及量化参考[2]所示。

表 6-4 专家评分项及量化参考

评分项	评分等级	量化值
重要性	非常重要	5.0
	比较重要	4.0
	一般	3.0
	不太重要	2.0
	不重要	1.0
熟悉程度	非常熟悉	1.0
	熟悉	0.8
	一般	0.4
	不太熟悉	0.2
	不熟悉	0.0
判断依据	实践经验	0.8
	理论分析	0.6
	参考国内外参考文献	0.4
	直观感受	0.2

6.3.2 网络学习资源平台演化阶段的评估指标

1. 评估指标的初步建立

构建合理的网络学习资源平台演化阶段的评估指标体系是进行专家意见咨询

---

[1] 沈绮云，欧阳河，欧阳育良. 产教融合目标达成度评价指标体系构建：基于德尔菲法和层次分析法的研究[J]. 高教探索，2021（12）：104-109.

[2] 樊长军，张馨，连宇江，等. 基于德尔菲法的高校图书馆公共服务能力指标体系构建[J]. 情报杂志，2011，30（3）：97-100+169.

的前提。本研究采用以下两种方法确定评估指标体系：首先，综合国内外研究者对网络学习资源平台评价方法的相关研究，发现现有的学习资源平台评估方法主要包括文献分析、国际比较、用户体验问卷调查以及专家论证等。其次，基于对网络学习资源平台管理者的访谈，提取了更具实用性的评估指标。本研究从过程性数据分析的角度识别网络学习资源平台所处的阶段，通过综合以上两种方法，初步拟定网络学习资源平台演化阶段的评估指标，主要包括 2 个一级指标——用户数据指标和资源数据指标，以及 7 个二级指标——用户数据维度的"用户总量""用户增长率（月）""用户活跃度"，以及资源数据维度的"资源总量""资源增长率（月）""资源群体质量""资源群体进化力"。

综合以上分析以及研究团队前期已获得的研究成果和经验，本研究初步构建了网络学习资源平台演化阶段的评估指标体系，具体如表 6-5 所示。

表 6-5　网络学习资源平台演化阶段评估指标体系（初步拟定）

一级指标	二级指标	指标内涵解读
用户数据（U）	用户总量（UN）	用户总量是指一个平台的总注册用户数量，它是衡量平台用户规模的一个重要指标
	用户增长率（月）（UGR）	用户增长率（月）是指在某个月内，用户数量相对于前一个月的增长百分比，它是衡量一个平台用户数量增长速度的重要指标
	用户活跃度（UA）	用户活跃度是指用户的访问频率、使用频率、互动行为频率等多方面信息，它是衡量用户在某个时间段内在平台上的活跃程度的指标
资源数据（R）	资源总量（RN）	资源总量是指一个平台上可供人们在线学习使用的学习资源的数量总和，它是衡量平台学习内容的丰富程度的指标。（针对不同性质的网络学习资源平台计算单位不同，比如针对中国大学 MOOC 平台，课程数量为其计算单位；针对备课素材资源平台，按照素材数量为其计算单位）
	资源增长率（月）（RGR）	资源增长率（月）是指一个平台网络学习资源总量在一个月内的增长速率，它是衡量平台学习资源增长速度的重要指标
	资源群体质量（RGQ）	资源群体质量是指该平台网络学习资源的总体水平和质量，它用于评估平台提供的学习资源的整体品质的指标
	资源群体进化力（RPEP）	资源群体进化力是用来表征在某一时间段内资源群体的进化能力和趋势，它反映了网络学习资源的可持续性和未来发展潜力

2. 评估指标的体系的修订完善

本研究共进行了两轮专家意见征询。在 13 位专家中，两轮专家权威系数 C_r 分别为 0.756 和 0.764，均大于 0.7。这表明所选择的专家具有较高的权威程度，符合德尔菲法的要求[①]。具体数据如表 6-6 所示。

---

① 林秀清，杨现民，李怡斐. 中小学教师数据素养评价指标体系构建[J]. 中国远程教育，2020（2）：49-56+75+77.

表 6-6 专家权威程度

轮次	判断系数（C_a）	熟悉程度（C_s）	权威系数（C_r）
1	0.648	0.863	0.756
2	0.895	0.633	0.764

通过两轮专家意见征询，对初步构建的网络学习资源平台演化阶段评估指标体系进行修订，具体如下：

（1）第一轮专家意见征询

在一级指标中，本研究所列出的两个一级指标的重要性均值 C_i 均大于 3.50，变异系数 V_i 均介于 0—0.25，标准差 δ_i 均小于 1.00。这表明专家对"用户数据"和"资源数据"这两个一级指标较为认可，且在意见上趋于一致。而在二级指标中，各项二级指标的重要性均值 C_i 均大于 3.50，变异系数 V_i 均小于 0.25，标准差 δ_i 均小于 1.00。这表明专家对这些二级指标是较为认可的。具体的指标数据如表 6-7 和表 6-8 所示。

表 6-7 第一轮一级指标专家意见征询结果

一级指标	编号	重要性均值（C_i）	满分率（F）/%	变异系数（V_i）	标准差（δ_i）
用户数据	U	4.71	78.57	0.14	0.68
资源数据	R	4.93	92.86	0.01	0.07

表 6-8 第一轮二级指标专家意见征询结果

二级指标	编号	重要性均值（C_i）	满分率（F）/%	变异系数（V_i）	标准差（δ_i）
用户总量	UN	4.36	57.14	0.20	0.89
用户增长率（月）	UGR	4.14	35.71	0.23	0.98
用户活跃度	UA	4.79	85.71	0.12	0.57
资源总量	RN	4.43	50.00	0.16	0.73
资源增长率（月）	RGR	4.14	28.57	0.16	0.67
资源群体质量	RGQ	4.71	78.57	0.13	0.63
资源群体进化力	RPEP	4.64	78.57	0.12	0.57

第一轮专家给出的指标修改意见主要有如下几点：

1）在二级指标方面，"用户活跃度（UA）"权重制定起来非常复杂，很难给出依据，建议把这个指标拆分成两部分；

2）二级指标方面，用户数据的二级指标可以扩展一些内容，结合学习资源/学习平台/在线学习的特性，例如用户持续使用/学习的情况、留存率等。

结合专家意见，经过研究团队商讨，对网络学习资源平台演化阶段评估指标体系进行修改：将原二级指标"用户活跃度"拆分为"用户活跃度"和"用户月活行为频次"；新增二级指标"用户留存率（月）"。

（2）第二轮专家意见征询

在第二轮专家意见征询中，对于修改后的二级指标，它们的重要性均值 C_i 均大于 3.50，标准差 δ_i 均小于 1.0，变异系数 V_i 均介于 0—0.25。这表明，这些经过修改的二级指标具有较高的重要性，且专家在对此达成较高一致性，具体数据如表 6-9 所示。

表 6-9　第二轮二级指标专家意见征询结果

二级指标	编号	重要性均值（C_i）	满分率（F）/%	变异系数（V_i）	标准差（δ_i）
用户活跃度	UA	4.71	71.43	0.19	0.56
用户月活行为频次	UMAF	4.57	57.14	0.11	0.49
用户留存率（月）	URR	4.50	57.14	0.11	0.51

在本次意见征询中，专家认为修改后的指标体系结构更为清晰，同时新修改的指标在合理性上也较第一轮更为合理。此外，专家对部分修改后的一级指标和二级指标提出了以下意见：用户活跃度（UA）和用户留存率（月）（URR）在计算方法上具有相似之处，因为它们都牵涉到上个月的总用户数量。在某些情景下，尤其是在用户数量保持相对稳定的情况下，这两个数据可能会相互一致。

在综合考虑了各位专家的意见之后，本研究团队经过充分的讨论，认为在本研究中，"用户留存率（月）"和"用户活跃度"实际上在用户没有注销账号的情况下，几乎等同于平台用户。由于这两个指标在理解上容易与"用户活跃度"重复，因此，在经过第二轮专家意见征询后，本研究决定删除"用户留存率（月）"指标。

综合两轮专家意见征询的数据分析和意见整合，本研究发现第二轮意见征询结果一致性较高，因此不再进行第三轮意见征询。因此，本研究最终确定了网络学习资源平台演化阶段评估指标体系，包括"用户数据"和"资源数据"2 个一级指标，以及"用户总量""用户增长率（月）""用户活跃度""用户月活行为频次""资源总量""资源增长率（月）""资源群体质量""资源群体进化力" 8 个二级指标。具体内容如图 6-3 所示。

3. 评估指标的权重确定

用户数据指标和资源数据指标在促进网络学习资源平台的发展方面存在差异，因此在评估网络学习资源平台的发展时，每类指标都具有不同的重要性。为了科学、合理地计算网络学习资源平台的发展阶段，首先必须确定各个指标的权

第 6 章 网络学习资源平台演化阶段及其规律识别

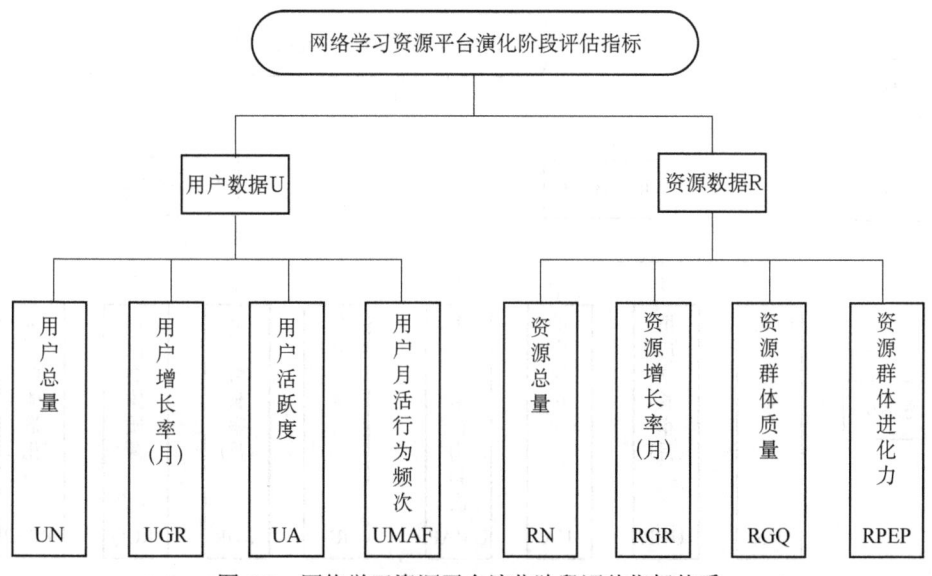

```
                        网络学习资源平台演化阶段评估指标
                                    │
                ┌───────────────────┴───────────────────┐
            用户数据U                                 资源数据R
                │                                         │
    ┌──────┬────┴─┬──────┐                ┌──────┬───────┼───────┐
   用户   用户    用户   用户月            资源   资源    资源    资源
   总量   增长    活跃   活行为            总量   增长    群体    群体
          率(月)  度    频次                      率(月)  质量    进化力
    UN    UGR    UA    UMAF              RN    RGR    RGQ    RPEP
```

图 6-3 网络学习资源平台演化阶段评估指标体系

重。AHP 的一个显著特征是即使在存在不确定性的情况下也能相对科学地确定每个指标的具体权重值。鉴于此，本研究采用 AHP 确定二级指标的权重。

（1）建立指标递阶层次结构模型

构建条理化和层次化的结构模型是确定权重的第一步[①]。本研究构建了网络学习资源平台演化阶段评估指标体系的权重结构模型：第一层是目标层，用于评估网络学习资源平台的发展阶段；第二层是准则层，包括用户数据和资源数据；第三层是方案层，包括用户总量、用户增长率（月）、用户活跃度、用户月活行为频次、资源总量、资源增长率（月）、资源群体质量、资源群体进化力。具体的层次结构模型如图 6-4 所示。

（2）构造判断矩阵

根据递阶层次结构模型，本研究设计了《网络学习资源平台演化阶段识别研究指标权重设计专家咨询问卷》，并通过电子邮件的形式发送给专家进行填写。指标之间的重要性程度比较依据主要采用托马斯·塞蒂的"1—9 标度法"，如表 6-10 所示。根据这一标度法，专家对每个指标之间的相对重要性程度进行评价，其中 1 表示同等重要，3 表示稍微重要，依次类推。在比较结果存在两个等级之间的情况下，对应使用 2、4、6、8 表示。倒数则表示该指标相对于另一指标

---

① 邓雪，李家铭，曾浩健，等. 层次分析法权重计算方法分析及其应用研究[J]. 数学的实践与认识，2012，42（7）：93-100.

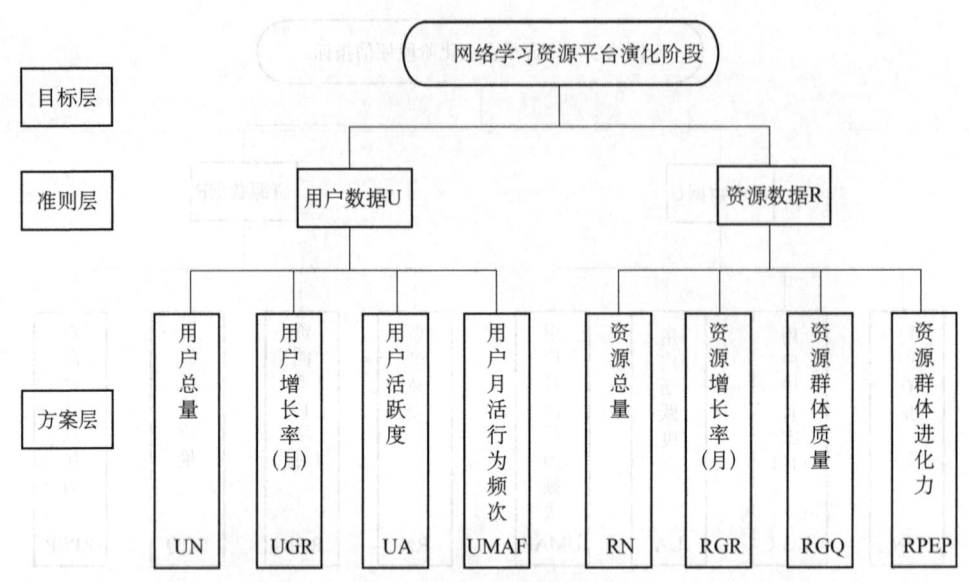

图 6-4　网络学习资源平台演化阶段指标权重的递阶层次结构模型

的不重要等级。通过这种方式,本研究可以根据专家的反馈结果,为每个指标确定相应的科学权重,从而更准确地识别网络学习资源平台的演化阶段。

表 6-10　Saaty 相对重要性等级(1—9 标度)

比值	两两指标比较
1	一指标和另一指标相比同等重要
3	一指标和另一指标相比稍微重要
5	一指标和另一指标相比明显重要
7	一指标和另一指标相比强烈重要
9	一指标和另一指标相比极端重要
2,4,6,8	表示上述相邻判断的中间值,重要程度介于 1,3,5,7,9 之间
1/3	一指标和另一指标相比稍微不重要
1/5	一指标和另一指标相比明显不重要
1/7	一指标和另一指标相比强烈不重要
1/9	一指标和另一指标相比极端不重要
1/2,1/4,1/6,1/8	表示上述相邻判断的中间值,重要程度介于 1/3,1/5,1/7,1/9 之间

根据专家的问卷结果,需要注意的是,任何的判断矩阵都需要满足如下性质:$A_{ij}>0$,$A_{ij}=1/A_{ji}$,$A_{ii}=1$[①]。限于篇幅,表 6-11 展示了一位专家打分的判断矩阵。

---

① 王佑镁,李宁宇,南希烜,等. 基于层次分析法的数字阅读素养测评指标体系建构研究[J]. 现代远距离教育,2022(4):23-31.

表 6-11 专家判断矩阵

比较项	用户总量	用户增长率（月）	用户活跃度	用户月活行为频次	资源总量	资源增长率（月）	资源群体质量	资源群体进化力
用户总量	1	1/3	1/5	1/6	1	1/3	1/5	1/7
用户增长率（月）	3	1	1/2	1/4	2	1	1/3	1/5
用户活跃度	5	2	1	1/2	3	1/2	1/4	1/3
用户月活行为频次	6	4	2	1	4	3	2	1/2
资源总量	1	1/2	1/3	1/4	1	1/3	1/4	1/5
资源增长率（月）	3	1	2	1/3	3	1	2	1/3
资源群体质量	5	3	4	2	4	1/2	1	1/2
资源群体进化力	7	5	3	2	5	3	2	1

（3）一致性检验

一致性检验用于评估各指标权重分配的合理性，以及检查专家评分是否存在自相矛盾的情况，是权重分配过程中的关键步骤。在进行一致性检验时，本研究主要采用了一致性比率法来评估矩阵的一致性。在这个过程中，引入了一致性指标 CI、随机一致性指标 RI，以及随机一致性比例 CR 这三个辅助计算指标，计算公式为：

$$\lambda_{\max} = \frac{1}{n}\sum_{i=1}^{n}\frac{(AW)_i}{W_i} \tag{6-7}$$

$$CI = \frac{\lambda_{\max} - n}{n-1} \tag{6-8}$$

$$CR = \frac{CI}{RI} \tag{6-9}$$

式中，n 指判断矩阵的指标总数，$\lambda_{\max}$ 为最大特征根，W_i 是一个特征向量。RI 可由自查表获取，自查表部分内容如表 6-12 所示。

表 6-12 RI 取值自查表（部分）

矩阵阶数	1	2	3	4	5	6	7	8	9	10	11	12	13
RI	0	0	0.58	0.90	1.12	1.24	1.32	1.41	1.45	1.49	1.51	1.54	1.56

在本研究中，我们构建了一个 8 阶判断矩阵，并查询得到对应的随机一致性 RI 值为 1.410，这个 RI 值将用于后续的一致性检验计算。对于本次的 8 阶判断矩阵，我们计算得到的 CI 值为 0.085。结合查表得到的 RI 值 1.410，进一步计算出

CR 值为 0.060，明显小于 0.1。因此，本次研究计算所得的权重具有一致性。一致性检验结果汇总如表 6-13 所示。

表 6-13　一致性检验结果汇总

最大特征根	CI	RI	CR	一致性检验结果
8.594	0.085	1.410	0.060	通过

（4）各指标权重的分配

二级指标的权重通过层次分析法进行确定。研究选取了 13 位数字教育资源领域专家，综合矩阵随机一致性比率 CR=0.060<0.1，说明权重分配合理。

本研究基于用户总量、用户增长率（月）、用户活跃度、用户月活行为频次、资源总量、资源增长率（月）、资源群体质量以及资源群体进化力这八项指标，构建了一个 8 阶判断矩阵，并运用 AHP（采用和积法作为计算方法）进行深入分析。经过计算，我们得到的特征向量为 0.300、0.403、0.566、0.729、0.554、0.971、1.725、2.752。基于特征向量，我们进一步确定了这 8 项指标各自对应的权重值分别是 0.04、0.05、0.07、0.09、0.07、0.12、0.21、0.35，具体如表 6-14 所示。

表 6-14　AHP 分析结果

项	特征向量	权重值	最大特征值	CI 值
用户总量	0.300	0.04		
用户增长率（月）	0.403	0.05		
用户活跃度	0.566	0.07		
用户月活行为频次	0.729	0.09	8.594	0.085
资源总量	0.554	0.07		
资源增长率（月）	0.971	0.12		
资源群体质量	1.725	0.21		
资源群体进化力	2.752	0.35		

根据权重分配结果，可以看出资源群体进化力的权重值最高，达到 0.35。这表明对于网络学习资源平台的发展，平台的进化和发展能力被认为是最为关键的因素。此外，资源群体质量（权重值为 0.21）以及资源增长率（月）（权重值为 0.12）也在决策中具有重要作用，需要充分考虑。然而，用户月活行为频次、用户活跃度、资源总量、用户增长率（月）以及用户总量虽然在决策中具有一定程度的重要性，但相对较小。

6.3.3 网络学习资源平台演化阶段的计算模型

1. 用户增长率（月）计算公式

用户增长率（月）是指在某个月内，用户数量相对于前一个月的增长百分比，是衡量一个平台用户数量增长速度的重要指标。其中，UGR 为用户增长率（月）。UN_{tj} 为当前时间节点用户数，为上一个时间节点用户数，计算公式为：

$$UGR = \frac{UN_{tj} - UN_{ti}}{UN_{ti}} \tag{6-10}$$

2. 用户活跃度计算公式

用户活跃度是指用户的使用平台的频率，是衡量用户在某个时间段内在平台上活跃程度的指标。其中，UA 为用户活跃度，MAU 为月活总人数，UN 为用户总量，计算公式为：

$$UA = \frac{MAU}{UN} \tag{6-11}$$

3. 用户月活行为频次计算公式

用户月活行为频次是指一个月内用户在平台上进行交互行为的频率，用于衡量用户对平台的使用程度和互动频率。UMAF 为用户月活行为频次，TAU 为户月总行为频次，MAU×NOC 为月活用户操作类别总数，MAU 为月活总人数，NOC 为所有操作类别数量（登录、评分、收藏/取消收藏、分享、点赞/点踩、评论），计算公式为：

$$UMAF = \frac{TAU}{MAU \times NOC} \tag{6-12}$$

4. 资源增长率（月）计算公式

资源增长率（月）是指一个平台网络学习资源总量在某个月的增长速率，它是衡量平台学习资源增长速度的重要指标。RGR 为资源增长率（月），RN_{tj} 为当前时间节点资源数量，RN_{ti} 为上一时间节点资源数量，计算公式为：

$$RGR = \frac{RN_{tj} - RN_{ti}}{RN_{ti}} \tag{6-13}$$

5. 资源群体质量计算公式

资源群体质量是指该平台网络学习资源的总体水平和质量，它用于评估平台提供的学习资源的整体品质的指标，计算公式为：

$$RGQ = \frac{\sum_{i=1}^{n} RQ_i}{n} \quad (6\text{-}14)$$

式中，RGQ 为资源群体质量评价，n 为资源个体数量，RQ 为资源个体质量，资源个体质量评价是从打分评价、操作行为态度评价（正向、负向）、情感评价三个维度进行综合评价，计算公式为：

$$RQ = 0.3 \times \frac{\sum_{i=1}^{ns} g_i}{ns \times fm} + 0.2 \times \frac{\sum_{i=1}^{na} ot_i \times \alpha}{na} + 0.4 \times \frac{\sum_{i=1}^{tc} ev_i}{tc} \quad (6\text{-}15)$$

式中，RQ 为资源个体质量，g 为资源个体分数，ns 资源个体评分个数，fm 为满分，ot 为操作类型（收藏/取消收藏、评论、分享、点赞/点踩），α 为调节因子，若为正向交互则为 1，负向交互则为 -1，na 为态度评价个数，ev 为资源个体情感值，tc 为评论个数，0.3 为资源个体打分评价所占权重，0.2 为资源个体态度评价所占权重，0.4 为资源个体情感评价所占权重。

6. 资源群体进化力计算公式

资源群体进化力是用来表征在某一时间段内资源群体的进化能力和趋势，它反映了网络学习资源的可持续性和未来发展潜力，计算公式为：

$$RPEP = \frac{\sum_{i=1}^{n} REP_i}{n} \quad (6\text{-}16)$$

式中，RPEP 为资源群体进化力，n 为资源个体数量，REP 为资源个体进化力。团队前期围绕《网络学习资源进化状态量化表征研究》提出并设计了完整的资源个体进化力公式，计算公式为：

$$REP = \lim_{\Delta t \to 0} \frac{RG(T) - RG(T - \Delta T)}{\Delta T} \quad (6\text{-}17)$$

式中，REP 为资源个体进化力，T 为当前时间，ΔT 为时间间隔，RG 为信息体量，计算公式为：

$$RG = E_1 \times 0.4 + E_2 \times 0.23 + E_3 \times 0.2 + E_4 \times 0.17 \quad (6\text{-}18)$$

式中，RG 为信息体量，E_1 为资源内容更新信息的信息量大小，E_2 为资源关联信息的信息量大小，E_3 为资源使用信息的信息量大小，E_4 为资源评论信息的信息量大小，0.4 为资源内容更新信息的指标所占权重，0.23 为资源关联信息的指标所占权重，0.2 为资源使用信息的指标所占权重，0.17 为资源评论信息的指标所占权重。

7. 网络学习资源平台演化阶段计算公式

本研究将网络学习资源平台演化阶段分为四大阶段：部署启动阶段、资源汇聚阶段、质量管控阶段、生态塑造阶段。其计算公式为：

$$PES = TSDUN \times 0.04 + UGR \times 0.05 + UA \times 0.07 + UMAF \times 0.09 \\ + TSDRN \times 0.07 + RGR \times 0.12 + RGQ \times 0.21 + RPEP \times 0.35 \quad (6-19)$$

平台演化阶段=用户总量归一化×权重1+用户增长率（月）×权重2+用户活跃度×权重3+用户月活行为频次归一化×权重4+资源总量归一化×权重5+资源增长率（月）×权重6+资源群体质量×权重7+资源群体进化力×权重8，计算结果为0—1。

8. 网络学习资源平台演化阶段的量化表征与判定

基于上述模型，得到网络学习资源平台四种演化状态的量化表征形式，如表6-15所示。

表6-15 网络学习资源平台演化阶段量化表征

演化阶段	量化表征
部署启动阶段	$0 \leqslant PES < X_0$ & $0 \leqslant DT_1 < T_1$
资源汇聚阶段	$X_0 \leqslant PES < X_1$ & $T_1 \leqslant DT_2 < T_2$
质量管控阶段	$X_1 \leqslant PES < X_2$ & $T_2 \leqslant DT_3 < T_3$
生态塑造阶段	$X_2 \leqslant PES < 1$ & $T_3 < DT_4$

由表6-15可知，结合时间属性，综合平台演化阶段、用户总量、用户增长率（月）、用户活跃度、用户月活行为频次、资源总量、资源增长率（月）、资源群体质量、资源群体进化力用于对网络学习资源平台演化阶段进行量化表征与判定。

1）部署启动阶段：平台处于初始创建阶段，用户总量较低，用户增长率（月）较小，用户活跃度相对较低，用户月活行为频次较少。这一阶段的资源总量有限，资源增长率（月）也相对较小，资源群体质量较低，资源群体进化力较低。此时的网络学习资源平台演化阶段值在$(0, T_1)$时间段内接近于X_0，量化表征为$0 \leqslant PES < X_0$ & $0 \leqslant DT_1 < T_1$。

2）资源汇聚阶段：在该阶段，用户总量、用户增长率（月）、用户活跃度、用户月活行为频次逐步上升，资源总量急剧增长，资源增长率（月）较高、资源群体质量尚未稳定、资源群体进化力相对不高。此时的网络学习资源平台演化阶段值在(T_1, T_2)时间段内接近于从X_0上升到接近于X_1，量化表征为$X_0 \leqslant PES < X_1$ & $T_1 \leqslant DT_2 < T_2$。

3）质量管控阶段：在该阶段，用户总量、用户增长率（月）、用户活跃度、用户月活行为频次、资源总量、资源增长率（月）稳步增加，资源群体质量、资源群体进化力逐步提升且波动较小。此时的网络学习资源平台演化阶段值在（T_2,T_3）时间段内接近于从 X_1 上升到接近于 X_2，量化表征为 $X_1 \leqslant \text{PES} < X_2$ & $T_2 \leqslant \text{DT}_3 < T_3$。

4）生态塑造阶段：在该阶段，用户总量、用户增长率（月）、用户活跃度、用户月活行为频次、资源总量、资源增长率（月）、资源群体质量、资源群体进化力逐步提升且波动较小。网络学习资源平台演化阶段值在 T_3 时间段后从 X_2 上升到接近于 1，量化表征为 $X_2 \leqslant \text{PES} < 1$ & $T_3 < \text{DT}_4$。

6.3.4　网络学习资源平台演化阶段的实证分析

1. 实验平台的数据选取

本研究以学习元平台的数据作为案例对象呈现量化表征方法的应用过程，对其在 2008 年 1 月 1 日—2021 年 8 月 1 日期间的演化状态进行了量化判定。本研究选择学习元平台，有以下几个原因：首先，学习元平台提供了大量的数据资源，包括用户生成内容、平台交互信息、用户行为数据等。这种丰富的数据资源为本研究提供了充足的支撑，以便深入分析平台的演化状态；其次，学习元平台的演化经历了多个阶段，从创建初期到现在的阶段，每个阶段都具有独有的特征和发展趋势。因此，选择学习元平台可以让本研究观察和分析不同演化阶段的变化和趋势，从而更全面地理解网络学习资源平台的发展过程。

2. 模型的计算参数抽取

（1）用户总量计算

运用 SQL 语句从学习元平台数据库的用户表（user_info）中统计每个月的用户总量数据，时间为 2008 年 1 月 1 日—2021 年 8 月 1 日，结果如图 6-5 所示。

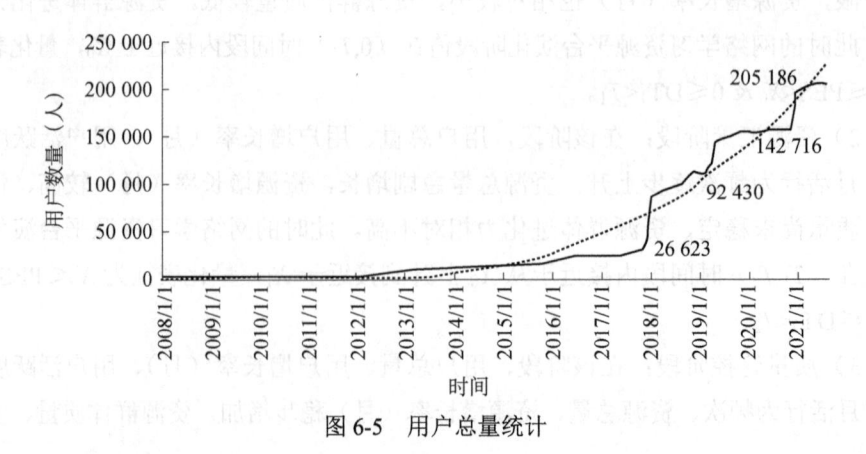

图 6-5　用户总量统计

(2) 用户增长率（月）计算

首先，使用 SQL 语句从学习元平台数据库的用户表（user_info）中统计每月用户注册总量数据，然后使用用户增长率（月）计算公式计算出在该时间段内的用户增长率，如图 6-6 所示。

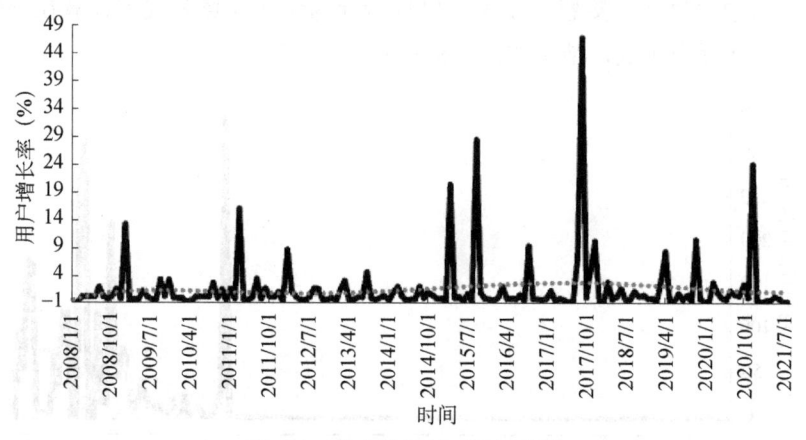

图 6-6　用户增长率（月）统计

(3) 用户活跃度计算

首先，使用 SQL 语句从学习元平台数据库的学习元评分表（ko_scores）、学习元评论表（ko_comments）、学习元动态以及点赞表（ko_dynamic_vote）、学习元-收藏表（ko_favorites）以及用户登录记录表（user_login_events）中，统计月度活跃用户总人数。接着，使用用户活跃度计算公式来计算在该时间段内的用户活跃度，结果如图 6-7 所示。

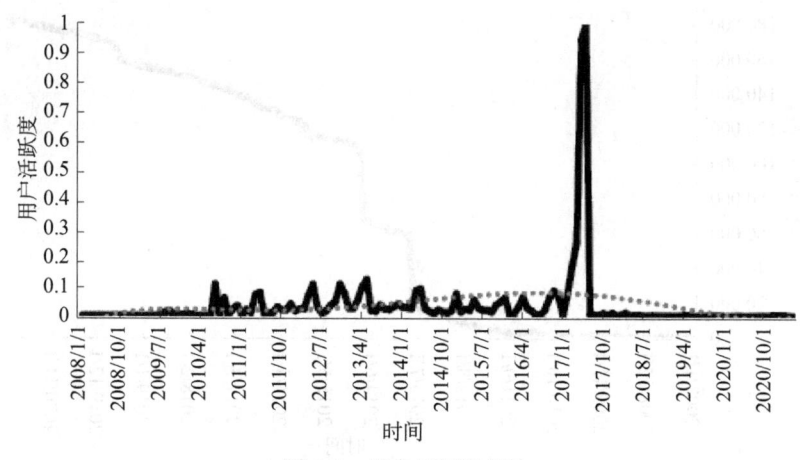

图 6-7　用户活跃度统计

（4）用户月活行为频次计算

首先，使用 SQL 语句从学习元平台数据库的学习元评分表（ko_scores）、学习元评论表（ko_comments）、学习元动态以及点赞表（ko_dynamic_vote）、学习元-收藏表（ko_favorites）以及用户登录记录表（user_login_events）中，统计用户月总行为频次数据。接着，使用用户月活行为频次计算公式来计算在该时间段内的用户月活行为频次，结果如图 6-8 所示。

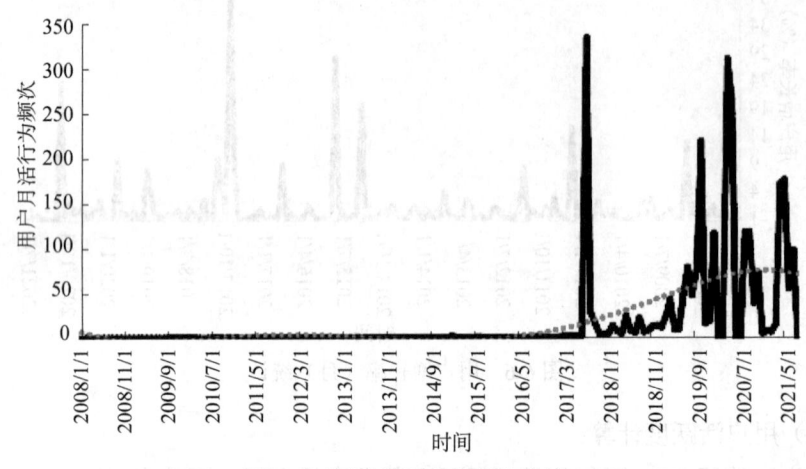

图 6-8 用户月活行为频次统计

（5）资源总量计算

运用 SQL 语句从学习元平台数据库的学习元基本信息表（ko）中统计每个月的资源总量数据，结果如图 6-9 所示。

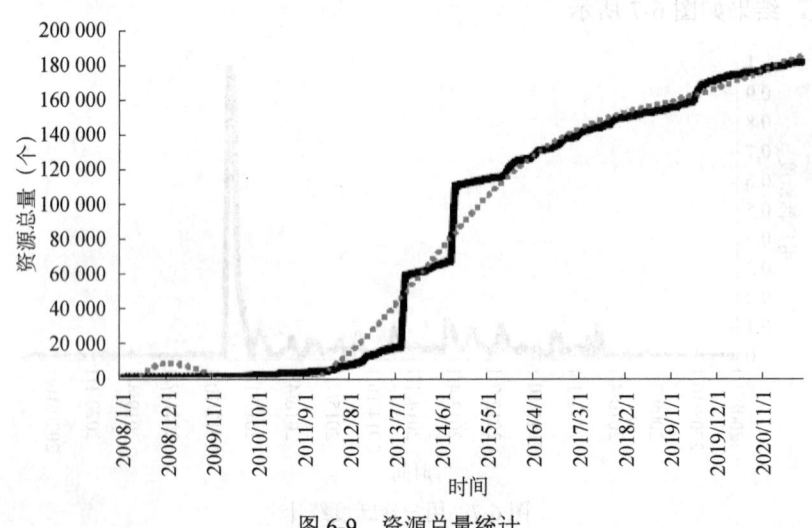

图 6-9 资源总量统计

(6) 资源增长率（月）计算

首先，使用 SQL 语句从学习元平台数据库的学习元基本信息表（ko）中统计每月资源总量数据，然后使用资源增长率（月）计算公式计算出在该月的资源增长率（月），结果如图 6-10 所示。

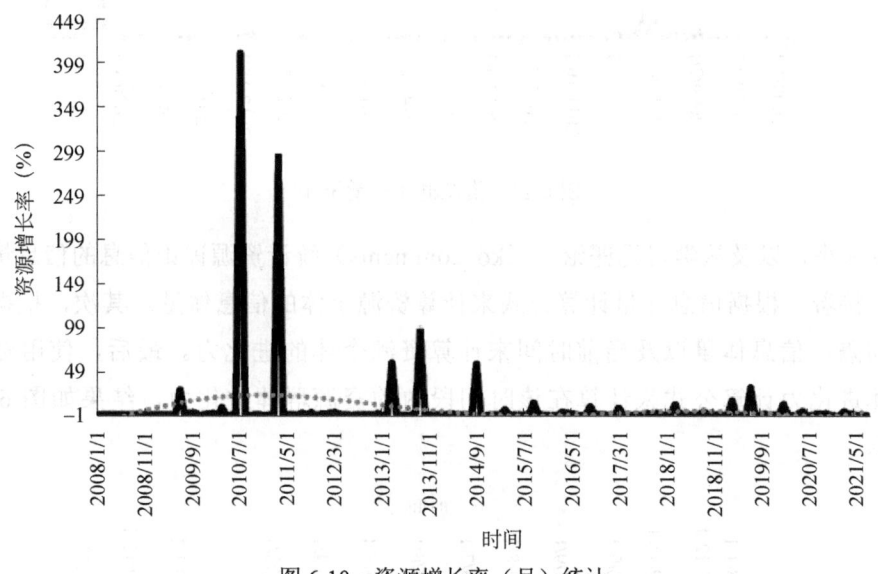

图 6-10 资源增长率（月）统计

(7) 资源群体质量计算

首先，使用 SQL 语句从学习元平台数据库的学习元评分表（ko_scores）统计资源个体分数以及资源个体评分个数；从学习元评论表（ko_comments）中提取资源个体评论内容以及评论个数，使用百度开源 NLPsenta 模型计算用户发布的每个回答的资源个体情感值；从学习元动态以及点赞表（ko_dynamic_vote）、学习元-收藏表（ko_favorites）统计用户对资源个体的点赞/点踩、收藏/取消收藏等数据。接下来，使用资源个体质量计算公式来计算在该时间段内的资源个体质量。最后，使用资源群体质量计算公式来计算在该时间段内的资源群体质量，结果如图 6-11 所示。

(8) 资源群体进化力计算

首先，使用 SQL 语句从学习元平台数据库的学习元版本表（ko_paras_rev）统计资源内容更新信息的信息量大小，从关联学习元表（ko_ko_relation）统计资源关联信息的信息量大小，从学习元基本信息表（ko）统计资源使用信息的信

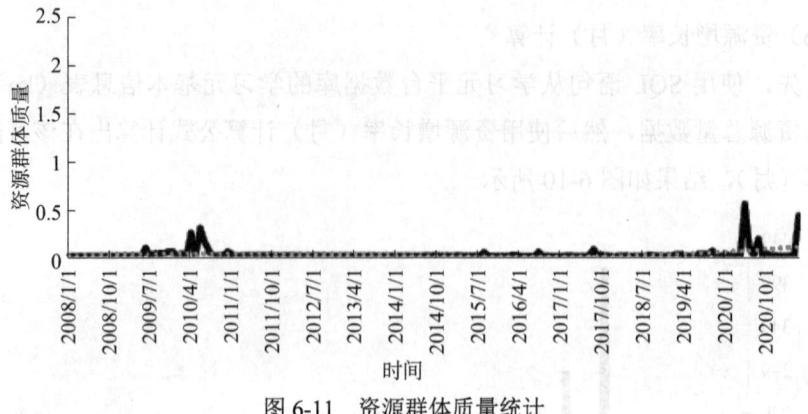

图 6-11　资源群体质量统计

息量大小，以及从学习元评论表（ko_comments）统计资源评论信息的信息量大小。接着，根据信息体量计算公式来计算资源个体的信息体量。其次，根据时间间隔、信息体量以及当前时间来计算资源个体的进化力。最后，使用资源群体进化力计算公式来计算在该时间段内的资源群体进化力，结果如图 6-12 所示。

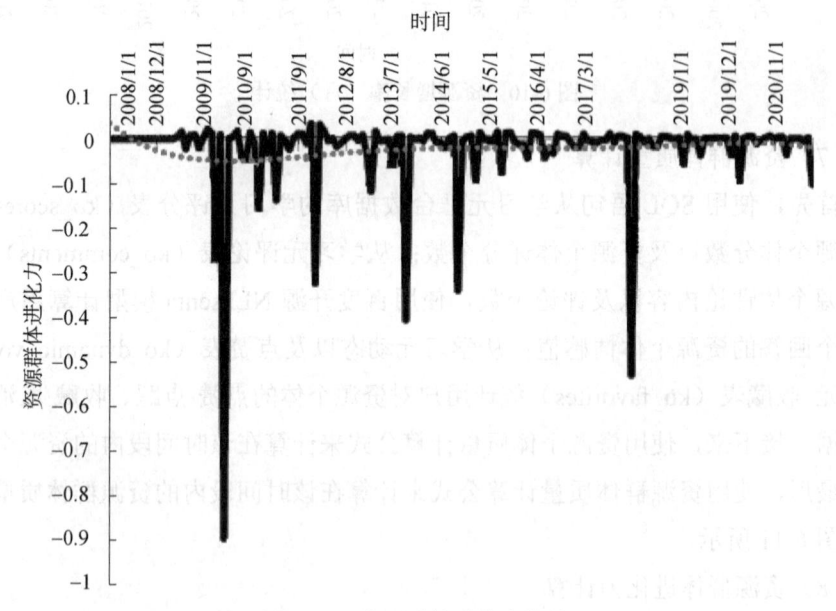

图 6-12　资源群体进化力统计

（9）学习元平台演化阶段计算

首先，涉及的 6 个二级指标参数包括"用户总量""用户增长率（月）"

"用户月活行为频次""资源总量""资源增长率（月）""资源群体进化力"，通常不在[0,1]范围内。为了将它们标准化到一个统一的范围内，本研究采用最大-最小值归一化（min-max normalization）方法。在这个方法中，x 表示原始数据值，$x_{\min}$ 表示数据集中的最小值，$x_{\max}$ 表示数据集中的最大值。这种方法可以将数据线性映射到指定的范围内，通常是[0,1]或其他指定的范围。其公式如下：

$$x_{\text{norm}} = \frac{x - x_{\min}}{x_{\max} - x_{\min}} \tag{6-20}$$

随后，使用学习元平台演化阶段计算公式来计算在该时间段内的学习元平台演化阶段，结果如图6-13所示。

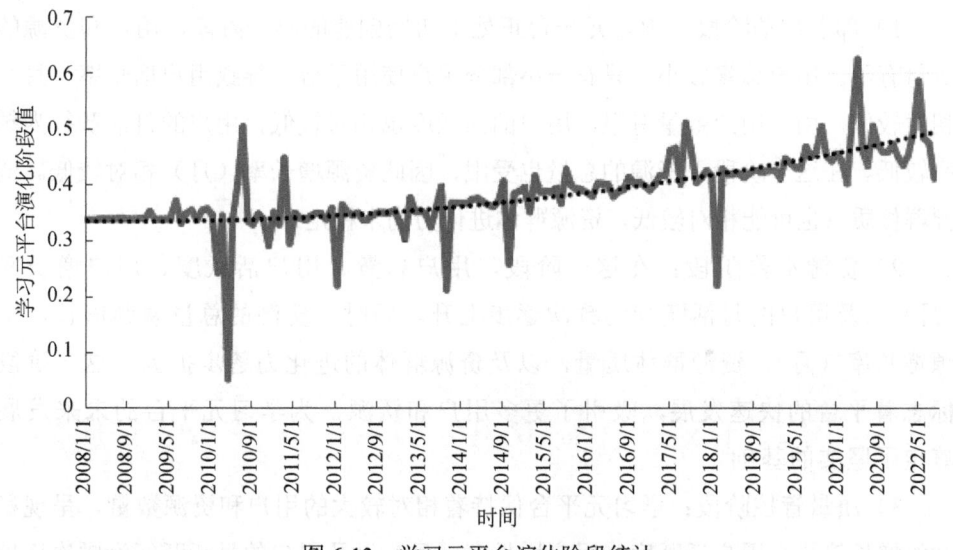

图6-13 学习元平台演化阶段统计

3. 模型的运行结果分析

结合团队前期的实践经验和成果，本案例将资源平台演化时长 T、演化阶段值 X 设定为：$X_0=0.35$，$X_1=0.4$，$X_2=0.5$。经计算，当 T 处于2008年1月1日—2012年1月1日时，学习元平台处于部署启动阶段；当 T 处于2012年1月2日—2015年10月1日时，学习元平台处于资源汇聚阶段；当 T 处于2015年10月2日—2021年8月1日时，学习元平台处于质量管控阶段（表6-16）。

表 6-16　学习元平台演化阶段

演化阶段	演化阶段值	时间段
部署启动阶段	0≤PES<0.35	2008 年 1 月 1 日—2012 年 1 月 1 日
资源汇聚阶段	0.35≤PES<0.40	2012 年 1 月 2 日—2015 年 10 月 1 日
质量管控阶段	0.40≤PES<0.50	2015 年 10 月 2 日—2021 年 8 月 1 日

在学习元平台的演化过程中，不同阶段可以通过一系列关键指标来量化和描述。结合时间属性，综合平台演化阶段、用户总量、用户增长率（月）、用户活跃度、用户月活行为频次、资源总量、资源增长率（月）、资源群体质量、资源群体进化力，得到学习元平台演化阶段图，结果如图 6-14 所示。对学习元平台演化阶段识别的结果分析如下。

1）部署启动阶段：学习元平台正处于初始创建的早期阶段，用户和资源的数量有限。用户总量较小，只有一小部分用户使用平台，导致用户增长率（月）相对较低。由于用户数量有限，用户的活跃度也相对较低，用户的月活跃行为频率较低。在这个阶段，资源的总量也受限，因此资源增长率（月）相对较低。资源群体质量也可能相对较低，资源群体进化力尚未稳定。

2）资源汇聚阶段：在这一阶段，用户总量、用户活跃度、用户增长率（月）以及用户的月活跃行为频次逐步上升。同时，资源的总量急剧增长，资源增长率（月）、资源群体质量，以及资源群体的进化力逐步扩大。这一阶段标志着平台的快速发展，吸引了更多用户和资源，为学习元平台的未来发展奠定了坚实的基础。

3）质量管控阶段：学习元平台保持着相对较大的用户和资源数量，呈现稳健的增长趋势。用户活跃度、用户增长率（月）以及用户的月活跃行为频次逐步上升，表明用户参与度不断提升。同时，资源的增长率（月）和资源群体的演化力也逐步提升，资源群体的质量维持在相对较高水平。这一阶段标志着平台的成熟和稳健发展，通过质量管控措施，平台将进一步巩固其发展进程，确保用户和资源的高质量服务和持续增长。

图 6-14 学习元平台演化阶段

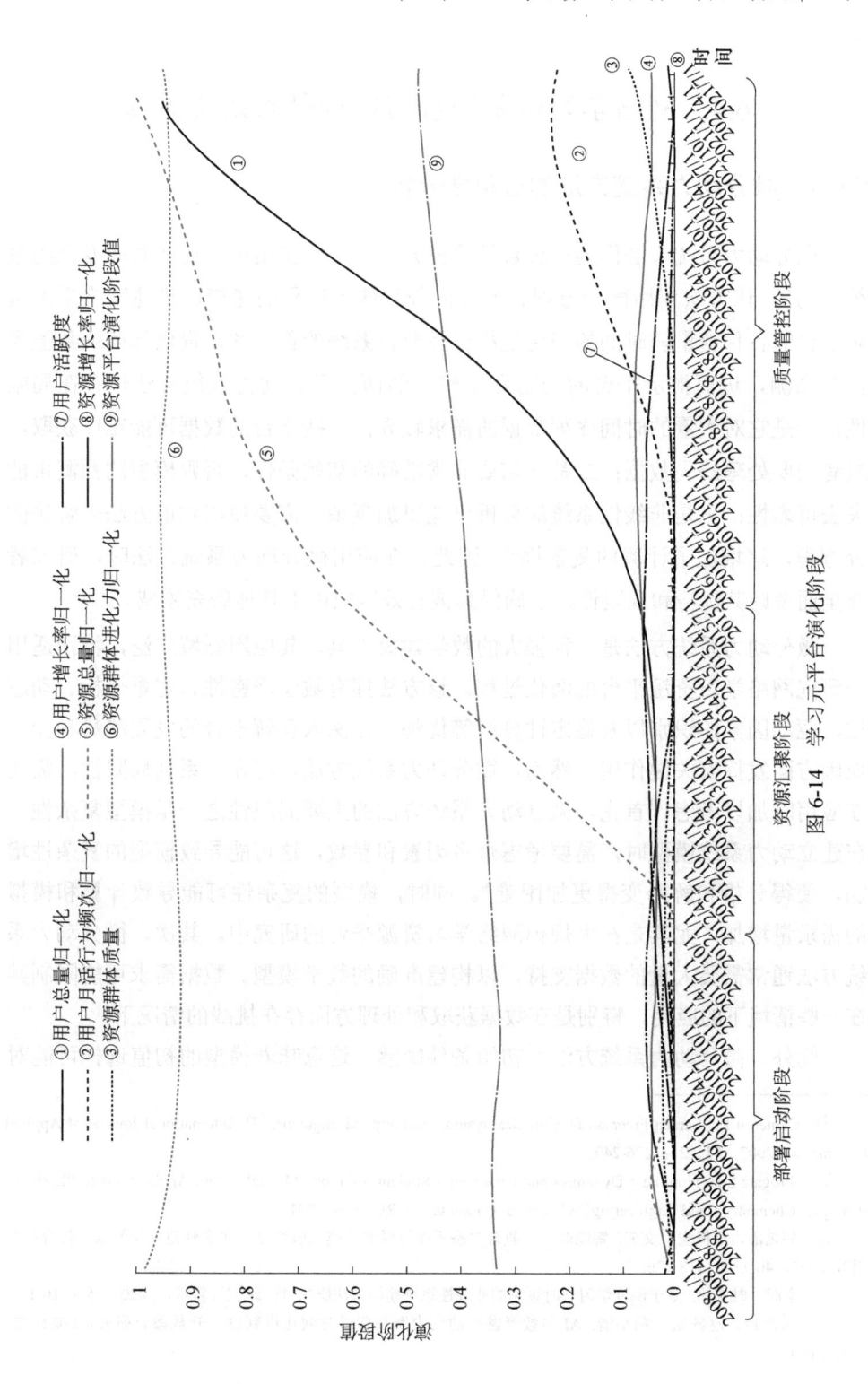

6.4 网络学习资源平台演化阶段的系统仿真

6.4.1 微分动力系统方法的适用性分析

微分动力系统方法作为一种数学建模方法，广泛应用于描述随时间变化的系统行为[1]。该方法利用微分方程、差分方程和迭代过程的建模，描述网络学习资源平台的各种变量随时间的演化过程以及分析系统的稳定性，提供精确的数值模拟和预测，进而揭示平台的动态变化[2][3]。然而，微分动力系统方法也存在局限性：一是它对大量的时间序列数据的需求较高，一些平台的数据可能难以获取，或者需要处理缺失数据；二是它需要非常准确的初始条件，否则模型的预测可能失去可靠性；三是非线性系统的分析可能更加复杂，需要使用数值方法来解决微分方程，这增加了计算的复杂性[4]。因此，在应用微分动力系统方法时，研究者要全面考虑其优势和局限性，以确保其被有效地应用于具体研究领域。

微分动力系统方法是一种强大的数学建模工具，其应用领域广泛，特别适用于研究网络学习资源平台的演化过程。该方法拥有数学严密性、定量分析、动态性、驱动因素的识别以及稳定性分析等优势，在深入理解平台的发展趋势和变化原因方面发挥着关键作用。然而，微分动力系统方法也存在一系列局限性，需要在应用时加以考虑。首先，微分动力系统方法的主要局限性之一是模型复杂性。在建立动力系统模型时，需要考虑众多因素和参数，这可能导致模型的复杂性增加，使得分析和解释变得更加困难[5]。同时，模型的复杂性可能导致计算和模拟的需求量增加，尤其是在大规模网络学习资源平台的研究中。其次，微分动力系统方法通常需要大量的数据支持，以构建准确的数学模型。数据需求可能限制其在一些情境下的应用，特别是在数据获取和处理方面存在挑战的情况下。

此外，微分动力系统方法对初始条件敏感，这意味着模型的初值选择可能对

---

[1] Cameron L, Larsen-Freeman D. Complex systems and applied linguistics[J]. International Journal of Applied Linguistics, 2007, 17（2）：226-240.

[2] Strogatz S H. Nonlinear Dynamics and Chaos with Student Solutions Manual：With Applications to Physics, Biology, Chemistry, and Engineering[M]. City of Calabasas：CRC Press, 2018.

[3] 胡艺龄, 赵梓宏, 文芳. 智能时代下教育生态系统协同演化模式研究[J]. 华东师范大学学报（教育科学版）, 2022, 40（9）：118-126.

[4] 李聪, 时宏伟. 基于深度学习长时预测的非线性系统建模方法研究[J]. 现代计算机, 2020（15）：10-17.

[5] 胡艺龄, 赵梓宏, 顾小清. AI与教育融合的动力系统建模与演化机制[J]. 开放教育研究, 2022, 28（6）：81-90.

结果产生重要影响。因此，在应用微分动力系统方法时，需要谨慎选择初始条件，并对其敏感性进行充分的分析。此外，参数估计的不确定性也是一个挑战，因为模型中的参数通常需要从实际数据中估计，不确定性的存在可能影响模型的准确性和可靠性，因此需要采取适当的方法来处理这些不确定性。最后，微分动力系统方法在分析非线性系统时可能面临一些挑战，使得模型的分析和理解变得更加困难。尽管微分动力系统方法存在这些局限性，但它仍然是一种强大的工具，可以帮助深入理解网络学习资源平台的演化过程。在应用时，研究人员应充分了解这些局限性，并选择适当的方法和技巧来克服这些挑战，以确保研究的准确性和可信度。

Mathematica 作为一款功能强大的仿真软件，为应用微分动力系统方法提供了出色的支持。该软件凭借出色的数学和符号计算能力能够轻松解决动力系统中涉及的复杂数学问题，包括微分方程建模和稳定性分析[1]。此外，Mathematica 提供了强大的可视化工具，可直观呈现系统的动态行为，帮助研究人员更深入地了解模型结果。Mathematica 的灵活性和可扩展性是使其在各种动力系统问题上取得成功的关键因素[2]。研究人员可以自定义和扩展模型以满足特定的研究要求。Mathematica 得到了广大研究人员的认可，他们肯定了其功能强大的优势。这使得 Mathematica 成为研究网络化学习资源平台演变的理想工具，为探索发展趋势及其背后的原因提供了强有力的支持。总之，Mathematica 作为一种强大的数学建模和模拟工具，为应用微分动力系统方法提供了卓越的数学功能和可视化支持[3]。它的广泛适用性和灵活性使其在学术研究方面非常有前途，因此本研究应用 Mathematica 进行系统仿真。

6.4.2 动力系统仿真实验设计

1. 网络学习资源平台演化阶段要素解析

深入分析不同演化阶段的要素对揭示网络学习资源平台演化过程和规律至关重要。综合前期研究可知，各个演化阶段的要素包括用户总量、用户增长率（月）、用户活跃度、用户月活行为频次，以及资源总量、资源增长率（月）、资

---

[1] Leander J, Almquist J, Johnning A, et al. Nonlinear mixed effects modeling of deterministic and stochastic dynamical systems in wolfram mathematica[J]. IFAC-PapersOnLine, 2021, 54（7）：409-414.
[2] 刘雄伟. 基于 Mathematica 的高等数学教学过程研究与实践[J]. 大学教育, 2016, 5（2）：136-138.
[3] 林挺. 研究 MATLAB 与 Mathematica 在解微分方程（组）的应用比较与特解的图形解析[J]. 现代职业教育, 2020（27）：154-155.

源群体质量和资源群体进化力等。接下来，本研究将按照网络学习资源平台的不同演化阶段，进行要素解析。

在部署启动阶段，网络学习资源平台通常处于初期发展阶段，这一时期的用户总量相对有限。用户增长率（月）受多种复杂因素的影响，包括宣传策略、市场认知以及用户初次互动体验。在这一时期，用户的活跃度通常相对较低，平台需要经历一段时间来建立声誉和吸引首批用户。用户月活行为频次通常不高，用户还在适应和了解平台的操作和资源。就资源相关要素而言，资源总量在部署启动阶段通常相对有限，这些资源主要由平台的创建者提供。资源增长率（月）相对较低，因为平台可能正积极寻求内容创作者和合作伙伴的参与，以丰富其内容库。在这个特定阶段，网络学习资源平台强调的重点在于内容的积累和基础设施的建设，以满足初期用户的需求，确保他们能够获得有益的学习体验。这一深入分析为了解网络学习资源平台的演化提供了学术上重要的基础，同时也为演化阶段的分析提供了引导，以更全面地理解网络学习资源平台的发展历程。

在资源汇聚阶段，用户总量显著增长，用户增长率（月）稳步上升，平台知名度和信誉得到提高。用户活跃度可能出现波动，因为用户在试用平台后可能会选择留下或离开。平台提供互动功能、支持学习社区和个性化建议有助于提高用户活跃度。用户月活行为频次有所增加，因为平台上的资源和功能变得更多样和吸引人。同时，由于内容创作者、合作伙伴和用户的贡献推动，平台资源总量显著增加，资源增长率（月）加速，资源的多样性和数量的增加提高了用户满意度。然而，平台需要更加重视资源的质量和内容审核，以确保高质量资源供应，并应对资源质量和用户评价的潜在波动。这一阶段的深入分析有助于了解网络学习资源平台在资源管理和用户互动方面的演化，以更全面地理解平台的发展历程。

在质量管控阶段，用户总量可能继续增长，但增长率趋于稳定。平台将更侧重于用户留存和忠诚度的提升，以确保现有用户的满意度。用户活跃度可能相对稳定，但需要继续提供有吸引力的内容和服务，以保持用户的兴趣。用户月活行为频次将保持在相对稳定的水平，因为用户已经建立了使用习惯。同时，资源总量将继续增加，但增长率可能降低，因为平台已经积累了大量资源，平台将更关注资源的质量和多样性。资源质量将继续受到关注和改进，以确保用户获得高质量的学习资源。此时，平台需要采用更多的质量控制和审核机制，以满足用户期望并保持高水准的内容。在这个阶段，平台的关注点是提供高品质的学习资源、维护用户忠诚度以及有效管理资源库，以满足日益成熟的市场需求。深入分析这一阶段的要素有助于理解网络学习资源平台的质量维护和用户满意度管理。

在生态塑造阶段，用户总量可能保持相对稳定，重点是保持忠诚用户和提供个性化体验。用户增长率（月）可能达到天花板，因此平台将更侧重于提升用户的满意度和忠诚度。用户活跃度将保持在相对稳定水平，平台将继续提供高质量的服务以保持用户的兴趣。用户月活行为频次将保持在稳定水平，用户已经建立了深层次的学习互动。与此同时，资源总量将维持在稳定水平，平台可能更注重内容的更新和精细化。资源增长率（月）将下降，但平台将不断调整资源以满足用户需求。资源质量继续得到维护和改进，以确保高质量的学习资源。在这个阶段，平台需要考虑如何提供更个性化的资源推荐和支持学习者的不断进步。此时，平台的关注点是在现有用户基础上不断改善用户体验，为用户提供个性化学习支持，并维护资源生态的稳定性。深入分析这一阶段的要素，有助于理解网络学习资源平台在生态建设和用户满意度方面的演化。

2. 网络学习资源平台演化阶段边界确定

确定资源平台的演化阶段边界能够帮助我们明确定义每个演化阶段的特征和参数范围，从而进行有效的仿真实验和深入研究。在这一过程中，可以采用一系列参数控制分析的方法清晰地演化边界和特性的定义，以便更好地理解平台的发展过程。

部署启动阶段：考虑到网络学习资源平台处于早期阶段，很多指标如用户增长率（月）和活跃度可能尚未显著表现出来。因此，本研究选择将所有计算参数的初始值设置为0，是为了确保平台在初始阶段维持相对稳定的状态，避免迅速增长。为了引入一些变异性和模拟演化趋势，本研究将用户总量、用户增长率（月）、用户活跃度、用户月活行为频次，以及资源总量、资源增长率（月）、资源群体质量和资源群体进化力等因素变量的最小增长率定义为0，最大增长率为0.04，且各参数数据的范围在0—0.2。这意味着在模拟过程中，可以随机选择每个变量的增长幅度，从而模拟出不同的增长情况。这种设置有助于模拟平台的适应性和灵活性，使其能够应对不同的市场环境和用户需求。

使用 Mathematica 等数学工具进行数学计算，本研究可以获得各个变量的变化曲线，以此发现平台在不同阶段的增长速度、波动情况，以及可能存在的问题。通过将计算参数的初始值设置为0，并引入变异性和演化趋势，确保了平台在初始阶段保持相对稳定状态，并为随后的演化模拟提供了初始状态。同时，通过使用 Mathematica 数学工具进行计算和绘制曲线，能够更好地理解和分析平台的演化过程和发展趋势。这种方法有助于更加科学和系统地研究网络学习资源平台的演化，如图 6-15 所示。

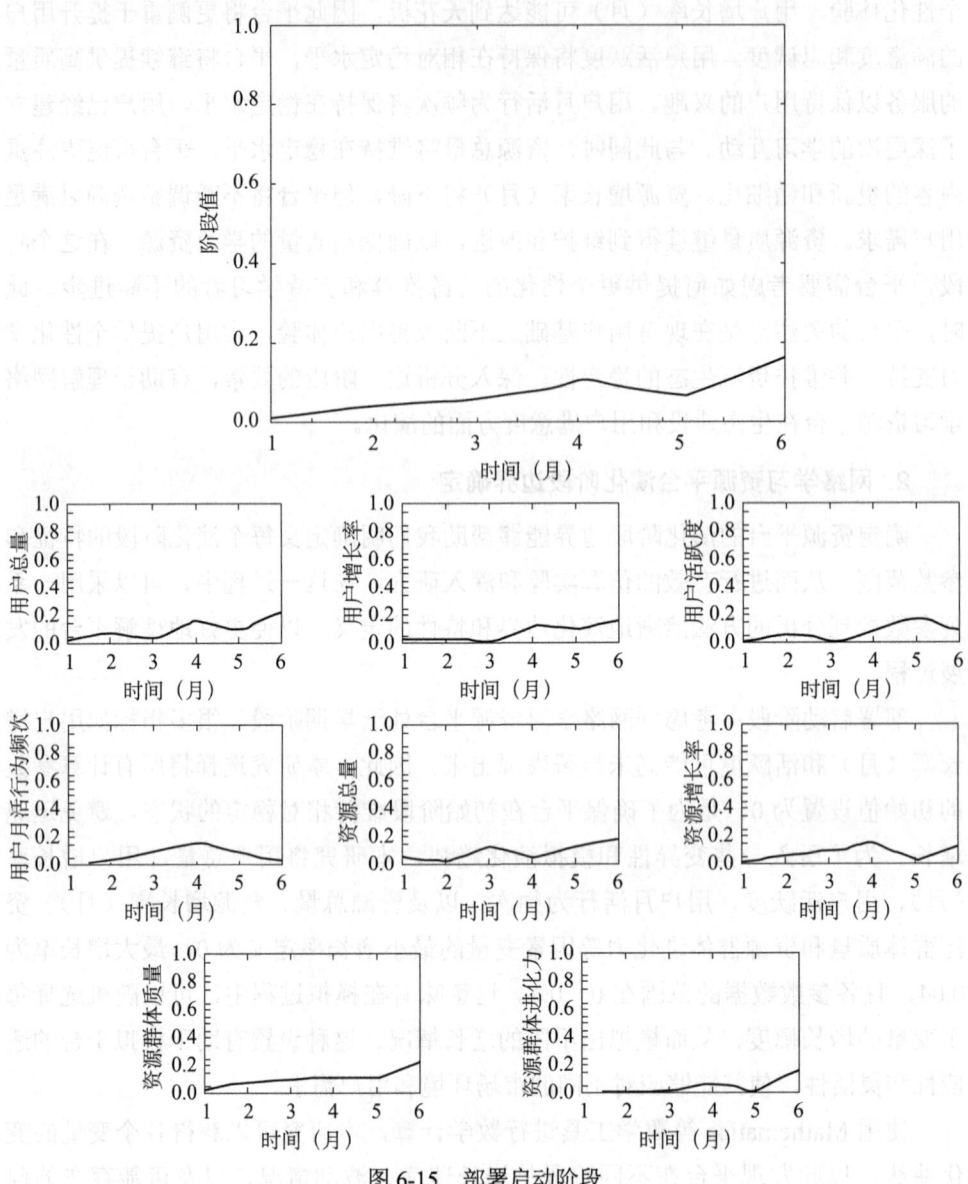

图 6-15 部署启动阶段

　　资源汇聚阶段：在第二阶段，平台已建立初步的用户和资源基础，但需要吸引更多用户和资源以推动平台的进一步发展。为实现这一目标，提高用户增长率（月）和资源增长率（月）等关键指标至关重要。为逐步提高资源池的质量，基于第一阶段的计算结果将所有计算参数的初始值设置为 0.2。这在一定程度上可以保持平台的稳定性，同时为后续的演化模拟提供一个良好的起点。为引入一定的变异性和演化趋势，将用户总量、用户增长率（月）、用户活跃度、用户月活行为频次因素变量的最小增长率定义为 0.02，最大增长率为 0.06，且各参数数据的范围在 0.2—0.6，资源总量、资源增长率（月）、资源群体质量和资源群体进化力等因素变量的最小增长率定义为 0.025，最大增长率为 0.07，且各参数数据的范围在 0.2—0.7。这意味着在模拟过程中，"用户数据"中的每个变量的增加量可以在 0.02—0.06 随机选择，"资源数据"每个变量的增加量可以在 0.025—0.07 随机选择。这样的设置增加了平台的适应性和灵活性，使其能够适应不同的市场环境和用户需求。

通过将计算参数的初始值设置为 0.2，并引入变异性和演化趋势，可以确保平台在早期保持相对稳定的状态，并为随后的演化模拟提供一个坚实的初始状态。同时，通过使用数学工具进行计算和绘制曲线，可以更好地理解和分析平台的演化过程和发展趋势，如图 6-16 所示。

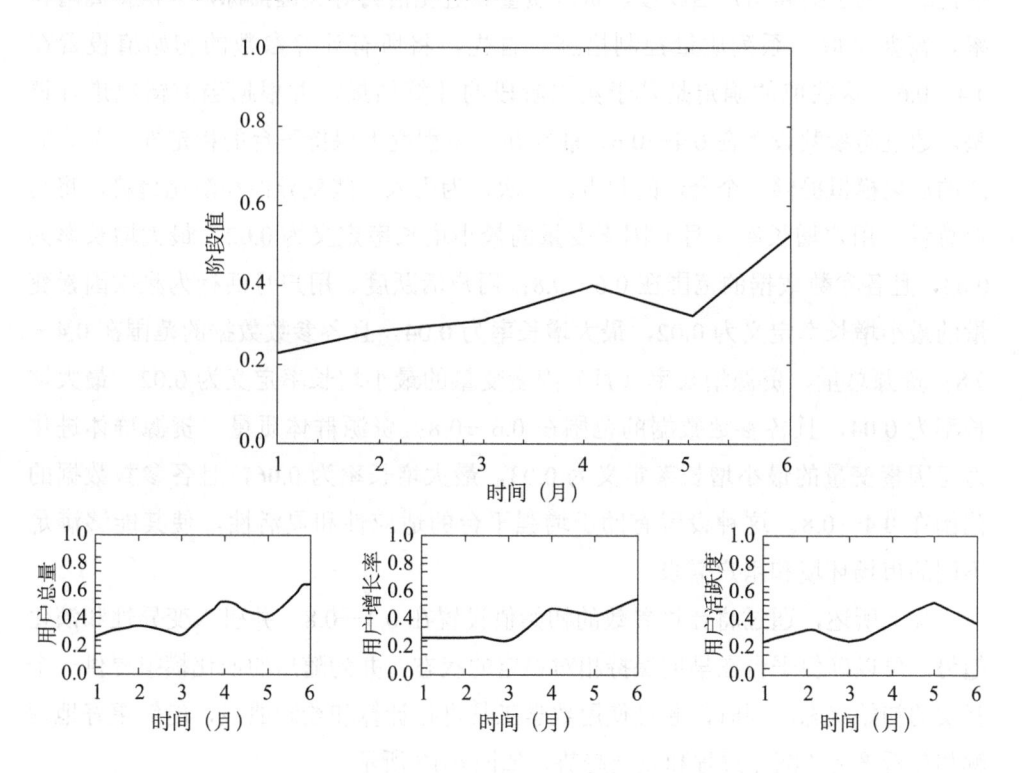

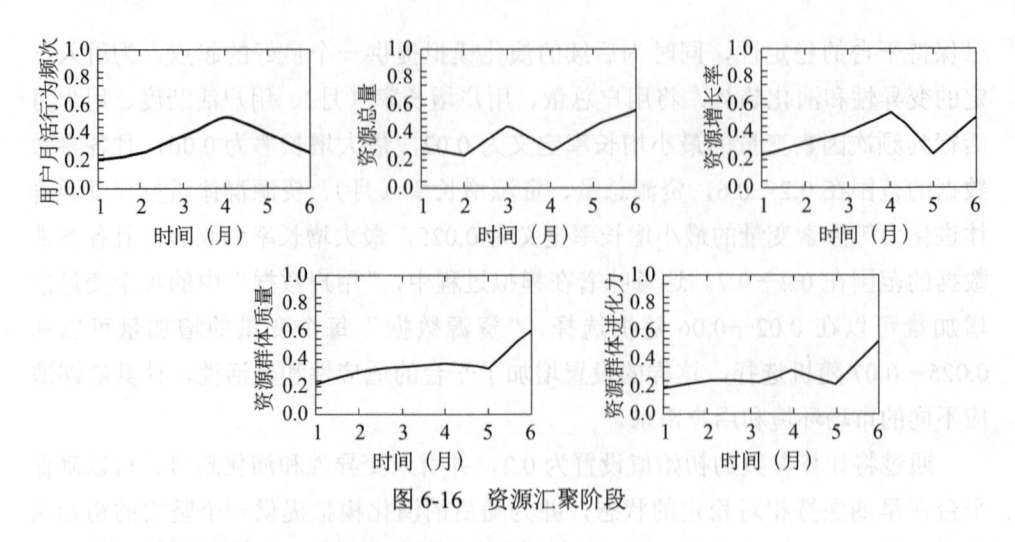

图 6-16 资源汇聚阶段

质量管控阶段：在第三阶段，平台已经积累了大量用户和资源，但也面临一些挑战。为了提高用户活跃度、资源质量和进化潜力等关键指标，并保持高增长率，需要采取一系列质量控制措施。首先，将所有计算参数的初始值设置在 0.4—0.6。这些值的确定是基于第二阶段的计算结果，并根据当前情况进行调整。通过将参数设置在 0.4—0.6，能够在一定程度上保持平台的稳定性，并为后续的演化模拟提供一个合适的起点。其次，为引入一些变异性和演化趋势，将用户总量、用户增长率（月）因素变量的最小增长率定义为 0.02，最大增长率为 0.03，且各参数数据的范围在 0.6—0.8；用户活跃度、用户月活行为频次因素变量的最小增长率定义为 0.02，最大增长率为 0.04，且各参数数据的范围在 0.4—0.8；资源总量、资源增长率（月）因素变量的最小增长率定义为 0.02，最大增长率为 0.04，且各参数数据的范围在 0.6—0.8；资源群体质量、资源群体进化力等因素变量的最小增长率定义为 0.03，最大增长率为 0.06，且各参数数据的范围在 0.4—0.8。这种设置有助于增强平台的适应性和灵活性，使其能够满足不同的市场环境和用户需求。

综上所述，通过将计算参数的初始值设置在 0.4—0.8，并引入变异性和演化趋势，可以确保平台在早期保持相对稳定的状态，并为随后的演化模拟提供一个坚实的初始状态。同时，通过使用数学工具进行计算和绘制曲线，能够更好地理解和分析平台的演化过程和发展趋势，如图 6-17 所示。

图 6-17 质量管控阶段

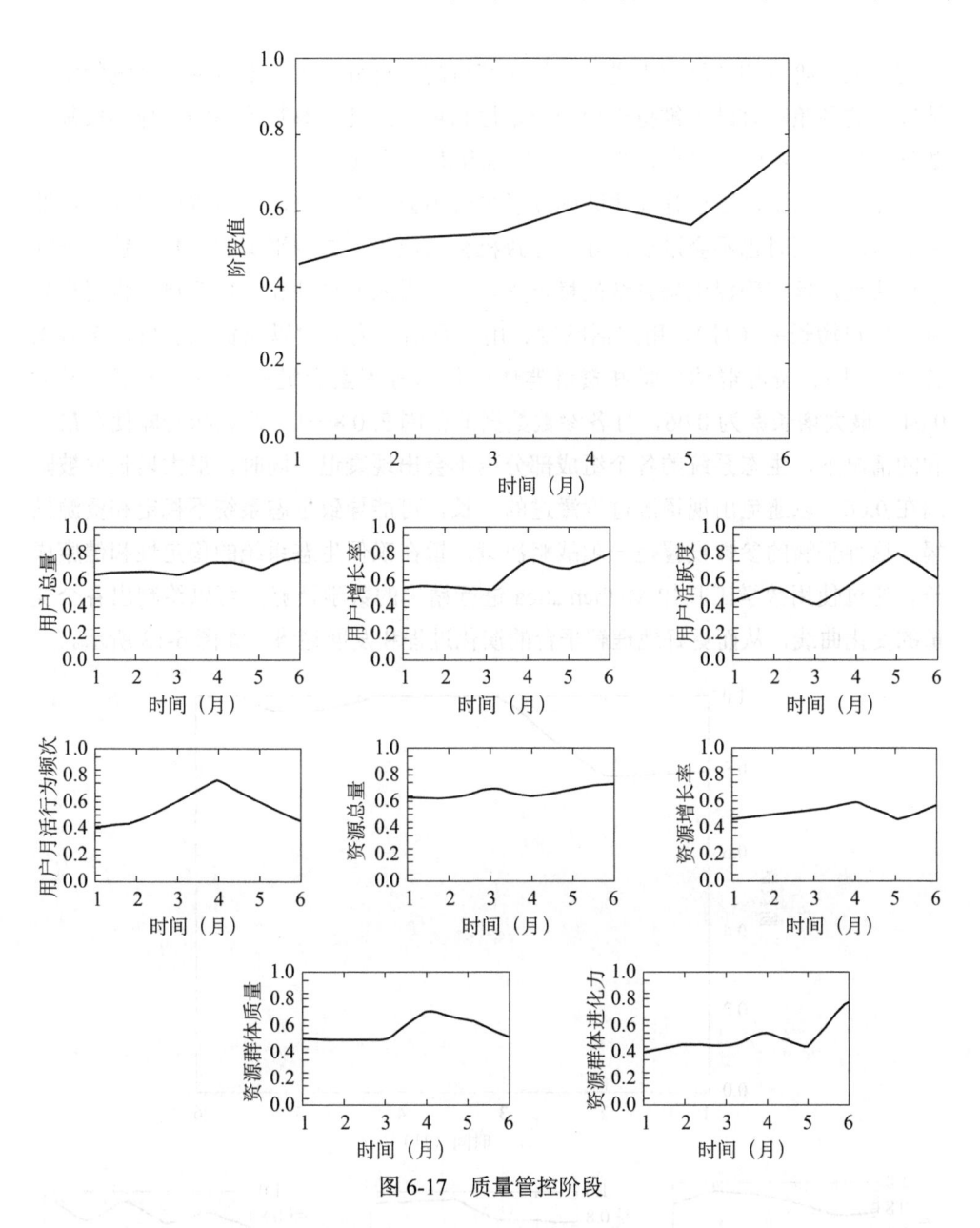

生态塑造阶段：在第四阶段，平台生态系统进入了相对稳健的状态，拥有高质量的用户和资源池，同时显示出强大的进化潜力。在这一时刻，平台的管理团队必须应对一项重要任务，即在维持高增长率的同时，进一步完善平台的生态系统，以确保其持续发展和竞争力的维持。为了实现这一目标，采用了一种特定的参数设置策略，将所有计算参数的初始值限制在 0.70—0.75。这一范围的选择是

通过对上一阶段的计算结果进行分析而获得的，充分考虑了平台生态系统的实际情况。这种策略有助于维持平台的稳定性和可持续性。参数范围的选择不仅基于数学计算，还考虑了生态系统的特定需求和潜在的风险因素。

在此背景下，平台管理团队确保了平台不会过度生长，从而避免陷入不可控制的状况，同时也不会过于保守，导致机会的流失。这种平衡的参数设置是一项战略决策，旨在确保生态系统的稳定性。为了引入变异性和演化趋势，将用户总量、用户增长率（月）、用户活跃度、用户月活行为频次以及资源总量、资源增长率（月）、资源群体质量和资源群体进化力等因素变量的最小增长率定义为 0.04，最大增长率为 0.06，且各参数数据的范围在 0.8—1。这意味着即使在最不利的情况下，生态系统的各个组成部分也不会出现衰退。同时，最大增长率被限制在 0.06，以避免出现资源过度激进的生长，可能导致生态系统不稳定和资源枯竭。这种平衡的参数设置是一项战略决策，旨在确保生态系统的稳定性和健康成长。通过使用数学工具如 Mathematica 进行精确的数学计算，可以绘制出各个变量的变化曲线，从而更好地理解平台的演化过程和发展趋势，如图 6-18 所示。

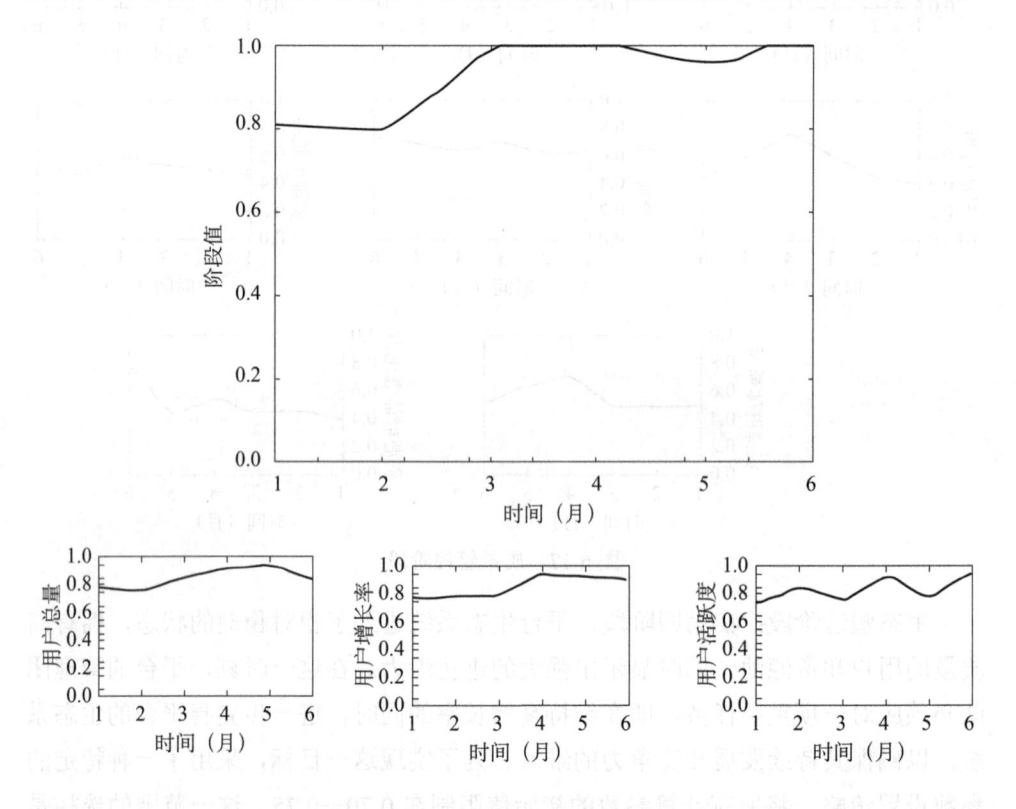

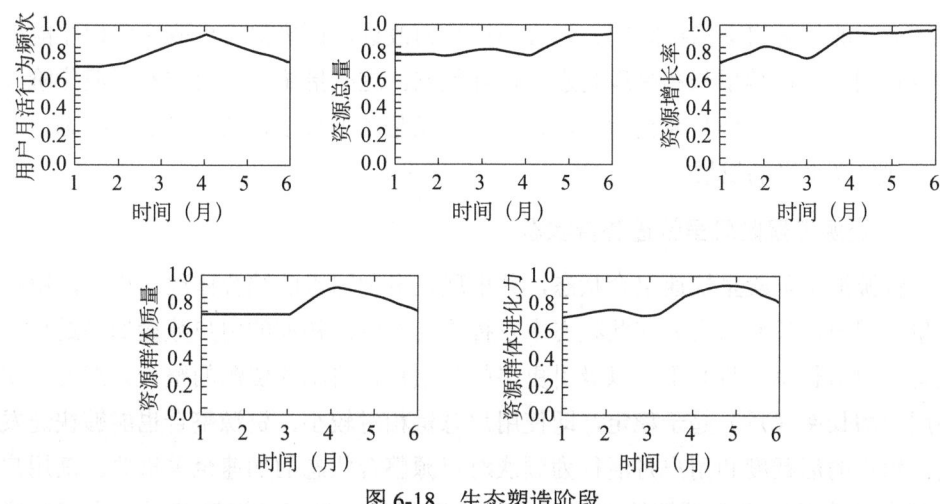

图 6-18　生态塑造阶段

6.4.3　实验结果分析与讨论

1. 部署启动阶段呈低水平运行状态

资源平台在部署启动阶段出现低水平运行状态通常是由多种因素相互作用的结果。具体来说，用户总量和用户增长率（月）对新平台推广应用至关重要。如果初始用户数量较少，或者用户增长率（月）不足以吸引更多用户，资源平台就会处于低水平运行状态。其次，用户活跃度和用户月活行为频次决定了平台健康状况。如果用户对平台内容不感兴趣，他们可能降低活跃度，甚至降低使用频率。最后，资源总量和资源增长率（月）对用户体验至关重要。如果资源供给不足，平台将难以满足用户信息和功能需求，降低他们的满意度。因此，低水平运行状态通常是多个因素相互作用的综合体现。

为了改善低水平运行状态，本研究建议采取以下措施：一是采取积极的市场推广和用户获取策略。通过巧妙利用社交媒体、广告渠道和建立合作伙伴关系等策略，增强平台知名度和吸引力，从而吸引更多用户。二是简化用户界面和提供操作指南。持续的用户反馈和不断改进也是实现高水平运行状态的必要步骤。通过与用户的互动和反馈循环，可以提高用户满意度，从而促进平台的活跃度提升。三是优化资源管理和资源供给。平台需要保证足够的资源供给，以支持用户的各类活动。同时需要监测资源使用情况，根据需求进行资源分配和扩充。四是建立资源质量管理流程。通过定期更新资源，平台将能够满足用户的不断变化的需求，从而保持高水平运行状态。

成功的部署启动需要时间、耐心和持续的改进，以确保平台或应用程序能够实现长期的可持续增长和呈现高水平运行状态。这些措施在平台的不同演化阶段都具有重要性，特别是在初期阶段，它们可以帮助平台改善低水平运行状态，逐步实现更高水平的发展。

2. 资源汇聚阶段呈快速整合状态

资源汇聚阶段呈快速整合状态，其出现是多种因素的综合体现。首先，用户总量和用户增长率（月）在此状态中发挥重要作用。初期的用户数量如果过少，或者用户增长率（月）不足以吸引更多的新用户，将制约资源的整合。然而，如果用户增长率（月）趋于稳定，即使用户总量相对较小，资源整合也能够快速发展。用户的活跃度和用户月活行为频次对资源整合状态的加速至关重要。高用户活跃度意味着用户更频繁地使用平台或应用程序，从而对资源的需求也相应增加。用户的月活行为频次也反映了用户对资源的实际需求度。此外，资源总量和资源增长率（月）直接影响资源整合状态的速度。如果资源总量充足且资源增长率（月）适度，资源整合将更快。资源群体质量和资源群体进化力同样至关重要，高质量资源更容易被整合，而资源的不断更新和改进有助于维持整合状态的持续性。

为了充分理解和利用资源汇聚阶段的快速整合状态，需要采取以下措施：一是提高用户活跃度。为了保持资源整合状态，平台需要积极提高用户活跃度。提供有吸引力的内容、功能和互动，鼓励用户频繁使用平台。用户的满意度和忠诚度的提高对资源整合至关重要。二是增加资源供给，确保资源充分满足用户需求。定期监测资源使用情况，以确保资源的分配和符合需求。质量管理和资源更新也是维持整合状态的关键。建立资源质量管理流程，以确保高质量资源的持续供给。三是不断更新和改进资源。四是积极收集用户反馈，并根据反馈来改进产品和资源。用户的参与反馈循环有助于满足用户需求，并保持平台发展状态的持续性。资源汇聚阶段的快速整合状态为平台或应用程序的未来发展提供了坚实的基础。通过以上措施，可以更好地确保平台可持续发展，从而为下一阶段发展和用户的持续增长打好基础。

3. 质量管控阶段呈协同发展状态

质量管控阶段呈协同发展状态，表明质量控制和管理措施与其他关键因素之间取得了良好的协同作用，实现了协同发展。这一状态的出现是多个参数相互影响的结果，其中包括用户总量、用户增长率（月）、用户活跃度、用户月活行为频次、资源总量、资源增长率（月）、资源群体质量和资源群体进化力。用户总量的增长、用户活跃度的提高以及资源质量和资源增长的有效管理都是协同发展状态的重要因素。

在仿真实验中，协同发展状态反映了质量管控措施的有效性，它们与其他关键因素之间的相互作用，是实现整个系统良好运行的关键。用户总量的增长表明平台吸引了更多的用户，用户活跃度的提高意味着这些用户更加积极地使用平台，这有助于提高资源的利用率。同时，资源质量和资源增长的有效管理确保了平台上的内容和服务的质量不断提升，用户体验得到改善。这进一步强调了在网络学习资源平台的质量管控阶段需要关注多个方面因素，包括吸引用户、提高用户活跃度以及有效管理资源的质量和增长。这些因素的相互影响将决定平台的整体性能和发展趋势，为网络学习资源平台的优化提供了有力的依据。

为了维持和加强质量管控阶段的协同发展状态，需要采取以下措施：一是不断改进质量管控措施，确保资源的高质量。定期的质量评估和审查有助于问题的及时发现和质量管控措施的不断完善。二是维护和提高资源总量及资源质量，以支持协同发展状态的持续性。资源的数量、资源的质量与质量管理协同发展密切相关，资源的合理分配和质量水平的不断提高都是关键。三是建立资源质量审核管理流程，确保资源满足质量标准，并推动资源不断更新和改进，以适应需求和标准的变化。这需要对资源的生命周期进行全面管理，包括规划、开发、发布、维护和淘汰等各个阶段。四是积极搜集用户和利益相关者的反馈，以不断改进质量管理和资源质量。用户和利益相关者的参与有助于其需求的满足，进而推动资源和产品的质量不断提高。

4. 生态塑造阶段呈高级有序状态

生态塑造阶段呈高级有序状态。研究发现用户和资源两个主要要素的参数处于相对稳定的范围，所有计算参数的值都在 0.75—1。这种情况反映了生态系统的良好健康状况。用户活跃度高，资源质量卓越，这表明生态系统中的用户互动频繁且资源供应充足，使生态系统处于健康状态。尽管用户增长率（月）相对平稳，但吸引新用户仍然至关重要。因此，本研究关注用户留存和满意度，以确保已有用户继续享受高质量的体验，保持他们的忠诚度。综合而言，生态系统的高级有序状态为持续增长和发展提供坚实的基础，但也需要谨慎管理，以适应不断变化的市场和用户需求。通过用户细分、个性化和满意度维护，可以实现生态系统的长期稳定和健康发展。

为了维持生态系统的高级有序状态，本研究提出以下建议：一是划分用户行为和提供个性化服务。通过根据用户需求和行为进行细分，生态系统可以提供更加个性化的体验，从而提高用户满意度。二是实现数据驱动决策。利用用户和资源使用数据进行数据驱动决策，有助于揭示用户行为的趋势和资源利用的改进点。三是建设资源社区。通过积极促进用户之间的互动和社区建设，可以提升用户的忠诚度，形成更有利的生态系统氛围。四是资源创新和改进，鼓励资源提供者持续创新和改进资源，同时积极倾听用户反馈，可以引导资源的进一步优化，以满足不断变化的用户需求。长期可持续增长策略是另一个关键因素，需要包括资源增长可持续性、用户增长可持续性和资源质量可持续性管理。五是定期监测平台系统的各项参数，通过监测和调整，确保高级有序状态的持续存在，并在出现任何负面趋势时及时采取纠正措施，以保持生态系统的健康和稳定。

5. 平台总体呈阶梯式发展的演化状态

综合分析模型结果，网络学习资源平台发展的演化路径如图 6-19 所示。

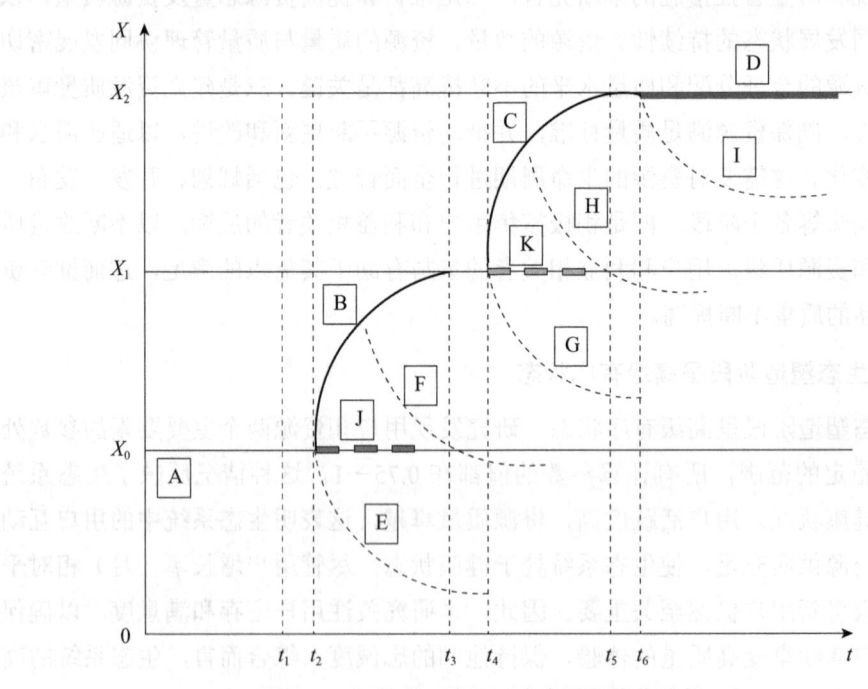

图6-19 网络学习资源平台发展的演化路径

部署启动阶段对应于图 6-19 中的 A 段。在此时，网络学习资源平台的用户数量和资源数量相对较少，关键指标如用户增长率（月）和活跃度可能尚未充分体现，从而导致平台的初始价值较低。经过一段时间 $(0, t_1)$ 后，平台的状态逐渐

接近于 X_0，然后进入关键阶段（t_1,t_2）。虽然在这一时期没有发生质的变化，但平台的发展方向变得更加清晰，不同的发展路径逐渐显现出来。建立了初步的用户和资源基础后，如果平台继续吸引更多用户和资源，用户增长率（月）、资源增长率（月）以及资源质量将不断提升，平台将会沿着 B 路径前进。如果平台持续处于僵持状态，那么它达到了一种低级别的稳定状态（代表为 J），或者未能在 B 路径上继续前进，那么它可能沿着 E 路径回到初始状态。这一部署启动阶段是网络学习资源平台发展历程中的重要起点，关乎平台未来的走向。适当的战略和发展措施在这一阶段可对平台的长期成功产生深远影响。平台需要吸引用户、积累资源、提高用户活跃度和资源质量，以实现可持续增长。同时，平台也需要及时调整战略，以避免僵持状态或逆转回初始状态的风险。通过合理的规划和管理，平台可以更好地应对这一关键阶段的挑战，为未来的发展奠定坚实基础。

资源汇聚阶段对应于图 6-19 中的 B 段。在这个阶段，网络学习资源平台已初步建立起用户和资源基础，但需要进一步吸引更多的用户和资源的加入。经过一段时间（t_2,t_3），平台的状态逐渐接近于 X_1，然后进入第二个关键阶段（t_3,t_4）。在这个阶段，平台面临着三种潜在的发展路径，分别为 C、K、G。如果平台沿着路径 C 前进，它将进入一个快速发展的阶段（t_4,t_5）。然而，如果平台在这个阶段保持僵持状态，它将继续停留在 K 所代表的低级别稳定状态。相反，如果平台无法维持这一稳定状态，它可能沿着 G 路径回归到之前的状态。这一资源汇聚阶段是网络学习资源平台发展历程中的关键时期，平台需要制定明智的战略，以吸引更多的用户和资源。快速发展路径 C 代表着机会，但也伴随着风险。平台需要保持活跃、提高资源质量、增加用户细分和个性化，以实现快速增长。保持稳定状态路径 K 需要平台有效管理现有资源，确保质量和活跃度，但也需要留意不要陷入僵持状态。回归路径 G 的风险较高，因此需要谨慎规划和采取具有灵活性的措施。平台需要不断调整战略，从而维持资源汇聚阶段的发展。通过明智的战略和管理，平台可以更好地实现资源的聚集，为未来的发展奠定坚实基础。

质量管控阶段对应于图 6-19 中的 C 段。在这个阶段，网络学习资源平台已经积累了足够数量的用户和资源，因此需要实施一系列质量管控措施，以提升关键指标，如用户活跃度、资源池质量以及进化潜力。同时，需要在保持高增长率的基础上实现这些质量提升。经过一段时间（t_4,t_5），平台的状态逐渐接近 X_2，然后进入第三个关键阶段（t_5,t_6）。在这个阶段，随着时间的推移，平台将逐渐进入更高层次的有序稳定状态，以 D 为代表。这一状态表明平台已经实现了高水平的用户活跃度、资源质量以及进化潜力，从而进入了一个质量管控的新境界。然而，如果平台无法达到这一更高层次的稳定状态，或者无法维持该状态，那么它可能沿着路径 I 回归到之前的状态。这一现象强调了质量管控阶段的重要性和挑战，平台需要在保持高增长的同时，注重提升用户体验、资源质量和进化能力。通过合适的质量管控措施和长期规划，平台有望进入更高层次的稳定状态。

网络学习资源平台的演化过程呈现阶梯式特点，包括部署启动阶段、资源汇聚阶段、质量管控阶段以及高级有序状态的生态塑造阶段。在部署启动阶段，用户和资源有限；进入资源汇聚阶段，需要吸引更多用户和资源的加入；在质量管控阶段，着重提高用户活跃度和资源质量，同时保持高增长率；最终，平台进入高级有序状态的生态塑造阶段，用户和资源参数趋于稳定，但依然要强调用户细分和个性化。综上分析，网络学习资源平台阶梯式演化规律，以及质量管控、数据驱动决策、社区建设等要素的发现，能够为我们优化、把控不同阶段的网络学习资源平台提供重要的支持和理论依据。未来，我们应当基于资源平台发展规律，结合质量管控等要素，针对处于不同发展阶段的资源平台进行个性化管理和优化，从而推动网络学习资源平台高质量建设。

第 7 章　网络学习资源进化预警技术

当前，虽然学习资源进化的概念模型、关键技术以及单模态资源进化规律等方面的研究取得了积极进展，但在网络学习资源进化预警的关键技术方面尚未取得突破，而预警机制的建设对高效管理海量学习资源、持续提升资源品质具有至关重要的意义。目前网络学习领域的预警技术，主要以学习者为预警对象，通过传统的机器学习算法建立预警技术模型，应用于诸如课程成绩预警、学业辍学预警等教学服务场景。由于网络学习资源进化影响因素的复杂性与动态变化特征，当前以学习者为预警对象的传统机器学习算法模型，难以实现网络学习资源进化的精准预测和预警信息的有效反馈。

7.1　相关研究

7.1.1　网络学习资源进化预警系统研究

网络学习资源的内容是动态发展变化的，对它的质量把控更需要研究者以超前意识审视资源内容发展趋势，即通过引入预警概念及方式，预测资源内容质量存在危机的程度，警示可能存在危机的资源并提供恰当的预警反馈和干预措施，最终达到提高网络学习资源内容质量的目的。目前，针对网络学习资源进化预警的研究主要聚焦在预警模型构建、预警内容反馈等方面。预警模型构建是预警系统设计开发中不可或缺的环节。网络学习资源预警模型一般使用学习者行为数据或背景信息数据，通过对比选择最优的预警算法构建数学模型，实现网络学习预警。朱郑州等指出当前学习预警模型构建技术算法仍以常见的分类、回归和聚类等数据挖掘算法为主[①]。一般情况下，研究者经过对比分析多种挖掘算法寻求最

---

① 朱郑州，李政辉，刘煜，等. 学习预警研究综述[J]. 现代教育技术，2020，30（6）：39-46.

优的学习预警模型构建方法，进一步消除研究情景、面向对象等方面存在的差异问题。此外，基于神经网络开展网络学习预警的研究也随着深度学习相关技术的突破日益增多。例如，宋楚平等为实现高校学习预警，结合学习危机多成因和分类的特点，创新地提出一种 RBF 神经网络改进算法[1]；许碧雅等构建了基于 BP 神经网络的学习成绩预测模型来实现学生的成绩预测[2]。同时，网络学习过程中情绪状态的预警研究也相继被提出。例如，Chen 等提出来一种用于情感分类的协同训练、半监督深度学习模型，通过单词嵌入和基于字符嵌入两种视角对文本进行编码，实现学习者情绪变化的监测与预警[3]。

在预警内容反馈方面，预警反馈的意义在于将预警模型或系统输出的预警评价信息，以某种方式反馈给预警对象，从而动态调整或影响对象活动的过程。这一过程无疑是连接预警对象和预警模型或系统评价结果的纽带，可以使预警对象实时了解所关注事物的发展变化情况，以便做出相应调整，推动事物朝着目标方向发展。统计、文本和视觉反馈是预警反馈的三种形式[4]。其中，统计反馈可以将预警信息直接呈现出来；文本反馈是一种描述性反馈，通常以书面的形式呈现预警信息，如发送电子文档等；视觉反馈则充分考虑到用户视觉的高度感知特性，不仅通过文字展示预警信息，更是设计可视化的图形、图表等呈现方式，力求将抽象的预警信息变得具象易懂。对比三种不同的预警反馈形式，视觉反馈因可视化特性而使预警信息以更加直观明朗的形式呈现，更易被预警对象接受，从而获得越来越广泛的使用。同时，在教育大数据和计算机技术的双重支持下，教育反馈在时机、来源、频率以及形式方面发生了翻天覆地的变革，走向即时、客观、常态、可视化的反馈道路[5]。在教育领域中，预警反馈常常以学习者或学习资源为预警对象，运用学习分析技术，经过数据采集、处理、分析以及结果可视化等步骤，将预警结果通过学习仪表盘等可视化反馈工具呈现[6]。除此之外，在反馈过程中也需要遵循一定的反馈标准和原则。例如，杨兵等将在线学习系统的

---

[1] 宋楚平，李少芹，蔡彬彬. 一种 RBF 神经网络改进算法在高校学习预警中的应用[J]. 计算机应用与软件，2020，37（8）：39-44.

[2] 许碧雅. 基于 BP 神经网络的高校学生成绩预警方法的研究[J]. 电脑知识与技术，2021，17（21）：7-8+16.

[3] Chen J, Feng J, Sun X, et al. Co-training semi-supervised deep learning for sentiment classification of MOOC forum posts[J]. Symmetry, 2019, 12（1）：8.

[4] 许其鑫. 远程学习风险预测模型构建及预警反馈设计研究[D]. 重庆：西南大学，2020.

[5] 陈明选，王诗佳. 测评大数据支持下的学习反馈设计研究[J]. 电化教育研究，2018，39（3）：35-42+61.

[6] 张振虹，刘文，韩智. 学习仪表盘：大数据时代的新型学习支持工具[J]. 现代远程教育研究，2014（3）：100-107.

数据可视化评价标准分为数据理解力、视觉点缀、设计与美学、视觉隐喻和数据可记忆，并基于此，遵循个性化、贴近用户使用情景、符合用户审美、恰当图表类型以及色彩搭配的可视化设计原则[1]。因此，本研究以资源建设者或管理者为预警对象，利用 Power BI 和 Axure RP9 可视化工具，遵循直观性、即时性和设计美观性的设计原则，分别呈现网络学习资源内容质量危机预警反馈情况和网络学习资源质量预警系统原型。

7.1.2 网络学习资源质量智能评价研究

聚合学习者打分对生成性学习资源进行定性的评价以确定资源的优劣，虽可以提高学习平台对资源的管理效能，有效发现低质量的资源。但是依赖最终的打分方法相较于学习资源生成的动态性有明显滞后。资源的建设是一种长期的、持续的过程，为了在此过程中能够及时发现存在质量问题的学习资源，研究者剥离了打分数据，将研究重点转移到使用资源其他数据比如内容数据、资源的元数据以及过程数据通过自动化质量评估实现过程性的评价。学术研究的重点多在文本、文章类型的学习资源上，围绕该类型资源，研究者设计了一系列基于内容-上下文特征的质量评价方法。该方法主要致力于通过学习资源的内容元特征和资源上下文背景特征构建描述资源质量的特征框架，并基于该特征框架实现自动化质量评估。Dalip 等提出"资源质量"是一个多维的概念，其包括语法、符号和语序等，每个质量维度由多个独立指标的组合组成，采用 SVM 可以将这些指标综合为一个质量判断[2]。在此基础上，研究人员不断完善特征指标，并尝试使用不同的轻量级算法方法改进自动质量分类的性能。Dang 和 Ignat 在 Warncke-Wang 等[3]提出的质量指标的基础上增加了描述可读性的新指标，并使用决策树模型预测资源内容的质量[4]。早期的研究一直致力于丰富描述资源质量的指标体系，并使用机器学习方法判断质量。随着自然语言处理技术的发展，研究人员尝试使用深度学

---

[1] 杨兵，卢国庆，曹树真，等. 在线学习系统数据可视化评价标准研究[J]. 中国远程教育，2017（12）：54-61+80.

[2] Dalip D H, Gonçalves M A, Cristo M, et al. Automatic quality assessment of content created collaboratively by web communities: A case study of Wikipedia[C]//Proceedings of the 2009 Joint Conference on Digital Libraries, 2009: 295-304.

[3] Warncke-Wang M, Cosley D, Riedl J. Tell me more: an actionable quality model for Wikipedia[C]//Proceedings of the 9th International Symposium on Open Collaboration. ACM, 2013: 1-10.

[4] Dang Q V, Ignat C L. Measuring quality of collaboratively edited documents: The case of Wikipedia[C]//2016 IEEE 2nd International Conference on Collaboration and Internet Computing（CIC），IEEE, 2016: 266-275.

习模型来表示资源内容,并将资源内容的特征表示与之前确立的描述性指标相结合。Wang 等使用 BERT 自动表示文章每个段落的特征,将手动提取的质量指标(如文本统计特征、结构特征、编辑历史等)与序列模型相结合,以预测资源质量[1]。另外,Schmidt 和 Zangerle 试图使用不同的文档嵌入来描述内容,并比较了不同质量指标对评估结果的贡献[2]。

一些研究将质量评价视为时间序列预测任务,而非分类任务。Han 等对资源质量演变的三个维度建模,使用动态贝叶斯网络聚合资源的编辑历史以预测最终质量[3]。Das 等也研究了质量演化问题,其结合编辑信息、文章属性和用户信息构建了一个直观的特征函数,以预测质量变点。这些点能够为资源编辑者在恰当的时间生成适当的质量评价与干预[4]。与简单的资源质量分类不同,质量缺陷预测侧重于识别更复杂的资源缺陷,如内容广告、无脚注、缺少原创研究等。Bazán 等利用文档模型提取资源特征,并将其与内容、结构和网络特征相结合,比较不同机器学习方法的缺陷预测性能[5]。Wang 等通过使用预训练模型和多个深度神经网络模型融合更复杂的元数据,改进了该方法,以取得更好的缺陷预测效果[6]。

除了文章型的学习资源以外,研究者对不同类型学习资源的质量评价方法也开展了一系列研究。不同类型的资源需要不同的内容表示方法。对于文档或字条形式的资源,通常采用文档特征表示方法。Schmidt 和 Zangerle 采用 doc2vector 生成资源的文档嵌入,通过将嵌入与扩展的外部特征合并,取得了更精确和透明的质量评估效果[7]。在此基础上,Salazar 等结合了提取情感特征的策略对资源进

---

[1] Wang P, Li M Y, Li X D, et al. A hybrid approach to classifying Wikipedia article quality flaws with feature fusion framework[J]. Expert Systems with Applications, 2021, 181: 115089.

[2] Schmidt M, Zangerle E. Article quality classification on Wikipedia: introducing document embeddings and content features[C]//Proceedings of the 15th International Symposium on Open Collaboration. ACM, 2019: 1-8.

[3] Han J Y, Fu X, Chen K J, et al. Web article quality assessment in multi-dimensional space[M]//Markus H. Lecture Notes in Computer Science. Berlin, Heidelberg: Springe, 2011: 214-225.

[4] Das P, Guda B P R, Seelaboyina S B, et al. Quality change: norm or exception? measurement, analysis and detection of quality change in Wikipedia[C]. Proceedings of the ACM on Human-Computer Interaction, 2022: 1-36.

[5] Bazán P. G, Cuello C, Capodici G, et al. Predicting information quality flaws in Wikipedia by using classical and deep learning approaches[M]//Pesado P, Arroyo M. Argentine Congress of Computer Science. Cham: Springer, 2020: 3-18.

[6] Wang P, Li M Y, Li X D, et al. A hybrid approach to classifying Wikipedia article quality flaws with feature fusion framework[J]. Expert Systems with Applications, 2021, 181: 115089.

[7] Schmidt M, Zangerle E. Article quality classification on Wikipedia: introducing document embeddings and content features[C]//Proceedings of the 15th International Symposium on Open Collaboration. ACM, 2019: 1-8.

行自动情感分析[1]。这种方法为学习资源的管理提供了一个新视角。对于论坛中的问答类型学习资源，Al-Ramahi 和 Alsmadi 尝试使用 BERT 对问题内容进行语义建模，并结合图神经网络捕获问题与标签之间的关系，对问题资源的质量进行预测[2]。同样，基于词嵌入的答案内容方法被广泛用于检测问答社区的答案质量，不真诚和不真实的答案将被侦测到[3]。对于用户创建的视频，视频编码技术与用户评分数据被联合作为质量评价的基础。Li 等提出了一种基于深度神经网络的用户生成视频编码方法。用户行为以及用户特征被进一步编码到视频特征中，作为映射到人类质量意见的一种方式[4]。

7.1.3 小结

本节系统梳理了网络学习资源进化预警系统与网络学习资源质量智能评价研究，发现研究者主要通过基于内容-上下文特征、质量指标等方法对不同类型学习资源的质量进行评价，以及构建预警模型实现对网络学习资源质量的预警，并将预警内容反馈给预警用户，以实现网络学习资源质量预警。可见，网络学习预警系统整体上转向非认知层面的研究，研究者开始关注学习者情绪与情感等主观需求。但在预警模型构建方面，预警技术仍以数据挖掘技术和机器学习算法为主，在深度学习算法研究与应用上涉足较少。同时，在网络学习资源质量智能评价方面，已有研究非常少，缺少通过学习者评论进行网络学习资源内容质量预警、学习者评论情感方面的研究与分析，缺少整体的理论架构和功能模型。因此，本节提出设计基于深度学习算法的网络学习资源内容质量危机预警模型，设计面向大规模开放协同环境的资源质量预警系统框架，构建资源质量预警模型，并开发资源质量预警原型系统。同时，本研究抓住学习者这一重要的用户群体，设计开发了网络学习资源质量预警原型系统以及资源内容质量危机预警反馈表等多种反馈方式。

---

[1] Salazar C, Montoya-Múnera E, Aguilar J. Sentiment analysis in learning resources[J]. Journal of Computers in Education, 2023, 10 (4): 637-662.

[2] Al-Ramahi M, Alsmadi I. Classifying insincere questions on question answering (QA) websites: Metatextual features and word embedding[J]. Journal of Business Analytics, 2021, 4 (1): 55-66.

[3] Arora U, Goyal N, Goel A, et al. Ask it right! identifying low-quality questions on community question answering services[C]//2022 International Joint Conference on Neural Networks (IJCNN). IEEE, 2022: 1-8.

[4] Li Y, Meng S B, Zhang X F, et al. User-generated video quality assessment: A subjective and objective study[J]. IEEE Transactions on Multimedia, 2023, 25: 154-166.

7.2　基于评论数据的网络学习资源内容质量危机预警

7.2.1　模型介绍

1. 网络学习资源内容质量危机预警识别模块

（1）学习者评论获取

学习元平台是典型的具备资源内容开放与协同编辑功能的网络学习资源平台，几乎涵盖各学段学习者所需的多模态网络学习资源并满足他们基本的功能需求。因此，研究选取学习元平台中的网络学习资源评论作为原始研究数据来源。在数据采集阶段，研究通过学习元平台的后台数据库导出并生成“学习元评论数据”对应 Excel 的 xlsx 表格。初步获取到平台 2017—2021 年创建的部分学习元评论，共 14 000 条评论数据作为数据采集的原始数据样本，如图 7-1 所示。其中，数据库中的数据项包括学习元 ID、学习元名称、评论内容、评论时间以及评论者。由于研究聚焦于某个时间段内对应学习元名称的所有评论内容文本，故学习元 ID 和评论者这两个无关数据项在后续研究中不予考虑。

学习元名称	评论时间	评论内容
大数据视域下教师的角色重塑	2021-12-22 21:50:40	各部分都有讲解，期待后续更新
大数据视域下教师的角色重塑	2021-12-21 15:29:12	研究紧跟时事，很有意义，期待继续完善
大数据视域下教师的角色重塑	2021-11-5 19:36:47	论文的创新立足点十分新颖，脉络完整且足够清晰明朗，期待继续更新学习元!
大数据视域下教师的角色重塑	2022-1-6 15:48:36	内容很完整
大数据视域下教师的角色重塑	2021-11-5 20:59:27	该研究的切入点很新颖，紧跟教育政策热点。期待学习元的进一步完善!
大数据视域下教师的角色重塑	2021-11-12 15:38:26	选题是教育热点，有研究价值，框架完整清晰
大数据视域下教师的角色重塑	2021-12-8 23:18:04	思路清晰，结构完整
大数据视域下教师的角色重塑	2021-11-5 20:55:45	首先题目很紧跟实事，但是教师的多重角色的具体内容还有待补充，非常期待之后的研究补充。
大数据视域下教师的角色重塑	2021-12-16 15:39:55	内容充实完整，值得学习(#^.^#)
大数据视域下教师的角色重塑	2021-12-30 9:38:36	结构完整清晰有条理，大数据助力的路径可以再丰富一下
大数据视域下教师的角色重塑	2022-1-6 14:46:41	逻辑清晰，内容很充实
大数据视域下教师的角色重塑	2021-12-29 10:53:33	选题很好，期待后续更新
大数据视域下教师的角色重塑	2021-11-13 9:55:47	紧跟教育政策，期待后期完善
大数据视域下教师的角色重塑	2021-12-3 20:46:43	这个题目我觉得范围很大，比较偏理论，不太好写。
大数据视域下教师的角色重塑	2021-11-17 16:11:20	对"双减"政策中教师的角色定位十分清晰，学习了!
大数据视域下教师的角色重塑	2021-11-5 23:00:06	大数据如何助力的需要进一步的说明。
大数据视域下教师的角色重塑	2021-12-16 15:43:32	选题挺好的，内容还需再充实优化
大数据视域下教师的角色重塑	2021-11-9 9:54:36	以政策切入问题，很好；多层次角色重塑，希望具体展开阐述几个层次，以及对角色重塑的具体定义界限
大数据视域下教师的角色重塑	2021-12-16 14:56:59	请问一下本文是没有参考文献嘛?
大数据视域下教师的角色重塑	2021-11-19 9:25:42	选题紧扣政策热点，关于大数据如何助力教师角色重塑期待能有更为具体的分析。
大数据视域下教师的角色重塑	2021-12-28 16:45:25	框架很完整，参考文献的格式可以再规范一点~
大数据视域下教师的角色重塑	2021-11-12 20:54:53	很好，教师的角色还可以在课前中后的作用进行进一步挖掘

图 7-1　评论数据集节选截图

（2）学习者评论处理

首先利用 Excel 中的“数据—数据工具—删除重复值”功能去除重复评论；接着，使用 Excel 定位空白评论并删除，从而保证数据的完整性；然后，人工删除只有名词、数字、超链接网址、表情符号或特殊符号如“#”“￥”等的评论，这类评论不构成学习者完整的表达，不能为资源建设者或管理者提供有用信息，属于无用评论；除此之外，需要剔除表意不明或内容所属类别界定模糊不清的评论，保留学习者情感倾向明显或资源内容类别界定清晰的评论。因为表意不明的评论对评论内容多标签标注造成困扰和难题，不利于后续研究的推进，而情感或分类清晰的评论不仅可以为预警模型构建提供有效且规范的语料，更利于模型训练效果的提升。最后，将英文评论翻译转换成中文评论，再结合中文含义按要求处理评论数据。经过上述数据清洗操作，再将剩余的有效评论进行集成、归并与存储，共保存 12 957 条有效评论。

2. 网络学习资源内容质量危机预警评价模块

（1）资源内容质量评价指标体系建立

在理论研究层面，引入信息生态理论作为评价指标建立的理论基础。信息生态理论是生态学视角下分析信息的理论，它强调"信息、人、技术和环境"四个要素之间的系统、动态的和谐发展[①]。从生态学视角出发看待网络学习资源内容的整体发展，需要注意的是，在资源生态系统中，所有组成要素一律为学习者群体服务，即围绕资源内容建立的评价指标体系均指向资源内容高质量发展，服务于学习者的个性化学习需求。除此之外，信息生态理论强调系统处于持续进化之中，评价指标体系不应是一成不变的，而应随着学习者需求变化、技术革新和外部环境等的影响，实现动态调整和更新。只有发展变化的资源内容质量危机评价指标体系，才是具有生命活力的有机体。

除了信息生态理论基础之外，面向国内各类网络学习资源，各式各样的资源评价标准规范应运而生。例如，教育部教育信息化技术标准委员会制定的学习元数据规范（CELTS-3）、网络课程评价（CELTS-22）以及教育资源建设规范（CELTS-41）等，均为本研究建立适用于国内网络学习资源内容评价的指标体系提供科学、规范的理论支撑。

在资源建设实践层面，综合上述网络学习资源内容质量研究现状分析发现，国内外的专家学者围绕网络学习资源建立不同层次结构的质量评价指标体系。通过归纳总结与资源内容相关的指标设置，可以发现资源内容的完整性、准确性、新颖性等指标出现频次较高，是学习者使用资源的重点关注方向，也是影响资源内容质量的基本因子。因此，本评价指标体系依然引用内容完整性、准确性和新颖性作为基础指标，在此基础上，充分分析学习者评论文本内容，使用 ROST CM6 内容挖掘系统统计词频并绘制如图 7-2 所示的学习者评论内容词云图。由图

---

① 赵丹. 基于信息生态理论的移动环境下微博舆情传播研究[D]. 长春：吉林大学，2017.

7-2 可知，除了内容完整性、准确性、新颖性是学习者看重的资源内容品质之外，"清晰""框架""自然""结构"等词与资源内容组织逻辑相关，"受益匪浅""值得""帮助""培养"等词反映了学习者对资源内容有用性的判断，"更新""及时"等词说明了学习者对资源时效性的要求。该云图在一定程度上拟合了学习者重点关注的资源内容质量属性，可作为建立评价指标的参考依据，因此，在遵守资源评价一般原则（如资源过程性、预测性、时效性等）和资源评价策略的前提下[①]，评价指标体系中加入了"内容逻辑性""内容有用性""更新及时性"的一级指标，然后经过教育领域专家的多次讨论之后整理归纳修改意见，最终确定了表 7-1 所示的网络学习资源内容质量评价指标体系。

图 7-2　学习者评论内容词云图

目前，国内较少有研究专门针对网络学习资源内容方面制定相应的评价指标，然而资源内容质量是现阶段学习者关注的重要方面，也是资源质量的基础和根本。本研究基于对网络学习资源内容质量的理解，聚焦网络学习资源内容这一评价对象，以学习者视角建立了表 7-1 所示的网络学习资源内容质量评价指标体系，这也充分体现了网络学习资源内容建设以学习者需求为最终目的的思想。指标体系主要包括内容设置、内容价值和内容情感倾向 3 个一级指标，内容的准确性、完整性、难易性、逻辑性、时效性、有用性、新颖性，以及正面、中立和负

---

① 杨现民，余胜泉. 生成性学习资源进化评价指标设计[J]. 开放教育研究，2013，19（4）：96-103.

面情感倾向共 10 个二级指标。接下来将分别具体描述各级指标设置及内在含义，方便进行资源内容多标签分类的标注工作，实现定性与定量的并行处理。

表 7-1 网络学习资源内容质量评价指标体系

一级指标	二级指标	指标描述	特征词样例
内容设置	内容准确性	资源的内容表达正确精准、标注规范，紧扣主旨且符合客观实际	格式规范、专业、真实、客观、合适、语句通顺、明确、准确、恰当、聚焦、具体、内容宽泛、错别字、模糊、范围大、重复
	内容完整性	资源的内容扩展全面，结构组成完整	完整、丰富、充实、充分、完善、补充、图文并茂、详细、翔实、添加、全面、扩展、缺少、没有、短
	内容难易性	资源的内容难度适中，符合学习者认知水平	难、吃力、困难、困惑、挑战、理解、复杂、难度适中、易懂、简单、明白、符合认知、掌握
	内容逻辑性	资源的内容表达逻辑清晰、层次分明	衔接自然、顺畅、层次感、思路/条理/结构/逻辑/脉络清晰、协调、流畅、过渡、顺序、明了、连贯
内容价值	内容时效性	资源的内容更新及时，反映领域知识最新进展	催更、更新、及时、新鲜、先进、热点、前沿、时效性、紧跟时代
	内容有用性	资源的内容有借鉴性和启发性，帮助学习者解决问题，满足个性化学习需求	操作性强、受益匪浅、收获、实用、认识、有意义、价值、参考、值得学习、有用、帮助、了解、启发、适用、激发、培养、指导、提升、学会、有利于
	内容新颖性	资源的内容和形式新颖，有独特之处	新颖、特色、创新、创意、独特、新意、普通、亮点
内容情感倾向	正面	学习者对资源持积极的情感态度，认可资源内容的质量和价值	—
	中立	处于正面情感与负面情感中间，没有明确鲜明的情感倾向	—
	负面	学习者对资源内容持消极的情感态度，资源存在着令学习者不满意的地方	—

(2) 评价指标标注

确定网络学习资源内容质量评价指标体系后，需要基于该指标体系进行学习者评论数据的人工标注，也被称为人工编码。

数据标注的质量可以影响模型训练的效果，准确且规范的数据标注则会提升模型的效果。但数据标注的标注人员本身存在主观性差异，为了获得高度一致的数据标注结果，在正式开始评论数据标注工作之前，制定了如图 7-3 所示的"学习者评论数据标注说明"，该说明确定了评论数据的标注规则和标注方式，并通过具体实例帮助标注人员理解以及做好数据标注工作。具体来说，数据标注依托建立的网络学习资源内容质量评价指标体系，分为情感倾向分类标注、内容设置与内容价值的二级指标分类标注两部分。在情感倾向分类标注中，每一条网络学习资源内容评论数据只能反映学习者对资源内容的正面、中立、负面三类情感倾向中的一种，对应标注为1、0、-1。而在内容设置与内容价值的二级指标分类标注中，一条评论数据可能提及资源内容质量中的内容准确性、完整性、难易性等多个标签，也可能没有提及其中的任何一种标签，其中，每一个标签有正面提及、未提及和负面提及三个类别，也对应标注为1、0、-1。例如，在标注评论样本"内容不准确且不完善"时，情感倾向表现为负面，标注为"-1"，且提及内容设置与内容价值的二级指标中的"内容准确性"和"内容完整性"两个指标，对应指标都标注为"-1"。在评论标注过程中，需要注意的是，评论只包含学习者针对资源内容提出的问题、观点以及建议等内容时，所有指标全部标注为0。

学习者评论数据标注说明

　　依据文档最后附上的**网络学习资源内容质量评价指标体系**，先阅读学习者的评论，再按照以下要求完成每条评论的数据标注。
一、情感倾向分类标注
　　1. 情感倾向反映学习者对资源质量的**主观态度**和**整体满意度**，分为正面、中立、负面三类。
　　2. 标注方式：
　　　　（1）正面情感倾向标注为"**1**"。（例："内容很完整、很新颖，学习了！"）
　　　　（2）中立情感倾向标注为"**0**"。（例："在进行问卷回收时，要注意回收问卷的质量。"）
　　　　（3）负面情感倾向标注为"**-1**"。（例："内容不够完整，有待完善。"）
　　　　（4）评论包含两种或三种学习者情感倾向时，其中只要包含负面情感倾向，统一标注为"-1"。（例："框架完整，内容丰富，但需要注意文章中图的规范性哦。"）
二、内容设置与内容价值的二级指标分类标注
　　1. 内容设置包含内容准确性、内容完整性、内容难易性和内容逻辑性四个二级指标；内容价值包含内容时效性、内容有用性和内容新颖性三个二级指标。
　　2. 每条评论可能包含零个或多个二级指标，每个二级指标包含**正面提及**、**未提及**、**负面提及**三类情况，例如，内容准确性分为**内容准确**、**未提及**和**内容不准确**三类情况。
　　3. 标注方式（以"内容准确性"指标标注为例）：
　　　　（1）评论提及该指标且属于**正面提及**，标注为"**1**"。（例："研究非常明确，聚焦非常好"，标注为"1"）
　　　　（2）评论未提及该指标，标注为"**0**"。（例："更新及时，值得学习。"，标注为"0"）
　　　　（3）评论提及该指标且属于**负面提及**，标注为"**-1**"。（例："个性化教育的概念很宽泛，也许需要聚焦一下，可能更好"，标注为"-1"）
三、几种特殊评论标注说明
　　1. 无关资源内容质量方面的**评论**，不用标注。
　　2. 评论为学习者针对资源提出的**问题或建议**时，各个指标均标注为"**0**"。

图7-3　学习者评论数据标注说明截图

定义好标注方式后，接下来开始安排人员针对网络学习资源内容相关评论，正式进行评论数据标注。在理想状态下，数据标注量越多，训练得到的模型效果越好。这里为使模型效果最佳，且在考虑时间和人力成本的情况下，对数据清洗得到的 12 957 条有效评论数据进行数据标注。首先，从这些有效评论中随机抽取 50 条评论作为预标注的样本数据。其次，找两名经验相当的研究生作为评论数据的标注人员独立完成评论数据的人工标注。在标注前，发放"网络学习资源内容质量评价指标体系"和"学习者评论数据标注说明"供研究生参考，并进行简短的数据标注工作培训。随后，将两人的标注结果回收，图 7-4 展示了其中一人的部分标注结果。

	评论内容	内容准确性	内容完整性	内容难易性	内容逻辑性	内容时效性	内容有用性	内容新颖性	情感倾向
1	框架完整，内容丰富。注意文章中图的规范性哦。	-1	1	0	0	0	0	0	-1
2	选题有新意，期待最后的成果	0	0	0	0	0	0	1	1
3	序言和引言有什么区别呢？	0	0	0	0	0	0	0	0
4	文章条理清晰，内容充实	0	1	0	1	0	0	0	1
5	内容很完整、很新颖，学习了！	0	1	0	0	0	1	1	1
6	部分表述不是很简洁，比如2.2那一部分	-1	0	0	0	0	0	0	-1
7	内容非常充实，我也从中学习到了不少新知识，但个人认为框架不够清晰，比如1.1概念界定，我还以为后面有1.2呢，如果里面都是介绍相关概念，还不如把概念界定作为第一部分的大标题。	0	1	0	0	0	1	0	-1
8	同学，你这个题目很是新颖啊，很贴合现在教育部文件，这个题目结合教育、计算机和政务的知识，跨度特别大，框架也很完整，逻辑很清晰，那个结构图一看就懂，更新太慢了，期待你的后续发展。	0	1	0	0	-1	0	1	-1

图 7-4　评论数据部分标注结果截图

利用 Kappa 系数进行数据标注结果的一致性检验，验证标注的信度。针对标注结果不一致的评论数据，双方再进一步讨论协商，进行人工二次校验，最终商定出标注结果。其中，Kappa 系数检验不同人对同一事物观测结果的一致性。Kappa 取值区间为[-1,+1]，数值越大，代表标注结果的一致性程度越高。一般来说，Kappa 值≥0.75 代表一致性达到较高程度[①]。本研究将评价数据的标注结果送入 SPSS 数据分析工具中利用交叉表格进行简单 Kappa 一致性检验，检验结果如表 7-2 所示。由表 7-2 可知，两名研究生的标注结果 p 值为 0.000，说明两者的标注结果之间存在显著一致性。同时，除了内容逻辑性和内容时效性指标之外，其他资源内容质量评价指标对应的 Kappa 值均大于 0.75，且 8 个评价指标的 Kappa 平均值为 0.851，说明两者的标注结果一致性程度较高。

---

① 丹尼尔·里夫，斯蒂文·赖斯，弗雷德里克·G. 菲克. 内容分析法：媒介信息量化研究技巧[M]. 2 版. 嵇美云译. 北京：清华大学出版社，2010：154-157.

表 7-2 Kappa 一致性检验结果

序号	评价指标	Kappa 值	标准误差	渐进显著性 p
1	内容准确性	0.888	0.076	0.000
2	内容完整性	0.966	0.033	0.000
3	内容难易性	1.000	0.000	0.000
4	内容逻辑性	0.730	0.120	0.000
5	内容时效性	0.735	0.122	0.000
6	内容有用性	0.813	0.126	0.000
7	内容新颖性	0.834	0.114	0.000
8	情感倾向	0.845	0.074	0.000

通过统计评论数据的标签标注结果可知，各类标签的数量及占比存在明显不平衡。其中，图 7-5 为不同情感倾向的标签标注数量分布，由图可以清楚看出，正面的情感倾向标签数量最多，占总评论数近 50%；负面的情感倾向标签数量次之，中立的情感倾向标签数量最少。情感倾向标签数量的差异会影响情感分类模型的训练效果，使得模型对数量多的标签识别与分类效果更好，数量较少的标签识别与分类效果反而更差。本研究希望重点关注到负面与中立情感倾向的评论，这些评论中包含学习者对资源内容质量存在问题、建设建议等方面的有用信息，对资源建设者或管理者修改完善资源内容具有重要意义。因此，为获得情感分类效果更佳的模型，需要先解决标签数量不均衡的问题。

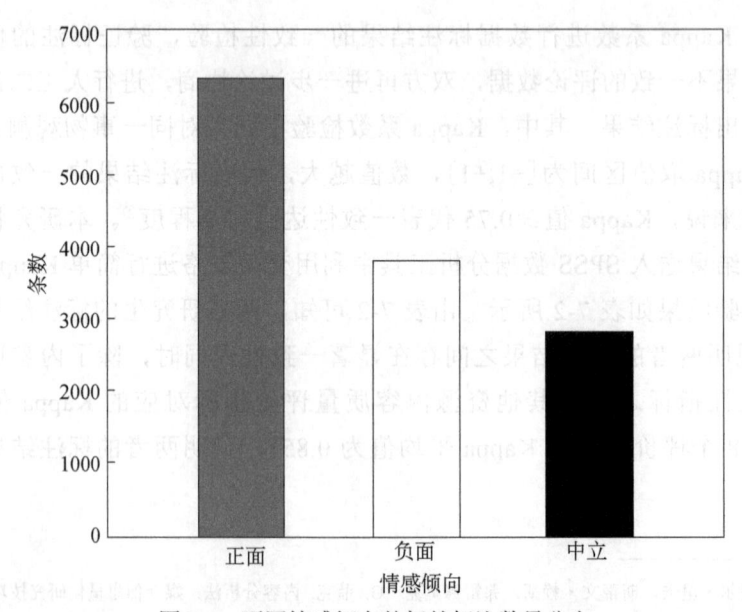

图 7-5 不同情感倾向的标签标注数量分布

除了情感倾向指标存在数据不均衡问题之外，内容设置与内容价值的指标同样存在这个问题。如图 7-6 的饼状图可以清晰地显示不同指标（即标签）的数量以及百分比，其中，内容有用性、内容完整性、内容准确性这三类指标的占比相对较高，内容难易性、内容时效性以及内容新颖性这三类指标的占比相对较低，而这些占比相对较低的指标同样是衡量网络学习资源内容质量的重要方面。基于此，在评论文本的多标签分类模型训练时，同样需要降低数据不均衡问题对模型性能的影响。

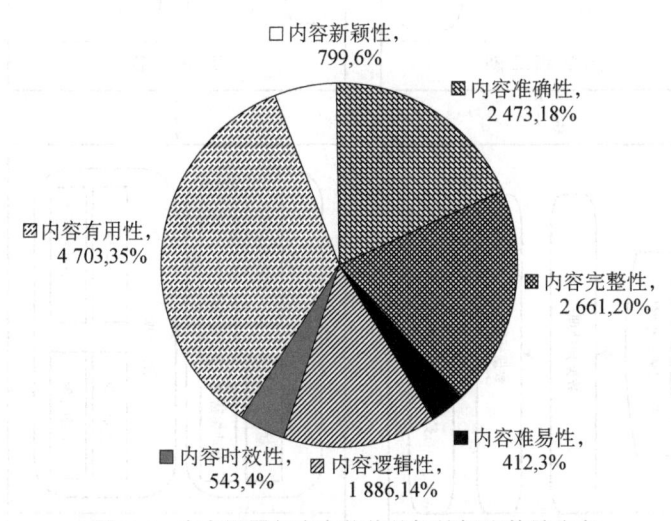

图 7-6 内容设置与内容价值的标签标注数量分布

（3）预警模型构建

构建预警模型是识别可能存在内容质量危机的网络学习资源的关键环节。基于学习者评论，设计如图 7-7 所示的网络学习资源内容质量危机预警流程。第一，本研究选择 ALBERT+TextCNN 模型完成情感多分类任务，并将情感倾向的输出结果投入情感指数计算公式中，输出的数值作为预测网络学习资源是否存在内容质量危机的判断条件。第二，针对前期预测为存在质量危机的资源，构建 ALBERT+Seq2Seq+Attention 多标签文本分类模型来将对应评论涉及资源内容设置和内容价值的指标识别出来，结合负面指标类型的统计结果，做好有针对性的预警和干预调控。本研究通过情感多分类和多标签文本分类两大模型的构建与衔接，协同完成预警、干预和调控网络学习资源内容质量的任务。

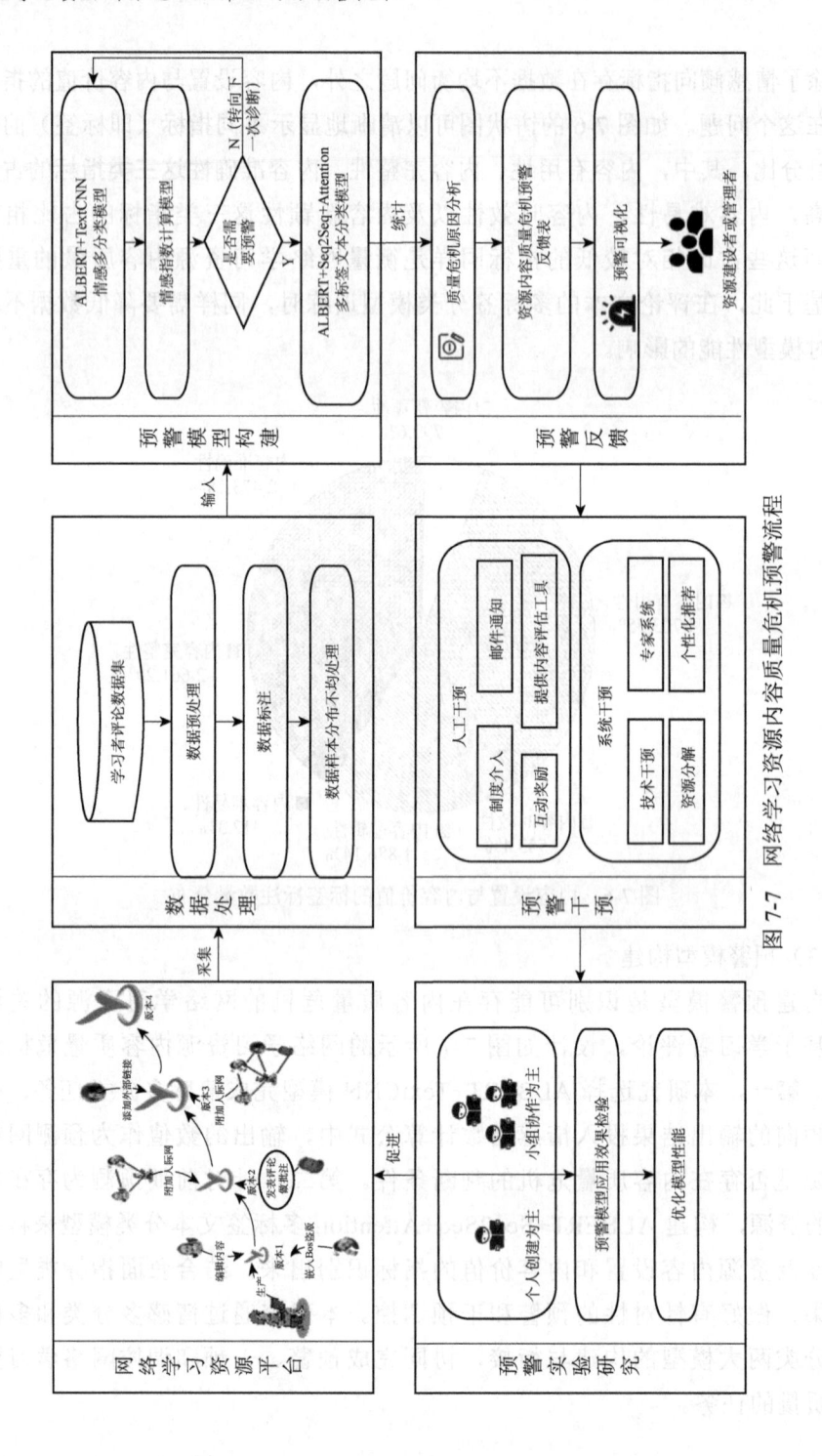

图 7-7 网络学习资源内容质量危机预警流程

第一，数据样本不均衡问题解决。

由评论指标标注情况可知，不同指标对应的评论数据样本数量存在不均衡的问题。为解决数据数量分布不均衡的问题，降低模型分类精确度受影响的程度，从而帮助资源建设者更准确地预判存在内容质量危机的资源以及识别存在危机的指标类型，优先处理危机程度高的资源，研究从损失层面引入权重进行调整和平衡。本研究针对不同指标赋予不同权重值，对应评论数据量越多的指标，赋予的权重值越小，相反，对应评论数据量越少的指标，赋予的权重值越大。

第二，十折交叉验证。

不论是情感多分类模型还是多标签文本分类模型，首先，将数据预处理后的所有评论数据划分为训练数据和测试数据两类，数据的输入采用"csv"格式。训练集用来训练所选模型，使模型不断学习数据经验，从而缩小训练误差；测试集则用于训练后评价模型结果的好坏，测试模型的泛化能力。

由于评论属于"万"数量级别的小规模数据样本，为了更准确地评估模型的预测性能，本研究采用交叉验证的方式，即十折交叉验证。具体来说，首先，将数据预处理后的 12 957 条评论数据中的 80%用于模型训练，共 10 365 条，剩余 20%用于模型测试，共 2592 条；其次，在训练模型的数据集中采用十折交叉的方式进一步划分训练集和验证集，即每轮选取不重复抽样的 10 份中的 1 份作为验证集，剩余 9 份用作模型训练的训练集数据；随后，在训练集和验证集上以误差大小为判断依据，检验不同超参数设置的模型性能，统计出每种超参数设置下 10 次验证获得的误差值，同时为了保证实验结果的稳定性，并计算出平均误差值，从中选出平均误差最小的超参数设置；接着，确定模型最优超参数后，将训练集和验证集合并后重新进行一次模型训练，得到性能较好的模型；最终，使用测试集来测试模型的泛化能力。

第三，基于学习者评论的情感多分类模型。

情感多分类是自然语言处理领域的常见应用场景，基于学习者评论的情感多分类任务，以分析挖掘评论文本中隐含的学习者情感倾向为目的，判断情感属于正面、中立、负面 3 个情感倾向分类中的哪一个标签，分类结果有且仅包含其中 1 个标签。目前，文本的情感倾向分析方法一般分为基于情感词典的情感分析方法、基于传统机器学习的情感分析方法、基于深度学习的情感分析[1]。为克服文本数据量大且情感分类准确率不高的难题，研究选择深度学习中使用预训练模型的情

---

[1] 钟佳娃，刘巍，王思丽，等. 文本情感分析方法及应用综述[J]. 数据分析与知识发现，2021，5（6）：1-13.

感分类方法。深度学习技术在处理短文本方面性能更优,能充分利用上下文的语境信息,并自动完成数据特征的提取。本研究构建基于深度学习技术的 ALBERT+TextCNN 模型方法分析学习者对于资源的情感倾向,其中,ALBERT 模型中的注意力机制针对深度神经网络模型无法敏锐感知短文本的关键语义信息的缺陷而设计,为实现学习者对资源内容满意度和态度的量化判别提供科学的研究范式。

如图 7-8 所示,参考方英兰等总结的基于深度学习的文本情感分析步骤[1],本研究构建 ALBERT+TextCNN 情感分析模型,即情感倾向多元分类模型,将评论文本的情感倾向分类流程概括为数据准备、特征提取、模型训练、情感分类和测试结果分析。首先,将网络学习资源内容相关的评论数据抽取出来作为原始数据。其次,通过数据预处理将原始数据转化成 ALBERT 模型相容的输入数据集,将训练数据集和测试数据集按照 8∶2 的比例进行划分,从而完成数据特征的提取。接着,利用 ALBERT 预训练语言模型进行训练数据集的相关训练,这里的 ALBERT 版本采用的是"albert_small_zh_google",即 Google 发布的中文 ALBERT 预训练模型。由于 ALBERT 模型已由大规模语料库预训练而成,可以直接进行迁移学习,这里只需要结合评论文本情感倾向分类任务微调 ALBERT 模型参数就可以使用小样本数据而达到较好的模型训练效果。然后,将模型训练的输出结果作为 TextCNN 分类器的输入,再通过外接的全连接层输出评论文本情感倾向的概率。最后,使用测试数据集对 ALBERT+TextCNN 评论文本情感倾向分类模型的实验结果进行分析与评估,验证这一模型的分类性能。

学习者对资源内容的情感倾向是其情感指数分析的基础。本研究选用的情感指数计算模型以 SRC 指数编制法和上海市消费者信心指数编制法为基础[2],表述为:

$$X = \frac{1}{2}\left(\frac{X_{积极} - X_{消极}}{X_{积极} + X_{消极}} \times 100 + 100\right) \quad (7-1)$$

其中,$X_{积极}$ 代表所有学习者评论中正面评论的数量,$X_{消极}$ 代表所有学习者评论中负面评论的数量,通过该计算模型使得情感指数的取值落入 0—100,从而量化学习者对资源内容质量的情感倾向程度,方便后续研究中动态监测学习者情感倾向的变化情况。

---

[1] 方英兰,孙吉祥,韩兵. 基于 BERT 的文本情感分析方法的研究[J]. 信息技术与信息化,2020(2):108-111.

[2] 刘玉林,菅利荣. 基于文本情感分析的电商在线评论数据挖掘[J]. 统计与信息论坛,2018,33(12):119-124.

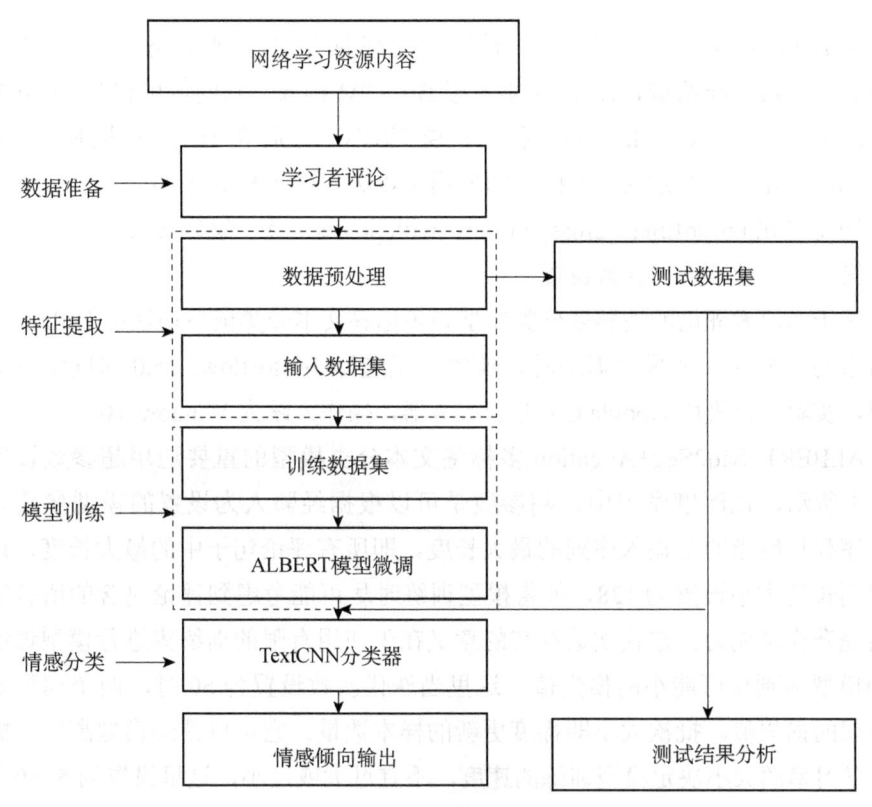

```
                    ┌──────────────────┐
                    │  网络学习资源内容  │
                    └────────┬─────────┘
                             ↓
          ┌──────────────────────────────┐
数据准备 → │         学习者评论           │
          └──────────────┬───────────────┘
                         ↓
    ┌ ─ ─ ─ ─ ─ ─ ─ ─ ─ ─ ─ ─ ─ ─ ─ ─ ┐
    │  ┌──────────────┐    ┌──────────────┐
特征│  │  数据预处理  │───→│  测试数据集  │
提取│  └──────┬───────┘    └──────────────┘
    │         ↓
    │  ┌──────────────┐
    │  │  输入数据集  │
    │  └──────┬───────┘
    │         ↓
    │  ┌──────────────┐
模型│  │  训练数据集  │
训练│  └──────┬───────┘
    │         ↓
    │  ┌──────────────┐
    │  │ ALBERT模型微调│
    │  └──────┬───────┘
    └ ─ ─ ─ ─ ─│─ ─ ─ ─ ─ ─ ─ ─ ─ ─ ─ ─ ┘
               ↓
       ┌──────────────┐
情感分类│ TextCNN分类器│
       └──────┬───────┘
              ↓
       ┌──────────────┐   ┌──────────────┐
       │ 情感倾向输出 │   │ 测试结果分析 │
       └──────────────┘   └──────────────┘
```

图 7-8　评论文本的情感倾向分类流程

本研究将情感指数作为网络学习资源内容质量危机预警发生的起始条件，将情感指数低于 40 分的资源设为重度预警资源，这类资源内容质量较差且存在较大问题，超 60%的学习者对其持负面情感倾向，它是本研究重点预警和干预的预警资源；40—70 分对应的资源被定义为中度预警资源，这类资源内容质量出现了问题，超 30%的学习者对其做负面评价；高于 70 分的资源被定义为轻度预警资源，这类资源整体质量较好，大多数学习者对其持正面情感倾向，暂时不需要进行预警。本研究主要针对情感指数低的中度或重度预警资源进行及时预警，结合基于学习者评论的资源内容多标签分类结果制作预警反馈表，发送给资源建设者或管理者，并为其提供干预措施，帮助他们优化资源内容建设。

第四，基于学习者评论的多标签文本分类模型。

ALBERT+Seq2Seq+Attention 模型实现多标签评论文本分类，其训练过程包括 ALBERT 提取文本数据特征/预处理、向量化（文本表示）、参数调优、模型评价、输出类别。其中，ALBERT 提取文本特征，实现文本的动态向量化表示。

Seq2Seq+Attention 作为下游任务框架，完成标签的抽取任务。下游任务由 encoder 和 decoder 组成，encoder 由多层 BiLSTM 构成，它的输出和 label_id 将作为 decoder 的输入，decoder 则由多层 LSTM 的局部注意力机制（Local Attention）组成，局部注意力机制的使用可以突出邻近标签之间的相互影响力。交叉熵使用 tf.nn.softmax_cross_entropy_with_logits，逐一解码 label。

第五，实验环境和参数设置。

基于学习者评论的情感多分类模型和多标签文本分类模型均使用 Python 编程语言书写与构建。在模型训练时，实验环境选择 Tensorflow1.15.0 深度学习框架搭建，实验平台采用 Google Colab 云服务器，操作系统为 Windows10。

ALBERT+Seq2Seq+Attention 多标签文本分类模型的重要通用超参数设置如表 7-3 所示，在深度学习中，超参数是可以根据经验人为设置的模型参数。其中，序列长度指的是输入序列的最大长度，即所有评论句子中的最大长度，这里将序列长度大小设置为 128，使得模型训练时尽可能考虑到评论包含的所有字，进而提升模型能力；迭代次数存在的意义在于使用有限的训练集进行模型训练时帮助模型达到尽可能小的损失值，这里当迭代次数设置为 50 时，两个模型均达到理想的损失值。批次大小即梯度更新的样本数量，它可以帮助模型高效完成训练；学习率的大小决定模型训练的速度，不宜过大或过小，这里设置为 5×10^{-5}。

表 7-3 两个模型的超参数设置

模型	序列长度	迭代次数	批次大小	学习率
ALBERT+TextCNN	128	50	64	5×10^{-5}
ALBERT+Seq2Seq+Attention	128	50	64	5×10^{-5}

除了设置两个模型共有的超参数之外，两个模型也存在独有的超参数需要调整。在 ALBERT+Seq2Seq+Attention 构建的多标签文本分类模型中，由于考虑到前一标签的输出结果会影响后面标签的输出结果，因此使用束搜索（Beam search），且设置束宽（beam_size）的值为 5。在 ALBERT+TextCNN 情感多分类模型中，将 TextCNN 的卷积核数量（filter_sizes）设置为[2,3,4,5,6,7]。

（4）预警模型评估

模型训练完成后，下一步需要进行模型分类的性能评估。为了检验 ALBERT+Seq2Seq+Attention 多标签文本分类模型的分类效果，这里通过引入 ALBERT、ALBERT+Dense、ALBERT+TextCNN 三个模型与之进行性能对比，其中，为保持实验的公平性和可靠性，学习率、批次大小的超参数设置保持一致。

第一，模型评估指标。

在模型评估环节，多分类和多标签分类模型属于有监督的深度学习模型，它们的预测结果通常使用混淆矩阵（confusion matrix）来表示和评估模型训练的精度，它以 N 行 N 列的矩阵呈现"真实标签"和"预测标签"的一致情况。回归到多标签文本分类情境中来，正样本即表示为关注的对象标签的样本，one-hot 编码为 1，其他都视为负样本并编码为 0。其中，实际为正样本且被预测正确的样本数量使用 TP（true positive）来表示；实际为负样本然而被预测错误的样本数量使用 FP（false positive）来表示；实际为正样本但被预测错误的样本数量使用 FN（false negative）来表示；实际为负样本并且被预测正确的样本数量使用 TN（true negative）来表示。除此之外，TP+FP 表示所有被预测为正的样本数量；FN+TN 表示所有被预测为负的样本数量；TP+FN 表示实际为正的样本数量；FP+TN 表示实际为负的样本数量。

实验主要选取精确率（precision）、召回率（recall）和 F1 得分（F1 score）三个评估指标进行模型性能评估，这三个指标均基于混淆矩阵进行计算。精确率，也被称为查准率，反映的是模型预测准确的样本中实际也准确的样本占被预测为准确的所有样本中的比例，主要代表预测为正样本中预测准确占比，体现了模型对负样本的区分能力强弱。精确率的计算公式为：

$$P = \text{TP}/(\text{TP} + \text{FP}) \qquad (7\text{-}2)$$

召回率，又叫查全率，它与精确率之间呈现反相关性，指实际为正的样本中被预测为正的样本所占实际为正的样本的比例，反映分类模型能识别出所有正样本的性能，取值范围为[0,1]，1 代表召回率最好。计算公式为：

$$R = \text{TP}/(\text{TP} + \text{FN}) \qquad (7\text{-}3)$$

F1 得分，也被叫做 F1 measure，它可以通过精确率和召回率的加权平均而得到，能综合反映精确率和召回率的表现情况，F1 得分越接近 1，说明模型稳定性越好。计算公式为：

$$\text{F1} = \frac{2 \times \text{precision} \times \text{recall}}{(\text{precision} + \text{recall})} \qquad (7\text{-}4)$$

第二，评估结果分析。

表 7-4 是学习者评论数据集在 4 个模型中进行多标签文本分类任务时的模型性能对比结果。由该表可以清晰地看出，本研究选用的 ALBERT+Seq2Seq+Attention 多标签文本分类模型的召回率和 F1 得分高于其他对比模型，精准率与 ALBERT+TextCNN 相比较低一点，但高于 ALBERT 和 ALBERT+Denses，因此从

3 个评估指标结果综合表现来看，ALBERT+Seq2Seq+Attention 模型进行多标签文本分类的训练效果优于其他对比模型，可以提升学习者评论文本多标签分类预测的精准性。

表 7-4 模型性能对比结果

模型	精准率	召回率	F1 得分
ALBERT	0.75	0.64	0.68
ALBERT+TextCNN	0.80	0.67	0.73
ALBERT+Denses	0.76	0.66	0.70
ALBERT+Seq2Seq+Attention	0.78	0.77	0.77

从精准率方面分析来看，4 个模型的评估结果相差不大。对比而言，ALBERT 模型的精准率略低于其他 3 个模型，这反映了下游的多标签文本分类任务中，ALBERT 连接不同分类器比连接全连接层正确预测负样本的精度更高。除此之外，ALBERT+TextCNN 模型的精准率最高，它与 ALBERT+Seq2Seq+Attention 结果相近。

从召回率方面分析可知，ALBERT+Seq2Seq+Attention 的评估结果相比于其他 3 个模型，提升至少 10%，该模型对正样本的区分能力最强。ALBERT+TextCNN 和 ALBERT+Denses 两个模型的召回率比较接近，均高于 ALBERT。

从 F1 得分方面对比发现，ALBERT+Seq2Seq+Attention 的评估结果也是最好的，证明该模型的稳健性最好。ALBERT+Seq2Seq+Attention 的结果好于 ALBERT+TextCNN，ALBERT+Denses 的分类效果又好于 ALBERT。

整体看来，ALBERT 模型的 3 个评估指标结果比其他模型表现差，由此可以说明下游任务中连接不同分类器比仅仅使用全连接层进行分类达到的文本分类预测效果更佳。ALBERT+Seq2Seq+Attention 与 ALBERT+TextCNN 的 3 个模型评估结果优于其他两个模型，但由于 Seq2Seq+Attention 框架考虑到不同标签之间的相互影响和关系，这会间接影响模型的多标签分类结果的精度。

第三，损失函数。

损失函数是模型训练过程中"健康程度"的表征，它可以用来评估模型预测结果和真实结果之间的误差，即不一致程度。损失函数的值为非负实数，值越小代表模型训练的性能越好。本研究基于学习者评论文本数据集，使用相同的学习率（Learning_rate）和批次大小（Batch_size）分别训练 ALBERT、ALBERT+Denses、ALBERT+TextCNN 和 ALBERT+Seq2Seq+Attention 四个模型并完成多标签文本分类任务，可视化训练过程中模型的准确率和收敛情况。图 7-9 和图 7-10 为使用 Tensorboard 数据可视化工具绘制的模型的损失函数图。其中训练集的损失值用于更新网络参数,这里模型使用的是交叉熵损失函数;Accuracy 代表模型训练时的准确率,指预测正确的样本占全部样本的比例,展示了模型的整体预测效果,它的值越接近 1,说明准确率越高,模型预测效果越好。计算公式为:

$$\text{Accuracy} = \frac{(TP + TN)}{(TP + TN + FP + FN)} \qquad (7\text{-}5)$$

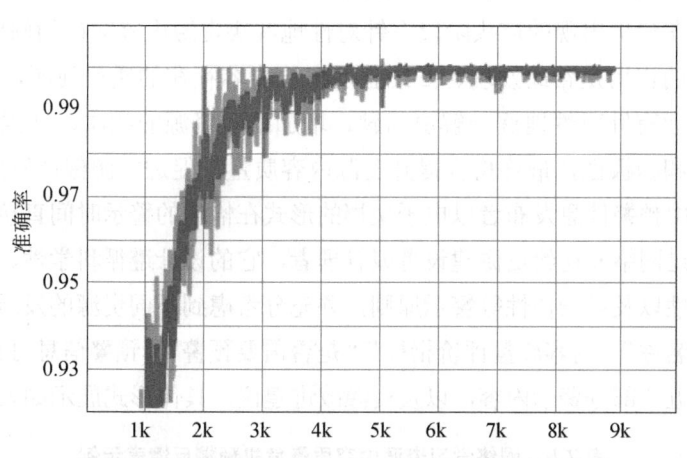

图 7-9 ALBERT+Seq2seq+Attention 准确率变化曲线

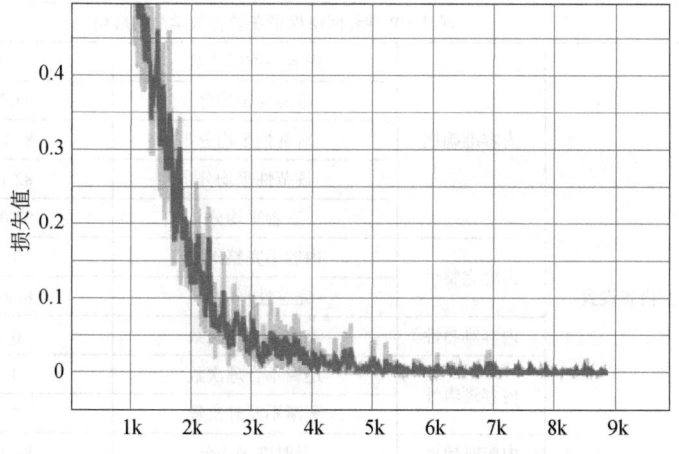

图 7-10 ALBERT+Seq2seq+Attention 损失值变化曲线

3. 网络学习资源内容质量危机预警反馈模块

本研究遵循以用户为中心的设计理念,采用文本反馈形式将网络学习资源内容质量的发展情况、存在问题以及改进建议等反馈给资源建设者或管理者,用于改进资源内容。其中,文本反馈采用名为"资源内容质量危机预警反馈表"的电子文档，以个性化的书面表达将预警模型的结果直观呈现出来。

为了实时监测并保证资源内容质量水平，阻止内容质量低下或无人使用等情况的发生，本研究依据基于学习者评论的情感多分类模型和多标签文本分类模型的预测结果以及资源评价分数，设计《网络学习资源内容质量危机预警反馈表》，超前警示存在内容质量危机的资源，提供重点预警信息和可供参考的修改建议，从而在危机出现的苗头阶段有针对性地解决资源内容存在的问题。

反馈表的作用是帮助发现、归纳整理资源内容存在的质量问题，方便资源建设者或管理者有针对性地逐一解决问题，增加编辑资源的频次，增强他们建设资源的自觉性和积极性，最终稳步提升资源内容质量，促进资源健康发展。

反馈表由预警信息发布者以电子文档的形式在恰当的警示时间直接由资源平台的管理者通过网络发送给资源建设者或管理者，它的设计遵循科学性、及时性、易懂性、全面性以及可操作性等警示原则，并充分考虑到不同资源的发展差异，主要包括"资源名称""内容质量评价指标""是否需要预警""预警信息可视化""资源预警信息"五个部分警示内容，以及资源改进建议，具体形式展示如表 7-5 所示。

表 7-5 网络学习资源内容质量危机预警反馈表示例

维度	具体内容		
资源名称	浅谈 BP 神经网络模型在教育教学中的应用		
内容质量评价指标	内容设置	内容准确性	内容不准确次数	3（/次）
			准确性平均分	83.7（/分）
			客观性平均分	83.2（/分）
			规范性平均分	82.1（/分）
			三者平均分	83.0（/分）
		内容完整性	内容不完整次数	7（/次）
			完整性平均分	82.6（/分）
		内容难易性	难度不合理次数	0（/次）
		内容逻辑性	逻辑不合理次数	0（/次）
			更新不及时次数	2（/次）
		内容时效性	及时性平均分	83.2（/分）
		内容有用性	内容无用次数	0（/次）
		内容新颖性	内容陈旧次数	0（/次）
	情感倾向	正面	好评次数	4（/次）
		中立	中评次数	0（/次）
		负面	差评次数	10（/次）
是否需要预警	● 是		

续表

维度	具体内容
预警信息可视化	(词云图：格式 规范 更新 完善 详尽 期待更新 结构 清晰 较为完整 补充 等)
资源预警信息	内容整体质量较差。部分学习者持负面情感倾向。
资源改进建议	①内容准确性、完整性方面存在问题，希望您及时修改资源。 ②务必向其他资源建设者或管理者寻求帮助，协作建设资源内容。 ③及时与教师进行讨论，加强学术交流，让教师帮助把关资源内容质量。 ④字体、格式要统一和规范

首先，由于研究依托学习元平台，预警的资源均为该平台中的学习元，因此这里的资源名称即为学习元名称。其次，内容质量评价指标使用量化的方式统计各指标出现的次数以及对应指标的分数。随后，通过情感指数衡量评论者对当前学习元内容质量的整体满意度，设置预警阈值来判断学习元是否需要预警，并依据资源内容质量等级设置划分预警等级区间，确定资源预警级别，具体对应关系如表 7-6 所示。

表 7-6 资源内容质量等级与预警级别对应关系

质量等级	预警级别
一级	轻度预警
二级	中度预警
三级	重度预警

这里预警阈值或预警规则并不是一成不变的，它可以根据资源发展情况等因素进行动态调整，比如，同时设置多个预警条件，只要资源满足其中任一条件即可视为需要预警的资源。除此之外，预警级别可以使用多种警示方式加以区分，反馈表中通过不同颜色的信号灯表示不同的预警级别，蓝色代表轻度预警，橙色代表中度预警，红色代表重度预警，其中中度和重度预警的资源属于重点预警对象。接着，预警信息可视化将预测的所有差评制作成词云图，它可以反映学习者对资源关注的侧重方向，这里使用 Python 语言编程制作词云图，其中的自定义词库和停用词表需要依据学习者评论进行扩充。方便资源建设者或管理者清晰直观

地看到负面的关键词信息。最后，针对不同的预警级别给出个性化的资源改进建议，帮助资源建设者或管理者修改完善资源内容，进而促进资源内容高质量发展。另外，随着时间的推移和预警反馈次数的迭代，每条资源累积了许多份预警反馈表，它们内含丰富且有价值的预警信息。为了进一步明晰资源内容质量及其发展变化情况，我们在设计反馈表的基础上添加了预警档案库，方便资源建设者或管理者随时查看资源的历史预警信息，整体把握资源内容质量发展趋势，分析或与他人交流探讨如何解决资源出现的质量问题，使资源朝着高质量方向发展。

4. 网络学习资源内容质量危机预警干预模块

（1）干预级别

首先，干预模块要依据当前资源判定的预警级别定义对应的干预级别。如表 7-7 所示，对于轻度预警的资源来说，它们的干预级别定义为 C 级，这类资源的内容暂时没有质量危机，是干预者正向强化的对象，无须采取个别干预措施或干预手段等。中度或重度预警的资源干预级别分别定义为 B 级和 A 级，它们属于早期干预的重点预警对象，需要采取不同的干预措施或干预手段有针对性地给出资源内容修改建议，干涉资源内容质量的发展趋势，使之朝着高质量方向发展。需要注意的是，预警级别代表的预警程度越高，干预级别所代表的干预程度就越高，因此重度预警级别对应的 A 级干预级别是最高的，代表这类资源需要的干预程度最高。除此之外，干预级别的设置也会影响干预频率和干预时间的选择。举例来说，资源所需的干预级别越高，说明它需要干预的需求越迫切，此时需要加快干预频率，比如由两周干预一次调整为每周干预一次，且干预的时间也要随之调整，因为只有选择最佳的干预时间才能达到更好的干预效果。

表 7-7 预警与干预级别对应表

预警级别	干预级别
轻度预警	C 级
中度预警	B 级
重度预警	A 级

（2）干预措施

本研究主要借助网络社交媒体如腾讯 QQ、微信等，以点对点发送"资源内容质量危机预警反馈表"电子文档或"资源内容质量危机预警结果可视化"超链接的形式，告知资源建设者或管理者当前预警资源的内容存在质量危机、哪些问题极有可能导致此次危机的出现，并提供如何恰当改进质量的参考建议，以期帮助他们提升资源内容质量和管理效能。例如，根据某一资源内容质量反馈表的描述，知晓资源内容表述逻辑不清且晦涩难懂，致使学习者难以理解资源内容，产生了较多负面学习情绪。基于此，给予资源建设者合理建议，设置各级标题理顺资源内容撰写思路，使用通俗易懂的语句表达资源含义或者增添图表释义等降低资源内容的难度，从而达到干预资源内容未来建设方向的目的。另外，通过预警级别与干预级别的对应关系可知，不同预警级别的资源处于不同的干预级别位置，所需的干预措施也不尽相同。其中，轻度预警的资源通常无须经历有的放矢的个别预警干预操作，可以通过社交媒体平台传达对资源建设者或管理者的鼓励与肯定。而中度或重度预警的资源是重点干预对象，需要采取一对一的个别干预措施。为了达到更显著的干预效果，可以邀请各领域专业人员协同介入干预过程，通过技术和人工两大干预手段实施多通道、多方位、多视角的资源内容质量干预与审核。具体而言，可以通过使用邮件、短信等交互通道，充分发挥各领域人才的专业技能，制定较为详尽的资源内容质量审核机制和干预措施。

（3）干预制度

干预制度是保障干预措施得以成功实施的关键。它由领域权威专家、相关部门或机构结合当前资源建设实际情况，经过反复商讨与考究制定而成的规范与标准。目前已有不少研究中针对不同的干预情境提出了不同的干预制度，这些干预制度的提出可为网络学习资源内容质量方面干预制度的制定提供颇具价值的参考范例。

第一，可以设置信用积分，由系统自动根据干预对象的实时表现动态调整信用积分；建立多维度的科学预警指标，以此为标准量化干预对象的状态[1]。第二，制定资源的分级方式与分类标准，包括类型分类和质量等级划分，从而帮助资源分门别类地做好质量审核任务[2]。第三，针对资源内容中涉及的敏感或不良内容可制定相应的追究制度[3]，并设置资源优化奖励机制与政策，促进以用户为

---

[1] 舒莹，姜强，赵蔚. 在线学习危机精准预警及干预：模型与实证研究[J]. 中国远程教育，2019（8）：27-34+58+93.

[2] 陈冠宇，杨清溪. 网络学习资源建设问题及其对策[J]. 吉林工程技术师范学院学报，2019，35（3）：37-39.

[3] 陈琳，李凡，王矗，等. 促进深层学习的网络学习资源建设研究[J]. 电化教育研究，2011，32（12）：69-75.

中心的网络学习资源服务体系形成[①]，共同营造健康的资源建设与管理环境。第四，建立网络教育资源建设联盟，充分利用各院校优势学科，对网络教育资源实施统一的开发管理，并依据相关法律条文合理分配相应的知识产权[②]。

7.2.2 实验设计

为了检验网络学习资源内容质量危机预警模型的实际应用效果，即预警模型的介入是否能够真实有效地提升网络学习资源内容质量，本研究基于学习元平台（learning cell system，LCS），依托江苏师范大学2022级教育技术学专业的研究生课程"教育人工智能"，开展为期六周的准实验研究。

1. 实验环境

"教育人工智能"课程采用线下与线上相结合的方式安排学习。其中，线下主要以讲授与讨论课程内容为主，线上依附学习元平台（http://www.etc.edu.cn）由教师创建课程知识群"2022级教育技术研究生-教育人工智能"，学生在此基础上创建课程相关的学习资源（即学习元），主要包括个人创建为主（personal creation，PC）和小组创建为主（group creation，GC）的两类学习元。与此同时，各学生之间要及时完成学习元互评操作。

本实验需要定时从学习元平台数据库中导出学习者评论等学习者生成性数据，基于江苏师范大学理工科专业智慧教学实验平台进行学习元内容质量危机预警分析。具体来说，利用实验平台中的 Jupyter Notebook 编程工具与环境，使用 Python 编程语言并选用 tensorflow1.15.0 深度学习框架构建网络学习资源内容质量危机预警模型，其中平台可提供的程序运行资源配置选择如下：集群的服务器数量（节点数）为1，可申请的内存最大为24GB，最大CPU核数为10，GPU卡为1，即1个GPU。

2. 实验目标

网络学习资源内容质量危机预警模型构建完成后，模型的实际应用效果亟待检验。因此，本实验希望通过合理周密的实验方案设计与实施考察预警模型对平台资源内容质量危机的预测性能以及在促进资源内容质量可持续发展方面的现实效用。本实验采用不相等实验组控制组前后测的准实验方法，以检验有无预警干

[①] 胡萍. 基于NLP的在线学习者观点挖掘模型及应用[D]. 武汉：华中师范大学，2018.
[②] 郑润如，刘鹏图. 高校网络教育资源建设及发展趋势[J]. 现代教育技术，2015，25（2）：95-99.

预条件下学习元内容质量差异性的目的进行设计。首先明确实验问题，即"使用网络学习资源内容质量危机预警模型建设资源与不使用预警模型干预来建设资源相比是否能有效提高资源的内容质量"。基于此，提出实验假设：使用预警模型可以有效提高资源的内容质量。

3. 实验对象

本实验选择了学习元平台上命名为"2022级教育技术研究生-教育人工智能"的课程知识群，并将其包含的所有学习元样本作为实验研究对象。经统计，该知识群共包含学习元42条，其中，33条学习元由课程全体学生个人创建生成，剩余9条学习元由学生组成的小组协作创建生成。这里的学生具有双重身份，他们不仅是"教育人工智能"课程的学习者，也是学习元的创建者和管理者。实验之所以选择研究生这一学生群体，原因在于他们具有基本的资源创建与管理能力、较强的学习与认知水平，属于网络学习资源生产的重要力量和典型代表。随着线下课程的推进，学生基于平台围绕选定的学习元题目，创建并不断修改完善学习元内容。除了专注于自己的学习元之外，学生还需要及时完成对其他学习元的评论、打分等操作。

4. 实验设计与实施

根据实验目标中明确的研究问题，在分析网络学习资源实验对象特点的基础上，实验遵循不相等实验组控制组前后测准实验方法的一般执行步骤，精心设计了包含前测与后测的完整实验过程，并绘制了如图7-11所示的网络学习资源内容质量危机预警实验流程图。接下来，将结合流程图展开具体阐述。

（1）实验前的准备

在实验正式开始之前，首先由课程助教在教师指导下修订"学习元操作指南"，以此为参考组织学生学习并掌握学习元平台的基本操作方法（如用户注册、创建、编辑、评论、评分学习元等），指导学生完成用户注册，确保全体学生的平台操作水平基本一致。其次，教师围绕课程章节分配学习元题目，研究生依据自身意愿自主选择题目并创建学习元内容，其中，课程各章节主题分布如图7-12所示，课程共9章内容，因此将班级学生分成9组，每组包含3—4名学生。每组学生可自由选择课程某一章节，以小组协作的方式创建该章节的小组学习元，小组学习元是总学习元，主要从整体上组织架构章节内容。组内每个学生以该章节名称为中心，选择章节下的二级标题或自行调研确定内容作为个人学习元题目，创建个人的学习元。

图 7-11　网络学习资源内容质量危机预警实验流程图

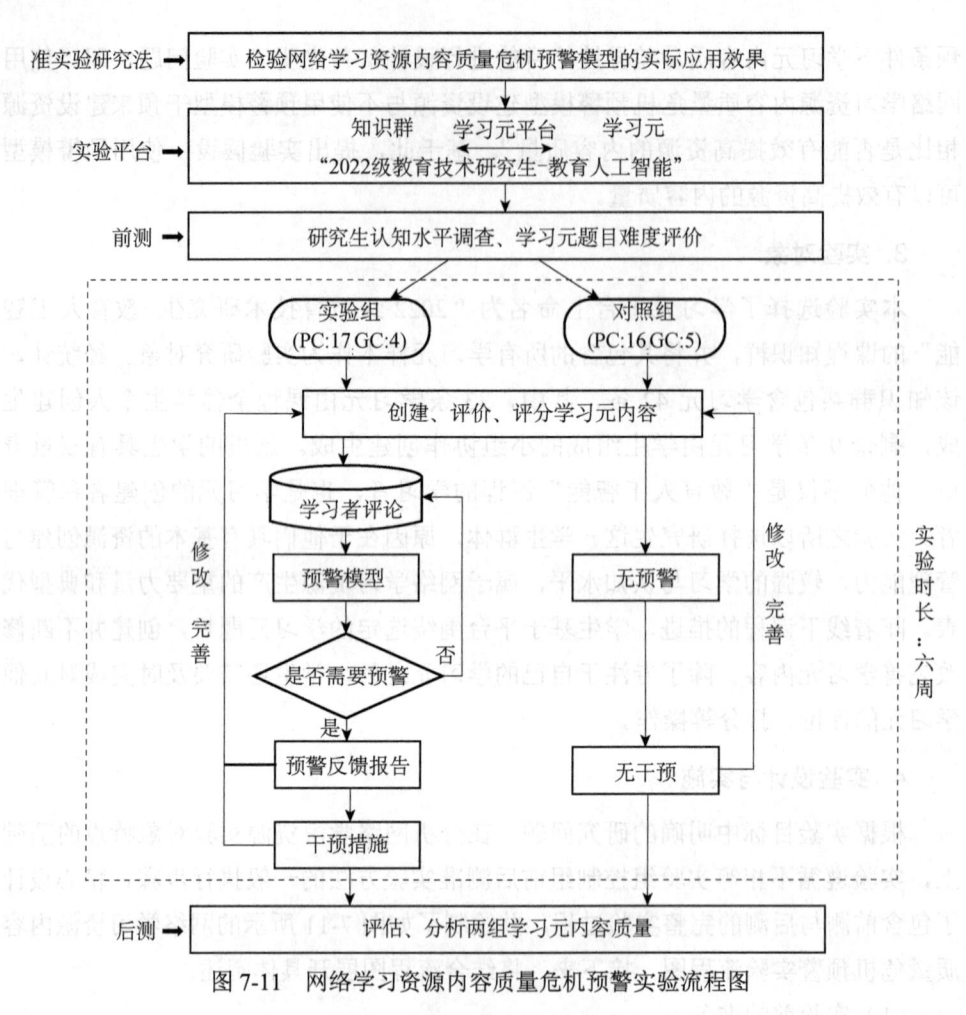

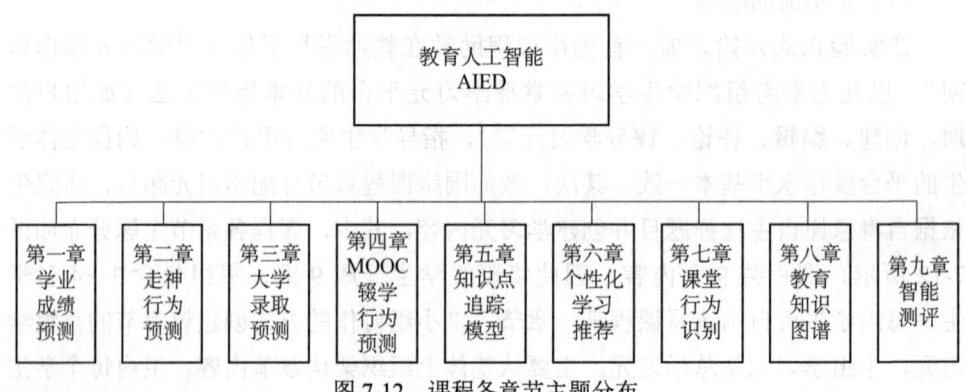

图 7-12　课程各章节主题分布

参照史宁中课程难度模型，依据课程标准中课程目标设置，由章节内容广度、内容深度以及内容时间 3 个影响因素之间的相互关系计算可知[①]，各章节主题之间难易程度相当。随后，将研究生根据入班学习成绩从高到低依次交叉编入实验组和控制组内，两组间平均成绩相近，且通过研究生"教育人工智能"课程学生认知水平调查问卷分析，在课程开始之前了解学生对人工智能的认知及学习情况。问卷在教师的指导下进行设计，由姓名、性别以及四道选择题形成非量表结构。总计发放并回收 33 份有效问卷。通过统计分析可知，班级内男女生比例为 2∶1。第一，超过 93% 的学生表示对人工智能相关知识没有深入了解过，只是有体验过人工智能相关应用的经历，其中，有两名学生完全不了解人工智能，因此实验分组时需要将他们分配到不同组别中去，保证两组平衡。第二，超半数学生在人工智能技术方面技术薄弱，此外，两名同学有机器学习、Python 编程等技术基础，同样需要分配到不同组别，剩余完全没有技术基础的 13 名在分组基础上进行动态调整。第三，根据学生对课程难度的主观感受统计结果，将难度很大和难度适中感受的学生平均分配到两组中，从而在一定程度上保证了两组学生的认知水平和学习能力近似，加上学生都参加了平台操作技能培训，由此可知创建资源所需的基本能力差异不明显，两组的初始条件基本一致，无关影响因素可以得到基本控制。这使得两组的后续不同操作得到的对比结果更加准确。安排好学生分组后，经统计，实验组有 17 名学生，控制组有 16 名学生。教师发放数量相同的各章节参考资料，如相关文献和学习链接。

（2）实验中的环节设计

在正式实验过程中，每周二随着课程安排，学生会集中在课堂上进行一次学习元内容修改完善、互评和评分操作，其中，学生讲解自己的学习内容后，其他学生会对其进行评论，评论主要依据资源内容质量指标对学习元进行质量判断和学习者对其的情感倾向，利用学习元平台内嵌的利克特评分功能对当前学习元内容的相关属性如准确性、完整性、更新及时性等进行评分，评分星级越高，代表学习元相应指标越好。其余时间，研究生根据自己时间安排在下周上课前自主编辑（如增删改查）自己的学习元内容，同时可以进行评分、评论、协作、点赞点踩、收藏学习元等操作。

每节课后需要从学习元平台后台采集一次学习元生成性数据，主要涵盖编辑与版本数、点赞点踩数、评分数、学习者评论内容、收藏数、浏览数、关联学习元数以及贡献者数等生成性数据。数据采集环节结束之后，实验组和控制组以是

---

① 史宁中，孔凡哲，李淑文. 课程难度模型：我国义务教育几何课程难度的对比[J]. 东北师大学报（哲学社会科学版），2005（6）：151-155.

否使用预警模型预警学习元内容质量危机作为实验自变量，其中实验组使用预警模型介入学习元内容建设，通过将采集的评论文本输入到预警模型中预测学习元是否存在内容质量危机，然后将模型输出结果进行统计整理，并以预警反馈表的形式分别发送至"个人学习元内容质量反馈群"和"小组学习元内容质量反馈群"两个实验QQ群，各实验组个人或小组结合反馈表中提及的问题可以自主或者与他人协作进行学习元内容的修改完善，完成学习元版本的更新。而控制组则不使用预警模型进行学习元内容质量危机处理，采取"不预警、不干预"的策略，由学生自行根据评论等生成性数据来修改完善学习元内容。

除了每周二的课程结束后定时针对实验组学习元进行一次预警干预操作，在下周一还需要采集一次学习元生成性数据，目的在于检验使用预警模型是否可以加快学生修改完善学习元的更新频率，促进他们编辑学习元的积极性。两次数据采集的时间节点构成一次完整的实验周期，其中周二的数据需要使用预警模型实现对实验组学习元的预警反馈，下周一的数据则不使用预警模型进行预警反馈，只需要对比分析两个时间节点的生成性数据变化情况。

（3）实验后的处理方案

六周实验结束后，接下来需要进行实验后测，即整理所有的实验生成数据，根据质量评价指标值评估资源内容质量发展情况，对比实验组与控制组的学习元内容质量之间是否存在显著性差异以及差异程度。本研究将从学习元平台中获取并分析两组资源的评论数据以及其他的生成性数据，从两组资源的内容质量显著性差异、更新情况以及预警级别数量统计3个方面进行对比分析，进而论证使用预警模型对网络学习资源进行预警与干预是否可以有效促进资源内容朝着高质量方向发展。

7.2.3 结果分析

本实验经过六轮的实验迭代，累计从学习元平台回收了12次教育人工智能知识群数据，主要包含学习元版本数、点赞点踩、浏览数、收藏数、打分数、关联学习元数、学习元评论内容等类型数据。其中，人工剔除掉与学习元内容质量描述无关的无效评论，一共积累了2315条学习元的有效评论。以网络学习资源内容质量评价指标体系为标准，通过分析知识群数据以及每个实验周期的预警反馈表信息，对比出实验组和控制组学习元内容质量好坏以及差距，验证资源预警模型具有提升学习元内容质量的真实效用。

1. 显著性差异

本研究使用资源质量评价指标相关的定量数据对实验组和控制组之间的质量差异进行统计检验。因此，本研究选择使用独立样本 t 检验来比较预警这一因素对内容质量这一试验结果有无显著性影响，即检验实验组和控制组之间质量是否存在显著性差异。

首先，本研究选择两组学习元最后一周的实验数据进行对比分析，主要包括内容准确性评分、完整性评分、及时性评分和情感指数。其中，实验组资源共 20 条，控制组资源共 21 条。其次，进行独立样本 t 检验的前提条件是实验组和控制组的数据符合正态分布且满足方差齐性。基于此，本研究使用 SPSS 统计分析软件依次检验实验中的各数据是否服从正态分布且满足方差齐性。由表 7-8 的正态性检验数据可知，情感指数、准确性评分、完整性评分以及及时性评分数据均经过夏皮洛-威尔克（S-W）检验，且 p 值均大于 0.05，因此均符合正态分布规律。

表 7-8　正态性检验

比较项	组别	柯尔莫戈洛夫-斯米诺夫检验			夏皮洛-威尔克检验		
		统计	df	p	统计	df	p
情感指数	1	0.158	20	0.200	0.927	20	0.133
	2	0.080	21	0.200	0.976	21	0.849
准确性	1	0.184	20	0.074	0.954	20	0.424
	2	0.101	21	0.200	0.962	21	0.554
完整性	1	0.126	20	0.200	0.974	20	0.835
	2	0.103	21	0.200	0.944	21	0.260
及时性	1	0.123	20	0.200	0.957	20	0.491
	2	0.111	21	0.200	0.965	21	0.624

随后，将四类数据分别进行独立样本 t 检验操作，数据分析结果如表 7-9 所示。具体来说，先查看每一类数据的莱文方差等同性检验中 p 值，若值大于 0.05，则认为该类数据满足方差齐性检验，表明假设方差相等成立，需要进一步查看假定等方差后的 p 值，p 值小于 0.05 说明两组数据存在显著性差异，反之则不存在显著性差异；同理，若每一类数据莱文方差等同性检验中显著性值小于 0.05，则说明该类数据不满足方差齐性检验，假设方差相等不成立，需要查看不假定等方差那一行的 p 值。最终，由 SPSS 的独立样本 t 检验分析可知，实验组和控制组的情感指数、准确性评分、完整性评分以及及时性评分数据 p 值均小于 0.05，因此可以说明两组资源在学习者情感倾向、资源内容的准确性、完整性和及时性方面均存在显著性差异，并且由于这些数据均是资源质量好坏的直接反

映，在一定程度上可以说明使用网络学习资源内容质量危机预警模型对资源进行预警与干预等操作对资源内容质量产生了显著影响，实验组和控制组之间质量存在显著性差异，从而有效论证了预警模型具有真实效用。

表 7-9 独立样本 t 检验

比较项		莱文方差等同性检验		平均值等同性独立样本 t 检验			
		F	p	t	df	p（双尾）	平均值差值
情感指数	假定等方差	1.424	0.240	5.405	39	0.000	12.696 0
	不假定等方差			5.378	36.704	0.000	12.696 0
准确性	假定等方差	0.028	0.869	2.047	39	0.047	1.031 43
	不假定等方差			2.048	38.987	0.047	1.031 43
完整性	假定等方差	4.125	0.049	2.236	39	0.031	1.233 81
	不假定等方差			2.257	35.170	0.030	1.233 81
及时性	假定等方差	0.129	0.721	2.978	39	0.005	1.461 43
	不假定等方差			2.968	37.724	0.005	1.461 43

2. 更新情况对比

网络学习资源内容质量的不断提升与资源的更新编辑操作是无法割裂的。资源若想要拥有高质量的内容必然需要资源建设者或管理者群体通过汇聚集体智慧不断进行协同编辑与版本更新操作才有可能得以实现，否则资源内容只会停滞不前，最终被学习者及外部环境淘汰。因此，为了检验预警的反馈与干预操作是否可以促进资源内容更新次数增加，本研究以每周二至下周一为一轮完整的实验周期，分析每一周期内实验组和控制组两组资源对应的编辑次数与版本数据，并将两组中编辑与版本次数增加的资源数占各自组资源总数的比例情况整理成如表 7-13 所示的表格，表格中的数据均经过四舍五入处理，小数部分保留三位有效数字并转换成百分数形式。

通过表 7-10 可以清晰地看出，在总共六轮的实验周期内，实验组的资源中编辑与版本次数增加的资源数量所占的平均比例为 64.2%，控制组为 23.4%，两组相差 40.8 个百分点，这些数值可以从整体上说明两组资源在内容编辑和版本更新方面存在较大差距，实验组的资源内容更新情况远好于控制组。

表 7-10 两组资源更新数量占比　　　　　　　　　　单位：%

时间	实验组	控制组
第一周期	70.0	42.9
第二周期	60.0	33.3

续表

时间	实验组	控制组
第三周期	80.0	23.8
第四周期	55.0	4.8
第五周期	80.0	0
第六周期	40.0	23.8
平均占比	64.2	23.4

分别来看，实验组的资源在前五轮实验周期内均有超过半数的资源存在内容编辑与版本更新情况，这是由于本组资源的建设者或管理者在实验过程中会按时接收到"资源内容质量危机预警反馈表"，反馈表在不同程度上可以督促他们依据表中内容及时更新与调整资源内容，从而达到提高资源内容质量的目的。在第六周期中，实现更新的资源数量占比下降至40%，这是由于随着实验的推进，出现预警危机的资源数量逐步减少，资源内容质量逐步提升，有些资源不再需要进行大规模的内容编辑与版本更新操作而造成的数值下降。对比实验组而言，控制组的资源在每轮实验周期内均存在不理想的内容编辑与版本更新情况。其中在第一周期中，增加编辑次数与版本数的资源数量占比最高，数值为42.9%，这可能是实验初期资源建设者建设资源的积极性相对较高的缘故。在这之后由于没有预警反馈等的干扰，资源建设者建设资源的积极性大不如前，到了第四、五周期阶段，实现更新的资源数量急剧下降，甚至出现没有更新的情况。总而言之，通过以上分析可以得出，使用预警模型进行预警的实验组资源相较于控制组来说，资源内容编辑与版本更新情况更好，对应的资源建设者积极性更高，对资源内容质量的提升也会更加有利。

3. 预警级别数量统计

资源的预警级别与资源的内容质量等级是一一对应的关系，因此通过统计分析实验组和控制组中各预警级别资源的数量所占的比重及其变化情况，可以有效说明两组资源内容质量发展的差异情况。本研究依据资源的情感指数数值所在的阈值范围将资源划分为轻度预警、中度预警以及重度预警，计算出每一实验周期内两组中不同预警级别的资源数量占比，并整理成表 7-11。由表 7-11 可以看出，在第一周期内，两组中各个预警级别的资源数量占比相差无几。随着实验的进行，两组数据逐渐拉开差距，进行至第六周期时，实验组的轻度预警资源占据资源总数的 95.0%，中度预警下降至 5.0%，且没有重度预警资源；而控制组中的轻度预警资源占本组资源总数的 76.2%，中度和重度预警的资源数量占比合计为

23.8%。相较于实验组而言，控制组仍有部分资源处于内容质量危机之中。这些数据表明，使用预警模型的实验组资源由于受到预警干扰，存在质量危机的资源会得到针对性的反馈建议与干预支持，从而导致重度预警资源数量急剧减少，大部分转化成质量较好的轻度预警资源。对比之下，控制组的资源没有预警模型的辅助，虽然轻度预警资源数量也在增加，但从整体上来看，处于内容质量危机的资源占比相对较高，这些资源的问题若得不到及时、有效的解决，将为资源的未来发展埋下不小的隐患。

表 7-11　不同预警级别的资源数量占比　　　　　　　　　单位：%

时间	实验组			控制组		
	轻度预警	中度预警	重度预警	轻度预警	中度预警	重度预警
第一周期	5.0	20.0	75.0	4.8	19.0	76.2
第二周期	10.0	25.0	65.0	4.8	23.8	71.4
第三周期	20.0	20.0	60.0	9.5	23.8	66.7
第四周期	30.0	25.0	45.0	19.1	23.8	57.1
第五周期	85.0	15.0	0	52.4	28.6	19.0
第六周期	95.0	5.0	0	76.2	19.0	4.8

另外，随着实验过程的进行，表格中的数值变化整体上呈现出一定的规律，具体变化趋势如图 7-13 所示。具体来说，图 7-13（a）中实验组和控制组的轻度预警资源占比均逐渐增加，但实验组中这类资源比重一直高于控制组，且实验组的折线斜率大于控制组，这表明实验组中轻度预警资源数量增长势头迅猛于控制组，整体上内容质量良好的资源数量相对较多。图 7-13（b）展示了两组中度预警资源的变化趋势情况。实验组的中度预警资源占比整体呈现下降趋势，而控制组的中度预警资源占比变化波动不大，无明显的发展变化趋势。最后的图 7-13（c）是重度预警的资源占比变化曲线。两组重度预警资源数量占比均逐渐降低，但实验组下降幅度大于控制组且最后重度预警资源数量占比归于零，这说明本研究中采用的预警模型在预警资源内容质量方面取得了一定的效果，可以改善资源内容质量状况，使之朝着高质量方向发展。

通过上述的分析可知，使用预警模型进行预警与干预的实验组资源中度和重度资源数量占比少于控制组 18.8%，轻度预警资源则高于控制组 18.8%。这可以证实实验组的资源内容质量整体上优于控制组的资源，而且通过预警模型的辅助，资源可以快速锁定自身质量问题所在并得到有效的解决，从而完成中度或重度预警向轻度预警直至更高质量资源的转变。

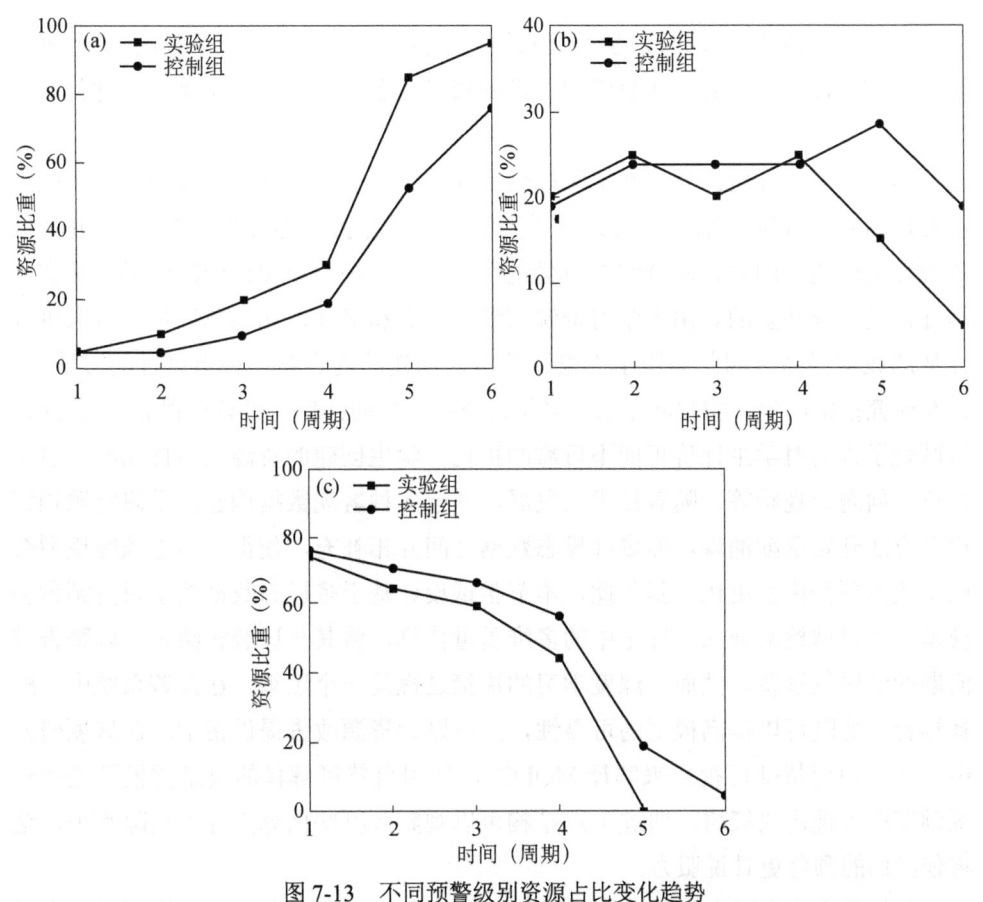

图 7-13　不同预警级别资源占比变化趋势

（a）轻度预警资源占比；（b）中度预警资源占比；（c）重度预警资源占比

7.3　基于多模态数据的网络学习资源内容质量危机预警

7.3.1　模型介绍

21 世纪以来，随着互联网、数字媒体等技术的飞速发展，在线学习逐渐普及。而在大规模在线学习中，学习资源仍存在质量差、内容陈旧、缺乏维护等诸多问题。在这一背景下，学习者众包逐渐受到社会大众的广泛关注，它是指一种教学支持的众包形式，让学生作为特定人群贡献新的学习资源[①]，正在成为解决此类学习资源问题的可行方法。通过学习者资源，学生从被动的接受者变成学习

---

① Moore S，Stamper J，Brooks C，et al. Learnersourcing：Student-generated content @ scale[C]//Proceedings of the Ninth ACM Conference on Learning@ Scale，2022：259-262.

内容的主动创造者[1]。同时，学习资源的共享性和适应性也得到了提高[2]。此外，学生的创造性工作补充了大量学习资源的资源储备，从而有助于满足多样化的学习需求[3]。

尽管学习者外包为学生和资源提供了便利，但一个潜在的问题是学生生成内容的质量难以控制。部分劣质或不适当的学习资源会妨碍有效的学习[4]，并降低资源库的价值。因此，对资源的质量进行评价和维护，以保证资源的科学性和正确性，是十分必要的。由于学习资源数量的庞大和多样，如果单纯依靠专家进行评估的成本很高，因此雇用学生来评估他们创建的内容是一种更可行的方法[5]。已有研究指出，学生和领域专家在对学习资源质量的评价上具有很强的一致性[6]，这减轻了人们对学生评价可能不可靠的担忧。学生创建的资源是多样化的，包括文章、问题、视频等。随着技术的发展，基于多种客观数据构建的学习资源预警模型方法开始逐渐涌现，而多种模态数据之间互相补充，使得多模态预警模型会比单模态预警模型更优。基于此，本节尝试设计基于多模态数据的学习资源预警模型，该模型检测嵌入在评论中的多维质量信息，将其与评级相结合，以警告有问题的低质量资源。然而，深度学习的决策过程是一个黑箱，在预警系统中，解释预警信息既可以提高模型的可靠性，又可以为资源改进提供指示。在这项研究中，我们使用特征可视化来解释MQLC[7]，使用自然可解释的决策树模型进行资源预警和可视化决策树。通过T形结构可以观察到哪些信息主导着风险水平，这将使我们的预警更具说服力。

整体研究分为四个阶段，如图7-14所示。第一阶段，从学习者资源平台中提取近三年来用户在学习资源建设过程中产生的所有评论和评分，并进行数据清

---

[1] Singh A, Brooks C, Lin Y W, et al. What's in it for the learners? evidence from a randomized field experiment on learnersourcing questions in a MOOC[C]// Proceedings of the Eighth ACM Conference on Learning @ Scale. Virtual Event Germany. ACM, 2021: 221-233.

[2] McDonald A, Mcgowan H, Dollinger M, et al. Repositioning students as co-creators of curriculum for online learning resources[J]. Australasian Journal of Educational Technology, 2021（6）: 102-118.

[3] Yang X. Designing a resource evolution support system for open knowledge communities[J]. Educational Technology & Society, 2015（18）: 385-400.

[4] Yang X, Guo X, Yu S, Student-generated content in college teaching: Content quality, behavioural pattern and learning performance[J]. Journal of Computer Assisted Learning, 2015, 32（1）: 1-15.

[5] Ni L, Bao Q M, Li X X, et al. DeepQR: Neural-based quality ratings for learnersourced multiple-choice questions[J]. Proceedings of the AAAI Conference on Artificial Intelligence, 2022, 36（11）: 12826-12834.

[6] Abdi S, Khosravi H, Sadiq S, et al. Evaluating the quality of learning resources: A learnersourcing approach[J]. IEEE Transactions on Learning Technologies, 2021, 14（1）: 81-92.

[7] Zhang Q S, Zhu S C. Visual interpretability for deep learning: A survey[J]. Frontiers of Information Technology & Electronic Engineering, 2018, 19（1）: 27-39.

洗、归纳和转换等标准化处理。综合预警模型结合 MQLC 模型和决策树模型，提取评论质量标签，并根据标签和评级推断资源的风险等级。第二阶段，领域专家和编码人员根据学习资源的质量标准对评论数据进行编码，并使用 K-means 算法标记每个资源的风险级别[①]。在第二阶段编码的两个数据集中，数据集 1 由同行评审和相应的质量标签组成，用于 MQLC 模型训练和评估；数据集 2 由质量标签序列、评级和每个资源的风险级别组成，用于决策树模型训练和评估。第三阶段，MQLC 模型是基于 BERT 的具有标签语义的序列到序列模型（BERT-Seq2Seq-LS），在数据集 1 上进行训练和验证，以识别评论中的质量标签。第四阶段，在数据集 2 上训练决策树模型，然后使用该决策树模型来推断学习资源是否处于低质量的风险中。

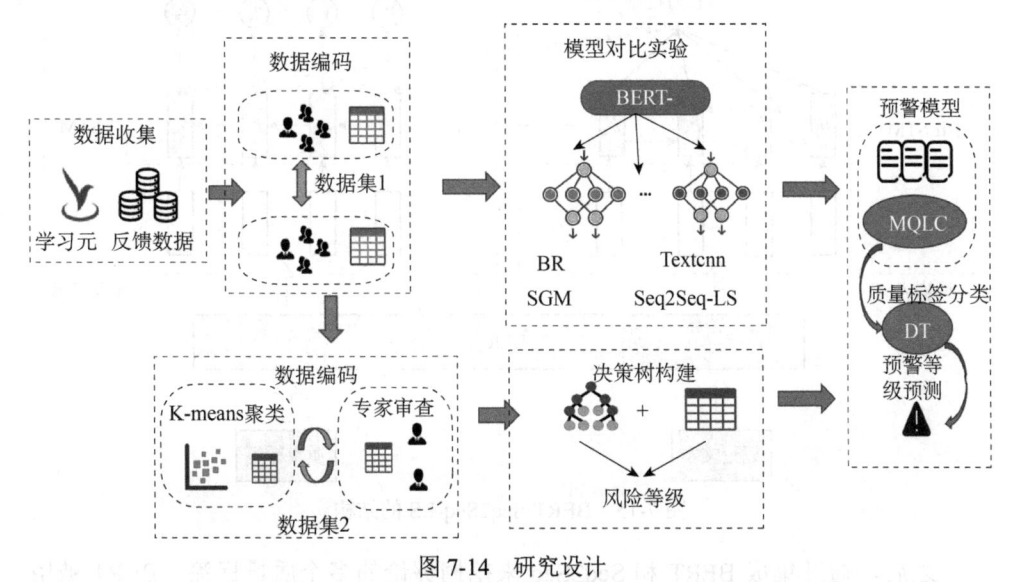

图 7-14 研究设计

注：MQLC 为多质量标签分类模型，DT 为决策树模型

本研究基于已有数据集 1（评论和质量标签）设计和训练了 MQLC 模型，用于自动提取学习资源评论中包含的多维质量信息。通过观察质量标签的分布，可以发现标签并不是独立的，它们之间具有很强的互联性。我们假设，可以通过考虑质量标签之间的相关性来提高分类精度（假设 1）。采用带有注意力机制的

---

① Pelleg D, Moore A. X-means: Extending K-means with efficient estimation of the number of clusters [EB/OL]. https://www.researchgate.net/publication/2532744_X-means_Extending_K-means_with_Efficient_Estimation_of_the_Number_of_Clusters.（2002-01-30）[2024-06-15].

Seq2Seq 深度学习模型，将多标签分类转化为序列生成[①]，重点关注质量标签之间的内部关系。在生成序列时，部分评论对标签的贡献不同。通过注意力机制，该模型可以捕获标签和评论内容之间的关联[②]。Seq2Seq 模型包括两个长短期记忆（LSTM）递归神经网络模块：编码器和解码器。编码器由双向 LSTM 块组成，解码器由 LSTM 块组成。编码器将学习到的信息传输到解码器，解码器进行预测。通过观察数据集发现评论中经常出现与质量标签语义接近的单词或短语，因此我们假设，同时考虑评论文本和标签的语义信息，并将标签信息与文本进行匹配，自然引发更有效的分类（假设 2）。

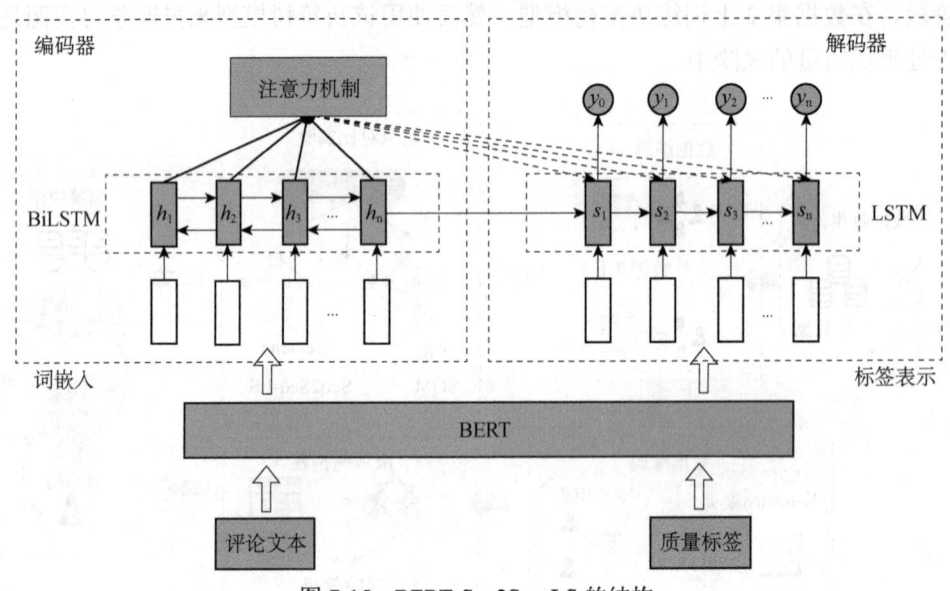

图 7-15 BERT-Seq2Seq-LS 的结构

之后，通过集成 BERT 和 Seq2Seq 来挖掘评论的多个质量标签。BERT 被用作评论和标签的公共嵌入层，并提取它们的关键语义信息，使得评论和标签的表示处于统一的语义空间下。BERT 的输出随后被馈送到下游任务 Seq2Seq，Seq2Seq 模型生成标签序列来完成预测。标签的语义表示和注意力机制的使用使模型能够更有效地学习不同文本和标签之间的互联。图 7-15 显示了模型的结构。使用 BERT 标记化将评论转换为特殊标记，$X = \{x_1, x_2, x_3, \cdots, x_n\}$，作为 BERT 的

---

① Yang P C, Sun X, Li W, et al. SGM: Sequence generation model for multi-label classification[EB/OL]. https://www.semanticscholar.org/reader/9d32a5f33826471e5dc895bc6da654c0ddb66ebc.（2018-04-30）[2024-03-28].

② Xiao Y Q, Li Y, Yuan J, et al. History-based attention in Seq2Seq model for multi-label text classification[J]. Knowledge-Based Systems，2021，224：107094.

输入。BERT 最后一个 Transformer 块的输出用作句子的向量表示：

$$H_{\text{BERT}} = \text{BERT}(x_1, x_2, x_3, \cdots, x_n) \tag{7-6}$$

对于序列 $L = \{l_1, l_2, \cdots, l_n\}$，其标记化文本表示为 $l_i = \{x_1, x_2, \cdots, x_m\}$，$m$ 为单个标签的文本长度，将标签的文本内容传入 BERT，然后使用词向量平均函数计算标签的表示：

$$l_{\text{BERT}} = \text{BERT}(x_1, x_2, \cdots, x_m) \tag{7-7}$$

其中，$l_{\text{BERT}} = \{w_1, w_2, \cdots, w_m\}$ 是使用 BERT 作为嵌入的标签文本的输出，lemb 是标签表示：

$$\text{lemb}_i = \frac{1}{m} \sum_{j=1}^{m} w_j \tag{7-8}$$

之后将评论语义向量 $H_{\text{BERT}} = \text{BERT}(w_1, w_2, w_3, \cdots, w_n)$ 传递给 Seq2Seq 模型编码器，并使用双向 LSTM 网络从前向和后向读取序列并计算每个词语的隐藏状态：

$$\overrightarrow{h_i} = \text{LSTM}\left(\overrightarrow{h_{i-1}}, w_i\right) \tag{7-9}$$

$$\overleftarrow{h_i} = \text{LSTM}\left(\overleftarrow{h_{i+1}}, w_i\right) \tag{7-10}$$

第 i 个字的双向隐藏状态连接在一起，$h_i = \left[\overrightarrow{h_i}; \overleftarrow{h_i}\right]$，从而将第 i 单词周围的上下文信息一起提取出来。注意力机制创建一个上下文向量来捕获标签和文本之间的关联，将注意力权重配给文本的不同位置并计算最终的上下文向量：

$$e_{ti} = v_a^T \tanh(W_a s_{t-1} + U_a h_i) \tag{7-11}$$

$$a_{ti} = \frac{\exp(e_{ti})}{\sum_{j=1}^{n} \exp(e_{ti})} \tag{7-12}$$

$$c_t = \sum_{i=1}^{n} a_{ti} h_i \tag{7-13}$$

其中，s_{t-1} 是解码器在时间 $t-1$ 下的隐藏状态，在解码器预测过程中，时间步 t 的隐藏状态为：

$$s_t = \text{LSTM}(s_{t-1}, [\text{lemb}_t, c_t]) \tag{7-14}$$

式中，lemb_t 表示前一个时间步的预测嵌入标签向量。在时间步 t 生成的标签可以计算如下：

$$y = \text{softmax}(g(s_t, c_t) + I_t) \tag{7-15}$$

式中，函数 g 表示全连接层，用于在时间步 t 将向量维度转换为质量标签大小。他是避免生成重复标签的掩码向量，并且使用函数 softmax 来预测标签概率分布。损失函数是指交叉熵损失函数。之后循环解码器知道预测到停止符号"EOS",表示标签序列生成完成。

对评论进行文本挖掘,提取多维质量标签,为推断资源的风险级别提供了主要依据。然后使用决策树模型根据数据集 2(质量标签序列、评级和风险级别)来学习质量标签、评级和风险级别之间的内在联系。决策树是一种常用的分类和预测机器学习算法,具有很强的特征选择能力[①]。它分为三个步骤:特征选择、决策树生成和决策树裁剪。我们采用分类回归树算法,并使用基尼指数作为特征选择阶段筛选的量化策略,计算方法如下:

$$G(p) = \sum_{K=1}^{K} P_K(1-P_K) = 1 - \sum_{K=1}^{K} P_K^2 \tag{7-16}$$

其中,P_K 是样本属于第 K 个风险水平的概率。该模型从根节点开始逐层选择基尼值最小的节点,递归构建决策树,直到达到设定的深度。进行树裁剪以防止过拟合。我们通过错误复杂度修建找到具有最小 a 值的非叶节点,并将其左右节点设置为 NULL 以完成树裁剪:

$$a = \frac{C(t) - C(T_t)}{|T_t| - 1} \tag{7-17}$$

接下来便可以训练决策树模型,算法 1 显示了使用决策树预测资源的质量风险级别的完整过程,见表 7-14 所示。R_N 表示资源的评论,N 是评论的数量;S_T 表示资源的评级,T 是评级的数量。我们使用训练好的 MQLC 模型提取 R_N 中每个评论的质量标签,记为 L_N,每个 L_N 的长度为 14(质量指标的长度,如 [1,0,1,0,…,0,0],…,[1,0,1,0,…,0,1])。为了聚合学习资源中的所有质量标签,我们对 L_N 求和以获得 Label。Label 的长度也为 14,代表资源在各个维度上的整体表现(如 [4,1,3,1,6,…,2,2])。然后通过离散标准化方程对标签进行标准化,使各个质量指标处于同一数量级,参考公式如下:

$$\text{Label}_i = \frac{\text{Label}_i - \text{Label}_{\min}}{\text{Label}_{\max} - \text{Label}_{\min}}, \text{ie }(1,14) \tag{7-18}$$

其中,$\text{Label}_{\min}$ 表示 Label 中的最小值,$\text{Label}_{\max}$ 表示 Label 中的最大值。计算 T 评级的平均得分 S_{avg},将归一化的标签作为决策树模型的特征输入。在训练中,特征用于训练决策树模型,在预测中,决策树模型使用特征风险级别。

算法 1 的过程如下,

输入:资源 R_N 的评论集,N 为评论数;资源 S_T 的评分集,T 为评分数。

[①] Rutkowski L, Jaworski M, Pietruczuk L, et al. The CART decision tree for mining data streams[J]. Information Sciences,2014,266: 1-15.

输出：预测风险水平 rl 。

1：初始化每条评论的质量标签 $L[N \times M]$，M 代表标签数量

2：初始化所有质量标签 Label_M

3：for $n \in N$ do

4：$L[n, M] \leftarrow \text{MQLC}(R_n)$

5：end for

6：for $m \in M$ do

7：$\text{Label}_m \leftarrow \sum_{i=1}^{M} L[i, m]$

8：end for

9：$\text{Label} \leftarrow \text{Max-MinNormalization}(\text{Label})$

10：$\text{avg}_s \leftarrow \frac{1}{T} \sum_{i=1}^{T} S_i$

11：$rl \leftarrow \text{DescisionTree}(\text{Label}; \text{avg}_s)$

12：return rl。

7.3.2　实验设计

1. 研究背景

基于学习者资源概念的学习系统，如 Khosravi 等[1]和学习元平台（LCS），已被应用于实际教学场景中[2]。这些系统为学生提供了多种功能，例如协作编辑学习内容、进行评价、审阅以及与同学合作以改进资源。

我们重点关注 LCS 中的学生生成资源。LCS 是一个基于泛在学习和学习者资源概念的开放学习资源平台。在 LCS 中，学生可以创建学习元（一个动态结构用于泛在学习资源），而其他学生可以参与资源的构建，并合作编辑学习资源。其他人还可以讨论和评价学习资源。资源构建者可以采纳评论中的建议，并共同优化资源。因此，对学习资源的评论和评分能够很好地反映其建设状况。本研究中提及的学习资源特指学生在 LCS 中创建的资源。

我们收集了三年内不同主题的 1125 个学习元，共有 1178 名学生参与了其开发和评价，其中包括本科生和研究生。有些学生基于不同的课程创建学习资源，

---

[1] Khosravi H, Kitto K, Williams J J. RiPPLE: A crowdsourced adaptive platform for recommendation of learning activities[J]. Journal of Learning Analytics，2019，6（3）：91-105.

[2] Yu S，Yang X，Cheng G，et al. From learning object to learning cell: A resource organization model for ubiquitous learning[J]. Educational Technology & Society，2015，18（2）：206-224.

而其他学生则分享他们获得的知识。这些资源包括文章、PowerPoint 演示文稿、音频和视频等多种类型。我们提取了 12 958 条评论和 10 370 个评分，部分学生的评价仅包含评论或评分其中之一。

2. 数据集 1 编码方案

学习资源的质量不仅取决于其有效性，还取决于其教育价值[①]。因此，我们采用资源有效性和资源价值作为主要指标。在此基础上，我们选择了 3 个经过验证的、与学生生成资源相关的质量评价标准[②③④]。这 3 个标准中的指标并非相互独立，而是经常相互重叠，不同维度的质量模糊且相互融合。因此，我们选择上述标准中高度重叠的质量指标作为相应的二级指标，并去除重复项。例如，这 3 个标准都涉及内容准确性，因此我们将使用"准确性"作为指标；杨现民等文章[②]中的"结构"描述与 Adline 和 Mahalakshmi[③]、李蕾等[④]文章中的"完整性"高度一致，因此我们将选择"完整性"作为指标，并在描述中添加"结构"的信息。最终，我们得到了相对完整且简洁的质量评价标准，供编码员对评论进行编码（表 7-12）。

表 7-12　学习资源评估标准

初级指标	次级指标	描述
资源有效性	准确性	内容准确清晰，表达严谨，与主题密切相关，符合客观实际
	完整性	内容全面，结构完整
	适度性	内容难度适中，符合学习者认知水平
资源价值	逻辑性	内部结构逻辑清晰分明
	时效性	内容及时更新，反映学科知识的最新进展
	有用性	内容具有参考性和启发性，有助于学习者解决问题并满足个性化学习需求
	新颖性	内容和形式新颖独特

为了更详细地描述资源质量状况，我们使用二级质量指标对评论进行编码。同时将二级质量指标分为正面和负面。例如，准确性被分为正面准确性（PA）和

---

① Yuan M, Recker M. Not all rubrics are equal: A review of rubrics for evaluating the quality of open educational resources[J]. International Review of Research in Open and Distributed Learning, 2015, 16 (5): 16-38.

② Yang X, Guo X, Yu S. Student-generated content in college teaching: Content quality, behavioural pattern and learning performance[J]. Journal of Computer Assisted Learning, 2015, 32 (1): 1-15.

③ Adline A A L, Mahalakshmi G S. A novel framework for e-Learning content evaluation[C]//2011 Third International Conference on Advanced Computing. IEEE, 2011: 346-352.

④ Li L, Zhang L L, Wang A, et al. Investigating factors for assessing the quality of academic user-generated content on social media[C]//Proceedings of the ACM/IEEE Joint Conference on Digital Libraries in 2020. ACM, 2020: 511-512.

负面准确性（NA）。原因在于：①我们需要识别评论中包含的全部质量信息，可以从指标的两个方面发现优点和问题；②在 MQLC 任务中，每个质量指标作为独立的标签，其含义必须唯一。如果将"准确性"用作标签，则只表示评论与内容的准确性有关，这对于判断资源是否准确非常模糊。

我们使用 14 个独立的标签对数据集中的评论数据进行编码，将与评论相关的指标标记为 1，将与评论不相关的指标标记为 0。例如，一条评论写道："该资源的内容主题非常新颖，是当前的热门研究话题，但具体内容对我们专业的学生来说难以理解，希望你们能继续改进内容。"这条评论从完整性、难度适宜性、时效性、新颖性等方面对学习资源进行了评价，可以编码为"0，0，0，1，0，1，0，0，1，0，0，0，1，0"，如表 7-13 所示。我们将 8 名编码员分成两组，每组由一位在学习资源领域拥有丰富经验的专家指导。在每组中，专家首先向编码员展示编码过程，然后编码员独立地对样本评论进行编码。我们选取 500 个样本供两组独立编码，编码过程中出现的任何分歧都将由专家和编码员共同讨论，以达成共识。两组成员在每个指标上的 Fleiss's Kappa 值分别为 0.91、0.93、0.90、0.93、0.89、0.87、0.83、0.81、0.87、0.90、0.88、0.86、0.94 和 0.92，表明编码员之间具有高度一致性。

表 7-13 "PA, NA, ⋯, NN"构成了分离的标签指标

评论	标签序列 PA,NA,PC,NC,PDA,NDA,PL, NL,PT,NT,PU,NU,PN,NN	用 "/" 连接的标签
该资源的内容主题非常新颖，是当前的热门研究话题，但具体内容对我们专业的学生来说难以理解，希望你们能继续改进内容	0, 0, 0, 1, 0, 1, 0, 0, 1, 0, 0, 0, 1, 0	不完整/困难/及时/创新
在内容上有许多不一致之处。而且，你从网上抄袭的内容已经过时了，有太多的错误。这篇文章应该修改一下	0, 1, 0, 1, 0, 0, 0, 0, 0, 1, 0, 0, 0, 1	不完整/不准确/过时/普通
作者非常有逻辑！解释非常全面！非常感谢您，让我完全明白了这个算法的原理	0, 0, 1, 0, 0, 0, 1, 0, 0, 0, 1, 0, 0, 0	完整/有逻辑/有用

注：其中 "PA" 代表正指标 "A"，而 "NA" 代表负指标 "A"。这些标签通过 "/" 连接在一起，用于 MQLC 训练

正如我们在方法中提到的，目标标签是通过序列方法生成的，并且需要考虑标签的语义信息。因此，我们使用标记为 1 的标签指标形成一个新序列。数据集 1 中的"评论"列和"用'/'连接的标签"列将用于训练 MQLC 模型。

3. 数据集 2 编码方案

识别学习资源的风险级别对于是否需要对用户进行警告至关重要。在众包学

习中，关于学习资源预警及风险级别描述的研究相对匮乏。我们选择使用聚类算法，基于平台中评分的分布，寻找最佳分割点作为风险级别的划分依据。无监督聚类算法能有效避免手动划分风险级别阈值所带来的主观负面影响，并有助于优化风险预警流程[①]。评论的质量标签分布也可以反映资源的建设状况，因此我们也对离散的质量标签进行聚类[②]，以验证风险级别分类结果的可靠性。

聚类算法采用经典的 K-means 聚类，并利用肘部法则确定聚类数量 k。算法流程如下：K-means 每次使用 k 对数据进行聚类。随着 k 的增加，样本划分将更为细致，聚类的聚合度逐渐增强，平方误差和（SSE）逐渐减小。当 k 达到真实聚类数时，SSE 会急剧下降，然后随着 k 的增加而趋于稳定。根据肘部法则的结果，图 7-16 展示了使用评分和质量标签的聚类结果，二者表现出惊人的一致性。基于评分的分布，最佳聚类数为 3。质量标签的聚类结果也支持了这一发现，因为不同序列的质量标签被均匀地划分为 3 个聚类。

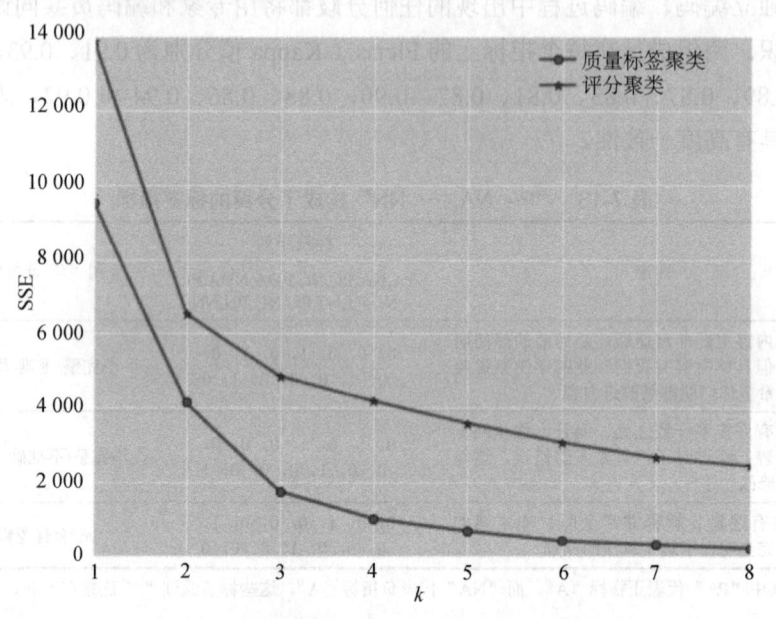

图 7-16　通过 SSE 对评分和质量标签进行聚类

图 7-17 展示了评分的分布及聚类点。就像在电子学习中一样，学习者警告技

[①] Zhu Z Y, Liu N. Early warning of financial risk based on K-means clustering algorithm[J]. Complexity, 2021 (1)：1-12.

[②] Yang Y, Shen F M, Huang Z, et al. Discrete nonnegative spectral clustering[J]. IEEE Transactions on Knowledge and Data Engineering, 2017, 29 (9)：1834-1845.

术将学习者的风险级别分为低风险、中风险和高风险三类[69,70]。我们根据评分聚类得出的 3 个聚类点作为标准，将学习资源划分为正常（风险等级 1，平均评分：3.4—5.0）、警告（风险等级 2，平均评分：1.8—3.4）和危险（风险等级 3，平均评分：0—1.8）3 个等级。我们根据资源的平均评分为每个资源分配相应的风险等级。表 7-14 展示了数据集 2 的示例，我们汇总了质量标签和评分以训练决策树模型。

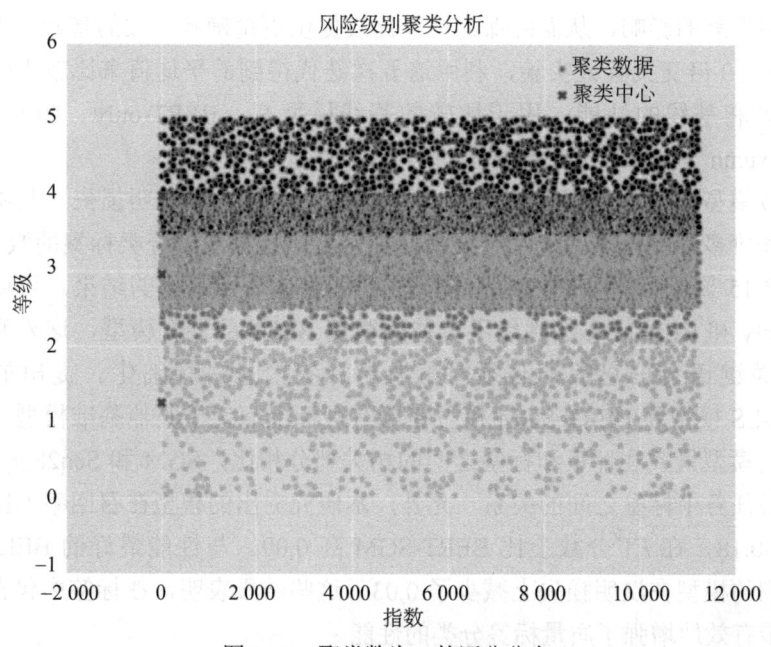

图 7-17　聚类数为 3 的评分分布

表 7-14　数据集 2 示例

资源	质量标签	评分	平均评分	风险等级
资源 1	(1, 0, 1, 0, 1, 0, 1, 0, 0, 0, 1, 0, 1, 0)	4.5	4.5	1
	(1, 0, 1, 0, 1, 0, 0, 0, 0, 0, 1, 0, 1, 0)	4.5		
	⋮	⋮		
	(1, 0, 0, 0, 1, 0, 1, 0, 0, 0, 1, 0, 0, 1)	3.0		
资源 2	(0, 1, 0, 1, 0, 0, 1, 0, 0, 0, 0, 1, 0, 1)	1.0	1.3	3
	(0, 0, 0, 0, 1, 0, 0, 0, 0, 0, 1, 0, 1)	2.5		
	⋮	⋮		
	(1, 0, 0, 0, 0, 0, 1, 0, 1, 0, 0, 0, 0, 1)	2.0		

每个样本都是一个资源,并且这些资源附有所有评价和评级的质量标签。

7.3.3 结果分析

1. MQLC 模型的性能

本研究以 8∶2 的比例划分训练和测试数据集,评估了模型的性能和可解释性。训练和评估模型的过程采用 10 倍交叉验证方法,该方法有助于减轻随机变异对评估误差的影响,从而确保为性能比较提供更精确和一致的基础。本研究进行了五组 10 倍交叉验证实验,利用这五次迭代得到的平均值来比较本研究中提出的模型和基线的性能。用于比较的基线模型有:BERT-only、BERT-BR[①]、BERT-textcnn[②]和 BERT SGM[③]。

比较模型的性能指标有精确度、召回率、$F1$ 分数和汉明损失,其中,汉明损失是评价多标签分类的一个重要指标,它直接计算了误分类标签的数量。

表 7-15 显示了模型性能的比较,加粗的字体表示最好的结果,可以看出,BERT-only 和 BERT-BR 的性能不如使用微调 BERT 的混合模型,这表明在提取评论的关键语义信息后,必须对下游的标签信息进行细化。提出的 BERT-Seq2Seq-LS 模型和 BERT-SGM 模型在所有指标上都优于其他基准模型,这是因为与其他模型只关注评审和标签之间的相关部分相比,SGM 和 Seq2Seq-LS 关注的是分类任务中标签之间的关系。此外,本研究提出的模型在召回率上比 BERT-SGM 高 0.18,在 $F1$ 分数上比 BERT-SGM 高 0.09。与性能最好的 BERT-BR 相比,我们的模型在汉明损失上减少了 0.03。这些结果表明,在标签中包含语义信息进一步有效地增强了质量标签分类的性能。

表 7-15 我们的模型和基于 BERT 的基线在精确度、召回率、$F1$ 分数和汉明损失方面的性能比较

方法	精确度	召回率	$F1$ 分数	汉明损失(越小越好)
BERT	**0.774**	0.642	0.701	0.0897
BERT-BR	0.711	0.708	0.709	0.0774
BERT-Textcnn	0.763	0.691	0.725	0.0832

---

① Boutell M R, Luo J B, Shen X P, et aL. Learning multi-label scene classification[J]. Pattern Recognition,2004,37(9):1757-1771.

② Kim Y. Convolutional neural networks for sentence classification[C]// Proceedings of the 2014 Conference on Empirical Methods in Natural Language Processing(EMNLP). Association for Computational Linguistics,2014:1746-1751.

③ Yang P C, Sun X, Li W, et al. SGM: Sequence generation model for multi-label classification[EB/OL]. https://www.semanticscholar.org/reader/9d32a5f33826471e5dc895bc6da654c0ddb66ebc.(2018-04-30)[2024-03-28].

续表

方法	精确度	召回率	$F1$ 分数	汉明损失（越小越好）
BERT-SGM	0.747	0.773	0.759	0.0796
BERT-Seq2Seq-LS	0.745	**0.791**	**0.768**	**0.0771**

注：黑体数值表示该方法的这一性能在全部方法中表现最佳、效果最佳。下同。

对于消融实验，本研究比较了以下 4 种模型：①BERT-only；②Seq2Seq 模型，其编码器和解码器分别为 BiLSTM 和 LSTM，采用了不同的嵌入层；③BERT-Seq2Seq，将预训练的无大小写 BERT 和 Seq2Seq 组合，使用 BERT 作为回顾嵌入，标签采用随机初始化嵌入进行编码；④本研究提出的模型，使用了 BERT 作为共享嵌入来表示 reviewandeach 标签的语义特征。为了捕获文本序列和标签序列中与分类相关的部分，上述模型结合了一个注意机制。如表 7-16 所示，Seq2Seq 模型的效果最差。BERT-only 和 BERT-Seq2Seq 在所有指标上都优于 Seq2Seq，BERT 极有可能具有优越的语义特征提取能力。并且在原始编码器-解码器模型上融合模块提取评审和标签语义，可以提高分类效果。然而，值得注意的是，BERT 的性能优于 BERT-Seq2Seq。这与本研究提出的假设 1 相矛盾，表明仅仅关注标签之间的顺序关系可能会导致准确性下降。由此推断，下游模型的合并可能导致整体模型参数的增加从而影响其有效性。此外，由于标签序列和文本序列的嵌入方法不同，使用 BERT 提取的特征不能得到充分利用可能导致语义的稀释。本研究中使用共享 BERT 对 Seq2Seq 分类器中的评论和标签进行编码，并结合了注意机制获得它们之间的结构和语义关联。在召回率方面，本研究的研究方法优于领先的模型 BERT-Seq2Seq，差值为 0.117。此外，当考虑以 $F1$ 分数衡量的整体分类效率时，本实验使用的方法比表现最好的模型 BERT 具有 0.067 的优势，这与本研究提出的假设 2 一致。

表 7-16 研究标签语义的 BERT 表示的消融实验

方法	精确度	召回率	$F1$ 分数
BERT	**0.774**	0.642	0.701
Seq2Seq	0.604	0.628	0.616
BERT-Seq2Seq	0.720	0.674	0.698
BERT-Seq2Seq-LS	0.745	**0.791**	**0.768**

表 7-17 显示了该模型对 14 个质量标签的分类结果。"难度适当性"和"时效性"标签在数据集 1 中样本较少，但模型在这两个指标上仍然取得了较好的结果，说明该模型对数据分布不均匀具有较强的鲁棒性。

表 7-17　MQLC 模型在不同标签下的性能表现

标签	分离的标签	精确度	召回率	F1 评分
准确性	准确	0.71	0.87	0.78
	不准确	0.87	0.91	0.89
完整性	完整	0.68	0.80	0.73
	不完整	0.60	0.63	0.62
困难适当性	困难	0.68	0.84	0.75
适当性	适中	0.60	0.58	0.59
逻辑性	符合逻辑	0.71	0.74	0.73
	不符合逻辑	0.61	0.54	0.57
时效性	及时	0.69	0.85	0.76
	过时	0.75	0.53	0.62
有用性	有用	0.83	0.80	0.81
	无用	0.67	0.66	0.67
新颖性	创新	0.71	0.84	0.77
	普通	0.73	0.52	0.60

2. MQLC 模型的可解释性

本研究在模型预测标签序列时引入了注意机制，以提高可解释性。通过保存模型预测过程中的注意权值并将其可视化，可以获得输入评审和输出标签之间的内在关系，从而增加了模型分类的透明度和可靠性。模型预测过程中注意力可视化的结果（只保留有效字符），如图 7-18 所示。横坐标表示分割后的评审数据，纵坐标表示预测的标签。颜色代表不同的注意力得分。颜色越鲜艳，注意力得分越高，联系越强。标签"有用"与文本"又学习了新知识"之间的注意得分相对较高，标签"完整"与文本"具体完整"之间的注意得分也较高，说明该模型在很大程度上是根据文本内容做出判断的。当正面和负面标签同时存在时，模型可以做出正确的决策，并准确捕捉到标签"不合逻辑"和"完整"与其对应的词之间的强相关性。这些结果表明，模型的判断符合人类的认知标准，具有较强的可解释性。

3. 决策树的创建和可视化

本研究使用数据集 2（质量标签序列、评级和风险水平）来训练决策树模型，以连接学生生成的反馈和风险水平。它具有很强的稳定性和自然的可解释性。通过树形结构的可视化很容易理解模型是如何做出决策的。

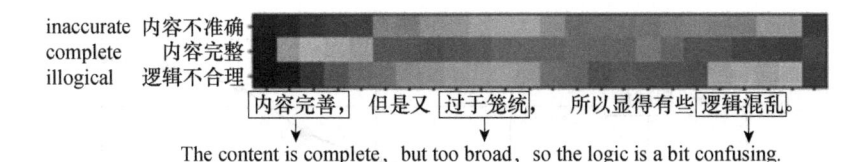

inaccurate 内容不准确
complete 内容完整
illogical 逻辑不合理

内容完善，但是又 过于笼统，所以显得有些 逻辑混乱。
The content is complete, but too broad, so the logic is a bit confusing.

useful 内容有用
innovative 内容新颖
complete 内容完整

又 学习了新知识， 具体完整， 而且引用许多 先进的理念。
I learned new knowledge, the content is specific and complete, and many advanced concepts is introduced.

图 7-18 注意力权重可视化用于解释标签分类

特征选择的计算方法和最大深度是影响决策树效果的主要因素。本研究为了获得最优决策树模型，将标签状态数据以 7:3 的比例分为训练集和测试集，训练了不同的树模型，并比较了它们的准确率。结果如图 7-19 所示，可以看出，模型的准确率随着最大深度的增加而增加，并逐渐趋于平缓。在深度为 5 或 7 时，模型效果最好。此处，为有效避免过拟合，本研究更倾向于为决策树选择一个较小的深度，采用基尼系数作为特征选择方法，并设置决策树模型的最大深度为 5。模型结构如图 7-20 所示，决策树是一种树状结构，其中每个内部节点代表对一个特征的测试，每个分支代表一个测试输出，每个叶子节点代表一个类。决策树模型的最终准确率为 88.4%，具有良好的预测性能。该特征在判断资源的风险等级时，做出了不同的贡献。如前所述，在构建决策树时，选择基尼值最小的特征作为最优分区特征。位于树顶部附近的特征被认为对确定资源质量风险水平很重要。评级位于树的根部，表明它对风险等级的决定作用最强。学习者寻找资源是有目的的，如果某个资源的内容太难，难以理解，学习者往往会转向同一主题的其他资源[1]。资源内容的"准确性"和"逻辑性"在决策中也起着重要的作用。这是因为大量类似的在线学习资源提供了全面的参考，资源的逻辑性和准确性更容易让学生判断。

4. 基于决策树的预警模型的性能

由于缺乏对学习资源质量的预警研究，本研究选择了 learnersourcing 中学习资源质量评分的方法作为基线。使用之前研究中提出的评级聚合方法，获得学习

---

[1] Wöhner T, Peters R. Assessing the quality of Wikipedia articles with lifecycle based metrics[C]//Proceedings of the 5th International Symposium on Wikis and Open Collaboration. ACM, 2009: 1-10.

基尼系数

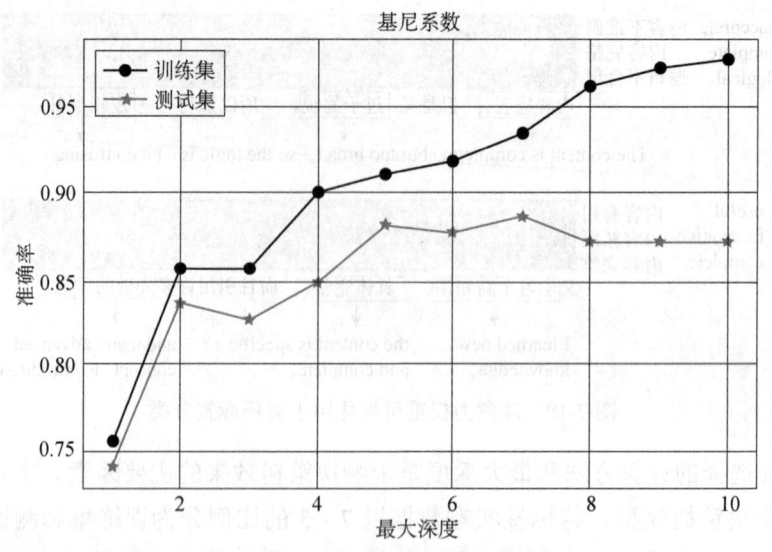

图 7-19 不同深度决策树模型的准确率

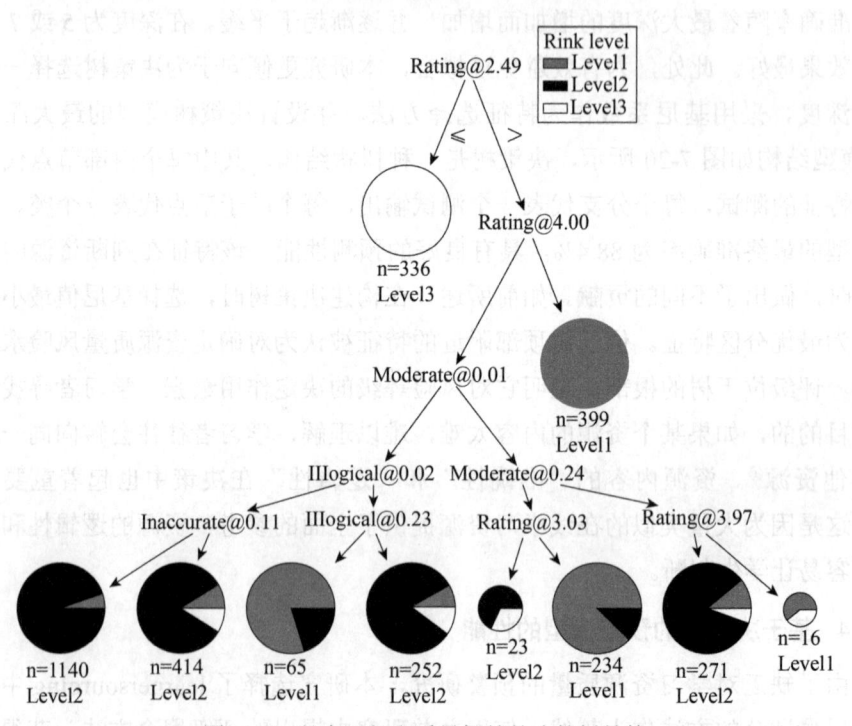

图 7-20 具有评级和质量标签的决策树结构

资源的质量评级，并将评级映射到本研究的风险等级中。选择以下基线进行对比实验：①Mean，使用用户评分的平均值作为最终结果；②normal confidence interval 下界（lower bound on normal confidence interval，LR）[1]，找到评分的置信区间，形成整体评分；③Relatedness-BERT（简称 RB）[2]，计算评论与资源之间的语义相关性，汇总相应的评分；④基于 MQLC 的决策树（MQT）：构建一个单独使用质量标签的决策树不使用评级，作为一个消融实验。本研究使用学生在两门课程中创建的学习资源作为实验数据集，详细信息见表 7-18。数据显示了每门课程中创建的资源数量，收集的评论和评分的数量，以及多种资源类型的存在，括号内的数字表示每个资源的评论或评分的平均计数，并把在分类任务中广泛使用的准确性当作度量标准。

图 7-21 显示了不同的方法如何处理每个课程的数据，在每个过程中，LR 略高于平均数，因为这种方法在不均匀的数据上表现良好，而平均数容易受到极端评级的影响。但是，即使是性能更好的 LR，在准确性方面也低于 MQT（课程 1 为 0.031）。这表明，在确定风险级别时，基于 MQLC 的方法更具优势。与 RB 相比，MQT 方法的效率略低，我们假设，与 LR 之上的 RB 方法一样，考虑多个特征比考虑单个特征更有可能产生准确的判断，结合 MQLC 和评级的方法比性能最好的 RB 具有更高的准确性。同样考虑评级信息和评论信息，我们挖掘质量标签评论数据的方法比计算评论和资源之间相似性的方法有优势，因为质量标签和风险水平是密切相关的。

表 7-18 显示，与课程 1 相比，课程 2 的数据更丰富。在这种情况下，平均数和 LR 表现出显著的增加，平均数增加了 0.052，LR 增加了 0.041，这是因为这些统计评级聚合方法可以在足够的数据量上获得更好的结果。同样，RB 的准确性和我们的方法也在不断提高，因为评分在质量判断中一直占有很大的权重。然而，值得深思的是，MQT 并没有随着评论数量的增加而提高多少，只增加了 0.002。尽管 MQT 的质量标签更丰富，但其准确度甚至低于 LR。我们假设，利用决策树处理质量标签往往会导致过拟合，进而在新数据上表现不佳。评论和评分数量的增加使我们的方法准确性提高了 0.038。同样基于质量标签序列，我们的方法融入了评分，增强了模型的鲁棒性，并且与新数据相比，比 MQT 具有更强的适应性。我们的预警方法在稀疏数据上的表现优于基线方法（比最佳基线方法高出 4%），且随着数据的充足，准确性可以继续提高（比最佳基线方法高出 7%）。

---

[1] McGlohon M, Glance N, Reiter Z. Star quality: Aggregating reviews to rank products and merchants[J]. Proceedings of the International AAAI Conference on Web and Social Media, 2010, 4 (1): 114-121.

[2] Darvishi A, Khosravi H, Rahimi A, et al. Assessing the quality of student-generated content at scale: A comparative analysis of peer-review models[J]. IEEE Transactions on Learning Technologies, 2022, 16 (1): 106-120.

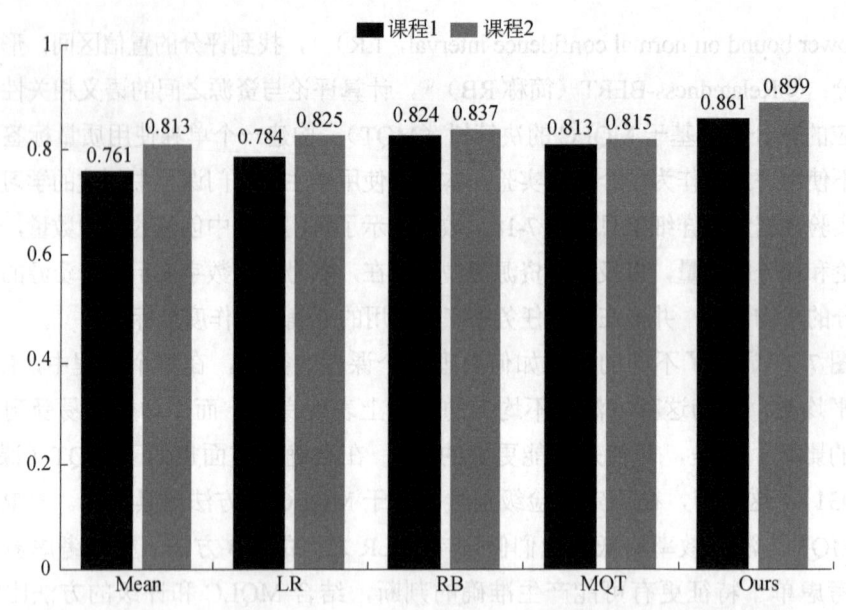

图 7-21 本研究的预警方法和基线在两个课程中的性能表现

表 7-18 两个课程的实验细节（表示每个资源的平均评分或评论数）

课程	资源	评分	评论	多种类型
课程 1	47	1328（28）	1316（28）	是
课程 2	29	1785（61）	1167（40）	是

注：括号外的数值表示所有资源统计得到的评级、评论个数，括号内的数值表示平均每个评级、评论个数。

7.4 网络学习资源进化预警系统设计

7.4.1 整体架构

网络学习资源进化预警系统以网络学习资源为预警对象，通过构建深度学习神经网络模型预测资源进化状态，精准警示趋于衰退态或死亡态的资源，智能化给出原因分析及干预措施，并在迭代应用中优化自身性能，致力于为网络学习提供更加优质的资源服务。

本节依据知识进化理论和危机管理理论，借鉴教育大数据技术体系框架[①]，提出了如图 7-22 所示的网络学习资源进化预警系统架构。该架构自下而上从多模态数据采集层、数据处理与分析层、数据展示与管理层以及数据应用与服务层四个层次描述了预警系统的整体结构及预警流程。

---

① 杨现民，唐斯斯，李冀红. 教育大数据的技术体系框架与发展趋势："教育大数据研究与实践专栏"之整体框架篇[J]. 现代教育技术，2016，26（1）：5-12.

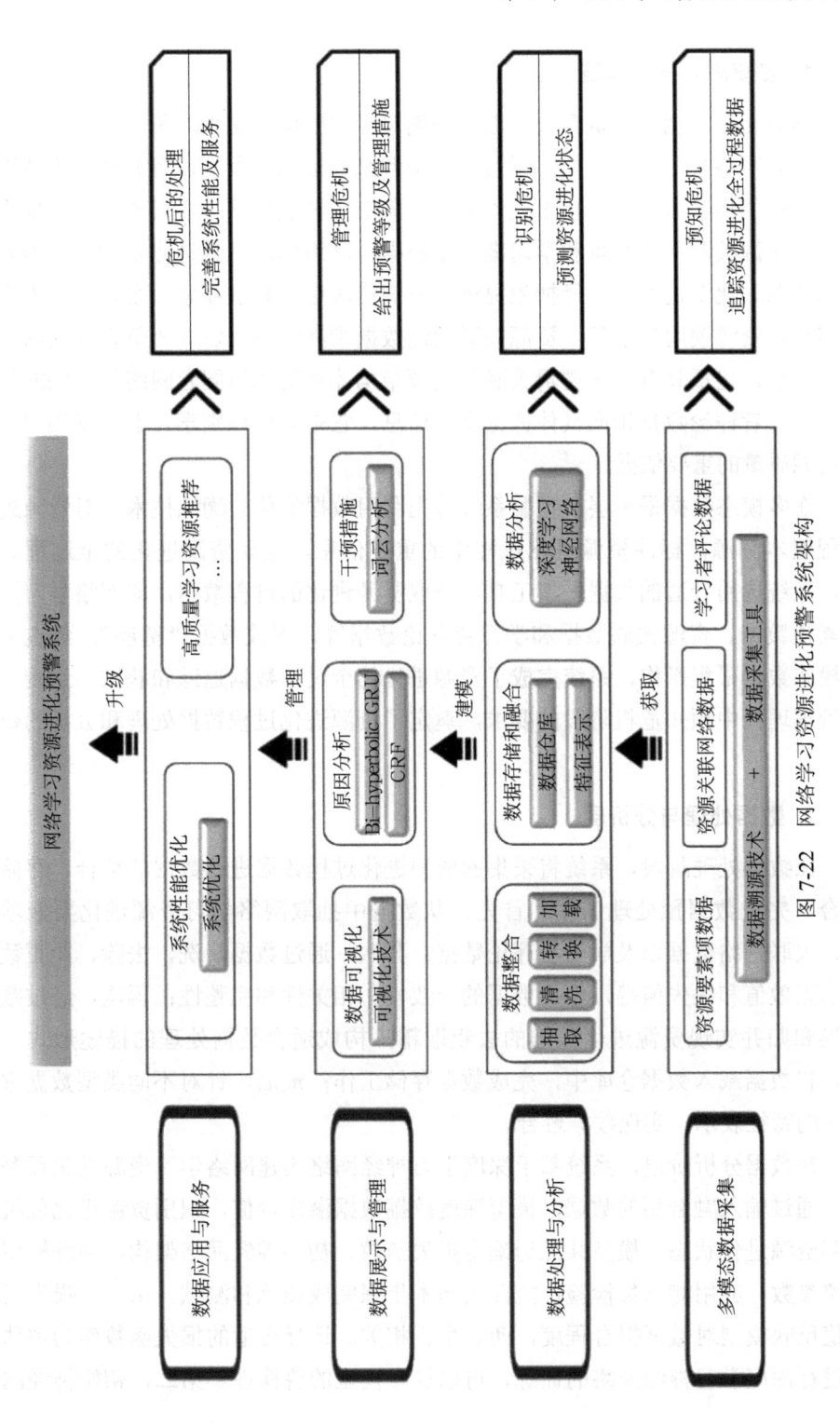

第 7 章 网络学习资源进化预警技术 | 315

图 7-22 网络学习资源进化预警系统架构

1. 多模态数据采集层

学习元平台拥有由资源协同者协同编辑产生的电子文档、条目、动画、微课等多模态网络学习资源。随着学习者与资源交互行为的发生，资源处于不断进化中，并衍生出了海量的进化过程性数据，其中主要包括网络学习资源进化要素项数据、资源关联网络数据和学习者评论数据。网络学习资源进化要素项数据是指面向资源进化全过程的、经抽象提炼形成的资源进化共性要素，主要包含内容更新信息、资源使用信息等。资源关联网络数据指网络学习资源所蕴含的关联网络层次信息，包括具有内在逻辑关联的资源结构体和资源协同者网络等关联网络信息。学习者评论数据指向具体评论文本信息，它是有效识别学习者情感倾向、区分资源质量的重要依据。

在多模态数据采集层，预警系统首先利用数据演化的溯源技术，对资源进化过程追本溯源，标注资源进化过程中的重要信息，重现资源进化的全过程。其次，系统选用合适的数据采集工具，获取资源进化的过程数据，即网络学习资源要素项数据、资源关联数据和学习者评论数据等，形成数据"基座"。经过上述多模态数据采集操作，系统完成了资源进化的全过程数据追踪和获取，达到了危机管理理论中预知危机阶段的要求，奠定了资源进化过程数据处理和分析的数据基础。

2. 数据处理与分析层

在数据处理阶段，系统将采集的资源进化过程数据进行数据的整合、存储和融合，完成数据预处理工作。首先，从数据中抽取网络学习资源进化要素项数据、关联网络数据以及学习者评论数据；其次，通过数据清洗，去除、纠正数据中的无效值和缺失值等，保证数据的一致性、相关性和完整性；再次，经过数据转换和归并实现资源进化数据的去粗取精，构成适合数据处理的描述形式。然后，将数据载入数据仓库中，完成数据存储工作；最后，针对不同类型数据进行相应的特征表示，实现数据融合。

在数据分析阶段，系统基于深度学习神经网络构建网络学习资源进化预警模型。通过输入融合后的数据，模型深度挖掘数据潜在价值，识别资源进化危机，预测资源进化状态。模型共经历确定损失函数、初始神经网络架构、训练模型并调整参数、应用测试集检验性能四大基本步骤完成训练和测试。第一，损失函数的值反映模型对数据拟合程度，两者呈正相关。选择合适的损失函数作为评估标准进行深度学习神经网络的训练，可以提高模型的鲁棒性。第二，初始神经网络架构确定深度学习神经网络的层数、每层隐藏层的节点数、激活函数以及初始的权重矩阵、偏移向量等数据维度。第三，模型以损失函数值为训练指标不断调整自身超参数，优化训练效果。第四，模型输入训练数据集检验模型性能，完成网络学习资源的进化状态诊断与预测。

3. 数据展示与管理层

系统的数据展示与管理层主要利用数据可视化技术将数据分析结果即网络学习资源进化情况直观、生动地呈现在资源管理者面前，允许他们实时感知和识别资源进化最新趋势，了解预警资源进化不佳的原因，促使他们根据提供的干预措施及时采取有效的预警行动，从而成功实现资源进化的危机管理。

其中，系统的预警原因分析聚焦于学习者评论数据中的负面数据分析，这里创新性地设计了双向的双曲门循环单元（Bi-Hyperbolic GRU）和条件随机场（conditional random field，CRF）结合的结构。系统通过双曲门循环单元抽取评论数据中的负面情感评价关键词以及建设新意见关键词，通过 CRF 使得关键词标注更加符合认知的规律，然后自动生成词云呈现给资源管理者，帮助他们更好地改进网络学习资源，实现资源的质量把控和可信管理。

4. 数据应用与服务层

数据应用与服务层是检验网络学习资源进化预警系统价值的"试金石"。系统依附学习元平台而存在，一方面，资源管理者可随时随地查看平台现有网络学习资源的进化信息，管理濒临衰退态和死亡态的资源，并及时反馈给系统真实的应用体验数据；另一方面，系统汲取应用体验数据有效信息，不断通过系统优化增强自身稳定性及准确性，帮助资源管理者进行资源预警危机后的处理工作，推动资源的高质量发展。除此之外，系统还在一定程度上助力平台建设，提供给学习者更多的优质服务，如高质量学习资源推荐等，从而促进个性化学习的发生。

7.4.2 主要功能

网络学习资源进化预警系统架构清晰地描绘了预警系统内部诸要素的组织形式和层次信息，依赖架构而存在的预警功能模型则从外在行为的视角刻画了预警系统在学习元平台中发挥的作用。基于此，网络学习资源进化预警功能模型的总体设计如图 7-23 所示，可分为资源进化状态预测模块、预警结果反馈模块、预警资源调控模块以及安全监测管理评价模块。

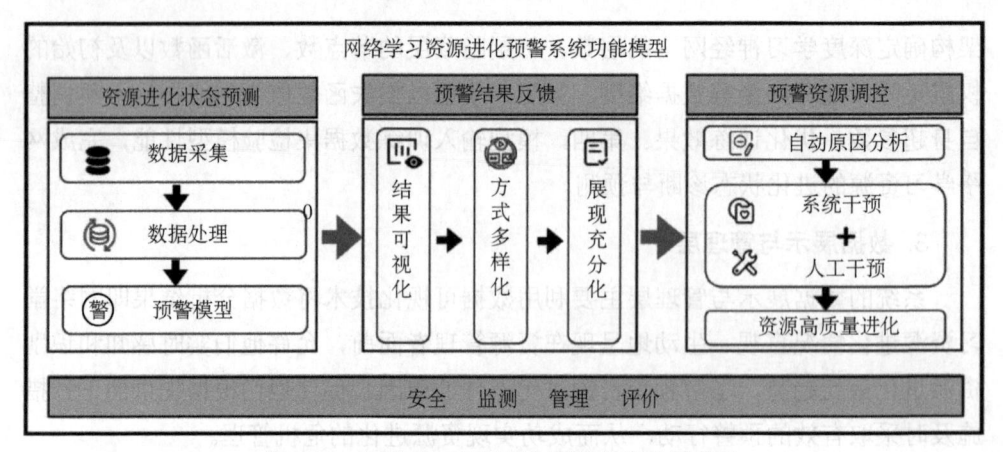

图 7-23　网络学习资源进化预警系统功能模型

1. 资源进化状态预测模块

本模块是预警系统的核心功能模块之一，主要包括数据采集、数据处理、预警模型预测资源进化状态及发展趋势三个步骤，具体如图 7-24 所示。

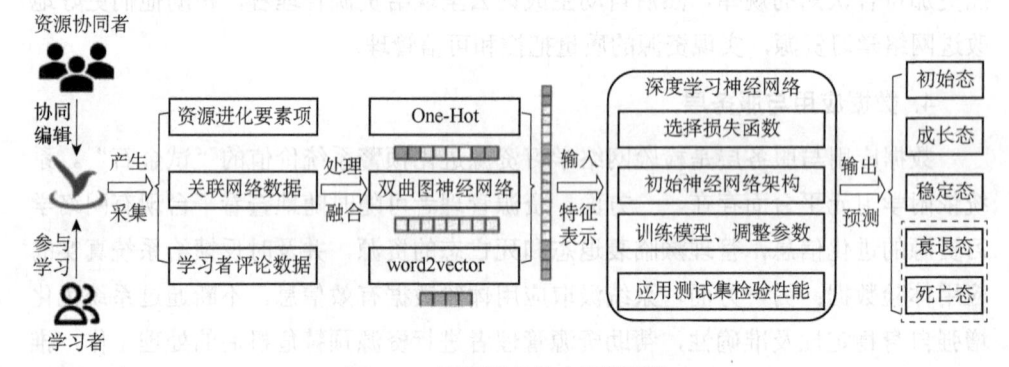

图 7-24　资源进化状态预测模块

在学习元平台中，资源协同者是网络学习资源的"生产者"，学习者则扮演着网络学习资源的"消费者"角色，他们在与资源交互过程中产生了大量的过程性信息，这些信息无疑是资源进化"生命历程"的最好见证。对应预警系统的多模态数据采集层、数据处理和分析层架构设计，系统首先通过数据采集提取到资源进化的过程性信息；其次，经过数据处理环节，将不同数据类型进行相应的特征表示，其中，网络学习资源进化要素项数据采用 One-Hot 编码，关联网络数据使用具有较强图结构层次信息保存能力的双曲图神经网络来表征特征，学习者评论数据则使用 word2vector 进行文本表示，进而加工成计算机可以识别、利用的有效形式；最后，经由深度学习神经网络模型测算，输出资源进化状态的预测结果，准确定位趋于衰退态或者死亡态的资源，并进一步整理得到平台资源整体的进化预警信息。其中，考虑大数据、高性能等因素，这里选用深度学习神经网络模型作为网络学习资源进化状态预测的"主力军"，众所周知，具有多层结构的深度神经网络模型对大量的输入数据具备更强的特征提取能力[①]，能使输出结果更具准确性和可靠性。深度学习神经网络技术为网络学习资源预警研究提供了新思路，有望实现这一领域预警技术的突破和创新。

2. 预警结果反馈模块

预警结果反馈模块是预警系统架构中数据展示层的功能体现，该模块负责将资源进化状态预测结果通过多样化的方式在不同显示终端上动态呈现出来，反馈并辅助资源管理者解读资源过程性信息的内在含义，获知资源进化状态及发展趋势，警示趋于衰退态或死亡态的资源，提升资源管理者管理资源的效率，监控资源朝着高质量方向进化。

如图 7-25 所示，本模块着重从系统的预警信息显示方式、页面设计、预警信息提醒形式和预警档案库四个方面合力提升资源预警结果的呈现效果。

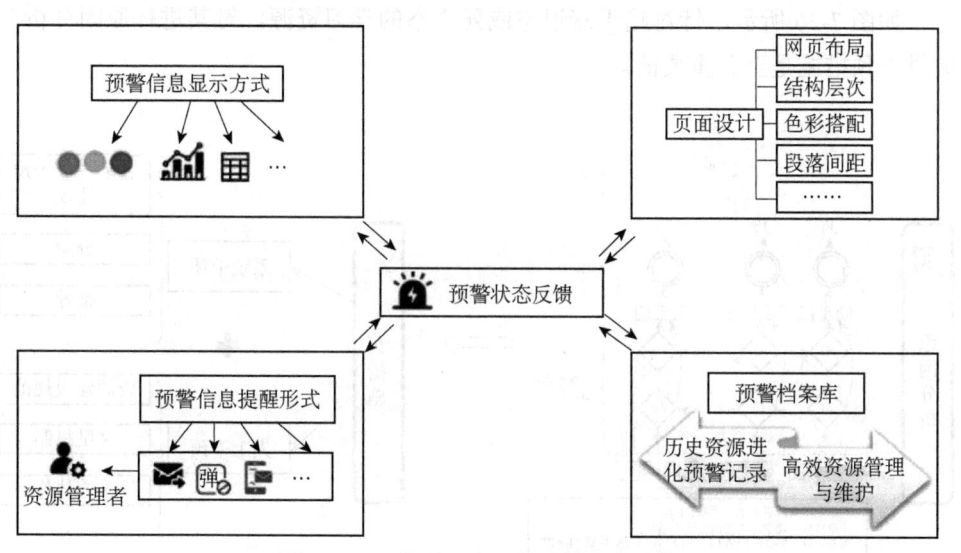

图 7-25 网络学习资源的预警状态反馈

系统显示预警信息的方式多种多样。例如，系统可依据预警级别颜色区分不同进化状态的网络学习资源。对于预测为成长态或稳定态的资源使用蓝色标识，

---

① 陈德鑫，占袁圆，杨兵. 深度学习技术在教育大数据挖掘领域的应用分析[J]. 电化教育研究，2019，40（2）：68-76.

代表资源虽存在轻度风险，但进化良好，暂时不需要警示和处理；对于预测为衰退态和死亡态的资源需要重点预警，其中预测为衰退态资源使用橙色标识，代表存在中度风险，濒临死亡态的资源使用红色标识，代表存在重度风险。除此之外，系统还可以借助动态图表、仪表盘等表征资源进化状态。总而言之，参考资源管理者的交互风格选取适合的显示方式会使得资源管理者一目了然地抓住重点，事半功倍地管理资源。

除了预警信息显示方式之外，系统同样需要通过以下三点丰富预警结果反馈功能：①系统页面设计需兼顾资源管理者的实际需求和艺术美感，美感可通过网页排版布局、结构层次规划、色彩搭配设计等实现；②系统可依据资源管理者的可接受性和体验感设置电脑桌面弹窗、邮件、短信、微信等不同的预警信息提醒形式，并在最佳的呈现时间选择合适的提醒形式发送至可用的显示终端，确保他们随时随地接收到资源进化状态预警信息的需求；③系统可设置预警档案库，方便资源管理者查看历史资源的进化预警数据，整体把握资源进化情况。

3. 预警资源调控模块

如图 7-26 所示，针对趋于衰退态或死亡态的学习资源，对其进行原因分析并提供干预措施是至关重要的。

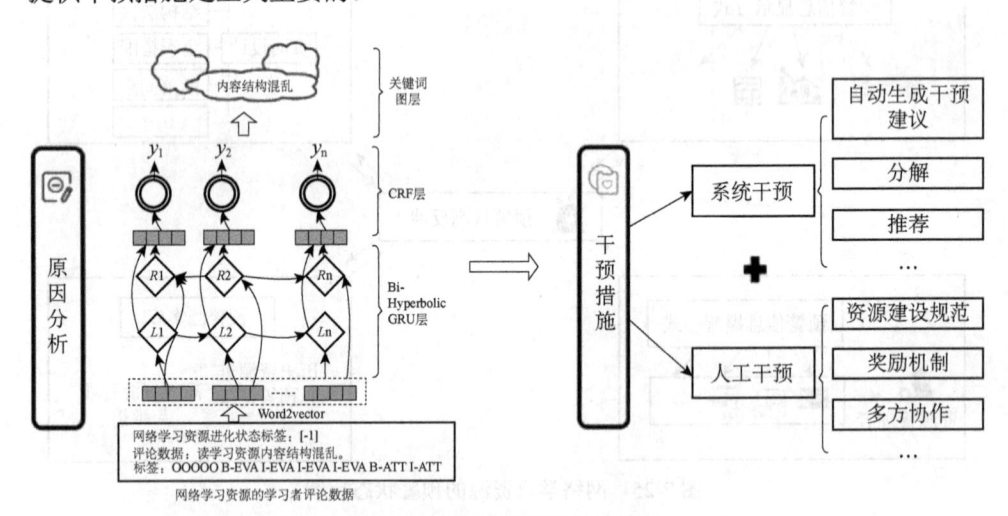

图 7-26 预警资源调控技术框架

首先，网络学习资源进化预警系统创新性地利用 Bi-Hyperbolic GRU+CRF 结构，抽取评论数据中的负面情感评价关键词以及建设新意见关键词，以词云的形式呈现给资源管理者，展示出当前资源内容、结构等方面存在的不足，实现系统的自动原因分析。其次，干预分为系统干预和人工干预。在系统干预下，系统既可以依据原因分析自动生成对应的干预建议，也可以针对不同预警状态的网络学习资源采取不同的干预。例如，部分预警为死亡态的学习资源会自动被系统识别并被分解为各种元素，以便资源制作者选择、重组、再使用[1]；一些预测进化良好的网络学习资源，系统依据用户模型和情境模型自动推送给每位用户适应性的网络学习资源[2]。在人工干预下，可以通过与专家学者商定学习资源建设规范、建立奖励机制、鼓励用户积极投入网络学习资源建设，多方协作从系统提供的干预措施中选择最佳干预方案等多种路径走向资源有效调控。人机干预的结合能充分发挥人与系统的优势，全方位、最大限度地把控资源进化方向，最终实现资源的高效管理和高质量发展。

4. 安全监测管理评价模块

安全监测管理评价模块始终贯穿于网络学习资源进化预警系统。本模块有效保障系统实时监测、多方管理、多元评价以及安全防控功能的实现，在预警系统总体架构以及功能设计过程中占据着不可或缺的位置。这是预警系统安全运行的基础保障，更为系统的不断优化升级、稳步发展提供可靠的环境支持和便利条件。

7.4.3 原型设计

通过梳理网络学习资源进化预警系统的功能模型以及资源管理者的实际需求，本研究依托学习元平台，使用 Axure RP9 软件设计了网络学习资源进化预警系统原型。系统将以组件调用的形式植入到学习元平台中，资源管理者作为系统的使用者和受益者，可以随时随地关注平台资源进化的预警信息，提前知晓资源进化趋势并结合系统给出的原因分析和建议干预措施，选择最佳的方案再优化资源，从而促进资源可持续、高质量的进化。网络学习资源进化预警系统原型主要包括平台整体资源进化预警原型页面和资源进化预警信息分析页面。

1. 平台整体资源进化预警原型

图 7-27 展示的是学习元平台整体资源进化预警原型页面。页面包括预警资源总览表、预警资源数量统计、资源整体使用情况以及资源整体质量四部分信息。

---

[1] 杨现民，余胜泉. 泛在学习环境下的学习资源信息模型构建[J]. 中国电化教育，2011（9）：72-78.
[2] 杨现民，余胜泉. 学习元平台的语义技术架构及其应用[J]. 现代远程教育研究，2014（1）：89-99.

预警资源总览表动态呈现濒临衰退态或死亡态的资源，便于系统管理者优先处理这类资源。后三部分分别从数量变化、使用频率及资源质量各维度描述某一时间段资源的整体进化情况。

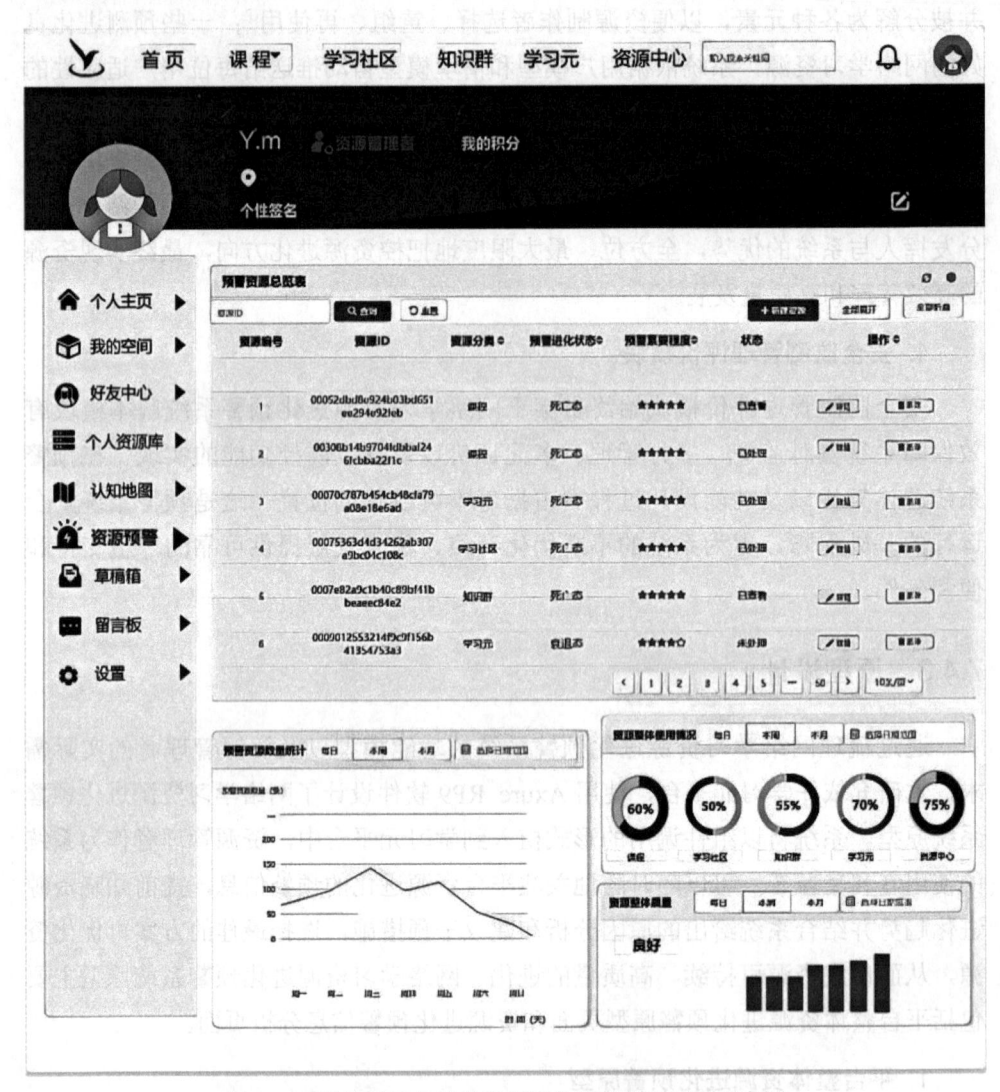

图 7-27　学习元平台整体资源进化预警原型页面示意图

2. 资源进化预警信息分析

资源管理者可以选择进入某条资源中查看具体的预警信息。如图 7-28 所示，这是资源进化预警信息分析页面。该页面主要涵盖资源进化状态预测、进化基本信息以及原因反馈三部分。第一部分，资源进化状态由预警模型预测后，通过仪表盘直观展示出来，并提醒资源管理者进行资源处理操作。第二部分，资源进化基本信息既通过资源进化要素项、资源关联网络层次信息和学习者评论文本信息呈现资源某一时间段内的进化情况，也可以从学习者评论文本信息中筛选出负面评论并制作出词云图。第三部分，原因反馈部分主要向资源管理者提供原因分析和干预措施参考，资源管理者可以灵活使用"与好友讨论"功能，综合比较选择最佳方案再优化资源。

图 7-28　资源进化预警信息分析页面示意图

7.4.4 可用性分析

为了初步检验预警系统设计质量，本研究基于 SUS 量表对网络学习资源进化预警系统原型的可用性进行调查分析。SUS 量表是系统可用性量表，它能在有限样本中较为准确地得到系统的整体可用性评价，并具有较高的信度和效度。本问卷共设置 10 个问题，要求资源管理者在试用网络学习资源进化预警系统原型后对每个问题进行 5 点评分，后续通过数据分析获得资源管理者对该原型设计的整体满意度。

本研究共发放并回收 53 份有效的问卷样本，通过计算汇总求得数据，如表 7-19 所示。该系统问卷的题目平均总得分为 32.64，平均 SUS 得分为 81.59，可用性得分为 89.06，可学性得分为 51.75。依据 Bangor 等[①]的 SUS 评分标准，该平均 SUS 分数对应的用户主观态度介于 Good 与 Excellent 之间，分数等级为 B，用户大都愿意接受该系统，且系统的整体可用性达到较高水平。同时，对比十个问题的平均得分，"我认为本系统将预警等多种功能整合得很好"得分最高，说明该系统的功能整合较好，功能结构组织与系统管理者实际需求基本吻合。"我认为本系统容易使用""我认为大部分系统管理者会很快学会使用本系统"得分次之，在一定程度上反映出系统的界面比较清晰明了，易于资源管理者进行交互操作。

表 7-19 系统可用性量表得分情况

比较项	平均得分
问题 1：我认为我会愿意经常使用本系统。	4.60
问题 2：我认为本系统设计没必要这么复杂。	2.19
问题 3：我认为本系统容易使用。	4.62
问题 4：我认为我会需要专业人员的帮助才能使用本系统。	2.08
问题 5：我认为本系统将预警等多种功能整合得很好。	4.64
问题 6：我觉得本系统中存在太多不一致。	1.62
问题 7：我认为大部分系统管理者会很快学会使用本系统。	4.62
问题 8：我发现本系统使用起来将会非常麻烦。	1.79
问题 9：在使用这个系统的过程中，我感觉很自信。	4.42
问题 10：我需要很多的学习后才能正确使用本系统。	2.06
题目平均总得分	32.64
平均 SUS 得分	81.59
可用性得分	89.06
可学性得分	51.75

① Bangor A, Kortum P, Miller J. Determining what individual SUS scores mean: Adding an adjective rating scale. Journal of Usability Studies, 2009, 4（3）: 114-123.

问卷结果可以初步验证该系统原型具有整体可用性。为进一步了解资源管理者在使用系统过程中遇到的问题、发现的系统不足以及对系统改进的建议，问卷调查结束后，研究在 53 名资源管理者中随机选取 7 名进行一对一的半结构式访谈。访谈主要围绕系统用户体验感及使用习惯、系统有用性、系统不足及建议、系统功能补充四个方面展开。根据访谈结果可以得出以下结论：

1）资源管理者对系统整体上是满意的，并且符合他们的使用习惯。

2）资源管理者一致认可系统对于他们管理、优化学习资源有所帮助，可以帮助他们精准定位预警资源，提高工作效能。

3）超过 70%的资源管理者认为系统界面设计没有做到重点突出，提出可以适当通过不同的 UI 体现形式如配色、图标大小等放大重点内容等建议。除此之外，部分资源管理者提出界面设计的美感性、交互设计的合理性稍显不足，指出可以参考 UI 设计的成熟案例进一步丰富。

4）系统功能模块设置比较完备。此外，有资源管理者提议设置资源筛选导航菜单栏、丰富好友讨论功能等。

总之，SUS 问卷调查和访谈从定量和定性两方面综合分析了网络学习资源进化预警系统的可用性。一方面，资源管理者认为该系统具备整体可用性，功能设计基本达到满意水平，可以为他们管理资源提供帮助和指导。另一方面，他们指出该系统还存在一些问题，如界面设计重点不突出、交互设计不合理等。此外，本研究在证实预警系统原型实际应用效果方面还存在不足之处。因此，后续将会在此基础上继续深入推进，联立网络学习资源进化预警模型构建、预警系统开发以及可信度更高的实验验证，探究网络学习资源进化预警性能，提高实验的严谨性和完整性，为资源管理者优化资源提供更加便捷、人性化的支持。

第 8 章 研究总结与展望

8.1 研究总结

8.1.1 基于信息体量视角，提出网络学习资源进化状态的量化表征方法

研究在结合国内外有关知识生命周期、知识进化、学习资源生命周期、学习资源进化等相关研究成果的基础上，以信息生态学理论为指导，对网络学习资源进化的特征与进化过程中存在的状态进行了归纳与总结。其中，网络学习资源进化呈现选择性、渐进性、群智性和循环性四个典型特征，网络学习资源的进化过程分为初始态、成长态、稳定态、衰退态和死亡态。初始态是指网络学习资源刚被创建时的状态；一旦资源被应用，便进入成长态；稳定态主要指网络学习资源持续被高水平应用的时期；当资源不再满足学习者的需求时，资源的应用水平便会降低，资源就进入衰退态；若资源一直不被更新，最后无人问津，那么资源就会进入死亡态。

在此基础上，研究以信息生态学为指导，结合"应用为王，服务至上"的理念，基于网络学习资源的"信息体量"设计了一套网络学习资源进化状态的量化表征方法，主要包括信息体量指标体系确定、信息体量曲线拟合、资源进化力计算、资源进化力增长率计算、资源的量化表征与识别五个步骤，并以学习元平台中的资源"职业探索"为例，直观地展示了量化表征方法的使用流程。

8.1.2 识别影响网络学习资源有序进化的内在要素，挖掘不同因素作用下网络学习资源进化规律

研究以信息生态学理论为指导，在用户、学习资源和学习环境三个维度上总结归纳出影响网络学习资源进化的相关因素，并构建了影响因素指标体系。首

先，研究通过两轮专家咨询问卷，测量了各因素的重要性和变异系数等指标，对指标体系进行了进一步的修改和完善。最终确定了用户、学习资源等 4 项一级指标，以及用户数量、用户关联度等 11 项二级指标的网络学习资源进化影响因素指标体系。其次，研究借助解释结构模型分析，对 11 项二级指标进行层次划分，并采用结构方程模型，提取了 4 个一级维度因素对网络学习资源进化的影响关系并进行验证。通过路径检验和中介效应分析，明确了用户对于资源进化存在直接影响；学习资源会对用户产生直接影响，同时借助用户影响对资源进化产生间接影响；学习平台对学习资源产生影响，同时借助学习资源影响对资源进化产生间接影响；管理机制对学习平台、学习资源和用户产生直接影响，同时借助学习资源和用户影响对学习资源进化产生间接影响。

为了使网络学习资源进化影响因素系统更加完整，根据《网络学习资源进化影响因素调查问卷》，进一步引入了 33 个三级变量。在此基础上，研究运用 Vensim PLE 软件构建了网络学习资源进化影响因素系统动力学模型，并对模型进行了检验，以确保其科学性、正确性和有效性。通过对模型进行灵敏度分析，研究模拟了在不同网络学习资源进化影响因素作用下，资源进化效果的变化趋势。基于仿真结果，研究提出了 4 条有关促进网络学习资源有序进化的策略。

8.1.3 构建数字化学习资源关联网络，分析挖掘关联网络演化规律

研究通过复杂网络理论、图论、统计分析的手段，构建基于维基百科的数字化学习资源关联网络，并深入分析其在规模、结构和质量三方面的演化规律。在数据获取过程中，研究利用 Wikidata 提取了多个年份的维基百科数据，包括条目、链接关系和类别信息，并运用 JWPL 工具解析数据，最终将数据导入 MySQL 数据库。通过分析，研究共提取了 2014—2023 年的维基百科条目链接信息，数据总量达到 2 亿多条，并对其中 1 亿余条数据进行深度分析研究采用了 R 语言及 igraph 包等工具进行网络构建与分析。在网络预处理阶段，针对维基百科构建的有向图，提取了最大连通分量，以减弱分析的复杂性。研究通过节点数量、边数量、网络直径、网络密度衡量网络规模，使用幂指数、平均路径长度、聚类系数及网络结构熵衡量网络结构。基于这些指标，研究进一步构建了资源关联网络的演化质量评价模型，从演化状态和趋势两个维度对网络的动态变化进行综合评价。通过对上述构建的分析框架的实证分析发现：资源关联网络是一个大规模、稀疏网络，边随节点异速增长；资源关联网络具有明显的复杂网络特征，

且向分布更均匀的网络演化；资源关联网络出现熵减，由无序状态过渡到有序状态；资源关联网络 2014—2023 年演化质量整体良好。

8.1.4 划分网络学习资源平台演化阶段，识别网络学习资源平台演化阶段规律

研究通过文献研究和专家访谈的混合方法，对网络学习资源平台的演化阶段进行了划分和阐释，主要划分为部署启动阶段、资源汇聚阶段、质量管控阶段和生态塑造阶段。在部署启动阶段，网络学习资源平台正处于初始创建阶段，用户和资源的数量有限。进入资源汇聚阶段后，网络学习资源平台已初步建立起用户和资源基础，但仍需进一步吸引更多用户并丰富资源内容。在质量管控阶段，网络学习资源平台的用户和资源数量已经相对充足，因此需要着重进行质量管理和管控。同时，平台也要保持较高的增长率，以维持其持续的发展势头。在生态塑造阶段，网络学习资源平台已建立起相对完善的生态系统，用户和资源群体的质量、进化力等关键指标已达到高水平。

为了有效识别网络学习资源平台演化阶段和挖掘资源平台不同演化阶段规律，研究基于德尔菲法与层次分析法，构建了网络学习资源平台演化阶段识别模型。该模型综合考虑了多个因素，包括用户增长率（月）、用户活跃度、用户月活行为频次、资源增长率（月）、资源群体质量和资源群体进化力等。通过专家意见和数据分析的结果，研究确定了各个计算公式的权重，并将各个计算公式的结果综合起来，得出网络学习资源平台演化阶段的最终结果。最后，研究采用参数控制分析的方法，明确定义每个演化阶段的特征和参数范围，并使用 Mathematica 等数学工具进行计算和绘制曲线。

8.1.5 构建基于评论数据的网络学习资源内容质量危机预警模型，开展网络学习资源内容质量危机预警实验研究

研究从网络学习资源内容质量危机预警识别、评价、反馈以及干预四个模块全面描述了危机处理的全过程。在预警识别模块，主要包括学习者评论数据获取和数据预处理操作；在预警评价模块，首先，通过大量理论和现实经验的总结，建立了网络学习资源内容质量评价指标体系，共包含"内容设置"、"内容价值"和"情感倾向"3 个一级指标和 10 个二级指标。其次，构建网络学习资源内容质量危机预警模型，主要由 ALBERT+TextCNN 的文本情感分类模型和 ALBERT+

Seq2Seq+Attention 评论文本的多标签分类模型共同作用达到危机预警的目的。在预警反馈阶段，制作资源内容质量危机预警反馈表，并以电子文档的形式通过互联网发送至每一位资源建设者或管理者的社交媒体账号中，完成点对点反馈任务。在预警干预阶段，清晰地描述了干预级别、干预措施和干预政策三方面的内容，以期为干预者提供干预政策，使其可以针对不同干预级别的资源综合选择最佳的干预措施。

为了验证网络学习资源内容质量危机预警模型是否具有真实效用，研究采用不相等实验组控制组前后测得准实验研究方法，选择学习元平台中"教育人工质量"课程知识群开展实验研究，通过科学的实验环节设计和实验方法选择，以周为单位连续六周收集实验组和控制组中资源的生成性数据，经由 SPSS 独立样本 t 检验和两组的数据分析对比，得到实验组的资源内容质量与控制组之间存在显著性差异，实验组的资源内容质量整体上优于控制组的资源内容质量，且由于反馈和干预的执行在一定程度上加速了资源建设者或管理者更新资源内容的频率，内容的完整程度较控制组中没有反馈和干预操作的资源相对较高。此外，网络学习资源不是孤立发展的，而是与周围同一主题的资源产生关联结构的过程中，构成资源群或资源云，从而促进整体资源的高质量发展。为此，研究基于知识进化理论和危机管理理论，构建了面向大规模开放协同环境的资源质量预警系统框架，设计了系统的主要功能模型，开发了资源质量预警原型系统，并通过 SUS 系统可用性量表初步验证了该原型系统的可行性和合理性，使用半结构化访谈进一步知晓系统使用者对该系统的整体满意度，并将他们认为的系统开发不足和建设意见收集起来，用于今后的系统改进与实际开发。

8.1.6 构建基于多模态 Transformer 的网络学习资源质量智能评价算法模型，开展 LLM-Transformer 应用效果准实验研究

研究采用 Transformer 深度学习模型融合资源下的用户行为要素项数据（浏览、点赞、编辑、收藏、编辑天数等）以及用户的评论文本对资源质量做出自动化评价。经过对比试验，发现融合了要素项特征和评论语义特征的多模态 Transformer 比单一的基准模型有着更强的准确性和鲁棒性。随后，研究以资源内容理解为切入点，依靠大语言模型在通用语言任务上的理解能力做出资源内容的评价，设计了一种"推理-行动-评价"的提示方法以激发大语言模型在内容理解的基础上构建评价认知过程，做出客观准确的评价。经过对比实验分析，该提示

方法在内容评价任务上超越了基准提示方法，并且与人类专家评价具有较高的一致性。同时，研究将基于学习者使用角度的多模态 Transformer 和基于内容理解的大语言模型方法通过置信度加权平均的方法得到整体质量评价。

为探究 LLM-Transformer 生成性学习资源质量智能评价方法是否具有现实效用，即能否在实际的资源生成场景下准确判断资源质量并通过阶段性的评价反馈保证资源的高质量持续发展，研究采用不相等实验组控制组前后测试的准实验研究方法进行验证。研究选择学习元平台，通过科学的实验环节设计和实验方法选择，测试了在专家评价反馈和在智能评价反馈的周期性干预下对照组和实验组的学习资源质量变化情况及差异情况。经过描述性数据分析以及统计方法检验，发现在智能评价方法干预下的学习资源质量优于专家评价干预，并且智能评价方法所提供的资源改进建议在一定程度上加速了资源完善过程。此外，研究利用技术接受度问卷调查了两组学习者对自动评价反馈方法的态度，经过问卷结果的分析，学习者对智能评价方法有较高的接受度，并且相比于专家评价，持续使用意愿更加强烈。

8.2 研究不足

1）在资源进化状态的量化表征方法中，资源信息体量指标体系，各类权重、阈值等参数均是在结合专家意见和团队前期实践成果初步拟定的，并不一定适用于所有平台，具体在应用的过程中还需要管理者根据实际情况进行调整，且研究构建的量化表征方法尚未在实际的资源平台中进行进一步的测试和验证。

2）网络学习资源进化影响因素指标体系有待完善。研究以信息生态学为指导，选取了用户、学习资源和学习环境为研究出发点，归纳总结了相关的影响因素。但在实际的资源进化过程中，除了研究中所指出的影响因素，还有如用户行为和需求、新技术应用、网络政策法规等因素，研究尚未考虑全面。

3）研究构建的网络学习资源内容质量危机预警模型中的情感多分类算法和文本多标签分类算法有待进一步优化，以提升预警准确率。同时，该模型的训练数据集相对较小，且不同内容质量标签的评论数量不均衡，数据集标签长尾问题存在。其中，涉及内容准确性、内容完整性的评论数量相对较多，涉及内容新颖性、内容难易性的评论数量相对较少，易导致内容涉及较少的标签预测性能变差。

4）在 LLM-Transformer 模型的融合方法有待完善，单纯采用置信度加权平均的方法，在一定程度上忽视了两种模型评价对最终结果重要性之间的差距，可能造成对错误评价过度信赖以及对异常评价敏感的问题。同时，大语言模型对能够评价的资源内容有局限性，能够识别文字性质的资源内容，而无法理解资源中的插图、表格数据，这会使大语言模型无法全面获取资源内容信息，进而导致评价具有片面性。此外，由于课时限制，研究中准实验研究所考察的资源建设周期不够完整，未涉及学习资源生成的整个周期，缺乏智能评价方法对后期生成的学习资源质量评价有效性的分析。

8.3 后续研究

目前，研究在网络学习资源进化状态、影响因素、关联网络演化规律、平台演化阶段、预警技术等方面开展了积极探索，并产出了丰富的研究成果。为深入研究网络学习资源群体进化，促进网络学习资源高质量发展，后续研究计划如下。

8.3.1 基于主体行为视角，应用演化博弈理论探究网络学习资源进化影响因素

研究在信息生态学的指导下，吸收并综合了相关研究成果，借助德尔菲法和解释结构模型分析，构建了一个包括四个一级指标（用户、学习资源、学习平台和管理机制）的网络学习资源进化影响因素指标体系，并在该体系基础上构建了网络学习资源进化影响因素结构模型。事实上，在网络学习资源进化过程中，以及创建、传播与使用的整个资源链上，用户作为生产者、分解者、消费者等不同角色存在时，存在着行为互动和利益冲突，这些冲突会影响其参与网络学习资源质量管理的兴趣、态度、动机、行为。此外，网络学习资源进化过程是一个系统的、全民参与的过程，用户可能根据自身利益最大化原则，采取与资源进化方向一致或相悖的行为，导致网络学习资源内容混乱、学习资源质量低下、用户使用体验差和资源质量难以管控等现实问题。演化博弈理论是一种用数学模型描述研究动态变化、生物进化和行为选择的方法，可用于理解和指导复杂系统的演化。为此，后续研究将从以下方面开展进一步探索。

1）基于主体行为视角，挖掘影响网络学习资源进化的关键因素。基于生态学、系统学等相关理论，聚焦网络学习资源进化的相关主体，通过文献调研等学理性分析，得到网络学习资源进化的影响主体包含资源创建者、资源使用者与资源平台管理者。采用访谈分析方法，对具有使用、创建、管理资源经历的用户展

开访谈，并记录其访谈内容与观点，以归纳影响网络学习资源进化主体行为的关键因素。

2）基于演化博弈理论，构建网络学习资源进化演化博弈模型。通过文献分析、影响因素调查与分析等，确定网络学习资源进化的利益相关主体及其关系，并将关系进行划分，分为短期利益与长期利益，据此构建多主体利益关系模型。承袭利益关系模型，选取创建者、使用者与平台管理者三方主体构成博弈局面，各主体进行不完全信息且不止一次的博弈行为，提出博弈的外部约束、主体行为策略假设与支付假设，以此构建网络学习资源进化的演化博弈模型。运用复制动态方程求解模型稳定性，得到数个可能的纯策略均衡解，为进一步求证均衡解的稳定性，可运用 Jacobi 矩阵求解，最终得到模型最终指向的演化稳定策略。

3）采用 MATLAB 软件进行网络学习资源进化的仿真模拟分析，揭示不同主体间的行为对资源进化的作用机理。首先，需要假设利益相关主体间的参数数值，该数值可通过对利益主体进行调查问卷研究来获得。其次，运用 MATLAB 软件进行仿真模拟分析，从而得到相位图。该图可直观、科学地描述主体行为策略变化趋势，进而得出网络学习资源进化效益最大化的演化稳定点。最后，为评判利益主体间的利益数值大小对主体的行为策略选择是否产生影响，影响程度如何，采用调整其中某一利益数值而其他数值不变的方式进行数据敏感性分析，得到不同利益数值下主体行为变化趋势图，进而得出影响主体行为策略的条件因素与相互作用机制。

8.3.2 优化资源内容质量评价指标体系，构建更加智能、精准的网络学习资源进化预警模型

前期研究依据大量文献调研和专家意见建立了网络学习资源内容质量评价指标体系，以及构建了基于评论数据、多模态数据的网络学习资源进化预警模型。然而，研究仍存在各级指标设置的合理性和全面性不足、预警指标的信效度亟须验证、预警模型评价方法单一等现实挑战。实践中，网络学习资源进化随时间、个人需求、环境变化而发生改变，呈现不同进化状态，且该状态不是静止、永恒的，而是动态发展、随现实需求演进的。为此，后续研究将通过以下方面开展进一步探索。

1）针对多模态 Transformer 模型，未来研究可以挖掘更多反映资源质量平台通用性强的要素信息，并通过细致的特征工程，深入挖掘要素项特征之间的关

联。同时，考虑到生成性资源建设是一个动态性过程，未来研究也可以对时间要素信息进行着重考量，通过时序 Transformer 对不同建设阶段的学习资源做出准确的评价。

2）对于改进大模型的评价方法，未来研究着重考虑以下几点：一是扩展提示词测试数据集，增加不同主题、学科的学习资源，保证测试数据的多样性；二是完善、调整提示方法，确保大语言模型可以适应生成性资源不同阶段的特点，做出客观稳定的评价；三是保持智能评价方法所依赖大语言模型的先进，越先进的大语言模型在语言、推理等各方面的能力都展现出了强大的能力，尝试使用多模态的大语言模型对资源中文本、图片、表格甚至视频等多模态信息做出全面的评价。

3）针对网络学习资源内容质量评价指标体系，研究中需要进一步检验指标体系设计的信度和效度是否达标，并基于网络学习资源的现实需求动态调整各级指标设置，以期获得更加科学规范的网络学习资源内容质量评价指标体系。此外，为进一步达到预警模型的理想状态，未来研究可扩大数据集，选择多种网络学习资源平台中的学习者评论数据加入模型训练，进一步提升模型的普适度。另外，针对训练数据集标签长尾问题，除了本书研究选择的赋予不同标签不同权重值这一方法外，后续可以考虑选择其他方法更精准地解决长尾问题，保证每一项标签预测的准确性。

8.3.3 融合大语言模型，探索网络学习资源内容质量智能改进技术

网络学习资源内容通常具有较强的专业性、多样性和复杂性，需要深入的语义理解和上下文推断才能进行有效的质量评估和改进。目前的自然语言处理技术虽然能够针对作文批改、自动问答等任务生成改进的内容，但对于网络学习资源内容质量而言，其生成内容的专业性和可靠性要求较高。因此，需要加快研究网络学习资源内容质量的智能改进技术，从而更好地服务于高质量数字资源的建设与发展，推进教育数字化进程。大语言模型具有基于海量数据的学习能力、自监督学习能力、多模态能力、实时更新与迭代等技术优势，为网络学习资源内容质量的智能改进提供了重要支撑。未来将从如下三个方面开展研究。

1）研发融合大语言模型的内容质量智能评分模型。基于开源大语言模型 LLaMA，设计一种中英样本优劣数据混合的方法，通过有监督微调和人类反馈强化学习的策略，训练内容质量智能评分模型，以提高模型对中文文本的理解和评

分能力。该模型首先利用精心标注的数据集对 LLaMA 进行有监督微调作为 Actor 模型，确保模型在学习新策略时不会完全偏离预训练时学到的语言模式。其次，利用 LLaMA 模型学习区分优质与劣质数据，进而构建一个高效的奖励模型，实现最大化优质文章奖励分数和最小化劣质文章奖励分数的目的。最后，使用近端策略优化算法进一步优化 Actor 模型，使得智能评分尽可能接近专家评分。

2）研发融合大语言模型的内容质量智能反馈模型。该模型主要通过前期训练的大语言模型，深入理解中文文本的语义和上下文，从而精准识别内容中的质量问题，并自动生成具体的修改建议。模型能够识别出各种潜在的质量问题，如事实错误、逻辑不连贯、信息不完整等。根据识别出的质量问题自动生成具体而实用的修改建议。这些建议将帮助内容创作者或编辑人员快速理解问题所在，从而迭代完善创作内容，精准提高内容质量。此外，为提升建议的准确性和用户满意度，模型还将集成用户反馈机制，能够根据用户的实际使用反馈进行自我学习和优化，通过分析用户对修改建议的接受度和实施情况，不断调整评估标准和建议反馈生成算法。

3）研发融合大语言模型的智能改进模型。通过融合大语言模型，智能改进模型将具备深度学习和自然语言处理的能力，这将使其能够深入理解文本内容，准确识别出存在问题的区域，从而有针对性地直接生成改进后的内容。研究还将探讨如何利用用户反馈和社区互动数据来优化智能改进模型。通过分析用户对内容的评价、讨论和互动情况，模型可以更准确地理解用户需求和偏好，从而在内容改进过程中更加贴合用户期待，提升内容的吸引力和价值。